Né en 1892 à Bloemfo […]
Reuel Tolkien passe […]
père en 1896, au villa […]
(Angleterre), ville dor […]
Diplômé d'Oxford en […] *cashire Fusiliers pendant la première guerre mondiale), il travaille au célèbre Dictionnaire d'Oxford, obtient ensuite un poste de maître assistant à Leeds, puis une chaire de langue ancienne (anglo-saxon) à Oxford de 1925 à 1945 — et de langue et littérature anglaises de 1945 à sa retraite en 1959.*

Spécialiste de philologie faisant autorité dans le monde entier, J.R.R. Tolkien a écrit en 1936 Le Hobbit, *considéré comme un classique de la littérature enfantine; en 1938-1939 : un essai sur les contes de fées. Paru en 1949,* Farmer Giles of Ham *a séduit également adultes et enfants. J.R.R. Tolkien a travaillé quatorze ans au cycle intitulé* Le Seigneur des Anneaux *composé de :* La Communauté de l'Anneau *(1954),* Les Deux Tours *(1954),* Le Retour du roi *(1955) — œuvre magistrale qui s'est imposée dans tous les pays.*

Dans The Adventures of Tom Bombadil *(1962), J.R.R. Tolkien déploie son talent pour les assonances ingénieuses. En 1968, il enregistre sur disque les* Poèmes et Chansons de la Terre du Milieu, *tirés des* Aventures de Tom Bombadil *et du* Seigneur des Anneaux. *Le conte de* Smith of Wootton Major *a paru en 1967.*

John Ronald Reuel Tolkien est mort en 1973.

DU MÊME AUTEUR

DANS PRESSES POCKET :

LE SILMARILLON

J. R. R. TOLKIEN

LE SEIGNEUR DES ANNEAUX

Tome II

LES DEUX TOURS

Traduit de l'anglais
par F. Ledoux

CHRISTIAN BOURGOIS ÉDITEUR

Titre original :
THE LORD OF THE RINGS

ISBN : 2 - 266 - 1751 - 9

Trois Anneaux pour les Rois Elfes sous le ciel,
Sept pour les Seigneurs Nains dans leurs demeures de pierre,
Neuf pour les Hommes Mortels destinés au trépas,
Un pour le Seigneur des Ténèbres sur son sombre trône
Dans le Pays de Mordor où s'étendent les Ombres
Un Anneau pour les gouverner tous, Un Anneau pour les [trouver,
Un Anneau pour les amener tous et dans les ténèbres les lier
Au Pays de Mordor où s'étendent les Ombres.

RÉSUMÉ

Ceci est la deuxième partie du SEIGNEUR DES ANNEAUX.

Dans la première, on a vu comment Gandalf le Gris découvrit que l'anneau possédé par Frodon le Hobbit était en fait l'Anneau Unique, gouvernant tous les Anneaux du pouvoir. Elle racontait la fuite de Frodon et de ses compagnons de la calme Comté, leur patrie, poursuivis par la terreur des Cavaliers Noirs de Mordor jusqu'au moment où ils arrivèrent enfin, à travers des périls sans nom et avec l'aide d'Aragorn le Rôdeur d'Eriador, à la Maison d'Elrond à Fondcombe.

Là se tint le grand Conseil d'Elrond, où il fut décidé de tenter la destruction de l'Anneau, et Frodon fut nommé Porteur de l'Anneau. Furent alors choisis les Compagnons de l'Anneau, qui allaient l'assister dans sa quête; il devait, s'il le pouvait, parvenir à la Montagne de Feu en Mordor, pays de l'Ennemi même, seul lieu où l'Anneau pût être anéanti. Dans cette communauté se trouvaient Aragorn et Boromir fils du Seigneur de Gondor, représentant les Hommes; Legolas fils du Roi des Elfes de la Forêt Noire, pour les Elfes; Gimli fils de Gloïn du Mont Solitaire, pour les Nains; Frodon avec son serviteur Samsagace, et ses deux jeunes cousins Meriadoc et Peregrin, pour les Hobbits; et Gandalf le Gris.

Les Compagnons voyagèrent en secret loin de Fondcombe dans le nord jusqu'au moment où ils échouèrent dans leur tentative de passer en hiver le haut col de

Caradhras; Gandalf les conduisit alors par la porte cachée dans les vastes Mines de la Moria pour trouver un chemin sous les montagnes. Là, Gandalf, au cours d'un combat contre un terrible esprit du monde inférieur, tomba dans un ténébreux abîme. Mais Aragorn, s'étant alors fait connaître pour l'héritier secret des anciens Rois de l'Ouest, continua de mener la compagnie de la Porte de l'Est de la Moria, par le pays elfique de Lorien et le long du grand fleuve Anduin jusqu'aux Chutes de Rauros. Ils s'étaient déjà rendu compte que des espions surveillaient leur voyage et que l'être du nom de Gollum, qui avait autrefois possédé l'Anneau et qui le convoitait toujours, suivait leur trace.

Ils durent alors choisir entre se tourner à l'est vers le Mordor, se porter avec Boromir à l'aide de Minas Tirith, capitale du Gondor, dans la guerre imminente, ou se diviser. Quand il devint clair que le Porteur de l'Anneau était résolu à poursuivre son voyage sans espoir dans le pays de l'Ennemi, Boromir tenta de s'emparer de force de l'Anneau. La première partie se terminait sur la chute de Boromir sous l'emprise de l'Anneau, avec l'évasion et la disparition de Frodon et de son serviteur Samsagace; et la dispersion des autres membres de la Communauté par une brusque attaque de soldats orques, dont certains étaient au service du Seigneur Ténébreux de Mordor, et d'autres à celui du traître Saroumane de l'Isengard. Le désastre paraissait avoir déjà atteint la quête du Porteur de l'Anneau.

Cette seconde partie, *les Deux Tours,* raconte maintenant le sort de chacun des membres de la Communauté de l'Anneau après la rupture de celle-ci jusqu'à l'arrivée de la grande Obscurité et le début de la Guerre de l'Anneau, dont le récit formera la troisième et dernière partie.

LIVRE III

CHAPITRE PREMIER

LE DÉPART DE BOROMIR

Aragorn gravit rapidement la colline. De temps à autre, il se baissait jusqu'au sol. Les Hobbits ont le pas léger et leurs empreintes ne sont pas faciles à interpréter, même pour un Rôdeur; mais, non loin du sommet, une source traversait le sentier, et il vit dans la terre mouillée ce qu'il cherchait.

– Je vois bien les signes, se dit-il. Frodon a couru jusqu'au sommet. Je me demande ce qu'il a pu y voir. Mais il est revenu par le même chemin, et il a redescendu la colline.

Aragorn hésita. Il aurait voulu aller lui-même au haut siège, dans l'espoir d'y voir quelque chose qui le guiderait dans ses perplexités; mais le temps pressait. Soudain, il s'élança en avant et courut au sommet; il traversa les grandes dalles et monta les marches. Puis, s'asseyant dans le haut siège, il regarda autour de lui. Mais le soleil semblait obscurci, et le monde estompé et distant. Il décrivit un tour complet du Nord au Nord, mais il ne vit rien d'autre que les collines éloignées, sinon que dans le lointain un grand oiseau semblable à un aigle planait de nouveau haut dans le ciel, descendant lentement vers la terre en larges cercles.

Tandis même qu'il observait, son oreille fine perçut des sons dans la forêt qui s'étendait en dessous à l'ouest de la rivière. Il se raidit. Il y avait des cris et, entre autres, à son horreur, il distinguait la voix rauque d'Orques. Et puis, soudain, résonna l'appel profond et guttural d'un grand cor, dont les échos frappèrent les collines, se répercutant dans les creux et dominant de sa clameur puissante le rugissement des chutes.

– Le cor de Boromir! s'écria-t-il. Il est en difficulté! Il s'élança sur les marches et descendit le sentier en courant. Hélas! Je suis poursuivi par le mauvais sort aujourd'hui, et tout ce que je fais va de travers. Où est Sam?

Tandis qu'il courait, les appels croissaient, mais plus faibles à présent, et le cor sonnait désespérément. Les cris des Orques s'élevaient, féroces et aigus, et soudain les appels de cor cessèrent. Aragorn dévala la dernière pente, mais les sons s'affaiblirent avant qu'il n'eût pu atteindre le pied de la colline; et comme il tournait sur la gauche pour courir dans leur direction, ils se retirèrent jusqu'à ce qu'enfin il ne les entendît plus du tout. Tirant sa brillante épée, il s'enfonça parmi les arbres au cri d'*Elendil! Elendil!*

A un mille peut-être de Parth Galen, il trouva Boromir dans une petite clairière proche du lac. Il était assis le dos contre un grand arbre, comme s'il se reposait. Mais Aragorn vit qu'il était percé de maintes flèches empennées de noir; il avait encore l'épée à la main, mais elle était brisée près de la garde; son cor, fendu en deux, se trouvait à son côté. Un grand nombre d'Orques abattus gisaient autour de lui et à ses pieds.

Aragorn s'agenouilla à côté de lui. Boromir ouvrit les yeux et s'efforça de parler. Les mots finirent par sortir lentement : – J'ai essayé de prendre l'Anneau à Frodon, dit-il. Je regrette. J'ai payé. Il laissa vaguer son regard sur ses ennemis tombés; une trentaine au moins gisaient là. – Ils sont partis : les Semi-hommes; les Orques les ont pris. Je crois qu'ils ne sont pas morts. Des Orques les ont ligotés. Il se tut, et ses yeux se fermèrent avec lassitude. Au bout d'un moment, il parla de nouveau :

– Adieu, Aragorn! Va à Minas Tirith et sauve mon peuple! J'ai échoué.

– Non! dit Aragorn, lui prenant la main et lui baisant le front. Tu as vaincu. Peu d'hommes ont remporté une pareille victoire. Sois en paix! Minas Tirith ne tombera pas!

Boromir sourit.

– Par où sont-ils partis? Frodon était-il là? demanda Aragorn.

Mais Boromir ne dit plus rien.

– Hélas! dit Aragorn. Ainsi disparaît l'héritier de Denethor, Seigneur de la Tour de Garde! C'est une fin cruelle. La Compagnie est maintenant tout en ruine. C'est moi qui ai échoué. Vaine fut la confiance que Gandalf avait mise en moi. Que vais-je faire, à présent? Boromir m'a imposé d'aller à Minas Tirith et mon cœur le désire; mais où sont l'Anneau et le Porteur? Comment les trouver et sauver la Quête du désastre?

Il resta un moment agenouillé, courbé par ses pleurs, sans lâcher la main de Boromir. C'est ainsi que Legolas et Gimli le trouvèrent. Ils venaient du versant ouest de la colline, se glissant en silence parmi les arbres comme à la chasse. Gimli avait sa hache à la main, et Legolas son long poignard : ses flèches étaient toutes épuisées. En débouchant dans la clairière, ils s'arrêtèrent, stupéfaits; et ils restèrent là un moment, la tête baissée de chagrin, car ils voyaient clairement ce qui s'était passé.

– Hélas! dit Legolas, rejoignant Aragorn. Nous avons chassé et tué de nombreux Orques dans la forêt, mais nous aurions été plus utiles ici. Nous sommes venus en entendant le cor – mais trop tard, semble-t-il. Je crains que vous n'ayez reçu des blessures mortelles.

– Boromir est mort, dit Aragorn. Je suis indemne, car je n'étais pas ici avec lui. Il est tombé en défendant les Hobbits, pendant que je me trouvais là-haut sur la colline.

– Les Hobbits! s'écria Gimli. Où sont-ils donc? Où est Frodon?

– Je l'ignore, répondit Aragorn avec lassitude. Avant de mourir, Boromir m'a dit que les Orques les avaient ligotés; il ne croyait pas qu'ils fussent morts. Je l'avais envoyé suivre Merry et Pippin; mais je ne lui ai pas demandé si Frodon et Sam étaient avec lui : pas avant qu'il ne fût trop tard. Tout ce que j'ai fait aujourd'hui a mal tourné. Que faire à présent?

– Il faut tout d'abord s'occuper de celui qui est tombé, dit Legolas. On ne peut le laisser étendu là comme une charogne au milieu de ces infects Orques.

– Mais il faut être prompts, dit Gimli. Il ne voudrait pas que nous traînions. Nous devons suivre les Orques, s'il y a un espoir que certains membres de notre Compagnie soient des prisonniers vivants.

– Mais nous ne savons pas si le Porteur de l'Anneau est avec eux ou non, dit Aragorn. Devons-nous l'abandonner? Ne devons-nous pas le chercher d'abord? Nous sommes maintenant devant un funeste choix!

– Eh bien, faisons d'abord ce que nous devons faire, dit Legolas. Nous n'avons ni le temps ni les outils nécessaires pour enterrer notre camarade convenablement ou pour élever un tertre au-dessus de lui. Nous pourrions édifier un cairn.

– Le travail serait dur et long : pour trouver des pierres utilisables, il faudrait aller jusqu'au bord de l'eau, dit Gimli.

– Alors, étendons-le dans un bateau avec ses armes et celles de ses ennemis vaincus, dit Aragorn. La Rivière de Gondor veillera au moins à ce qu'aucune créature mauvaise ne déshonore ses os.

Ils fouillèrent rapidement les corps des Orques pour rassembler en un tas leurs épées, leurs casques et boucliers fendus.

– Regardez! s'écria Aragorn. Nous avons ici des indications! Il ramassa dans le tas de sinistres armes deux poignards à lame en forme de feuille, damasquinée d'or et de rouge; et, cherchant plus avant, il trouva aussi les fourreaux, noirs, incrustés de petites gemmes rouges. Ce ne sont pas là des ustensiles d'Orques! dit-il. Ils ont été portés par les hobbits. Il n'y a pas de doute que les Orques les ont dépouillés, mais qu'ils auront craint de garder les poignards, les connaissant pour ce qu'ils sont : un travail de l'Ouistrenesse, tout empreint de sortilèges pour le malheur du Mordor. Eh bien, maintenant, s'ils sont encore vivants, nos amis sont privés d'armes. Je vais prendre ces choses, espérant contre tout espoir les leur rendre.

– Et moi, dit Legolas, je prendrai les flèches que je pourrai trouver, car mon carquois est vide. Il chercha dans le tas et sur le sol, et il en trouva un grand nombre d'intactes, au bois plus long que celui des flèches en usage chez les Orques. Il les examina de près.

Et Aragorn, contemplant les morts, dit : – Ici gisent bon nombre de cadavres qui ne sont pas ceux de gens du Mordor. Certains sont venus du Nord, des Monts Brumeux, si j'en crois ce que je connais des Orques et de leurs congénères. Et en voici d'autres qui me sont étrangers. Leur équipement n'a rien à voir avec celui des Orques!

Il y avait quatre soldats gobelins de plus grande stature, basanés, aux yeux obliques, avec des jambes épaisses et de grandes mains. Ils étaient armés de courtes épées à large lame et non des cimeterres courbes habituels aux Orques; et ils avaient des arcs d'if, semblables en longueur et en forme à ceux des Hommes. Ils portaient sur leurs boucliers un étrange emblème : une petite main blanche au centre d'une surface noire; sur le devant de leurs casques de fer était montée une rune de S, faite de quelque métal blanc.

– Je n'ai encore jamais vu ces signes, dit Aragorn. Que signifient-ils?

– S représente Sauron, dit Gimli. L'interprétation est facile.

– Non! dit Legolas. Sauron n'utilise pas les runes elfiques.

– Il n'use pas non plus de son vrai nom, et il ne permet pas qu'il soit écrit ou prononcé, dit Aragorn. Et il ne se sert pas de blanc. Les Orques au service de Barad-dûr adoptent la marque de l'Œil Rouge – Il resta un moment plongé dans ses pensées – S représente Saroumane, je pense, finit-il par dire. Il se trame du mal en Isengard, et l'Ouest n'est plus en sécurité. Il en est comme craignait Gandalf : le Traître Saroumane a eu vent par quelque moyen de notre voyage. Il est probable aussi qu'il connaît la chute de Gandalf. Des poursuivants de la Moria peuvent avoir échappé à la vigilance de la Lorien, ou ils ont pu éviter ce pays et arriver en Isengard par d'autres chemins. Les Orques voyagent vite. Mais Saroumane a bien des moyens d'information. Vous rappelez-vous les oiseaux?

– Eh bien, nous n'avons pas le temps de réfléchir à des

devinettes, si nous voulons la bonne voie, répondit Aragorn.

– Peut-être n'y a-t-il pas de bon choix, dit Gimli.

Saisissant sa hache, le Nain se mit à couper plusieurs branches. Il les lia ensuite avec des cordes d'arc, et il étendit leurs capes sur le cadre. Ils portèrent jusqu'à la rive sur cette civière rudimentaire le corps de leur compagnon, en même temps que le choix de trophées de son dernier combat dont ils voulaient l'accompagner. La distance était courte, mais la tâche ne leur parut pas aisée, Boromir étant un homme grand et robuste.

Au bord de l'eau, Aragorn resta à veiller sur la civière, tandis que Legolas et Gimli retournaient rapidement à pied à Parth Galen. La distance était d'un mille ou plus, et il se passa un certain temps avant leur retour, conduisant vivement à la pagaie deux embarcations le long de la rive.

– Il y a quelque chose d'étrange! dit Legolas. Il n'y a que deux embarcations sur la berge. Nous n'avons pu trouver aucune trace de la troisième.

– Les Orques y sont-ils allés? demanda Aragorn.

– Nous n'en avons vu aucun signe, répondit Gimli. Et les Orques auraient pris ou détruit tous les bateaux, ainsi que le bagage.

– J'examinerai le sol quand nous y serons, dit Aragorn.

Ils étendirent alors Boromir au milieu de l'embarcation qui devait l'emporter. Ils plièrent et placèrent sous sa tête le capuchon gris et la cape elfique. Ils peignèrent ses longs cheveux sombres, qu'ils disposèrent sur ses épaules. La ceinture dorée de la Lorien luisait autour de sa taille. Ils déposèrent à côté de lui son heaume et en travers de son sein le cor fendu, avec la poignée et les fragments de son épée; sous ses pieds, ils mirent les épées de ses ennemis. Puis, après avoir attaché la proue à la poupe de l'autre embarcation, ils le tirèrent dans l'eau. Ils ramèrent tristement le long du rivage et, s'étant dirigés vers le courant rapide du lit, ils passèrent la prairie gazonnée de Parth Galen. Les bords escarpés de Tol Brandir rougeoyaient. C'était le milieu de l'après-midi. Comme ils allaient vers le Sud, les vapeurs du Rauros s'élevèrent et miroitèrent devant eux, comme une brume dorée. La ruée tonitruante des chutes agitait l'air dans lequel ne soufflait aucun vent.

Tristement, ils lâchèrent la barque funéraire : là reposait Boromir, paisible, glissant sur le sein des eaux mouvantes. Le courant l'emporta, tandis qu'ils retenaient leur propre embarcation à la pagaie. Il flotta à côté d'eux, et lentement sa barque s'en alla pour ne devenir plus qu'un point noir dans la lumière dorée; et soudain elle disparut. Le Rauros poursuivait son éternel rugissement. La Rivière avait pris Boromir, fils de Denethor, et nul ne devait plus le voir à Minas Tirith, debout comme il se tenait autrefois au matin sur la Tour Blanche. Mais en Gondor, dans la suite, on rapporta longtemps que la barque elfique franchit les chutes et les eaux écumantes et qu'elle le porta par Osgiliath et au-delà des multiples bouches de l'Anduin jusqu'au Grand Océan, la nuit sous les étoiles.

Les trois compagnons demeurèrent un moment silencieux à le suivre des yeux. Puis Aragorn parla. – Ils le guetteront de la Tour Blanche, dit-il, mais il ne reviendra ni de la montagne ni de la mer. Puis, lentement, il se mit à chanter :

Au travers de Rohan, par les marais et les prés où croît
[l'herbe longue,
Le Vent d'Ouest se promène et parcourt les murs.
« Quelles nouvelles de l'Ouest m'apportes-tu le soir, ô vent
[vagabond?
As-tu vu Boromir le Grand à la lumière de la lune ou des
[étoiles? »
« Je l'ai vu chevaucher par-dessus sept rivières, par-
[dessus les eaux vastes et grises,
Je l'ai vu marcher dans les terres désertes, jusqu'à ce qu'il
[disparût
Dans les ombres du Nord. Je ne le vis plus alors.
Le vent du Nord a pu entendre le cor du fils de
[Denethor. »
« O Boromir! Des hauts murs à l'Ouest, je regardai au
[loin,
Mais tu ne vins pas des terres désertes où nuls hommes
[ne sont. »

Puis Legolas chanta :

Des bouches de la Mer vole le vent du Sud, des dunes et
[des pierres;
Il porte les plaintifs cris des goélands, et à la porte il
[gémit :
« Quelles nouvelles du Sud, ô Vent soupirant, m'apportes-
[tu le soir?
Où est maintenant Boromir le Beau? Il tarde, et je
[m'afflige. »
« Ne me demande pas quelle est sa demeure – tant d'os
[gisent là
Sur les rives blanches et sur les sombres rives sous les
[cieux d'orage;
Tant d'êtres ont descendu l'Anduin pour trouver la Mer
[mouvante
Demande d'eux au Vent du Nord les nouvelles qu'il
[m'envoie! »
« O Boromir! Au-delà de la porte la route du large court
[au Sud,
Mais tu ne vins pas avec les goélands plaintifs de la
[bouche de la mer grise. »

Puis Aragorn chanta de nouveau :

De la Porte des Rois vient le Vent du Nord, et il passe sur
[les chutes grondantes;
Et clair et froid autour de la Tour retentit son cor
[sonore.
« Quelles nouvelles du Nord m'apportes-tu ce jour, ô Vent
[puissant?
Quelles nouvelles de Boromir le Hardi? Car il est depuis
[longtemps parti. »
« Sous Amon Hen j'ai entendu son cri. Là, maints
[ennemis il combattit.
Son bouclier fendu, son épée brisée, à l'eau ils les
[apportèrent.
Sa tête si fière, son visage si beau, ses membres, ils les
[disposèrent pour le repos;
Et Rauros, les chutes d'or de Rauros le portèrent sur leur
[sein. »

« O Boromir! La Tour de Garde toujours contemplera au [Nord
Rauros, les chutes d'or de Rauros, jusques à la fin des [temps. »

Ainsi conclurent-ils. Puis ils tournèrent leur embarcation et la menèrent avec toute la rapidité possible contre le courant vers Parth Galen.

– Vous m'avez laissé le Vent d'Est. Mais je n'en dirai rien.

– C'est ainsi qu'il se doit, dit Aragorn. A Minas Tirith, ils endurent le Vent d'Est, mais ils ne lui demandent pas de nouvelles. A présent, cependant, Boromir a pris sa route, et nous devons nous hâter de choisir la nôtre.

Il examina la pelouse verte, rapidement mais avec soin, se baissant même jusqu'à terre. – Aucun Orque n'a passé sur ce sol, dit-il. Autrement, on ne peut rien discerner avec certitude. Toutes nos empreintes sont là, à l'aller comme au retour. Je ne saurais dire si des Hobbits sont revenus depuis le début de la recherche de Frodon – Il retourna à la rive, tout près de l'endroit où le ruisselet de la source dégouttait dans la Rivière – Il y a des empreintes nettes, ici, dit-il. Un Hobbit est venu patauger dans l'eau et est remonté; mais je ne sais s'il y a longtemps ou non.

– Comment interprétez-vous cette énigme, alors? demanda Gimli.

Aragorn ne répondit pas tout de suite, mais il retourna à l'endroit du campement et examina le bagage. – Il manque deux ballots, dit-il, et l'un est certainement celui de Sam : il était assez gros et lourd. Voici donc la réponse : Frodon est parti en barque, et son serviteur l'a accompagné. Frodon a dû revenir pendant que nous étions tous absents. J'ai rencontré Sam qui montait la colline et je lui ai dit de me suivre; ce qu'il n'a manifestement pas fait. Il aura deviné l'intention de son maître et il sera revenu ici avant le départ de Frodon. Celui-ci aura trouvé difficile de laisser Sam derrière!

– Mais pourquoi nous aurait-il laissés, nous, et sans un mot? demanda Gimli. C'est un acte étrange!

– Et courageux, dit Aragorn. Sam a eu raison, je pense. Frodon ne voulait entraîner aucun ami à la mort avec lui en Mordor. Mais il savait qu'il devait lui-même y aller. Quelque chose s'est passé après qu'il nous eut quittés, qui a eu raison de sa crainte et de ses doutes.

– Peut-être des chasseurs orques l'ont-ils surpris et a-t-il fui, dit Legolas.

– Il a certainement fui, dit Aragorn, mais non pas devant des Orques, à mon avis. Il ne dit pas à quoi étaient dues, à son avis, la soudaine résolution et la fuite de Frodon. Il garda longtemps par-devers lui les derniers mots de Boromir.

– Une chose est claire, en tout cas, dit Legolas : Frodon n'est plus de ce côté de la Rivière : il est le seul à avoir pu prendre la barque. Et Sam est avec lui; c'est le seul qui aurait pris son ballot.

– Nous n'avons donc pour choix, dit Gimli, que de prendre l'embarcation restante et de suivre Frodon, ou de suivre les Orques à pied. Il y a peu d'espoir d'un côté comme de l'autre. Nous avons déjà perdu des heures précieuses.

– Laissez-moi réfléchir! dit Aragorn. Puissé-je faire maintenant un bon choix et changer le sort néfaste de ce malheureux jour! Il resta un moment silencieux. Je vais suivre les Orques, dit-il enfin. J'aurais guidé Frodon jusqu'en Mordor et je l'aurais accompagné jusqu'à la fin; mais pour le chercher maintenant dans les terres sauvages, il me faudrait abandonner les prisonniers aux tourments et à la mort. Mon cœur parle enfin clairement : le sort du Porteur n'est plus entre mes mains. La Compagnie a joué son rôle. Mais nous qui restons, nous ne pouvons abandonner nos compagnons tant qu'il nous reste quelque force. Allons! Partons maintenant. Laissez là tout ce dont nous pouvons nous passer! Nous allons forcer le pas, jour et nuit!

Ils remontèrent la dernière barque et la portèrent jusqu'aux arbres. Ils placèrent dessous tout ce qui ne leur était pas indispensable et qu'ils ne pouvaient emporter. Puis ils quittèrent Parth Galen. L'après-midi s'achevait comme ils revenaient à la clairière où était tombé Boromir. Ils relevèrent là la trace des Orques. Il n'y fallait pas une grande habileté.

– Nuls autres ne font pareil piétinement, dit Legolas. Il

semble qu'ils fassent leurs délices de taillader et d'écraser tout ce qui pousse, même si ce n'est pas sur leur chemin.

– Leur rapidité n'en est pas moins grande, dit Aragorn; et ils ne se fatiguent point. Et par la suite, nous aurons peut-être à découvrir notre route sur des sols durs et nus.

– Eh bien, à leurs trousses! dit Gimli. Les Nains aussi peuvent aller vite, et ils ne se fatiguent pas plus tôt que les Orques. Mais la chasse sera longue : ils ont une bonne avance.

– Oui, dit Aragorn, nous aurons tous besoin de l'endurance des Nains. Mais allons! Avec ou sans espoir, nous suivrons la trace de nos ennemis. Et malheur à eux si nous nous révélons les plus rapides! Nous allons effectuer une chasse qui fera l'étonnement des Trois Races apparentées : Elfes, Nains et Hommes. Sus, les Trois Chasseurs!

Il s'élança tel un cerf. Il vola parmi les arbres, les entraînant toujours en avant, infatigable et rapide, sa décision étant enfin prise. Ils laissèrent derrière eux les bois entourant le lac. Ils gravirent de longues pentes, qui se détachaient, sombres, sur un ciel déjà rougi par le couchant. Le crépuscule tomba. Ils poursuivirent leur chemin, ombres grises dans un paysage rocailleux.

CHAPITRE II

LES CAVALIERS DE ROHAN

L'obscurité tombait. La brume s'étendait derrière eux dans les bois en contrebas et planait sur les rives pâles de l'Anduin, mais le ciel était clair. Le croissant de la lune montait à l'ouest, et les ombres des rochers étaient noires. Ils étaient parvenus au pied des collines pierreuses, et leur allure se faisait plus lente, car la piste n'était plus aisée à suivre. A cet endroit, les hautes terres de l'Emyn Muil couraient du nord au sud en deux longues croupes éboulées. Le versant ouest de chacune d'elles était escarpé et difficile à gravir, mais les pentes en étaient plus douces, sillonnées de nombreux couloirs et ravines étroites. Les trois compagnons jouèrent des pieds et des mains toute la nuit sur ce terrain décharné, grimpant jusqu'à la crête de la première croupe, la plus élevée, pour redescendre de l'autre côté dans les ténèbres d'une vallée profonde et serpentine.

Là, à l'heure silencieuse et froide qui précède l'aube, ils se reposèrent un bref moment. La lune était depuis longtemps descendue devant eux, les étoiles scintillaient au-dessus de leurs têtes; la première lueur du jour n'avait pas encore paru le long des collines noires qu'ils avaient passées. Pour l'instant, Aragorn était désorienté : la piste des Orques descendait dans la vallée, mais là, elle avait disparu.

– De quel côté iraient-ils, à votre avis? demanda Legolas. Vers le nord pour prendre un chemin plus droit vers l'Isengard ou Fangorn, si c'est leur but comme vous le pensez? Ou vers le sud pour piquer sur l'Entalluve?

– Ils ne se dirigeront pas vers la rivière, quel que soit leur but, dit Aragorn. Et à moins que les choses n'aillent très mal en Rohan et que le pouvoir de Saroumane soit grandement accru, ils prendront le plus court chemin par les champs du Rohirrim. Cherchons vers le nord!

La vallée s'enfonçait comme une auge pierreuse entre les collines striées, et un ruisseau coulait en petits filets parmi les galets du fond. Une falaise se dressait sombrement sur leur droite; à leur gauche s'élevaient les pentes grises, estompées dans les ombres de la nuit avancée. Ils parcoururent encore un mille ou davantage en direction du nord. Aragorn, courbé vers le sol, cherchait parmi les replis et les ravines montant vers la crête ouest. Legolas marchait un peu en avant. Soudain, l'Elfe poussa un cri, et les autres accoururent vers lui.

– Nous avons déjà rattrapé quelques-uns de ceux que nous poursuivons, dit-il. Regardez! Il tendit le doigt, et ils virent que ce qu'ils avaient pris tout d'abord pour de grosses pierres au pied de la pente était des corps ramassés sur eux-mêmes. Cinq Orques gisaient là. Ils avaient été tailladés de maints coups cruels et deux d'entre eux étaient décapités. Le sol était détrempé de leur sang noirâtre.

– Voici une autre énigme! dit Gimli. Mais il faudrait la lumière du jour, et nous ne pouvons l'attendre.

– Et pourtant de quelque façon qu'on l'interprète, cela ne paraît pas dénué d'espoir, dit Legolas. Les ennemis de Orques sont probablement des amis. Ces collines sont-elles habitées?

– Non, dit Aragorn. Les Rohirrim y viennent rarement, et l'endroit est loin de Minas Tirith. Peut-être quelque groupe d'Hommes chassait-il par ici pour une raison inconnue de nous. Mais je ne le pense pas.

– Que croyez-vous? demanda Gimli.

– Je pense que l'ennemi a amené son propre ennemi avec lui, répondit Aragorn. Ce sont là des Orques du Nord, venus de très loin. On ne voit parmi les tués aucun des grands Orques aux étranges insignes. Il doit y avoir eu une querelle. Ce n'est pas chose rare chez ces êtres perfides. Il aura pu y avoir une dispute au sujet de la route.

– Ou des prisonniers, dit Gimli. Espérons qu'ils n'auront pas, eux aussi, trouvé ici leur trépas.

Aragorn inspecta le sol sur une vaste circonférence, mais il ne découvrit aucune autre trace du combat. Ils repartirent. Le ciel pâlissait déjà à l'est; les étoiles s'évanouissaient, et une lumière grise s'affirmait lentement. Un peu plus loin au nord, ils arrivèrent à un repli de terrain dans lequel un petit ruisseau, tombant et serpentant, s'était taillé un chemin pierreux jusque dans la vallée. Au milieu poussaient quelques buissons, et sur les bords il y avait quelques parcelles d'herbe.

– Enfin! dit Aragorn. Voici les traces que nous cherchons! Le long de ce lit : c'est là que les Orques sont partis après leur délibération.

Vivement, alors, les poursuivants tournèrent pour suivre le nouveau chemin. Comme rafraîchis par une nuit de repos, ils s'élancèrent de pierre en pierre. Ils finirent par atteindre ainsi le sommet de la colline grise, et une brise soudaine souffla dans leurs cheveux et agita leurs capes : le vent froid de l'aube.

Se retournant, ils virent par-delà la Rivière les lointaines collines embrasées. Le jour jaillit dans le ciel. Le limbe rouge du soleil s'éleva au-dessus des épaulements de la terre sombre. Devant eux à l'Ouest, le monde s'étendait silencieux, gris et sans forme; mais tandis qu'ils regardaient, les ombres de la nuit se défirent, les couleurs de la terre à son réveil reparurent : le vert inonda les vastes prairies de Rohan; les brumes blanches chatoyèrent dans les vallons aquifères; et dans le lointain à gauche, à trente lieues ou davantage, s'élevaient les Montagnes Blanches, bleues et pourpres, qui dressaient leurs cimes de jais couronnées de neiges luisantes, rosies par les lueurs du matin.

– Gondor! Gondor! s'écria Aragorn. Plût au Ciel que je te contemple de nouveau en une heure plus heureuse! Ce n'est pas encore que ma route se dirige au sud vers tes claires rivières.

Gondor! Gondor entre les Monts et la Mer!
Le Vent d'Ouest soufflait là; la lumière sur l'Arbre d'Argent
Tombait comme la brillante pluie aux jardins des Rois [de jadis.
O fiers murs! Tours blanches! O couronne ailée et trône d'or!
O Gondor, Gondor! Les Hommes verront-ils l'Arbre d'Argent,
Ou le Vent d'Ouest soufflera-t-il encore entre les Monts et la [Mer?

Allons, maintenant! dit-il, arrachant ses yeux à la contemplation du Sud pour regarder à l'ouest et au nord la route qu'il devait parcourir.

La montagne sur laquelle se tenaient les compagnons descendait abruptement devant leurs pieds. En dessous, à une quarantaine de mètres, il y avait une large corniche raboteuse qui se terminait brusquement au bord d'une falaise à pic : le Mur Est de Rohan. Ainsi se terminait l'Emyn Muil, et les plaines vertes du Rohirrim s'étendaient devant eux jusqu'à perte de vue.

– Regardez! s'écria Legolas, le doigt tendu vers le ciel pâle au-dessus d'eux. Voilà de nouveau l'aigle! Il vole très haut. Il semble maintenant partir d'ici pour retourner vers le Nord. Il va à grande vitesse. Voyez!

– Non, pas même mes yeux ne peuvent le voir, mon bon Legolas, dit Aragorn. Il doit voler très haut, assurément. Je me demande quelle est sa mission, si c'est le même oiseau que j'ai déjà vu. Mais regardez! Je vois quelque chose de plus proche et de plus urgent; il y a quelque chose qui bouge dans la plaine!

– Beaucoup de choses, dit Legolas. C'est une grande compagnie à pied; mais je ne puis en dire davantage, et je ne vois pas quel genre de gens ce peut être. Ils sont à bien des lieues d'ici : douze, je pense; mais l'égalité de surface de la plaine rend toute évaluation difficile.

– Je pense en tout cas que nous n'avons plus besoin d'une piste pour nous dire de quel côté aller, dit Gimli. Trouvons un sentier pour descendre dans les champs aussi vite que possible.

– Je doute que vous en trouviez un plus rapide

que celui que les Orques ont choisi, dit Aragorn.

Ils suivaient leurs ennemis à la claire lumière du jour, à présent. Il semblait que les Orques avaient forcé le pas dans toute la mesure où ils le pouvaient. A tout moment, les poursuivants ramassaient des objets tombés ou jetés : des sacs à vivres, des croûtons d'un pain gris et dur, une cape noire déchirée, un lourd soulier clouté, rompu par les pierres. La piste les menait vers le nord le long du sommet de l'escarpement, et ils arrivèrent enfin à une profonde crevasse creusée dans le roc par un ruisseau qui dévalait avec bruit au milieu des éclaboussures. Dans l'étroite ravine, un sentier raboteux descendait comme un escalier escarpé jusque dans la plaine.

Au bas, ils arrivèrent avec une étrange soudaineté sur l'herbe de Rohan. Elle se soulevait comme une mer verte jusqu'au pied même de l'Emyn Muil. A la fin de sa course précipitée, le ruisseau se perdait dans une épaisse couche de cresson et d'autres plantes aquatiques, et ils l'entendaient s'éloigner en tintant dans les tunnels verts au long des douces pentes vers les marécages de la Vallée de l'Entalluve dans le lointain. Il leur semblait avoir laissé l'hiver accroché aux collines derrière eux. Ici, l'air était plus doux, plus chaud, et légèrement parfumé comme si le printemps s'activait déjà et que la sève coulât de nouveau dans l'herbe et les feuilles. Legolas prit une profonde inspiration, comme quelqu'un qui boit une grande gorgée après une longue soif dans des lieux arides.

– Ah, l'odeur de verdure! dit-il. Cela vaut mieux que beaucoup de sommeil. Courons!

– Les pieds légers peuvent courir rapidement, ici, dit Aragorn. Plus rapidement peut-être que les Orques chaussés de fer. Nous avons à présent une chance de raccourcir leur avance!

Ils allaient en file indienne, courant comme des limiers après un puissant fumet, et l'ardeur luisait dans leurs yeux. La large fauchée des Orques traçait sa vilaine rainure presque droit vers l'ouest; la douce herbe de Rohan avait été écrasée et noircie à leur passage. Bientôt, Aragorn poussa une exclamation et se détourna.

– Attendez! cria-t-il. Ne me suivez pas encore. Quittant la piste principale, il courut vivement sur la droite, car il avait aperçu des traces de pas qui se dirigeaient de ce côté, se séparant des autres : l'empreinte de petits pieds sans chaussures. Elle n'allait toutefois pas bien loin avant d'être croisée par des pas d'Orques qui venaient aussi de la piste principale derrière et devant; ils se recourbaient ensuite vivement pour se perdre dans le piétinement. Au point le plus éloigné, Aragorn se pencha et ramassa quelque chose dans l'herbe; puis il revint en courant.

– Oui, dit-il, les empreintes sont parfaitement claires : ce sont celles d'un Hobbit. Celles de Pippin, vraisemblablement. Il est plus petit que l'autre. Et regardez ceci! Il éleva un objet qui scintilla au soleil. On aurait dit d'une feuille de hêtre nouvellement ouverte, belle et étrange dans cette plaine sans arbres.

– La broche d'un manteau d'Elfe! s'écrièrent ensemble Legolas et Gimli.

– Ce n'est pas inutilement que tombent les feuilles de Lorien, dit Aragorn. Celle-ci n'a pas chu par hasard : elle a été jetée comme signe pour quiconque pourrait suivre. Je pense que Pippin a quitté pour cela la piste en courant.

– Dans ce cas, lui au moins était vivant, dit Gimli. Et il avait l'usage de sa tête, ainsi que de ses jambes. Voilà qui est réconfortant. Notre poursuite n'est pas vaine.

– Espérons qu'il n'aura pas payé trop cher sa hardiesse, dit Legolas. Allons! Reprenons notre route! La pensée de ces joyeux jeunes gens menés comme du bétail me fend le cœur.

Le soleil atteignit son apogée, puis redescendit lentement dans le ciel. De légers nuages montèrent de la mer dans le sud lointain, qui furent chassés par la brise. Le soleil se coucha. Des ombres s'élevèrent derrière et étendirent de longues avancées de l'Est. Mais les chasseurs tinrent bon. Un jour s'était écoulé à présent depuis que Boromir était tombé, et les Orques étaient encore loin en avant; on ne pouvait plus en voir aucune trace dans les plaines unies.

Comme les ombres de la nuit se refermaient sur eux, Aragorn fit halte. Ils ne s'étaient reposés que deux brefs instants au cours de la marche de la journée, et douze lieues les séparaient à présent du mur de l'est où ils se trouvaient à l'aube.

– Nous sommes enfin devant un choix difficile, dit-il. Nous reposerons-nous la nuit ou continuerons-nous tant que notre volonté et nos forces tiendront?

– A moins que nos ennemis ne se reposent également, ils nous laisseront loin derrière eux si nous nous arrêtons pour dormir, dit Legolas.

– Même les Orques doivent bien faire une pause en cours de marche? dit Gimli.

– Les Orques voyagent rarement en terrain découvert sous le soleil, et pourtant ceux-ci l'ont fait, dit Legolas. Ils ne se reposeront certainement pas la nuit.

– Mais en marchant de nuit, nous ne pourrons suivre leur trace, dit Gimli.

– La piste est rectiligne; elle ne tourne ni à droite ni à gauche, aussi loin que portent mes yeux, dit Legolas.

– Peut-être pourrais-je vous conduire au jugé dans l'obscurité; mais si nous nous égarions, ou s'ils se détournaient, il nous faudrait peut-être beaucoup de temps pour retrouver la trace à la lumière du jour.

– Et il y a aussi ceci, dit Gimli : ce n'est que de jour que l'on pourra voir si des traces s'écartent. Si un prisonnier s'échappait ou si on en entraînait un, vers l'est, mettons, au Grand Fleuve, nous risquerions de passer les signes sans le savoir.

– C'est vrai, dit Aragorn. Mais si nous interprétons convenablement ceux que nous avons vus, les Orques de la Main Blanche prédominaient, et toute la compagnie se dirige maintenant vers l'Isengard. Leur trajet actuel corrobore mes dires.

– Il serait pourtant inconsidéré de se montrer trop assuré de leurs intentions, dit Gimli. Et une fuite? Dans l'obscurité, nous aurions passé à côté des signes qui vous ont conduit à la broche.

– Les Orques seront doublement sur leurs gardes depuis lors, et les prisonniers encore plus fatigués, dit Legolas. Il n'y aura plus d'évasion, si nous ne la combinons. On ne saurait deviner comment cela pourra se faire, mais il importe d'abord de les rattraper.

– Et pourtant même moi, Nain rompu aux voyages et non le moins endurci, je ne puis faire tout le trajet jusqu'à l'Isengard sans aucune pause, dit Gimli. J'ai aussi le cœur fendu, et j'aurais aimé partir plus tôt; mais maintenant il me faut me reposer un peu pour mieux courir. Et si nous devons nous reposer, la nuit aveugle est le meilleur temps pour cela.

– J'ai déclaré que le choix était difficile, dit Aragorn. Comment conclurons-nous ce débat?

– Vous êtes notre guide, dit Gimli, et vous êtes habile en l'art de la chasse. C'est à vous de choisir.

– Mon cœur me pousse à poursuivre, dit Legolas. Mais nous devons rester unis. Je suivrai votre décision.

– Vous laissez le choix à un mauvais arbitre, dit Aragorn. Depuis que nous avons franchi l'Argonath, mes options ont toutes mal tourné. Il resta ensuite un long moment silencieux, le regard fixé sur le nord et l'ouest dans la nuit grandissante.

– Nous ne marcherons pas dans les ténèbres, finit-il par dire. Le danger de manquer la piste ou les signes d'autres allées et venues me paraît le plus important. Si la Lune nous offrait assez de lumière, nous nous en servirions, mais, hélas! il (1) se couche tôt et il est encore jeune et pâle.

– Et, cette nuit, il est de toute façon voilé, murmura Gimli. Plût au Ciel que la Dame nous eût donné une lumière, un présent tel qu'elle en offrit à Frodon!

– Il sera encore plus nécessaire à celui à qui il a été octroyé, dit Aragorn. C'est à lui qu'appartient la véritable Quête. La nôtre n'est que peu de chose parmi les grands faits de ce temps. Une poursuite vaine dès l'abord peut-être, que nul choix de ma part ne peut ni gâcher ni rectifier. Eh bien, j'ai choisi. Profitons donc du moment, du mieux que nous le pourrons!

Il se jeta à terre et sombra aussitôt dans le sommeil, car il n'avait pas dormi depuis la nuit passée à l'ombre de Tol Brandir. Il se réveilla et se leva avant que l'aube ne parût dans le ciel. Gimli était encore plongé dans le sommeil, mais Legolas, debout, scrutait l'obscurité en direction du nord, pensif et silencieux tel un jeune arbre dans une nuit sans vent.

– Ils sont très, très loin, dit-il avec tristesse, se tournant

(1) Dans son langage, la Lune est du genre masculin, comme le Soleil – on l'a vu – était féminin chez les Elfes.

vers Aragorn. Je sais dans mon cœur qu'ils n'ont pris aucun repos cette nuit. Seul un aigle pourrait les rattraper, à présent.

– Nous n'en devons pas moins les suivre tant bien que mal », dit Aragorn. Se baissant, il réveilla le Nain. Allons! Il faut partir, dit-il. La piste refroidit.

– Mais il fait encore sombre, dit Gimli. Même Legolas au sommet d'une colline ne pourrait les voir jusqu'à ce que le Soleil soit levé.

– Je crains qu'ils ne soient sortis du champ de ma vue tant du haut d'une colline que de la plaine, aussi bien à la lumière du soleil qu'à celle de la lune, dit Legolas.

– Où la vue fait défaut, la terre peut encore nous apporter quelque rumeur, dit Aragorn. La terre doit gémir sous leurs détestables pieds. Il s'allongea sur le sol, l'oreille pressée contre le gazon. Il resta là sans mouvement si longtemps que Gimli se demanda s'il s'était évanoui ou s'il s'était rendormi. Les premières lueurs de l'aube parurent, et une lumière grise les entoura lentement. Il finit par se relever, et ses amis purent alors voir son visage : il était pâle et tiré, et l'aspect en était troublé.

– La rumeur de la terre est faible et confuse, dit-il. Rien n'y marche sur bien des milles autour de nous. Les pas de nos ennemis sont faibles et lointains. Mais des sabots de chevaux résonnent fortement. Il me vient à l'esprit que je les ai entendus, tandis même que je dormais sur le sol, et ils ont troublé mes rêves : des chevaux qui passaient au galop dans l'Ouest. Mais à présent, ils s'éloignent encore de nous en direction du Nord. Je me demande ce qui se passe dans le pays!

– Partons! dit Legolas.

Ainsi commença le troisième jour de leur poursuite. Ils ne s'arrêtèrent guère durant toutes ces longues heures, partagées entre les nuages et un soleil capricieux, tantôt marchant à grands pas, tantôt courant, comme si aucune fatigue ne pouvait éteindre l'ardeur qui brûlait en eux. Ils ne parlaient que rarement. Ils parcouraient la vaste solitude, et leurs capes elfiques se fondaient dans le gris-vert des champs; même dans le froid soleil de midi, peu d'yeux autres qu'elfiques les auraient remarqués avant qu'ils ne fussent tout proches. Ils remerciaient souvent en leur cœur la Dame de Lorien pour son don de *lembas*, car ils pouvaient en manger et trouver de nouvelles forces sans interrompre leur course.

Toute la journée, la trace de leurs ennemis s'étendit droit au nord-ouest, sans interruption ni tournant. Comme une fois de plus le jour tirait à sa fin, ils parvinrent à de longues pentes dénudées, où le terrain s'élevait, se gonflant vers une ligne de croupes basses. La trace des Orques se fit plus indistincte à mesure que, se recourbant vers le nord, elle se rapprochait d'eux, car le sol devenait plus dur et l'herbe plus courte. Au loin sur la gauche, la rivière Entalluve serpentait, fil d'argent dans un parterre vert. Rien ne bougeait. Aragorn s'étonnait souvent de ne voir aucun signe ni de bête ni d'homme. Les demeures des Rohirrim étaient pour la plupart à maintes lieues vers le sud, sous les avancées des Montagnes Blanches, maintenant perdues dans la brume et les nuages; pourtant, les Seigneurs des Chevaux avaient autrefois entretenu de nombreux troupeaux et élevages dans l'Estemnet, cette région orientale de leur royaume, et les bouviers y avaient beaucoup vagabondé, vivant en campement et sous la tente, même en hiver. Mais à présent toute la région était vide, et il y régnait un silence qui ne paraissait pas être la tranquillité de la paix.

Ils firent de nouveau halte au crépuscule. Ils avaient alors parcouru deux fois douze lieues dans les plaines de Rohan, et le mur de l'Emyn Muil se perdait dans les ombres de l'Est. La jeune lune luisait dans un ciel brumeux, mais elle dispensait une légère lumière, et les étoiles étaient voilées.

– C'est maintenant que je nous accorderais le moins un moment de repos ou toute halte dans notre chasse, dit Legolas. Les Orques ont couru devant nous comme poursuivis par les fouets mêmes de Sauron. Je crains qu'ils n'aient déjà atteint la forêt et les collines sombres et qu'ils ne passent en ce moment même dans les ombres des arbres.

Gimli grinça des dents. – C'est une fin amère pour notre espoir et toute notre peine! dit-il.

– Pour l'espoir, mais pas pour la peine, dit Aragorn.

Nous n'allons pas faire demi-tour ici. Je suis pourtant las. (Il tourna la tête pour contempler le chemin par lequel ils étaient venus vers la nuit qui s'assemblait à l'Est.) Quelque chose d'étrange est à l'œuvre dans ce pays. Je me méfie du silence. Je me méfie même de la Lune pâle. Les étoiles sont faibles, et je suis fatigué comme je l'ai rarement été, fatigué comme aucun Rôdeur ne devrait l'être avec une piste claire à suivre. Il y a quelque volonté qui donne la rapidité à nos ennemis et nous oppose une barrière invisible : une fatigue dans le cœur plutôt que dans les membres.

– C'est vrai! dit Legolas. Cela, je l'ai su dès le moment où nous sommes descendus de l'Emyn Muil. Car la volonté n'est pas derrière, mais devant nous. Il désigna, au-delà du pays de Rohan, l'Ouest obscur sous le croissant de la lune.

– Saroumane! murmura Aragorn. Mais il ne nous fera pas faire demi-tour! Il nous faut nous arrêter encore une fois; car, voyez! même la Lune s'enfonce dans les nuages qui s'amoncellent. Mais c'est vers le nord, entre les hauts et les marécages, que s'étendra notre route, quand reviendra le jour.

Comme auparavant, Legolas fut le premier sur pied, si même il avait dormi. – Debout! cria-t-il. C'est une aube rouge. D'étranges choses nous attendent aux avancées de la forêt. Bonnes ou mauvaises, je l'ignore; mais on nous appelle. Debout!

Les autres se levèrent, et ils repartirent presque aussitôt. Les hauts approchèrent lentement. Il était encore une heure avant midi quand ils les atteignirent : des pentes vertes s'élevant vers des crêtes dénudées qui se suivaient en file, droit vers le nord. A leur pied, le sol était sec et l'herbe courte, mais une longue bande de terre noyée, large de quelque dix milles, s'étendait entre eux et la rivière qui vagabondait parmi des fourrés indistincts de roseaux et de joncs. Juste à l'ouest de la pente la plus méridionale, il y avait un grand anneau, où l'herbe avait été arrachée et écrasée par la foulée d'un grand nombre de pieds. La trace des Orques en repartait pour suivre au nord le pied desséché des collines. Aragorn s'arrêta et examina attentivement les traces.

– Ils se sont reposés un moment ici, dit-il, mais même la piste partante est déjà ancienne. Je crains que votre cœur n'ait dit vrai, Legolas : il y a bien trois fois douze heures, je pense, que les Orques se sont trouvés où nous sommes. S'ils ont maintenu leur train, ils auront atteint hier au coucher du soleil les lisières de Fangorn.

– Je ne vois rien d'autre vers le nord que l'herbe qui s'estompe dans la brume, dit Gimli. Apercevrions-nous la forêt en grimpant sur les collines?

– Elle est encore loin, dit Aragorn. S'il m'en souvient bien, ces hauts se poursuivent sur huit lieues ou davantage en direction du nord; et puis au nord-ouest, jusqu'à la sortie de l'Entalluve, s'étend encore une vaste terre, sur quinze lieues peut-être.

– Eh bien, si nous partions, dit Gimli. Mes jambes doivent oublier les milles. Elles seraient mieux disposées si j'avais le cœur moins lourd.

Le soleil se couchait quand ils atteignirent enfin l'extrémité de la ligne des hauts. Ils marchèrent bien des heures sans prendre de repos. Ils allaient lentement à présent, et le dos de Gimli était courbé. Les Nains ont une résistance de roc pour ce qui est du labeur ou du voyage, mais cette poursuite sans fin commençait à se faire sentir d'autant plus que tout espoir s'épuisait dans son cœur. Aragorn marchait derrière lui, renfermé et silencieux, se baissant de temps à autre pour examiner quelque empreinte ou signe sur le sol. Seul Legolas poursuivait sa marche d'un pas aussi léger que jamais, son pied semblant à peine effleurer l'herbe et ne laissant aucune trace au passage; mais il trouvait toute la sustentation nécessaire dans le pain de route des Elfes, et il pouvait dormir, si les Hommes auraient appelé cela dormir, se reposant l'esprit dans les étranges sentiers des rêves elfiques, tout en marchant les yeux ouverts dans la lumière de ce monde.

– Grimpons sur cette verte colline! dit-il. Ils le suivirent, gravissant péniblement la longue pente, et ils finirent par atteindre le sommet. C'était une colline ronde, unie et nue, isolée tout au nord des hauts. Le soleil se couchait, et les ombres du soir tombèrent comme un rideau. Ils étaient seuls dans un monde gris informe, sans marque ni mesure. Seule, dans le lointain du nord-ouest, une masse plus sombre se détachait sur la lumière mourante : les Monts Brumeux et la forêt à leur pied.

– Nous ne pouvons rien voir ici pour nous guider, dit Gimli. Eh bien, nous devons nous arrêter encore une fois et passer la nuit. Il commence à faire froid!

– Le vent vient des neiges du Nord, dit Aragorn.

– Et avant le matin, il tournera à l'Est, dit Legolas. Mais reposez-vous, si cela vous est nécessaire. Ne rejetez pas tout espoir toutefois. Le lendemain est toujours inconnu. La décision se trouve souvent au lever du Soleil.

– Trois soleils se sont déjà levés sur notre poursuite, sans nous apporter aucune solution, dit Gimli.

La nuit se fit de plus en plus froide. Aragorn et Gimli sommeillèrent par à-coups et, chaque fois qu'ils se réveillaient, ils voyaient Legolas debout à côté d'eux ou allant et venant en chantant doucement pour lui-même dans sa propre langue; et tandis qu'il chantait, les étoiles blanches s'ouvrirent dans l'épaisse voûte noire qui les dominait. Ainsi passa la nuit. Ils observèrent ensemble la lente montée de l'aube dans le ciel, à présent nu et sans nuages, jusqu'à ce qu'enfin vînt le soleil. Il était pâle et net. Le vent était à l'Est, et toutes les brumes s'étaient retirées; de vastes terres s'étendaient, désertes, autour d'eux dans la dure lumière.

Ils voyaient en avant à l'est les hautes terres venteuses du Plateau de Rohan qu'ils avaient déjà aperçues bien des jours auparavant du Grand Fleuve. Au nord-ouest s'avançait la sombre forêt de Fangorn; ses lisières ombreuses se trouvaient encore à dix lieues, et ses pentes se perdaient au-delà dans le bleu lointain. A l'horizon, comme flottant sur un nuage gris, brillait la tête blanche du majestueux Methedras, dernière cime des Monts Brumeux. L'Entalluve s'élançait à leur rencontre du sein de la forêt; son cours était à présent rapide et étroit, et ses rives étaient profondément creusées. La piste des Orques se détournait des hauts pour le rejoindre.

La suivant de ses yeux perçants jusqu'à la rivière, puis reportant ceux-ci vers la forêt, Aragorn vit une ombre sur le vert lointain, une tache noire qui se mouvait rapidement. Il se jeta sur le sol et écouta avec une profonde attention. Mais Legolas se tenait debout à côté de lui, abritant ses brillants yeux d'Elfe de sa longue et mince main, et il ne vit pas une ombre, ni une tache, mais les petites formes de cavaliers nombreux, et le reflet du matin à la pointe de leurs lances ressemblait au scintillement de minuscules étoiles au-delà de la vue des mortels. Loin derrière eux, une fumée sombre s'élevait en minces volutes.

Le silence régnait sur les champs déserts, et Gimli entendait le mouvement de l'air dans l'herbe.

– Des cavaliers! s'écria Aragorn, se relevant vivement. Des cavaliers nombreux montés sur des coursiers rapides viennent vers nous!

– Oui, dit Legolas, il y en a cent cinq. Ils ont les cheveux blonds, et brillantes sont leurs lances. Leur chef est très grand.

Aragorn sourit. – Perçants sont les yeux des Elfes, dit-il.

– Non! Les cavaliers sont à moins de cinq lieues, dit Legolas.

– Que ce soit cinq lieues ou une, dit Gimli, nous ne pouvons leur échapper dans ce terrain nu. Allons-nous les attendre ici ou poursuivre notre route?

– Nous attendrons, dit Aragorn. Je suis fatigué, et notre poursuite a échoué. Ou du moins d'autres nous ont-ils précédés, car ces cavaliers reviennent sur la piste des Orques. Peut-être recevrons-nous d'eux des nouvelles.

– Ou des lances, dit Gimli.

– Il y a trois selles vides, mais je ne vois pas des Hobbits, dit Legolas.

– Je n'ai pas dit que nous recevrions de bonnes nouvelles, dit Aragorn. Mais, mauvaises ou bonnes, nous les attendrons ici.

Les trois compagnons quittèrent alors le sommet, où ils pouvaient offrir une cible facile sur le fond du ciel, et ils descendirent lentement le versant nord. Ils s'arrêtèrent un peu avant le pied de la colline et, s'enveloppant dans leurs manteaux, ils s'assirent, pelotonnés ensemble sur l'herbe flétrie. Le temps s'écoula, lent et pesant. Le vent était léger et pénétrant. Gimli était inquiet.

– Que savez-vous de ces cavaliers, Aragorn? demanda-t-il. Attendons-nous ici une mort soudaine?

– J'ai été parmi eux, répondit Aragorn. Ils sont fiers et opiniâtres, mais aussi loyaux et généreux de cœur et en action; hardis, mais non cruels; sages, mais ignorants, n'écrivant pas de livres, mais chantant beaucoup de chansons, à la façon des enfants des Hommes avant les Années Sombres. Je ne sais toutefois pas ce qui s'est passé ici depuis quelque temps, ni quel est à présent l'état d'esprit des Rohirrim entre le traître Saroumane et la menace de Sauron. Ils ont longtemps été les amis des gens de Gondor, bien que n'en étant pas parents. Ce fut dans les années oubliées de jadis qu'Eorl le Jeune les amena du Nord, et leur parenté est plutôt avec les Bardides du Val et les Béornides de la Forêt, parmi lesquels on peut encore voir de nombreux hommes grands et beaux comme le sont les Cavaliers de Rohan. En tout cas, ils n'aimeront pas les Orques.

– Mais Gandalf a entendu une rumeur selon laquelle ils payaient tribut au Mordor, dit Gimli.

– Je n'y crois pas plus que n'y croyait Boromir, répondit Aragorn.

– Vous saurez bientôt la vérité, dit Legolas. Ils approchent déjà.

Enfin même Gimli entendit le bruit lointain de chevaux au galop. Suivant la piste, les cavaliers avaient quitté le bord de la rivière, et ils s'avançaient vers les hauts. Ils volaient comme le vent.

Les cris de voix fortes et claires résonnèrent à travers champs. Soudain, les Cavaliers arrivèrent dans un bruit de tonnerre, et celui de tête fit un crochet pour passer au pied de la colline et mener la troupe vers le sud le long des pentes ouest des Hauts. Tous le suivirent : longue file d'hommes en cotte de mailles, rapides, reluisants, terribles et beaux à voir.

Leurs chevaux étaient de grande stature, forts et bien découplés; leur robe grise luisait, leur longue queue flottait au vent, leur crinière était nattée sur leur fière encolure. Les Hommes qui les montaient s'accordaient bien avec eux : grands, les membres allongés; leurs cheveux, d'un blond de lin, sortaient de sous leur casque léger et descendaient en longues tresses dans leur dos; leur visage était dur et ardent. Ils tenaient de hautes lances de frêne et portaient dans le dos des boucliers peints; de longues épées pendaient à leur ceinture; leurs chemises de mailles brunies leur recouvraient les genoux.

Ils passèrent en galopant par paires, et quoique l'un d'eux se dressât de temps à autre sur ses étriers pour regarder en avant et de chaque côté, ils semblaient ne pas percevoir la présence des trois étrangers qui les observaient, assis en silence. La troupe avait déjà presque passé, quand Aragorn se leva soudain et cria d'une voix forte :

– Quelles nouvelles du Nord, Cavaliers de Rohan?

Ils arrêtèrent leurs coursiers avec une rapidité et une adresse étonnantes, firent demi-tour et vinrent à la charge. Les trois compagnons se trouvèrent bientôt au centre d'un anneau de cavaliers tournant en rond sur la pente de la colline, derrière eux, et redescendant, virevoltant autour d'eux en un cercle toujours plus étroit. Aragorn se tenait debout en silence, et les deux autres restaient assis immobiles, se demandant comment les choses allaient tourner.

Soudain, sans un mot ni un cri, les Cavaliers s'arrêtèrent. Un fourré de lances était pointé vers les étrangers; et certains des cavaliers avaient un arc à la main, flèche encochée. L'un d'eux s'approcha alors – un homme de haute taille, plus grand que tous les autres; de son casque, comme un cimier, pendait une queue de cheval blanche. Il avança jusqu'à ce que la pointe de sa lance fût à un pied de la poitrine d'Aragorn. Celui-ci ne fit aucun mouvement.

– Qui êtes-vous et que faites-vous dans ce pays? dit le Cavalier, usant du Langage Ordinaire de l'Ouest, semblable par la manière et l'intonation à celui de Boromir, Homme de Gondor.

– On m'appelle Grands-Pas, répondit Aragorn. Je viens du Nord. Je chasse des Orques.

Le Cavalier sauta à bas de sa monture. Tendant sa lance à un autre qui s'était avancé et qui avait mis pied à terre à côté de lui, il tira son épée et se tint face à face avec Aragorn, l'examinant attentivement et non sans étonnement. Il finit par parler de nouveau.

– J'ai cru tout d'abord que vous étiez vous-mêmes des Orques, dit-il; mais je vois à présent qu'il n'en est pas ainsi. En vérité, vous ne connaissez pas grand-chose des Orques pour les chasser de cette façon. Ils étaient rapides et bien armés, et ils étaient nombreux. Si jamais vous les aviez rejoints, vous n'auriez pas tardé à devenir, de chasseurs, proie. Mais il y a quelque chose d'étrange en vous, Grands-Pas. Il fixa encore sur le Rôdeur ses yeux brillants et clairs. Ce n'est pas un nom d'Homme que vous donnez. Et votre habillement est curieux. Auriez-vous surgi de l'herbe? Comment avez-vous échappé à notre vue? Seriez-vous des Elfes?

– Non, dit Aragorn. Un seul d'entre nous est un Elfe, Legolas du Royaume sylvestre dans la lointaine Forêt Noire. Mais nous avons passé par la Lothlorien, et les présents et la faveur de la Dame nous accompagnent.

Le Cavalier les regarda avec un étonnement renouvelé, mais ses yeux se durcirent. – Il y a donc une Dame dans la Forêt d'or, comme on le voit dans les anciens contes! dit-il. Peu nombreux sont ceux qui échappent à ses filets, dit-on. Nous vivons en d'étranges temps! Mais si vous jouissez de sa faveur, peut-être êtes-vous aussi des tisseurs de filets et des sorciers? Il tourna soudain un regard froid sur Legolas et sur Gimli. Pourquoi ne parlez-vous pas, vous autres muets? demanda-t-il.

Gimli se leva et se campa fermement sur ses pieds écartés; sa main se crispa sur le manche de sa hache et ses yeux sombres étincelèrent : – Donnez-moi votre nom, dresseur de chevaux; je vous donnerai le mien, et autre chose avec, dit-il.

– Quant à cela, dit le Cavalier, braquant de son haut les yeux sur le Nain, c'est à l'étranger à se déclarer le premier. Je vous dirai néanmoins que je me nomme Eomer fils d'Eomund, et qu'on m'appelle le Troisième Maréchal de Riddermark.

– Eh bien, Eomer fils d'Eomund, Troisième Maréchal de Riddermark, permettez que Gimli fils du Nain Gloïn vous mette en garde contre vos sottes paroles. Vous parlez en mal de ce qui est d'une beauté qui dépasse vos capacités de pensée, et seul peut vous excuser votre peu d'entendement.

Les yeux d'Eomer s'enflammèrent; les Hommes de

Rohan eurent des murmures de colère, et leur cercle se resserra, lances pointées. – Je vous couperais la tête avec la barbe et tout, Maître le Nain, pour peu qu'elle fût un peu plus loin du sol, dit Eomer.

– Il n'est pas seul, dit Legolas, bandant son arc et encochant une flèche d'un tour de main plus rapide que la vue. Vous seriez mort avant que votre coup ne tombe.

Eomer brandit son épée, et les choses auraient pu mal tourner si Aragorn ne s'était précipité entre eux, main levée. – Pardonnez-nous, Eomir! s'écria-t-il. Quand vous en saurez plus, vous comprendrez pourquoi vous avez irrité mes compagnons. Nous ne voulons aucun mal au Rohan, ni à aucun de ses habitants, hommes ou chevaux. Ne voulez-vous pas entendre notre histoire avant de frapper?

– Oui, dit Eomir, abaissant sa lame. Mais ceux qui vagabondent dans le Riddermark feraient bien de se montrer moins arrogants par ces temps douteux. Dites-moi d'abord votre nom véritable.

– Dites-moi d'abord qui vous servez, dit Aragorn. Etes-vous ennemi ou ami de Sauron, le Seigneur Ténébreux de Mordor?

– Je ne sers que le Seigneur de la Marche, Théoden fils Roi de Thengal, répondit Eomer. Nous ne servons pas le Pouvoir de la lointaine Terre Noire, mais nous ne sommes pas non plus en guerre ouverte avec lui; et si vous le fuyez, vous feriez mieux de quitter ce pays. Il y a des troubles à présent à toutes nos frontières, et nous sommes menacés; mais nous désirons seulement être libres et vivre comme nous avons vécu, conservant ce qui nous appartient et ne servant aucun seigneur étranger, bon ou mauvais. Nous accueillions les étrangers avec bienveillance dans les jours meilleurs, mais en ces temps-ci l'étranger non invité nous trouve prompts et durs. Allons! Qui êtes-vous? Que savez-vous, vous? Sur l'ordre de qui chassez-vous les Orques sur notre territoire?

– Je ne sers nul homme, dit Aragorn, mais les serviteurs de Sauron, je les poursuis dans quelque pays qu'ils aillent. Il en est peu parmi les Hommes mortels qui en sachent davantage sur les Orques, et ce n'est pas par plaisir que je les chasse ainsi. Ceux que nous poursuivons ont emmené captifs deux de mes amis. En pareille circonstance, un homme qui n'a pas de cheval ira à pied et il ne demandera pas la permission de suivre la trace. Et il ne comptera les têtes de l'ennemi qu'à l'épée. Je ne suis pas sans armes.

Aragorn rejeta sa cape en arrière. Le bouclier elfique étincela comme il le saisissait, et la luisante lame d'Anduril brilla comme une flamme quand il la tira du fourreau.

– Elendil! cria-t-il. Je suis Aragorn fils d'Arathorn, et je me nomme Elesser, la Pierre d'Elfe, Dunadan, l'héritier du fils d'Isildur Elendil de Gondor. Voici l'Epée qui fut Brisée et qui a été reforgée! Voulez-vous m'aider ou me contrecarrer? Choisissez vite!

Gimli et Legolas regardèrent leur compagnon avec stupéfaction, car ils ne l'avaient jamais vu en pareille disposition. Il semblait avoir grandi en stature, tandis qu'Eomer était rétréci; et ils avaient, dans son visage vivant, une brève vision de la puissance et de la majesté des rois de pierre. Durant un moment, il parut aux yeux de Legolas qu'une flamme blanche scintillait au front d'Aragorn comme une brillante couronne.

Eomer recula et une expression de crainte respectueuse se montra sur son visage. Il baissa ses yeux orgueilleux. – Nous vivons d'étranges jours, murmura-t-il. Les rêves et les légendes surgissent à la vie, de l'herbe même.

« Dites-moi, Seigneur, ce qui vous amène ici, dit-il. Et que signifiaient ces sombres paroles? Il y a longtemps que Boromir fils de Denethor est parti à la recherche d'une réponse, et le cheval que nous lui avions prêté est revenu sans cavalier. Quel destin nous apportez-vous du Nord?

– Le destin du choix, dit Aragorn. Voici ce que vous pouvez dire à Théoden fils de Thengel : il a devant lui la guerre ouverte avec ou contre Sauron. Nul ne pourra plus vivre comme il a vécu, et rares seront ceux qui pourront conserver ce qu'ils appellent leur. Mais de ces graves questions nous parlerons plus tard. Si la chance le permet, j'irai moi-même voir le roi. Pour le moment, je suis en grand besoin et je demande de l'aide ou au moins des nouvelles. Vous l'avez entendu, nous poursuivons une troupe d'Orques qui a emmené nos amis. Que pouvez-vous nous dire?

– Qu'il est inutile de les poursuivre plus avant, dit Eomer. Les Orques ont été détruits.

– Et nos amis?

– Nous n'avons trouvé que les Orques.

– Mais voilà qui est étrange, en vérité, dit Aragorn. Avez-vous examiné les morts? N'y avait-il pas de corps autres que d'Orques? Ils seraient petits, des corps d'enfants à vos yeux, sans souliers, mais vêtus de gris.

– Il n'y avait ni nains ni enfants, dit Eomer. Nous avons compté tous les morts et les avons dépouillés; nous avons ensuite entassé les cadavres et nous les avons brûlés, selon notre coutume. Les cendres fument encore.

– Il ne s'agit pas de nains ou d'enfants, dit Gimli. Nos amis étaient des Hobbits.

– Des Hobbits? dit Eomir. Qu'est-ce que cela? Le nom est étrange.

– Un nom étrange pour des gens étrangers, dit Gimli. Mais ceux-là nous étaient très chers. Vous avez entendu parler en Rohan, à ce qu'il semble, des mots qui troublèrent Minas Tirith. Ils faisaient allusion au Semi-Homme. Les Hobbits sont des Semi-Hommes.

– Des Semi-Hommes! s'écria en riant le Cavalier qui se tenait à côté d'Eomir. Des Semi-Hommes! Mais ce ne sont que des personnages d'anciennes chansons et de contes d'enfants des pays du Nord. Nous promenons-nous donc dans les légendes ou sur la verte terre en plein jour?

– On peut faire les deux, dit Aragorn. Car non pas nous, mais nos successeurs écriront les légendes de notre temps. La verte terre, dites-vous? C'est là une bonne matière de légende, bien que vous la fouliez en plein jour!

– Le temps presse, dit le Cavalier, sans prêter attention à Aragorn. Il faut nous hâter d'aller vers le Sud, Seigneur. Laissons ces gens à leurs fantaisies. Ou lions-les pour les amener au roi.

– Paix, Eothain! dit Eomir dans sa propre langue. Laisse-moi un moment. Dis aux *éored* de se rassembler sur le chemin et préparez-vous à partir pour le Gué d'Ent.

Eothain se retira en murmurant et parla aux autres. Ils partirent bientôt, laissant Eomer seul avec les trois compagnons.

– Tout ce que vous dites est étrange, Aragorn, reprit-il. Pourtant, vous dites la vérité, cela est clair : les Hommes de la Marche ne mentent point; c'est pourquoi on ne leur en impose pas aisément. Mais vous n'avez pas tout dit. Ne voulez-vous pas parler plus complètement de votre but, de façon à me permettre de juger que faire?

– Je suis parti il y a bien des semaines d'Imladris, comme on la nomme en poésie, répondit Aragorn. J'étais accompagné de Boromir de Minas Tirith. Mon but était d'aller à cette cité avec le fils de Denethor pour aider les siens dans leur guerre contre Sauron. Mais la compagnie avec laquelle je voyageai avait une autre affaire. Je ne puis en parler pour le moment. Notre guide était Gandalf le Gris.

– Gandalf! s'exclama Eomir. Gandalf Maisongrise est connu dans la Marche; mais je vous avertis que son nom n'est plus un sésame pour obtenir la faveur du roi. Il a été souvent de mémoire d'homme l'hôte du pays, venant à son gré après une période ou après maintes années. Il est toujours avant-coureur d'événements étranges : un porteur de mal, disent maintenant certains.

« En fait, depuis sa dernière venue, l'été dernier, tout a été de travers. C'est à ce moment qu'ont commencé nos ennuis avec Saroumane. Jusqu'alors, nous le comptions parmi nos amis; mais Gandalf est venu alors et il nous a avertis qu'une guerre brusquée se préparait dans l'Isengard. Il a dit que lui-même avait été prisonnier à Orthanc, qu'il avait eu peine à s'évader, et il demandait de l'aide. Mais Théoden n'a pas voulu l'écouter, et il est parti. Ne prononcez pas trop haut le nom de Gandalf à portée des oreilles de Théoden! Il est en courroux : Gandalf a pris le cheval nommé Gripoil, le plus précieux de tous les coursiers du roi, principal des *Mearas* que seul peut monter le Seigneur de la Marche. Car le père de leur race fut le grand cheval d'Eorl, qui connaissait le langage des Hommes. Gripoil est revenu il y a sept nuits; mais la colère du roi n'en est pas moins grande, car à présent le cheval est devenu sauvage et ne se laisse manier par personne.

– Ainsi Gripoil a trouvé seul son chemin de l'extrême Nord, dit Aragorn; c'est là en effet que Gandalf et lui se sont séparés. Mais, hélas! Gandalf ne montera plus. Il est tombé dans les ténèbres des Mines de la Moria, et il ne revient pas.

– C'est là une dure nouvelle, dit Eomer. Pour moi du moins, et pour beaucoup d'autres; pas pour tous néanmoins, comme vous pourrez le constater si vous venez voir le roi.

– C'est une nouvelle plus cruelle que quiconque dans le pays ne peut le comprendre, encore que tout le monde puisse être gravement touché avant que l'année ne soit beaucoup plus avancée, dit Aragorn. Mais quand les grands tombent, les mineurs doivent prendre la tête. Ç'a été mon rôle de guider notre Compagnie sur la longue route venant de la Moria. Nous sommes venus par la Lorien – au sujet de laquelle il serait bon que vous appreniez la vérité avant d'en reparler – et de là, tout le long des lieues du Grand Fleuve jusqu'aux chutes de Rauros. Là, Boromir fut tué par ces mêmes Orques que vous avez détruits.

– Vos nouvelles sont toutes de malheur! s'écria Eomer, consterné. C'est un grand mal que cette mort pour Minas Tirith comme pour nous tous. C'était un digne homme! Tous faisaient son éloge. Il venait rarement dans la Marche, car il était toujours dans les guerres des frontières de l'est; mais je l'ai vu. Il m'a paru ressembler davantage aux rapides fils d'Eorl qu'aux graves Hommes de Gondor, et devoir se révéler grand capitaine de son peuple, le moment venu. Mais nous n'avons eu aucune annonce de ce malheur de Gondor. Quand est-il tombé?

– Cela fait maintenant quatre jours qu'il a été tué, répondit Aragorn, et depuis ce soir-là, nous sommes venus de l'ombre de Tol Brandir.

– A pied? s'écria Eomir.

– Oui, tout comme vous nous voyez.

Un vaste étonnement se révéla dans les yeux d'Eomer.

– Grands-Pas est un trop piètre nom, fils d'Arathorn, dit-il. Je vous nomme Pieds-Ailés. Cette prouesse des trois amis devrait être chantée dans maints châteaux. Vous avez parcouru quarante-cinq lieues avant la fin du quatrième jour! Robuste est la race d'Elendil!

« Mais à présent, Seigneur, que voudriez-vous que je fasse? Je dois me hâter de retourner auprès de Theoden. J'ai parlé avec circonspection devant mes hommes. Il est vrai que nous ne sommes pas encore en guerre ouverte avec le Pays Noir, et il est des gens, proches de l'oreille du roi, qui donnent des conseils de lâcheté; mais la guerre vient. Nous n'abandonnerons pas notre vieille alliance avec le Gondor, et quand il se battra, nous l'aiderons : voilà ce que je dis, moi et tous ceux qui sont avec moi. Je suis en charge de la Marche Orientale, circonscription du Troisième Maréchal; et j'ai déplacé tous nos troupeaux et leurs gardiens; je les ai retirés au-delà de l'Entalluve, ne laissant ici que des gardes et des éclaireurs rapides.

– Vous ne payez donc pas tribut à Sauron? dit Gimli.

– Non, et nous ne l'avons jamais fait, dit Eomir – et un éclair passa dans ses yeux –, encore que j'aie entendu parler de ce mensonge. Il y a quelques années, le Seigneur du Pays Noir a voulu nous acheter des chevaux à grand prix; mais nous avons refusé, car il emploie les bêtes à de mauvaises fins. Il a alors envoyé des Orques piller, et ils emportent ce qu'ils peuvent, choisissant toujours les chevaux noirs : il en reste peu aujourd'hui. C'est pourquoi notre inimitié envers les Orques est implacable.

« Mais à présent notre principal souci concerne Saroumane. Il a revendiqué la suzeraineté sur tout ce pays, et il y a eu guerre entre nous depuis de nombreux mois. Il a pris des Orques à son service, ainsi que des Chevaucheurs de loups et de mauvais Hommes, et il a fermé à notre encontre la Trouée, de sorte que nous serons sans doute assaillis de l'est et de l'ouest.

« Il est mauvais d'avoir affaire à pareil ennemi : c'est un magicien en même temps rusé et artificieux, qui revêt de multiples apparences. Il va et vient, dit-on, sous celle d'un vieillard enveloppé d'un manteau à capuchon, tout comme Gandalf, et maintes personnes le rappellent à présent. Ses espions glissent à travers toutes les mailles, et ses oiseaux de mauvais augure parcourent le ciel. Je ne sais à quoi tout cela aboutira, et je suis inquiet, car il me semble que ses amis ne sont pas tous en Isengard. Mais vous verrez par vous-même si vous venez chez le roi. Ne voulez-vous pas venir? Espéré-je en vain que vous m'avez été envoyé en aide dans le doute et le besoin?

– Je viendrai quand je le pourrai, dit Aragorn.

– Venez maintenant! dit Eomer. L'Héritier d'Elendil serait assurément une force pour les Fils d'Eorl en cette mauvaise période. On se bat en ce moment même sur l'Ouestemnet, et je crains que les choses ne tournent mal pour nous.

« En fait, pour cette tournée dans le nord, je suis parti sans l'autorisation du roi, car, en mon absence, sa demeure reste sans grande garde. Mais des éclaireurs m'ont averti de la descente d'une troupe d'Orques du Mur de l'Est il y a trois nuits, et ils m'ont signalé que certains portaient les écussons blancs de Saroumane. Soupçonnant donc ce que je redoute le plus, une ligue entre Orthanc et la Tour Sombre, je me suis mis à la tête de mes *éored*, des hommes de ma propre Maison; et nous avons rattrapé les Orques à la nuit tombante il y a deux jours, près des lisières de la Forêt d'Ent. Là, nous les avons cernés et nous leur avons livré bataille hier à l'aube. J'ai perdu quinze de mes hommes et douze chevaux, hélas! Car les Orques étaient en plus grand nombre que nous ne l'escomptions. D'autres les avaient rejoints, venus de l'Est à travers le Grand Fleuve : on voit clairement leurs traces un peu au nord d'ici. Et d'autres aussi étaient sortis de la forêt. De grands Orques, qui portaient également la Main Blanche d'Isengard; cette espèce est plus forte et plus féroce que toutes les autres.

« Nous les avons cependant exterminés. Mais nous sommes restés absents trop longtemps. On a besoin de nous dans le sud et dans l'ouest. Ne voulez-vous pas venir? Il y a des chevaux disponibles, comme vous le voyez. Il y a de l'ouvrage pour l'Epée. Oui, et nous trouverions aisément à employer la hache de Gimli et l'arc de Legolas, s'ils veulent bien pardonner mes paroles inconsidérées sur la Dame de la Forêt. Je n'ai fait que parler à la manière de tous les hommes de mon pays, et j'aurais plaisir à être mieux instruit.

– Je vous remercie de vos honnêtes paroles, dit Aragorn, et je désirerais de tout cœur vous accompagner;

mais je ne puis abandonner mes amis tant qu'il reste de l'espoir.

– Il ne reste pas d'espoir, dit Eomir. Vous ne trouverez pas vos amis aux frontières du Nord.

– Ils ne sont pourtant pas derrière nous. Nous avons découvert non loin du Mur de l'Est une preuve claire que l'un d'eux était encore vivant à cet endroit. Mais nous n'avons trouvé aucune trace d'eux entre le mur et les hauts, et aucune piste ne s'était détournée, ni à droite ni à gauche, à moins que mes talents ne m'aient entièrement déserté.

– Alors, que sont-ils devenus, à votre avis? »

– Je l'ignore. Ils ont pu être tués et brûlés parmi les Orques; mais cela ne se peut pas, direz-vous, et je ne le crains pas. La seule idée qui me vient est qu'ils auront été emportés dans la forêt avant la bataille, peut-être même avant que vous n'ayez encerclé vos ennemis. Pouvez-vous affirmer que personne n'a échappé à votre filet de cette façon?

– Je jurerais qu'aucun Orque n'a échappé après que nous les eûmes repérés, dit Eomer. Nous avons atteint les avancées de la forêt avant eux, et si, après cela, le moindre être vivant a franchi notre encerclement, ce n'était certes pas un Orque, et il avait quelque pouvoir elfique.

– Nos amis étaient vêtus tout comme nous, dit Aragorn; et vous avez passé à côté de nous à la pleine lumière du jour.

– J'avais oublié cela, dit Eomir. Il est difficile d'être sûr de quoi que ce soit au milieu de tant de choses étonnantes. Tout dans le monde est devenu étrange. Elfes et Nains parcourent de compagnie nos champs quotidiens; des gens s'entretiennent avec la Dame de la Forêt et pourtant survivent; et l'Epée revient au combat, qui fut brisée au temps jadis avant que les pères de nos pères ne chevauchent dans la Marche! Comment jugerait-on de ce qu'il faut faire en une telle époque?

– Comme on a toujours jugé, dit Aragorn. Le bien et le mal n'ont pas changé depuis l'année dernière; et ils ne sont pas différents chez les Elfes ou les Nains et chez les Hommes. Il appartient à l'homme de les discerner aussi bien dans la Forêt d'or que dans sa propre maison.

– Assurément, dit Eomir. Mais je ne doute pas de vous, ni de l'action que mon propre cœur désirerait accomplir. Je ne suis pourtant pas libre de faire tout ce que je veux. Il est contre notre loi de laisser des étrangers vagabonder à leur gré dans notre pays, jusqu'à tant que le roi lui-même leur en donne l'autorisation, et l'ordre est encore plus strict en ces temps de péril. Je vous ai prié de revenir de plein gré avec moi, et vous ne voulez pas. Il me répugne d'ouvrir le combat à cent contre trois.

– Je ne pense pas que votre loi ait été faite pour pareille circonstance, dit Aragorn. Et je ne suis certes pas un étranger; car je suis déjà venu plus d'une fois en ce pays, et j'ai chevauché avec l'armée des Rohirrim, encore que sous un autre nom et sous une autre apparence. Vous, je ne vous ai pas vu auparavant, parce que vous êtes jeune, mais je me suis entretenu avec votre père Eomund et avec Theoden fils de Thengel. Jamais dans l'ancien temps aucun grand seigneur de ce pays n'aurait contraint un homme à abandonner une quête telle que la mienne. Mon devoir au moins est clair : poursuivre. Allons, fils d'Eomund, il faut enfin faire le choix. Aidez-nous, ou au pis laissez-nous partir librement. Ou bien cherchez à appliquer votre loi, et, dans ce cas, vous serez moins nombreux à retourner à votre guerre ou auprès de votre roi.

Eomer resta un moment silencieux avant de parler.

– La hâte nous est nécessaire à tous deux, dit-il. Ma compagnie ronge son frein, et chaque heure diminue votre espoir. Voici mon choix. Vous pouvez aller; et, qui plus est, je vous prêterai des chevaux. Je vous demande seulement une chose : quand votre quête sera achevée, ou se sera révélée vaine, revenez avec les chevaux, en passant le Gué d'Ent à Meduseld, la haute demeure d'Edoras où réside maintenant Theoden. Vous lui prouverez ainsi que je ne me suis pas trompé sur votre compte. Je m'en remets ainsi à votre bonne foi, et il en va peut-être de ma vie même. Ne faites pas défaut.

– Je ne le ferai pas.

Quand Eomer parla de prêter les chevaux de rechange aux étrangers, ses hommes furent étonnés, et ils échangèrent maints regards sombres et dubitatifs; mais seul Eothen osa parler ouvertement.

– Cela peut convenir à ce seigneur de la race de Gondor, qu'il affirme être, mais qui a jamais vu donner un cheval de la Marche à un Nain?

– Personne, dit Gimli. Et ne vous inquiétez pas : personne ne le verra jamais. Je préfère aller à pied plutôt que de m'asseoir sur le dos d'une si grande bête, qu'elle soit libre ou donnée à contrecœur.

– Mais il vous faut monter à présent, sans quoi vous nous retarderez, dit Aragorn.

– Allons, tu t'assiéras derrière moi, ami Gimli, dit Legolas. Tout ira bien ainsi, et l'emprunt comme l'inquiétude te seront épargnés.

On amena à Aragorn un grand cheval gris, et il se mit en selle. – Il s'appelle Hasufel, dit Eomer. Qu'il vous porte bien et vers une meilleure fortune que celle de Garulf, son dernier maître!

Un cheval plus petit et plus léger, mais rétif et fougueux, fut fourni à Legolas. Il s'appelait Arod. Mais Legolas demanda que l'on retire selle et rênes. – Je n'en ai pas besoin, dit-il. Il sauta lestement sur le dos de l'animal, et au grand étonnement de tous, Arod fut soumis et docile sous lui, allant et venant sur un simple mot : telle était la manière de tous les Elfes avec toutes les bonnes bêtes. On mit Gimli en croupe derrière son ami, auquel il s'accrocha, guère plus à l'aise que Sam Gamegie dans une embarcation.

– Adieu, et puissiez-vous trouver ce que vous cherchez! cria Eomer. Revenez aussi rapidement que vous le pourrez, et que nos épées brillent dorénavant ensemble!

– Je viendrai, dit Aragorn.

– Et moi aussi, dit Gimli. L'affaire de la Dame Galadriel est toujours pendante entre nous. Il faut que je vous enseigne un langage de meilleur ton.

– Nous verrons, dit Eomer. On a vu tant de choses étranges qu'apprendre à louer une belle dame sous les coups affectueux d'une hache de Nain ne m'étonnera pas outre mesure. Adieu!

Là-dessus, ils se séparèrent. Rapides étaient les chevaux de Rohan. Quand peu après Gimli regarda en arrière, la compagnie d'Eomer était déjà petite dans le lointain. Aragorn ne retourna pas la tête; tandis qu'ils chevauchaient à vive allure, il observait la piste, la tête baissée sur l'encolure d'Hasufel. Ils ne tardèrent pas à arriver sur les bords de l'Entalluve, et ils trouvèrent là l'autre piste dont Eomer avait parlé et qui descendait de l'Est, du Plateau.

Aragorn mit pied à terre pour examiner le sol; puis il sauta de nouveau en selle et parcourut une certaine distance vers l'est en se tenant sur le côté et prenant bien soin de ne pas recouvrir les empreintes de pas. Il descendit encore une fois de sa monture et observa le sol, allant et venant à pied.

– Il n'y a pas grand-chose à découvrir, dit-il à son retour. La piste principale a été toute brouillée par le passage des cavaliers, à leur retour; à l'aller, ils avaient dû passer plus près de la rivière. Mais cette piste en direction de l'est est fraîche et nette. Il n'y a pas trace là de pas dans l'autre sens, retournant vers l'Anduin. Il faut à présent aller plus lentement pour nous assurer qu'aucune empreinte ne se détache d'un côté ou de l'autre. Les Orques ont dû se rendre compte à partir de ce point qu'ils étaient poursuivis; ils pourront avoir tenté d'éloigner leurs prisonniers avant d'être rattrapés.

Tandis qu'ils poursuivaient leur route, le jour s'assombrit. Des nuages gris et bas s'étendirent sur le Plateau. Une brume voilait le soleil. Les pentes boisées de Fangorn se rapprochaient, s'assombrissaient lentement à mesure que le soleil passait à l'ouest. Ils ne virent aucun signe de piste à droite ni à gauche, mais ils passèrent de temps à autre des Orques isolés, qui étaient tombés en pleine course sur leur piste même, des flèches à empennage gris fichées dans le dos ou dans la gorge.

Au déclin de l'après-midi, ils finirent par atteindre les avancées de la forêt, et, dans une clairière découverte parmi les premiers arbres, ils trouvèrent l'emplacement de la grande incinération : les cendres étaient encore chaudes et fumantes. Il y avait à côté un grand amas de casques et de cottes de mailles, de boucliers fendus, d'épées, d'arcs, de javelots et autres attirails de guerre brisés. Au centre, une grande tête de gobelin était fichée à l'extrémité d'un pieu; sur le casque fracassé, se voyait encore l'écusson blanc. Plus loin, près de la rivière, à l'endroit où elle sortait de l'orée de la forêt, il y avait un tertre. Il était récent : la terre nue était recouverte de mottes de gazon fraîchement découpées; autour, on avait planté quinze lances.

Aragorn et ses compagnons inspectèrent de tous côtés le champ de bataille, mais le jour baissait et le soir ne tarda pas à tomber, brumeux et obscur. A la nuit, ils n'avaient trouvé aucune trace de Merry ni de Pippin.

– Nous ne pouvons plus rien faire, dit tristement Gimli. Nous nous sommes trouvés devant bien des énigmes depuis notre arrivée à Tol Brandir, mais celle-ci est la plus difficile à déchiffrer. J'ai l'impression que les os calcinés des Hobbits sont à présent mêlés à ceux des Orques. Ce sera une dure nouvelle pour Frodon, s'il est encore en vie pour l'entendre; et dure aussi pour le vieux Hobbit qui attend à Fondcombe. Elrond était contre leur venue.

– Mais pas Gandalf, dit Legolas.

– Mais Gandalf avait choisi de venir lui-même, et il fut le premier perdu, répondit Gimli. Sa prévoyance lui a fait défaut.

– L'avis de Gandalf n'était pas fondé sur une préconnaissance de sécurité, ni pour lui-même ni pour les autres, dit Aragorn. Il est des choses qu'il vaut mieux entreprendre que refuser, même si la fin doit être sombre. Mais je ne vais pas quitter encore cet endroit. De toute façon, il nous faut attendre ici la lumière du matin.

Ils établirent leur campement un peu au-delà du champ de bataille, sous un arbre rameux : ce paraissait être un châtaignier, et pourtant il portait encore de nombreuses feuilles brunes d'une année passée, comme des mains desséchées aux longs doigts écartés; elles crissaient tristement dans le vent nocturne.

Gimli frissonna. Ils n'avaient apporté qu'une couverture chacun. – Allumons du feu, dit-il. Je ne me soucie plus du danger. Que les Orques viennent aussi serrés que les phalènes autour d'une bougie une nuit d'été.

– Si ces malheureux Hobbits sont égarés dans la forêt, cela pourrait les attirer ici, dit Legolas.

– Cela pourrait aussi attirer d'autres choses qui ne seraient ni des Orques ni des Hobbits, dit Aragorn. Nous sommes proches des marches montagneuses du traître Saroumane. Nous ne sommes pas très loin non plus du bord même de Fangorn, et il est dangereux, dit-on, de toucher les arbres de cette forêt.

– Mais les Rohirrim ont fait une grande incinération ici hier, dit Gimli, et ils ont abattu des arbres pour le feu, comme on peut le voir. Ils ont pourtant passé la nuit en sécurité après cela, leur travail terminé.

– Ils étaient en nombre, dit Aragorn, et ils ne prêtent pas attention à la colère de Fangorn, car ils viennent rarement ici et ils ne vont pas sous les arbres. Mais nos chemins nous mèneront sans doute dans la forêt même. Aussi, prenez garde! Ne coupez aucun bois vif!

– Il n'en est pas besoin, dit Gimli. Les Cavaliers ont laissé assez de copeaux et de branches, et il y a plein de bois mort par terre. Il s'éloigna pour ramasser du combustible, puis s'affaira à construire et à allumer un feu; mais Aragorn, plongé dans ses pensées, resta silencieux, le dos contre le grand arbre, tandis que Legolas se tenait debout dans la clairière, le regard fixé sur l'ombre profonde de la forêt, et penché en avant comme quelqu'un qui écouterait des appels dans le lointain.

Quand le Nain eut obtenu une brillante petite flambée, les trois compagnons s'assemblèrent autour, cachant la lumière de leurs formes encapuchonnées. Legolas leva les yeux vers les branches de l'arbre, qui s'étendaient au-dessus d'eux.

– Regardez! dit-il. L'arbre est content du feu.

Peut-être les ombres dansantes trompaient-elles leurs yeux, mais chacun des compagnons eut certes l'impression que les branches se penchaient de côté et d'autre de façon à passer au-dessus des flammes, tandis que les rameaux supérieurs se courbaient vers le bas; les feuilles brunes se dressaient à présent raides et se frottaient les unes contre les autres comme autant de mains crevassées se réconfortant à la chaleur.

Il y eut un silence parmi eux, car soudain la forêt sombre et inconnue, si proche, se fit sentir comme une présence planante, pleine d'une résolution secrète. Au bout d'un moment, Legolas parla de nouveau.

– Celeborn nous a avertis de ne pas pénétrer loin dans Fangorn, dit-il. Savez-vous pourquoi, Aragorn? Quels sont les contes de la forêt que Boromir avait entendus?

– J'ai entendu bien des histoires en Gondor et ailleurs, répondit Aragorn; mais, n'étaient les paroles de Celeborn, je ne les considérerais que comme des fables élaborées par les Hommes à mesure que le souvenir se perd. J'avais pensé vous demander quelle était la vérité là-dessus. Et si un Elfe de la Forêt ne la connaît pas, comment un Homme pourrait-il répondre?

– Vous avez voyagé plus loin que moi, dit Legolas. Je n'ai rien entendu à ce sujet dans mon propre pays, sinon des chansons qui racontent que les Onedrim, que les Hommes appellent Ents, demeuraient là il y a fort longtemps, car Fangorn est ancienne, très ancienne, même selon l'estime des Elfes.

– Oui, elle est ancienne, dit Aragorn, aussi ancienne que la forêt voisine des Hauts des Galgals, et elle est beaucoup plus étendue. Elrond dit que les deux sont apparentées, que ce sont les dernières places fortes des puissantes forêts des Jours Anciens, quand les Premiers-Nés vagabondaient et que les Hommes dormaient encore. Mais Fangorn a un secret à elle. Quel il est, je l'ignore.

– Et moi, je ne désire pas le connaître, dit Gimli. Que rien de ce qui réside dans Fangorn ne soit troublé à cause de moi!

Ils tirèrent alors au sort le tour de garde, et le sort, pour la première veille, tomba sur Gimli. Les autres s'étendirent. Le sommeil les saisit presque aussitôt.

– Gimli! dit Aragorn d'un ton somnolent. N'oubliez pas qu'il est dangereux de couper une branche ou une ramille d'un arbre vivant de Fangorn. Mais ne vous écartez pas trop à la recherche de bois mort. Laissez plutôt mourir le feu! Appelez-moi au besoin!

Sur quoi, il s'endormit. Legolas était déjà immobile, ses belles mains posées sur la poitrine, les yeux non fermés, mêlant la nuit vivante au rêve profond, à la façon des Elfes. Gimli s'accroupit près du feu, le menton sur les genoux, faisant glisser rêveusement son pouce le long du tranchant de sa hache. L'arbre bruissait. Il n'y avait aucun autre son.

Soudain, Gimli leva la tête, et là, juste à la limite de la lueur du feu, se tenait un vieillard courbé, appuyé sur un bâton et enveloppé d'un grand manteau; son chapeau à large bord était tiré sur ses yeux. Gimli se redressa d'un bond, trop abasourdi pour crier sur l'instant, bien que la pensée lui vînt aussitôt que Saroumane les avait attrapés. Aragorn et Legolas, réveillés tous deux par son brusque mouvement, se redressèrent, les yeux écarquillés. Le vieillard ne prononça pas un mot, ne fit aucun geste.

– Alors, grand-père, que peut-on faire pour vous? dit Aragorn, se levant brusquement. Venez vous réchauffer, si vous avez froid! Il fit quelques pas en avant, mais le vieillard était parti. On ne voyait aucune trace de lui aux environs immédiats, et ils n'osaient pas s'éloigner. La lune s'était couchée, et il faisait nuit noire.

Legolas poussa soudain un cri :

– Les chevaux! Les chevaux!

Les chevaux étaient partis. Ils avaient disparu, entraînant leurs piquets. Les trois compagnons restèrent un moment immobiles et silencieux, inquiets de ce nouveau coup du sort. Ils étaient sous les avancées de Fangorn, et des lieues sans fin s'étendaient entre eux et les Hommes de Rohan, leurs seuls amis dans ce dangereux et vaste pays. Comme ils étaient ainsi, il leur sembla entendre, très loin dans la nuit, un hennissement de chevaux. Puis tout retomba dans le silence, hormis le froid bruissement du vent.

– Eh bien, ils sont partis, finit par dire Aragorn. Nous ne pouvons ni les trouver ni les attraper; de sorte que, s'ils ne reviennent pas d'eux-mêmes, il faudra nous en passer. Nous sommes partis sur nos pieds, et nous les avons toujours.

– Nos pieds! dit Gimli. Mais nous ne pouvons autant les manger que nous en servir. Il jeta du combustible sur le feu et se laissa tomber à côté.

– Il y a seulement quelques heures, tu ne voulais pas monter sur un cheval de Rohan, dit Legolas en riant. Tu feras tout de même un cavalier.

– Il paraît peu probable que j'en aie jamais la chance, dit Gimli.

– Si vous voulez mon avis, reprit-il après un moment, je pense que c'était Saroumane. Qui d'autre pourrait-ce être? Rappelez-vous les paroles d'Eomer : *il vagabonde sous la forme d'un vieillard en manteau et capuchon.* Ce sont les mots exacts. Il est parti avec nos chevaux ou il les a effrayés, et voilà où nous en sommes. Les difficultés ne sont pas finies, notez bien ce que je dis!

– Je le note, dit Aragorn. Mais j'ai noté aussi que ce vieillard portait un chapeau et non un capuchon. Je ne doute pas cependant que vous n'ayez raison et que nous ne soyons en danger ici, la nuit comme le jour. Mais pour le moment nous n'avons rien d'autre à faire que de nous reposer, pendant que nous le pouvons. Je vais veiller un moment à présent, Gimli. J'ai davantage besoin de réfléchir que de dormir.

La nuit s'écoula lentement. Legolas suivit Aragorn, et leurs veilles tirèrent à leur fin. Mais rien ne se passa. Le vieillard ne reparut point, et les chevaux ne revinrent pas.

CHAPITRE III

L'OUROUK-HAI

Pippin était agité par un sombre cauchemar : il lui semblait entendre sa propre petite voix qui faisait résonner les échos de noirs tunnels de l'appel : *Frodon! Frodon!* Mais au lieu de son ami, des centaines de hideuses faces d'Orques grimaçaient dans l'ombre, des centaines de hideux bras cherchaient à le saisir de tous côtés. Où était Merry?

Il se réveilla. Un air froid passa sur son visage. Il était couché sur le dos. Le soir tombait, et le ciel au-dessus de lui se faisait plus obscur. Se retournant, il découvrit que le rêve n'était pas bien pire que le réveil. Ses poignets, ses jambes et ses chevilles étaient liés par des cordes. Merry était étendu à son côté, le visage livide, avec un chiffon sale autour du front. Tout autour d'eux se trouvaient, debout ou assis, de nombreux Orques.

Lentement, la mémoire se reconstruisit dans sa tête douloureuse, et elle finit par se distinguer des ombres du rêve. Bien sûr : Merry et lui s'étaient enfuis dans la forêt. Que leur était-il arrivé? Pourquoi avaient-ils ainsi détalé sans s'occuper du vieux Grands-Pas? Ils avaient couru loin en criant – il ne pouvait se rappeler ni la distance ni le temps; et puis, ils étaient tombés tout à coup sur un groupe d'Orques : ceux-ci étaient debout, occupés à écouter, et ils semblèrent ne voir Merry et Pippin qu'au moment où ces derniers furent presque dans leurs bras. Ils poussèrent alors des hurlements, et des douzaines d'autres gobelins avaient jailli des arbres. Merry et lui avaient tiré l'épée, mais les Orques ne désiraient pas se battre et ils essayèrent seulement de s'emparer d'eux, même après que Merry eut tranché plusieurs bras et mains. Ce bon vieux Merry!

Puis, Boromir avait bondi parmi les arbres. Il les avait contraints au combat. Il en avait tué un grand nombre, et le reste avait fui. Mais les amis n'étaient pas loin sur le chemin du retour quand ils furent derechef attaqués par une centaine d'Orques au moins; certains étaient très grands, et ils décochèrent une pluie de flèches : toujours sur Boromir. Celui-ci avait sonné de son grand cor à faire retentir la forêt; les Orques, tout d'abord épouvantés, s'étaient repliés; mais, aucune réponse n'étant venue que les échos, ils avaient attaqué avec plus de férocité que jamais. Pippin ne se rappelait pas grand-chose d'autre. Son dernier souvenir était celui de Boromir appuyé contre un arbre et arrachant une flèche; puis l'obscurité était tombée soudain.

« J'ai dû recevoir un coup sur la tête, se dit-il. Je me demande si ce pauvre Merry est grièvement atteint. Qu'est-il advenu de Boromir? Pourquoi les Orques ne nous ont-ils pas tués? Où sommes-nous et où allons-nous? »

Il ne trouva pas de réponse à ces questions. Il avait froid et mal au cœur. « Plût au Ciel que Gandalf n'eût jamais persuadé Elrond de nous laisser venir! pensa-t-il. A quoi ai-je servi? Je n'ai fait qu'encombrer : un passager, un bagage. Et maintenant j'ai été volé et je ne suis qu'un bagage pour les Orques. J'espère que Grands-Pas ou quelqu'un viendra nous réclamer! Mais dois-je l'espérer? Cela détruirait tous les plans? Ah, que je voudrais me libérer! »

Il se débattit un peu, sans aucun résultat. L'un des Orques, assis non loin, rit en disant quelque chose dans leur abominable langue à un de ses compagnons. – Repose-toi pendant que tu le peux, petit idiot! dit-il ensuite à Pippin en un Langage Commun qu'il rendait presque aussi hideux que sa propre langue. Repose-toi pendant que tu le peux! On trouvera un emploi pour tes jambes avant peu. Tu souhaiteras n'en avoir jamais eu, avant que nous soyons arrivés chez nous.

– Si je pouvais agir à mon gré, tu souhaiterais être mort dès à présent, dit l'autre. Je te ferais couiner, sale petit rat. (Il se pencha sur Pippin, amenant ses crocs jaunes tout près du visage du Hobbit. Il avait à la main un poignard noir à longue lame dentelée.) Reste tranquille, ou je vais te chatouiller avec ceci, siffla-t-il. N'attire pas l'attention sur toi, ou je pourrais oublier les ordres reçus. Maudits soient les Isengardiens! *Ouglouk ou bagronk sha poushdoug Saroumane – glob boubhosh skaï*; et il se lança dans un long discours irrité en sa propre langue, qui finit par se perdre dans des marmottages et des grognements.

Terrifié, Pippin observa l'immobilité, bien que la douleur s'accrût dans ses poignets et ses chevilles et que les pierres du sol lui entrassent dans le dos. Pour détourner sa pensée de lui-même, il écouta avec la plus grande attention tout ce qu'il pouvait entendre. Il y avait beaucoup de voix alentour, et, malgré le ton toujours plein de haine et de colère des Orques, il lui sembla clair qu'une sorte de querelle s'était élevée et qu'elle gagnait en violence.

A sa grande surprise, il s'aperçut qu'une bonne partie de la discussion lui était intelligible, de nombreux Orques usant du Langage Commun. Il y avait évidemment là des membres de deux ou trois tribus tout à fait différentes, qui ne comprenaient pas leur langage orque réciproque. Le débat courroucé roulait sur ce qu'ils devaient faire à présent : quelle route prendre et que faire des prisonniers?

– Il n'y a pas le temps de les tuer convenablement, dit l'un. On n'a pas le temps de s'amuser dans ce voyage.

– On n'y peut rien, dit un autre. Mais pourquoi ne pas les expédier en vitesse, les tuer tout de suite? Ils nous encombrent fichtrement, et nous sommes pressés. Le soir tombe, et nous devrions partir.

– Les ordres, grogna un troisième d'une voix profonde : *Tuez les tous, mais* PAS *de Semi-Hommes; vous devez les ramener* VIVANTS *aussi rapidement que possible.* Voilà mes ordres.

– Pourquoi les veut-on? demandèrent plusieurs voix. Pourquoi vivants? Offrent-ils un bon divertissement?

– Non! j'ai entendu dire que l'un d'eux possédait quelque chose, quelque chose qui est nécessaire à la Guerre, quelque artifice elfique. En tout cas, ils seront tous deux interrogés.

– Est-ce tout ce que tu sais? Pourquoi ne les fouillons-nous pas pour découvrir la vérité? On trouverait peut-être quelque chose dont nous pourrions nous servir nous-mêmes.

– Voilà une remarque très intéressante, fit une voix sarcastique, plus douce mais plus mauvaise que les autres. Il se peut que j'aie à en rendre compte. Les prisonniers ne doivent PAS être fouillés ni dépouillés : ce sont là *mes* ordres.

– Et les miens aussi, dit une voix profonde. *Vivants et tels qu'ils auront été capturés; aucune prise de butin.* Voilà mes ordres.

– Pas les nôtres! dit une des voix précédentes. Nous avons fait tout le trajet à partir des Mines pour tuer et venger les nôtres. Je veux tuer, et puis retourner dans le nord.

– Eh bien, tu peux continuer à vouloir, gronda une autre voix. Je suis Ouglouk. C'est moi qui commande. Je rentre en Isengard par le plus court chemin.

– Le maître est-il Saroumane ou le Grand Œil? demanda la voix mauvaise. Nous devrions rentrer tout de suite à Lugburz.

– Nous le pourrions bien, s'il était possible de passer le Grand Fleuve, dit une autre voix. Mais nous ne sommes pas assez nombreux pour nous aventurer jusqu'aux ponts.

– Je l'ai passé, dit la voix mauvaise. Un Nazgul ailé nous attend vers le nord sur la rive orientale.

– Peut-être, peut-être! Dans ce cas, vous vous envolerez avec nos prisonniers, vous recevrez tout le paiement et les éloges à Lugburz, nous laissant cheminer à pied à travers le Pays des Chevaux. Non, nous devons rester solidaires. Ces régions sont dangereuses : remplies de rebelles déloyaux et de brigands.

– Oui, nous devons rester tous groupés, gronda Ouglouk. Je n'ai aucune confiance en toi, petit pourceau. Tu n'as aucun cran en dehors de ta propre étable. Sans nous, vous auriez tous filé. Nous sommes les combattants ourouk-haï! Nous avons abattu le Grand Guerrier. Nous avons pris les captifs. Nous sommes les serviteurs de Saroumane le Sage, la Main Blanche : la Main qui nous donne de la chair humaine à manger. Nous sommes partis de l'Isengard, nous vous avons conduits jusqu'ici, et nous vous ramènerons par le chemin que nous choisirons. Je suis Ouglouk. J'ai dit.

– Tu en as dit plus qu'assez, Ouglouk, fit la voix mauvaise d'un ton méprisant. Je me demande ce qu'ils penseraient à Lugburz. Ils pourraient juger que les épaules d'Ouglouk auraient besoin d'être soulagées d'une tête enflée. Ils pourraient demander d'où lui sont venues ses étranges idées. De Saroumane, peut-être? Pour quoi se prend-il, à voler de ses propres ailes avec ses sales écussons blancs? Ils pourraient être d'accord avec moi, Grishnakh, leur messager de confiance; et moi, Grishnakh, je dis : Saroumane est un idiot, un sale idiot de traître. Mais le Grand Œil ne le perd pas de vue.

– Tu as dit *pourceau*? Que pensez-vous, vous autres, d'être traités de *pourceaux* par les ramasseurs de fumier d'un sale petit magicien? C'est de la chair d'Orque qu'ils mangent, je gage.

Ces paroles furent accueillies par de bruyantes vociférations en langage orque, accompagnées du choc sonore d'armes tirées du fourreau. Pippin se retourna avec précaution dans l'espoir de voir ce qui allait se passer. Ses gardiens étaient partis se joindre à la bagarre. Dans le demi-jour, il vit un grand Orque noir, sans doute Ouglouk, qui se tenait face à Grishnakh, une créature de courte taille et de forte carrure, aux jambes torses et aux longs bras qui tombaient presque jusqu'à terre. Autour d'eux se serraient de nombreux gobelins plus petits. Pippin supposa que c'étaient ceux du Nord. Ils avaient tiré leurs poignards, et leurs épées, mais ils hésitaient à attaquer Ouglouk.

Ouglouk cria, et un certain nombre d'autres Orques d'une taille presque égale accoururent. Puis tout à coup, sans crier gare, Ouglouk bondit en avant et, de deux coups rapides, il trancha la tête de deux de ses opposants. Grishnakh s'écarta et disparut dans l'ombre. Les autres fléchirent, et l'un d'eux, en reculant, bascula sur le corps étendu de Merry. Cela lui sauva sans doute la vie, car les suivants d'Ouglouk bondirent par-dessus lui pour en faucher un autre de leur épée à large lame. C'était le gardien aux crocs jaunes. Son corps tomba juste par-dessus celui de Pippin, la main encore crispée sur son long poignard dentelé.

– Rengainez vos armes! cria Ouglouk. Et plus de bêtises! Nous partirons droit à l'ouest d'ici pour descendre l'escalier. De là, nous piquerons sur les hauts; puis nous suivrons la rivière jusqu'à la forêt. Et nous marcherons jour et nuit. Compris?

– Eh bien, pensa Pippin, si seulement il faut un petit moment à ce vilain bonhomme pour reprendre sa troupe en main, j'ai une chance. Une lueur d'espoir lui était venue. L'arête du poignard noir lui avait entaillé le bras et avait glissé jusqu'au poignet. Il sentit le sang dégoutter sur sa main, mais aussi le contact froid de l'acier contre sa peau.

Les Orques s'apprêtaient à reprendre leur marche, mais certains de ceux du Nord renâclaient toujours, et les Isengardiens durent encore en abattre pour dompter le reste. Il y eut force jurons et une grande confusion. Pour le moment, personne ne surveillait Pippin. Ses jambes étaient solidement ligotées, mais ses bras n'étaient liés qu'aux poignets, et il avait les mains devant lui. Il pouvait les remuer toutes deux ensemble, bien que les liens fussent cruellement serrés. Il poussa sur le côté l'Orque mort; puis, osant à peine respirer, il appliqua le nœud de la corde de ses poignets contre la lame du poignard. Celle-ci était acérée et la main du cadavre la tenait fermement. La corde fut coupée! Pippin la prit vivement entre ses doigts et en fit un bracelet à deux boucles lâches, dans lesquelles il glissa ses mains. Puis il resta dans une immobilité absolue.

– Ramassez ces prisonniers! cria Ouglouk. Ne jouez pas de tours avec eux! S'ils ne sont pas vivants à notre retour, ils ne seront pas les seuls à mourir.

Un Orque saisit Pippin comme un sac, passa sa tête entre les mains liées et empoigna les bras qu'il tira vers le bas au point que la figure de Pippin s'écrasa contre son cou; puis il partit avec lui en cahotant. Un autre traita Merry de même façon. La main griffue de l'Orque serrait les bras de Pippin comme un étau, et les ongles mordaient dans sa chair. Il ferma les yeux et retomba dans ses cauchemars.

Tout à coup, il fut de nouveau jeté sur le sol pierreux. C'était le début de la nuit, mais la lune mince descendait déjà à l'ouest. Ils se trouvaient au bord d'une falaise qui surplombait une mer de brume pâle. On entendait non loin le son d'une chute d'eau.

– Les éclaireurs sont enfin revenus, dit un Orque, tout près.

– Alors, qu'avez-vous découvert? grogna la voix d'Ouglouk.

– Seulement un Cavalier isolé, et il est parti vers l'ouest. La voie est entièrement libre, à présent.

– A présent, peut-être bien. Mais pour combien de temps? Idiots! vous auriez dû l'abattre. Il va donner l'alerte. Les maudits éleveurs de chevaux seront renseignés sur nous au matin. Il nous va falloir jouer doublement des jambes, maintenant.

Une ombre se pencha sur Pippin. C'était Ouglouk.
– Assieds-toi! dit l'Orque. Mes gars en ont assez de te trimbaler. Nous allons descendre, et il va falloir te servir de tes jambes. Sois coopérant, maintenant. Pas d'appels, pas de tentative d'évasion. Nous avons des moyens que tu n'aimerais pas de répondre aux mauvais tours, sans rien ôter de ton utilité pour le Maître.

Il coupa les lanières de cuir qui liaient les jambes et les chevilles de Pippin, et, le soulevant par les cheveux, il le remit sur pied. Pippin tomba, et Ouglouk le releva derechef par les cheveux. Plusieurs Orques s'esclaffèrent. Ouglouk fourra un flacon entre ses dents et lui versa un certain liquide brûlant dans le gosier; Pippin sentit un furieux embrasement parcourir tout son corps. La douleur de ses jambes et de ses chevilles s'évanouit. Il put se tenir debout.

– A l'autre, maintenant! dit Ouglouk. Pippin le vit se diriger vers Merry, couché tout près, et lui donner un coup de pied. Merry gémit. Le saisissant avec rudesse, Ouglouk le tira de façon à le mettre en position assise, et il arracha le bandeau de sa tête. Puis il barbouilla la blessure de quelque matière sombre qu'il prit dans une petite boîte de bois. Merry poussa de grands cris et se débattit furieusement.

Les Orques battirent des mains et le huèrent. – Il ne peut pas prendre sa médecine, crièrent-ils par moquerie. Il ne sait pas ce qui est bon pour lui. Aï! On s'amusera plus tard.

Mais, pour le moment, Ouglouk n'était pas porté au jeu. Il avait besoin de promptitude, et il devait se prêter aux caprices de suivants involontaires. Il soignait Merry à la façon des Orques; et le traitement eut une action rapide. Quand il eut fait ingurgiter au Hobbit la liqueur de son flacon, coupé les liens des pieds et remis Merry debout, celui-ci tint droit, pâle, mais farouche et défiant, très plein de vie. L'entaille dans son front ne le tourmenta plus, mais il devait porter jusqu'à la fin de ses jours une cicatrice brune.

– Tiens, Pippin! dit-il. Ainsi tu prends part à cette petite expédition, toi aussi? Où va-t-on trouver un lit et le petit déjeuner?

– Allons! dit Ouglouk. Pas de ça. Bouclez-la. Pas de parlotes entre vous. Toute difficulté sera rapportée à l'autre bout, et Il saura vous la faire payer. Vous les aurez, le lit et le petit déjeuner; et plus que vous ne pourrez en encaisser.

La bande d'Orques commença de descendre un étroit ravin menant à la plaine brumeuse. Merry et Pippin les accompagnaient, séparés par une douzaine d'Orques ou davantage. Arrivés en bas, ils marchèrent sur de l'herbe, et le moral des hobbits remonta.

– Et maintenant, tout droit! cria Ouglouk. A l'ouest, un peu au nord. Suivez Lugdush.

– Mais que ferons-nous lorsque le soleil se lèvera? demandèrent certains de ceux du Nord.

– Nous continuerons de courir, dit Ouglouk. Que pensez-vous donc? Qu'on va s'asseoir sur l'herbe et attendre que les Peauxblanches viennent se joindre au piquenique?

– Mais on ne peut courir au soleil.

– Vous courrez avec moi derrière vous, dit Ouglouk. Courez! ou vous ne reverrez jamais vos chers trous. Par la Main Blanche! A quoi sert-il d'envoyer une expédition de larves de montagne, seulement à moitié entraînées? Courez, malédiction! Courez, tant que la nuit dure!

Et toute la compagnie se mit à courir avec les longues enjambées bondissantes des Orques. Ils ne maintenaient aucun ordre, poussant, jouant des coudes et jurant; mais leur vitesse n'en était pas moins grande. Chaque Hobbit était gardé par trois Orques. Pippin était presque en queue, et il se demandait combien de temps il pourrait continuer à cette allure : il n'avait rien mangé depuis le matin. Un de ses gardiens avait un fouet. Mais pour le moment la liqueur d'Orque le chauffait encore à l'intérieur. Il avait aussi l'esprit très éveillé.

A chaque instant lui venait à l'idée la vision spontanée du visage attentif de Grands-Pas penché sur une piste sombre, et courant, courant derrière. Mais que pouvait voir même un Rôdeur, sinon des traces confuses de pieds d'Orques? Ses propres petites empreintes et celles de Merry étaient noyées dans le piétinement des souliers ferrés qui les précédaient, les suivaient et les entouraient de toutes parts.

Ils n'avaient encore parcouru qu'un mille environ à partir de la falaise quand le terrain descendit dans une large dépression plate, au sol mou et humide. La brume y séjournait, émettant une pâle lueur dans les derniers rayons de la faucille lunaire. Les formes sombres des premiers Orques se firent incertaines, puis disparurent complètement.

– Eho! Doucement! cria Ouglouk, de derrière.

Une idée jaillit dans l'esprit de Pippin, et il agit aussitôt. Il fit un brusque écart sur la droite, se dérobant à la poigne de son gardien, et plongea la tête la première dans le brouillard; il atterrit dans l'herbe, les quatre fers en l'air.

– Halte! hurla Ouglouk.

Il y eut un moment de tumulte et de confusion. Pippin se releva d'un bond et détala. Mais les Orques le poursuivaient. Quelques-uns apparurent indistinctement juste devant lui.

« Aucun espoir d'évasion! se dit Pippin. Mais reste celui d'avoir laissé de mes propres empreintes intactes dans le sol mouillé. » Il tâtonna autour de son cou de ses deux mains liées et dégrafa la broche de sa cape. Celle-ci tomba juste au moment où de longs bras et de dures griffes se saisissaient de lui. « Je pense qu'elle restera là jusqu'à la fin des temps, se dit-il. Je me demande pourquoi j'ai fait ça. Si les autres se sont échappés, ils sont sans doute tous partis avec Frodon. » La lanière d'un fouet s'enroula autour de ses jambes, et il étouffa un cri.

– Assez! cria Ouglouk, accourant. Il a encore à courir un bon bout de chemin. Faites-les courir tous les deux! Ne vous servez du fouet qu'en manière de rappel.

– Mais ce n'est pas tout, gronda-t-il, tourné vers Pippin. Je n'oublierai pas. Le paiement n'est que partie remise. En avant!

Ni Pippin ni Merry ne se rappelèrent grand-chose de la dernière partie du voyage. De mauvais rêves et de mauvais réveils se mêlèrent pour former un long tunnel de misères, où l'espoir faiblissait toujours davantage. Ils couraient, couraient, s'efforçant de tenir le train des Orques, fouettés de temps à autre d'une cruelle lanière maniée de main experte. S'ils s'arrêtaient ou trébuchaient, ils étaient saisis et traînés sur quelque distance.

La chaleur de la boisson orque avait disparu. Pippin avait froid, et il était de nouveau malade. Soudain, il tomba, le visage dans l'herbe. De dures mains aux ongles déchirants l'agrippèrent et le soulevèrent. Il fut une fois de plus porté comme un sac, et l'obscurité s'épaissit autour de lui : il n'aurait su dire si c'étaient les ténèbres d'une autre nuit ou une cécité de ses yeux.

Il devint vaguement conscient de vociférations : il lui sembla que de nombreux Orques demandaient une halte. Ouglouk criait. Pippin fut jeté à terre, où il resta tel qu'il était tombé jusqu'au moment où de sombres rêves s'emparèrent de lui. Mais il n'échappa pas longtemps à la douleur : l'étau de mains impitoyables le happa de nouveau. Durant un long moment, il fut ballotté et secoué; puis, lentement, les ténèbres cédèrent, et il revint au monde en éveil pour voir que c'était le matin. Des ordres retentirent, et il fut rudement jeté sur l'herbe.

Il resta là un moment, à lutter contre le désespoir. La tête lui tournait, mais il devina à la chaleur de son corps qu'on lui avait administré une nouvelle dose de la liqueur. Un Orque se pencha sur lui et lui lança du pain et un morceau de chair crue séchée. Il mangea avidement le pain gris et rassis, mais non la viande. Il était affamé, mais pas au point de manger de la chair jetée par un Orque, chair dont il n'osait conjecturer l'origine.

Il se dressa sur son séant et regarda autour de lui. Merry n'était pas loin. Ils se trouvaient près des berges d'une rivière étroite et rapide. Devant eux, des montagnes apparaissaient indistinctement : une cime élevée accrochait les premiers rayons du soleil. La tache sombre d'une forêt s'étendait sur les pentes inférieures.

Il y avait beaucoup de cris et de discussions parmi les Orques; une querelle semblait sur le point d'éclater entre ceux du Nord et les Isengardiens. Certains désignaient le sud derrière eux et d'autres l'est.

– Bon, dit Ouglouk. Laissez-les-moi, dans ce cas! Pas de tuerie, je vous l'ai déjà dit; mais si vous voulez jeter ce que nous sommes venus chercher si loin, jetez-le! Je m'en occuperai. Laissez le combattant ourouk-haï faire le travail, comme d'habitude. Si vous avez peur des Peauxblanches, courez! Courez! Voilà la forêt, cria-t-il, pointant le doigt devant lui. Allez-y! C'est votre meilleur espoir. Filez! Et vite, avant que je ne fasse sauter encore quelques têtes, pour mettre un peu de bon sens dans les autres.

Des jurons retentirent, on entendit une bousculade; et la plupart des Orques du Nord se dégagèrent et filèrent à fond de train, plus d'une centaine, courant frénétiquement le long de la rive vers les montagnes. Les Hobbits restèrent avec les Isengardiens : bande sombre et sinistre d'au moins quatre-vingts grands Orques basanés, aux yeux bridés, armés de grands arcs et de courtes épées à large lame. Quelques-uns de ceux du Nord, les plus grands et les plus hardis, demeurèrent avec eux.

– Et maintenant, nous allons nous occuper de Grishnakh, dit Ouglouk; mais certains de ses propres suivants observaient le sud avec inquiétude.

– Je sais, gronda Ouglouk. Ces maudits palefreniers ont eu vent de nous. Mais c'est entièrement ta faute, Snaga. Toi et les autres éclaireurs, vous mériteriez qu'on vous coupe les oreilles. Mais nous sommes les combattants. Nous festoierons encore de chair de cheval ou de quelque chose de mieux.

A ce moment, Pippin vit pourquoi certains membres de la troupe avaient montré l'est. De cette direction venaient à présent des cris rauques; Grishnakh reparut, et derrière lui une quarantaine d'autres semblables à lui : des Orques aux longs bras et aux jambes torses. Leur bouclier portait un œil rouge peint. Ouglouk s'avança à leur rencontre.

– Vous voilà donc revenus? dit-il. Vous avez réfléchi, hein?

– Je suis revenu pour voir à ce que les ordres soient exécutés et veiller à la sécurité des prisonniers, répondit Grishnakh.

– Vraiment! dit Ouglouk. Effort superflu. Je veillerai à ce que les ordres soient exécutés sous mon commandement. Et pour quelle autre raison êtes-vous revenus? Vous êtes partis en toute hâte. Auriez-vous oublié quelque chose?

– J'ai laissé là un imbécile, grogna Grishnakh. Mais il y avait avec lui de forts gaillards, trop bons pour qu'on les perde. Je savais que vous les entraîneriez dans un gâchis. Je suis venu les aider.

– Magnifique! s'écria Ouglouk, riant. Mais à moins que vous n'ayez du cœur au ventre pour vous battre, vous vous êtes trompé de chemin. Votre route était celle de Lugburz. Les Peauxblanches arrivent. Qu'est-il arrivé à votre fameux Nazgul? A-t-il encore eu une monture tuée sous lui? Eh bien, si vous l'aviez amené avec vous, cela aurait pu être utile – si ces Nazguls sont tout ce qu'on en raconte.

– Les *Nazguls,* les *Nazguls,* dit Grishnakh, frissonnant et se léchant les lèvres comme si le mot avait une mauvaise saveur qu'il goûtait désagréablement. Vous parlez de quelque chose qui dépasse de beaucoup l'atteinte de vos rêves boueux, Ouglouk, dit-il. Les Nazguls! Ah, tout ce qu'on raconte d'eux! Vous regretterez un jour d'avoir dit cela. Singe! grogna-t-il férocement. Vous devriez savoir qu'ils sont la prunelle du Grand Œil. Mais les Nazguls ailés : pas encore, pas encore. Il ne veut pas les laisser se montrer encore au-delà du Grand Fleuve, pas trop tôt. Ils sont réservés à la Guerre – et à d'autres fins.

– Vous semblez en savoir long, dit Ouglouk. Plus qu'il n'est bon pour vous, je suppose. Peut-être ceux de Lugburz pourraient-ils se demander comment, et pourquoi. Mais en attendant l'Ourouk-haï de l'Isengard peut faire le sale travail, comme toujours. Ne restez pas là à baver! Rassemblez votre cohue! Les autres porcs se carapatent vers la forêt. Vous feriez mieux de les suivre. Vous ne retourneriez pas vivant au Grand Fleuve. Filez! Tout de suite! Je serai sur vos talons.

Les Isengardiens se saisirent de nouveau de Merry et de Pippin et les jetèrent sur leur dos. Puis la troupe se mit en route. Les Orques coururent pendant des heures, ne s'arrêtant de temps à autre que pour jeter les hobbits à de nouveaux porteurs. En raison soit d'une rapidité et d'un endurcissement plus grands, soit de quelque plan de Grishnakh, les Isengardiens passèrent petit à petit au travers des Orques de Mordor, et les gens de Grishnakh serrèrent par derrière. Bientôt, ils gagnèrent aussi sur ceux du Nord devant eux. La forêt commençait d'approcher.

Pippin était meurtri et déchiré; l'immonde joue et l'oreille poilue de l'Orque qui le tenait râpaient sa tête douloureuse. Immédiatement devant, se trouvaient des dos courbés, et d'épaisses et solides jambes montaient et descendaient, montaient et descendaient sans trêve, comme si elles étaient faites de fil de fer et de corne et marquaient les secondes cauchemardesques d'un temps sans fin.

La troupe d'Ouglouk rattrapa ceux du Nord dans l'après-midi. Ils traînaient dans les rayons du soleil clair, bien qu'hivernal, qui brillait dans un ciel pâle et froid; ils avaient la tête baissée et la langue pendante.

– Des larves! firent les Isengardiens, se gaussant. Vous êtes cuits. Les Peauxblanches vont vous attraper et vous manger. Elles arrivent!

Un cri de Grishnakh montra qu'il ne s'agissait pas d'une plaisanterie. Des cavaliers, allant grand train, avaient en effet été repérés : encore loin en arrière, mais gagnant sur les Orques, gagnant sur eux comme le flot sur le platin rattrape des gens qui se sont égarés dans les lises.

Les Isengardiens se mirent à courir à un pas redoublé qui étonna Pippin et qui ressemblait à un terrifiant coup de collier pour la fin d'une course. Puis il vit que le soleil baissait et qu'il allait se coucher derrière les Monts

Brumeux; les ombres s'étendaient sur le pays. Les soldats de Mordor relevèrent la tête et commencèrent à accélérer aussi le pas. La forêt était sombre et proche. Ils avaient déjà passé quelques arbres isolés. Le sol commençait à s'élever de plus en plus abruptement; mais les Orques ne s'arrêtèrent pas. Ouglouk et Grishnakh criaient tous deux, les stimulant pour un dernier effort.

« Ils y arriveront tout de même. Ils vont s'échapper », pensa Pippin. Il parvint alors à se tordre le cou pour jeter un regard d'un seul œil par-dessus son épaule. Il vit que des cavaliers au loin à l'est étaient déjà de niveau avec les Orques, galopant dans la plaine. Le soleil couchant dorait leurs lances et leurs casques, et étincelait dans leurs cheveux pâles et flottants. Ils cernaient les Orques, les empêchant de se disperser et les contraignant à suivre la ligne de la rivière.

Il se demandait vivement quel genre de gens c'étaient. Il regretta alors de n'en avoir pas appris davantage à Fondcombe et de n'avoir pas regardé de plus près les cartes et tout; mais, à ce moment-là, les plans du voyage semblaient être dans des mains plus compétentes, et il n'avait jamais pensé à la possibilité d'être coupé de Gandalf, de Grands-Pas ou même de Frodon. Tout ce qu'il pouvait se rappeler au sujet du Rohan, c'était que le cheval de Gandalf, Gripoil, venait de ce pays. Cela donnait une note d'espoir, quant à cela.

« Mais comment sauront-ils que nous ne sommes pas des Orques? se dit-il. Je ne pense pas qu'ils aient jamais entendu parler des Hobbits par ici. Je devrais sans doute me réjouir de ce que ces ignobles Orques semblent devoir être détruits, mais je préférerais être sauvé moi-même. » La probabilité était que lui et Merry seraient tués avec leurs ravisseurs avant même que les Hommes de Rohan ne s'aperçoivent de leur existence.

Il apparut que certains des cavaliers étaient des archers, habiles à tirer d'un cheval en pleine course. Venant rapidement à portée, ils décochèrent leurs flèches sur les Orques qui avançaient derrière à la débandade, et plusieurs de ceux-ci tombèrent; puis les Cavaliers se détournèrent et passèrent hors de portée de leurs ennemis, qui tiraient à tort et à travers, n'osant s'arrêter. La même chose se reproduisit plusieurs fois et, en une occasion, les flèches tombèrent parmi les Isengardiens. L'un d'eux, juste devant Pippin, trébucha et ne se releva point.

La nuit tomba sans que les Cavaliers eussent cerné les Orques pour le combat. De nombreux Orques étaient tombés, mais il en restait bien deux cents. Au début de l'obscurité, ils arrivèrent à une butte. Les avancées de la forêt étaient très proches, peut-être pas à plus de six cents mètres, mais ils ne pouvaient aller plus loin. Les Cavaliers les avaient encerclés. Une petite bande désobéit aux ordres d'Ouglouk et courut vers la forêt : trois seulement revinrent.

– Eh bien, nous y voilà, dit Grishnakh, ricanant. Beau commandement! J'espère que le grand Ouglouk nous fera ressortir d'ici.

– Mettez ces Semi-Hommes à terre! ordonna Ouglouk, sans prêter attention à Grishnakh. Toi, Lugdush, prends deux autres, et surveillez-les! Ils ne doivent pas être tués, à moins que les immondes Peauxblanches ne nous enfoncent. Compris? Tant que je serai vivant, j'y tiens. Mais ils ne doivent pas appeler, et ils ne doivent pas être délivrés. Ligotez-leur les jambes.

La dernière partie de l'ordre fut exécutée sans merci. Mais Pippin s'aperçut que, pour la première fois, il était près de Merry. Les Orques faisaient beaucoup de bruit, criant et heurtant leurs armes, et les Hobbits purent échanger quelques mots à voix basse.

– Je n'ai pas grande confiance dans tout cela, dit Merry. Je n'en peux à peu près plus. Je ne pense pas être capable de ramper loin, même si j'étais libre.

– Le *lembas*! murmura Pippin. Le *lembas* : j'en ai. Et toi? Je crois qu'ils n'ont pris que nos épées.

– Oui, j'en avais un paquet dans ma poche, répondit Merry, mais il doit être réduit en miettes. De toute façon, je ne peux pas mettre la bouche dans ma poche!

– Tu n'en auras pas besoin. J'ai...; mais à ce moment, un furieux coup de pied avertit Pippin que le bruit s'était éteint et que les gardiens veillaient.

La nuit était froide et silencieuse. Tout autour de la butte sur laquelle les Orques étaient rassemblés, de petits feux de bivouac s'élevaient en un cercle complet rouge et or dans les ténèbres. Ils étaient à portée d'arc, mais les Cavaliers ne montraient pas leurs silhouettes devant la lumière, et les Orques gâchèrent un grand nombre de flèches en tirant sur les feux jusqu'à ce qu'Ouglouk les arrêtât. Aucun son ne venait des Cavaliers. Plus tard dans la nuit, quand la lune émergea de la brume, on put les voir par moments, formes ombreuses qui entreluisaient parfois dans la lumière blanche comme ils se mouvaient au cours de patrouilles incessantes.

– Ils vont attendre le Soleil, malédiction! grogna l'un des gardiens. Pourquoi est-ce qu'on ne se rassemble pas tous pour percer à la charge? Qu'est-ce que le vieil Ouglouk pense, je voudrais bien le savoir!

– J'en suis bien certain, gronda Ouglouk, s'avançant de derrière. Tu veux dire que je ne pense pas du tout, hein? La peste soit de toi! Tu ne vaux pas mieux que toute cette canaille : les larves et les singes de Lugburz. Inutile d'essayer de charger avec eux. Ils ne feraient que déguerpir en poussant des cris, et ces immondes palefreniers sont assez nombreux pour nous éponger tous sur le plat.

« Ces larves ne sont capables que d'une chose : ils ont les yeux perçants comme des vrilles dans les ténèbres. Mais ces Peauxblanches ont de meilleurs yeux de nuit que la plupart des Hommes, d'après tout ce que j'ai entendu dire; et n'oublie pas leurs chevaux! Ils peuvent voir le vent nocturne, ou en tout cas on le dit. Mais il est une chose que ces malins ne savent pas : Mauhour et ses gars sont dans la forêt, et ils devraient se montrer d'un moment à l'autre, à présent.

Les paroles d'Ouglouk suffirent apparemment à satisfaire les Isengardiens; mais les autres Orques étaient en même temps découragés et rebelles. Ils postèrent quelques veilleurs, mais la plupart étaient étendus sur le sol et se reposaient dans l'agréable obscurité. Elle redevint en fait profonde; car la lune passa à l'ouest dans un épais nuage, et Pippin ne voyait plus rien à quelques pas. Les feux n'apportaient aucune lumière à la butte. Les Cavaliers ne se contentèrent pas, toutefois, d'attendre simplement l'aube et de laisser leurs ennemis se reposer. Une soudaine clameur sur le côté ouest du monticule montra que quelque chose n'allait pas. Il semblait que quelques Hommes, s'étant approchés à cheval, avaient glissé à bas de leur monture, avaient rampé jusqu'au bord du camp, tué plusieurs Orques et s'étaient de nouveau évanouis. Ouglouk se précipita pour prévenir une panique.

Pippin et Merry se redressèrent. Leurs gardiens, Isengardiens, étaient partis avec Ouglouk. Mais si les hobbits eurent quelque pensée de fuite, elle fut vite anéantie. Un long bras poilu les prit chacun par le cou et les rapprocha l'un de l'autre. Ils eurent vaguement conscience de la grosse tête et de la hideuse face de Grishnakh entre eux; ils sentirent sur leur joue son haleine infecte. Il commença à les tâter et les tripoter. Pippin frissonna tandis que des doigts durs et froids tâtonnaient le long de son dos.

– Alors, mes petits! dit Grishnakh en un murmure étouffé. On jouit d'un doux moment de repos? Ou non? Un peu mal placés, peut-être : des épées et des fouets d'un côté, et de vilaines lances de l'autre! Les petites gens feraient mieux de ne pas se mêler d'affaires trop grandes pour eux. Ses doigts continuaient à tâtonner. Il y avait derrière ses yeux un feu pâle mais ardent.

Une idée traversa soudain l'esprit de Pippin, comme prise directement dans la pensée immédiate de son ennemi : – Grishnakh connaît l'existence de l'Anneau! Il le cherche pendant qu'Ouglouk est occupé ailleurs : il le veut sans doute pour lui-même. Une peur froide envahit le cœur de Pippin, mais en même temps il se demanda comment utiliser le désir de Grishnakh.

– Je ne crois pas que vous le trouverez de cette façon, murmura-t-il. Il n'est pas facile à trouver.

– *Le trouver?* dit Grishnakh, tandis que ses doigts cessaient de tâtonner pour saisir l'épaule de Pippin. Trouver quoi? De quoi parles-tu, petit être?

Pippin resta un moment silencieux. Puis soudain, dans l'obscurité, il fit un bruit dans sa gorge : *gollum, gollum.* – Rien, mon trésor, ajouta-t-il.

Les Hobbits sentirent une crispation dans les doigts de Grishnakh. – Oh ho! siffla doucement le gobelin. C'est cela qu'il veut dire, hé? Oh ho! Très, très dangereux, mes petits.

– Peut-être, dit Merry, à présent sur le qui-vive et conscient de l'hypothèse de Pippin. Peut-être; et pas seulement pour nous. Mais vous savez mieux que nous ce que vous avez à faire. Le voulez-vous, ou non? Et que donneriez-vous pour l'avoir?

– Si je le veux? Si je le veux? dit Grishnakh, comme embarrassé; mais ses bras tremblaient. Que donnerais-je pour l'avoir? Que voulez-vous dire?

– Nous voulons dire, fit Pippin, choisissant soigneusement ses mots, qu'il ne sert à rien de tâtonner dans le noir. Nous pourrions vous épargner du temps et de la difficulté. Mais il faut d'abord nous délier les jambes, ou nous ne ferons ni ne dirons rien.

– Mes chers et tendres petits sots, siffla Grishnakh, on tirera de vous en temps utile tout ce que vous avez et tout ce que vous savez : tout! Vous souhaiterez en avoir davantage à dire pour satisfaire l'Interrogateur, certes oui : très bientôt. Nous ne presserons pas l'enquête. Fichtre non! Pourquoi donc croyez-vous qu'on vous ait maintenus en vie? Mes chers petits amis, croyez-moi, je vous en prie, quand je vous dis que ce n'était pas par pure bonté d'âme : cela n'est même pas une des fautes d'Ouglouk.

– Je n'ai aucune peine à le croire, dit Merry. Mais votre proie n'est pas encore rendue. Et il ne semble pas qu'elle aille vers chez vous, quoi qu'il arrive. Si nous arrivons en Isengard, ce ne sera pas le grand Grishnakh qui en bénéficiera : Saroumane prendra tout ce qu'il pourra trouver. Si vous voulez quelque chose pour vous-même, c'est le moment de faire un marché.

Grishnakh commença à perdre patience. Le nom de Saroumane paraissait le mettre particulièrement en fureur. Le temps passait et le tapage s'éteignait. Ouglouk ou les Isengardiens pouvaient revenir à tout instant.

– L'avez-vous, l'un ou l'autre? grogna-t-il.

– *Gollum, gollum!* fit Pippin.

– Déliez nos jambes! dit Merry.

Ils sentirent les bras de l'Orque trembler violemment.

– La peste soit de vous, sale petite vermine! siffla-t-il. Vous délier les jambes? Je vais délier tous les liens de votre corps. Croyez-vous donc que je ne puisse vous fouiller jusqu'aux os? Vous fouiller! Je vais vous réduire l'un et l'autre en lambeaux palpitants. Je n'ai pas besoin de l'aide de vos jambes pour vous emporter, et vous avoir pour moi tout seul!

Il les saisit soudain. La force de ses longs bras et de ses épaules était terrifiante. Il les fourra sous ses deux aisselles et les écrasa férocement contre ses côtes; une grande main étouffante s'abattit sur leur bouche. Puis il s'élança en avant, profondément courbé. Il allait vite et sans bruit jusqu'au moment où il arriva au bord du mamelon. Là, choisissant un intervalle entre les veilleurs, il passa comme une ombre malfaisante dans la nuit, descendit la pente et s'en fut vers l'ouest en direction de la rivière qui sortait de la forêt. Il y avait par là un large espace ouvert avec un seul feu.

Après avoir parcouru une douzaine de mètres, il s'arrêta pour observer et écouter. Rien ne se voyait ni ne s'entendait. Il poursuivit son chemin avec une prudente lenteur, presque courbé en deux. Puis il s'accroupit et écouta de nouveau. Enfin, il se releva comme pour risquer un soudain bond en avant. A ce moment même, apparut juste devant lui la forme sombre d'un Cavalier. Un cheval s'ébroua et se cabra. Un homme lança un appel.

Grishnakh se jeta à plat ventre sur le sol, traînant les Hobbits derrière lui; puis il tira son épée. Nul doute qu'il n'eût l'intention de tuer ses prisonniers plutôt que de leur permettre de s'échapper ou d'être libérés; mais ce fut sa perte. L'épée tinta faiblement et entreluisit à la lueur du feu qui brûlait à quelque distance sur sa gauche. Une flèche jaillit en sifflant de l'obscurité : décochée avec art ou guidée par le destin, elle perça sa main droite. Il lâcha l'épée et poussa un grand cri. Il y eut un rapide battement de sabots, et au moment même où Grishnakh s'élançait au pas de course, il fut projeté à terre, et une lance le transperça. Il émit un hurlement hideux et trémulant, et demeura immobile.

Les Hobbits restèrent à plat sur le sol, tels que Grishnakh les avait laissés. Un autre Cavalier accourut à l'aide de son camarade. Soit à cause d'une acuité particulière de la vue ou de quelque autre sens, le cheval s'éleva et sauta légèrement par-dessus eux, mais son cavalier ne les vit pas, couchés qu'ils étaient sous leurs capes elfiques, trop aplatis pour le moment dans leur crainte de bouger.

Merry finit par remuer, et il murmura doucement :
– Jusqu'ici, ça va; mais comment éviter, *nous*, d'être embrochés?

La réponse vint presque immédiatement. Les cris de Grishnakh avaient alerté les Orques. Aux appels et hurlements en provenance du monticule, les Hobbits devinèrent que leur disparition avait été découverte : Ouglouk faisait sans doute sauter encore quelques têtes. Puis, soudain, des appels de voix d'Orques répondirent sur la droite, au-delà du cercle des feux de bivouac, du côté de la forêt et des montagnes. Mauhour était apparemment arrivé, et il attaquait les assiégeants. Le son d'un galop de chevaux se fit entendre. Les Cavaliers resserraient leur cercle autour du tertre, affrontant les flèches orques de façon à prévenir toute sortie, tandis qu'une compagnie se détachait pour s'occuper des nouveaux arrivants. Merry et Pippin s'aperçurent tout à coup que, sans avoir bougé, ils se trouvaient à présent en dehors du cercle : aucun obstacle ne s'opposait à leur évasion.

– A présent, dit Merry, si seulement nous avions les jambes et les mains libres, nous pourrions filer. Mais je ne puis atteindre les nœuds, et je n'arrive pas à les mordre.

– Inutile d'essayer, dit Pippin. J'allais te le dire : je me suis arrangé pour libérer mes mains. Ces boucles ne sont que pour la montre. Tu devrais d'abord prendre un peu de *lembas*.

Il fit glisser les cordes de ses poignets et tira un paquet de sa poche. Les gâteaux étaient brisés, mais bons, toujours enveloppés de leur protection de feuilles. Les hobbits mangèrent tous deux quelques morceaux. Le goût leur remémora de beaux visages, des rires, et une nourriture saine en des jours tranquilles, à présent lointains. Ils mangèrent un moment d'un air rêveur, assis dans l'obscurité, sans prêter attention aux cris et aux bruits du combat proche. Pippin fut le premier à revenir au présent.

– Il faut filer, dit-il. Un instant! L'épée de Grishnakh gisait à portée de sa main, mais elle était trop lourde et encombrante pour lui servir; il rampa donc en avant et, ayant trouvé le corps du gobelin, il tira de son fourreau un long poignard acéré. Avec celui-ci, il trancha vivement leurs liens.

« Et maintenant, allons-y! dit-il. Quand nous serons un peu dérouillés, nous pourrons nous tenir debout et marcher. Mais en tout cas, nous ferions mieux de commencer par ramper.

Ils rampèrent. L'herbe était épaisse et molle, ce qui les aida; mais la tâche leur parut lente et longue. Ils évitèrent largement le feu de bivouac et se faufilèrent par petites avancées jusqu'au bord de la rivière qui s'en allait en gargouillant dans les ombres noires sous ses rives abruptes. Ils regardèrent alors en arrière.

Les sons s'étaient éteints. De toute évidence, Mauhour et ses « gars » avaient été tués ou repoussés. Les Cavaliers étaient revenus à leur veille silencieuse et de mauvais augure. Elle ne durerait plus longtemps. La nuit était déjà très avancée. A l'Est, demeuré sans nuages, le ciel commençait à pâlir.

– Il faut nous mettre à couvert, sans quoi nous serons repérés, dit Pippin. Ce ne nous sera pas d'un grand secours que ces Cavaliers découvrent que nous ne sommes pas des Orques une fois que nous serons morts. Il se leva et battit la semelle. Ces cordes m'ont coupé comme du fil de fer; mais mes pieds se réchauffent. Je pourrai poursuivre le chemin tant bien que mal, à présent. Et toi, Merry?

Merry se leva. – Oui, dit-il, je pourrai y arriver. Le *lembas* vous donne vraiment du cœur au ventre! Et c'est une sensation plus saine aussi que la chaleur de cette liqueur orque. Je me demande de quoi elle était faite. Mieux vaut ne pas le savoir, je pense. Buvons un peu d'eau pour en laver le souvenir!

– Pas ici, les berges sont trop escarpées, dit Pippin. En avant, maintenant.

Ils se détournèrent et marchèrent lentement côte à côte le long de la rivière. Derrière eux, la lumière croissait dans l'Est. Tout en allant, ils comparaient leurs remarques, parlant d'un ton léger à la manière hobbite de ce qui s'était passé depuis leur capture. Aucun auditeur n'aurait pu deviner à leurs paroles qu'ils avaient cruellement souffert et qu'ils s'étaient trouvés en d'affreux périls, allant sans espoir vers la torture et la mort; ni qu'alors encore, comme ils le savaient bien, ils avaient peu de chances de jamais retrouver amis ou sécurité.

– Tu m'as l'air de t'être assez bien débrouillé, Maître Touque, dit Merry. Tu auras presque un chapitre à toi dans le livre du vieux Bilbon, si jamais j'ai une chance de lui faire un compte rendu. Bon travail : surtout d'avoir deviné le petit jeu de ce scélérat poilu et de lui avoir donné la réplique. Mais je me demande si quelqu'un relèvera jamais notre trace et trouvera cette broche. Je détesterais perdre la mienne, mais je crains bien que la tienne ne soit partie pour de bon.

« Il me faudra en mettre un coup pour être à ta hauteur. En vérité, le Cousin Brandebouc est en tête à présent. C'est ici qu'il entre en jeu. Je ne pense pas que tu saches guère où nous sommes; mais j'ai un peu mieux profité de mon temps à Fondcombe. Nous marchons vers l'ouest le long de l'Entalluve. Le pied des Monts Brumeux est devant nous, ainsi que la Forêt de Fangorn.

Tandis même qu'il parlait, l'orée sombre de la forêt apparut indistinctement droit devant eux. La nuit semblait s'être réfugiée sous ses grands arbres, fuyant furtivement l'Aube imminente.

– Mène-nous en avant, Maître Brandebouc! dit Pippin. Ou ramène-nous en arrière! Nous avons été prévenus contre Fangorn. Mais quelqu'un d'aussi averti ne l'aura pas oublié.

– Non, je ne l'ai pas oublié, répondit Merry; mais la forêt me paraît tout de même préférable à un retour en pleine bataille.

Il prit la tête pour pénétrer sous les énormes branches des arbres. Elles paraissaient hors d'âge. De grandes barbes pendantes de lichen se balançaient au vent. Du fond des ombres, les Hobbits risquèrent un coup d'œil en arrière le long de la pente : petites figures furtives qui ressemblaient dans la faible lumière à des enfants elfes des profondeurs du temps regardant hors de la Forêt Sauvage, dans l'étonnement de leur première Aurore.

Loin au-delà du Grand Fleuve et des Terres Brunes, à des lieues et des lieues grises, l'Aurore vint, d'un rouge de flamme. Les cors de chasse retentirent puissamment pour l'accueillir. Les Cavaliers de Rohan naquirent tout à coup à la vie. De nouveau, les cors se répondirent.

Merry et Pippin entendirent, clair dans l'air froid, le hennissement de chevaux de guerre et le chant soudain de nombreux hommes. Le limbe du Soleil s'éleva, arc de feu, sur la lisière du monde. Alors, sur un grand cri, les Cavaliers chargèrent de l'Est; la lumière rouge miroitait sur les cottes de mailles et sur les lances. Les Orques hurlèrent, décochant toutes les flèches qui leur restaient. Les Hobbits virent tomber plusieurs Cavaliers; mais leur ligne tint bon, montant la colline et la submergeant; puis elle se retourna et chargea de nouveau. La plupart des pillards demeurés vivants se débandèrent et s'enfuirent de-ci de-là, poursuivis à mort l'un après l'autre. Mais une compagnie assemblée en un coin noir s'avança résolument en direction de la forêt. Gravissant tout droit la pente, elle chargea vers les veilleurs. Ils approchaient à présent, et il paraissait certain qu'ils allaient s'échapper : ils avaient déjà abattu trois Cavaliers qui leur barraient la route.

– Nous avons observé trop longtemps, dit Merry. Voilà Ouglouk! Je n'ai aucune envie de le rencontrer de nouveau. Les Hobbits se retournèrent et s'enfuirent dans les profondeurs ténébreuses de la forêt.

C'est ainsi qu'ils ne virent pas l'ultime résistance, quand Ouglouk, rattrapé, fut mis aux abois à la lisière même de Fangorn. Là, il finit par être tué par Eomer, le Troisième Maréchal de la Marche, qui mit pied à terre et le combattit épée contre épée. Et dans les vastes étendues, les Cavaliers aux yeux perçants poursuivirent et achevèrent les quelques Orques qui s'étaient échappés et qui avaient encore la force de fuir.

Puis, après avoir couché sous un tertre leurs camarades tombés et chanté leurs louanges, les Cavaliers firent un grand feu et dispersèrent les cendres de leurs ennemis. Ainsi se termina le raid, et aucune nouvelle n'en parvint ni en Mordor ni en Isengard; mais la fumée de l'incinération monta haut dans le ciel et fut aperçue de nombreux yeux attentifs.

CHAPITRE IV

SYLVEBARBE

Pendant ce temps, les hobbits allaient aussi vite que le permettaient l'obscurité et le fouillis de la forêt, suivant la ligne de la rivière courante en direction de l'ouest et vers les pentes des montagnes, et ils s'enfonçaient de plus en plus profondément dans Fangorn. Leur crainte des Orques céda lentement, et leur allure se ralentit. Une curieuse sensation d'étouffement les envahissait, comme si l'air devenait trop pauvre ou trop rare pour la respiration.

Merry finit par s'arrêter : – On ne peut pas continuer ainsi, dit-il, haletant. J'ai besoin d'air.

– Buvons une gorgée, en tout cas, dit Pippin. J'ai le gosier desséché. Il escalada une grosse racine d'arbre qui plongeait tortueusement dans la rivière, et, se penchant, il prit de l'eau dans ses mains réunies en forme de coupe. Elle était claire et froide, et il en avala de nombreuses gorgées. Merry le suivit. L'eau les rafraîchit et sembla leur réjouir le cœur; ils restèrent un moment assis ensemble au bord de la rivière, à agiter dans le courant leurs pieds et leurs jambes endoloris, tout en scrutant du regard les arbres qui se dressaient silencieux autour d'eux en rangs innombrables et s'évanouissaient en toutes directions dans la grisaille du demi-jour.

– J'espère que tu ne nous as pas déjà perdus? dit Pippin, s'adossant à un gros tronc d'arbre. On peut au moins suivre le cours de cette rivière, l'Entalluve ou je ne sais quoi, et ressortir par où nous sommes venus.

– On le pourrait pour autant que nos jambes veuillent bien nous porter, dit Merry, et si nous pouvions respirer convenablement.

– Oui, tout est très obscur et étouffant ici, dit Pippin. Cela me rappelle par un certain côté la vieille salle dans la Grande Demeure des Touque, là-bas dans les Terriers de Bourg de Touque : une immense demeure où le mobilier n'avait jamais été déplacé ni changé depuis des générations. On dit que le Vieux Touque y vécut d'innombrables années, durant lesquelles lui et la pièce vieillirent et devinrent toujours plus minables de pair – et on n'y a jamais rien modifié depuis sa mort, il y a un siècle. Et le Vieux Géronte était mon arrière-arrière-grand-père, ce qui repousse les choses assez loin. Mais ce n'est rien à côté de la sensation d'âge que donne cette forêt. Regarde-moi toutes ces barbes et moustaches de lichen qui pleurent et qui traînent! Et la plupart des arbres paraissent à moitié couverts de feuilles sèches et déchiquetées qui ne sont jamais tombées. C'est désordonné. Je ne puis imaginer à quoi peut ressembler le printemps ici, si jamais il y vient; encore moins un grand nettoyage de printemps.

– Mais le Soleil doit en tout cas montrer quelquefois le bout de son nez, dit Merry. Cela ne correspond pas du tout à la description que Bilbon a donnée de l'aspect et des sensations de la Forêt Noire. Elle était toute sombre et noire, et elle abritait de sombres et noires choses. Celle-ci est simplement obscure et terriblement remplie par les arbres. On n'imagine pas que des *animaux* vivent ici ou y restent longtemps.

– Non, ni des Hobbits, dit Pippin. Et l'idée de la traverser ne me sourit guère non plus. Rien à manger sur une centaine de milles, j'imagine. Où en sont nos provisions?

– Il n'y a pas grand-chose, dit Merry. Nous avons décampé sans rien d'autre que deux maigres paquets de *lembas,* abandonnant tout derrière nous. Ils regardèrent ce qu'il restait des gâteaux elfiques : des fragments pour cinq jours chiches, c'était tout. Et pas un manteau ni une couverture, dit Merry. Nous aurons froid cette nuit, de quelque côté que nous allions.

– Eh bien, nous ferions mieux de choisir tout de suite, dit Pippin. La matinée doit s'avancer.

A ce moment même, ils s'aperçurent qu'une lueur jaune était apparue un peu plus loin : des rayons de soleil semblaient avoir soudain percé la voûte de la forêt.

– Tiens! dit Merry. La Soleil avait dû passer dans un nuage pendant que nous étions sous les arbres, et maintenant elle est ressortie; ou alors elle a suffisamment grimpé pour regarder par quelque ouverture. Ce n'est pas loin – allons voir!

Ils s'aperçurent que c'était plus loin qu'ils ne le pensaient. Le sol, qui montait encore en pente raide, devenait de plus en plus pierreux. La tache de lumière s'élargit à mesure qu'ils avançaient, et ils virent bientôt qu'il y avait devant eux un mur de roc : le côté d'une colline ou la fin abrupte de quelque longue racine jetée par les lointaines montagnes. Aucun arbre n'y poussait, et le soleil tombait en plein sur la face de pierre. Les ramilles des arbres qui se trouvaient au pied s'étendaient raides et immobiles, comme tendues vers la chaleur. Alors qu'auparavant tout avait paru si pauvre et si gris, la forêt luisait à présent de riches bruns et des gris-noirs lisses de l'écorce semblable à du cuir ciré. Les fûts des arbres rayonnaient d'un vert doux comme de l'herbe nouvelle : il y avait autour d'eux un début de printemps ou une vision fugitive de celui-ci.

Sur la face du mur de pierre se voyait une sorte d'escalier : naturel peut-être et façonné par la désagrégation et l'éclatement de la roche, car il était inégal et grossier. Haut, presque au niveau de la cime des arbres, il y avait une corniche sous une falaise. Il n'y poussait que quelques graminées et herbes folles sur le bord et un seul vieux tronçon d'arbre avec deux branches courbées : on aurait presque dit la silhouette d'un vieillard tortu qui se tenait là, clignant des paupières dans la lumière matinale.

– Montons! dit joyeusement Merry. Allons-y pour goûter une bolée d'air et voir un peu les environs!

Ils escaladèrent le rocher. Si l'escalier avait été fabriqué, c'était pour des pieds plus grands et des jambes plus longues que les leurs. Ils étaient trop impatients pour s'étonner de la remarquable cicatrisation des entailles et des plaies de leur captivité comme du retour de leur vigueur. Ils finirent par arriver au bord de la corniche presque au pied du vieux tronçon d'arbre; ils bondirent alors et tournèrent le dos à la colline, respirant profondément, le regard fixé sur l'est. Ils virent qu'ils n'avaient pénétré que de trois ou quatre milles dans la forêt : les têtes des arbres descendaient le long des pentes vers la plaine. Là, à la frange de la forêt, de hautes volutes de fumée noire s'élevaient en spirale pour venir flotter en vacillant dans leur direction.

– Le vent tourne, dit Merry. Il est revenu à l'Est. Il fait frais ici.

– Oui, dit Pippin; je crains que ce ne soit qu'un rayon passager et que tout ne redevienne gris. Quel dommage! Cette vieille forêt hirsute semblait si différente au soleil! J'ai presque eu l'impression d'aimer cet endroit.

– Presque eu l'impression d'aimer la Forêt! Voilà qui est bien! C'est singulièrement bon de votre part, dit une voix étrange. Retournez-vous, que je regarde un peu vos visages. J'ai presque l'impression que vous m'êtes tous les deux antipathiques, mais pas de jugements hâtifs. Retournez-vous! Une grande main noueuse se posa sur leurs épaules et les fit doucement, mais irrésistiblement pivoter; puis deux grands bras les soulevèrent.

Ils se trouvèrent alors regarder une figure des plus extraordinaires. Sa forme était semblable à celle d'un Homme, presque d'un Troll, de haute taille, quatorze pieds au moins, très robuste, avec une haute tête et presque pas de cou. Il était difficile de discerner s'il était vêtu d'une matière ressemblant à une écorce verte et grise ou si c'était sa propre peau. En tout cas, les bras, à une certaine distance du tronc, n'étaient pas ridés, mais recouverts d'une peau lisse et brune. Les grands pieds avaient sept doigts chacun. La partie inférieure de la longue figure était couverte d'une vaste barbe grise, broussailleuse, presque rameuse à la racine, ténue et mousseuse à l'extrémité. Mais sur le moment les Hobbits ne remarquèrent guère que les yeux. Ces yeux profonds les examinaient à présent, lents et solennels, mais très pénétrants. Ils étaient bruns, traversés d'une lueur verte.

Pippin devait souvent par la suite essayer de décrire la première impression qu'il en avait éprouvée.

« On aurait dit qu'il y avait derrière, un énorme puits rempli de siècles de souvenirs et d'une longue, lente et solide réflexion; mais la surface scintillait du présent : comme le soleil qui miroite sur les feuilles extérieures d'un vaste arbre ou sur les ondulations d'un lac très profond. Je ne sais pas, mais on avait l'impression d'une chose qui pousserait dans la terre – d'endormie, pour ainsi dire – ou qui se sentirait entre l'extrémité de la racine et le bout de la feuille, entre la terre profonde et le ciel, se serait soudain éveillée et vous considérerait avec la même lente attention qu'elle aurait consacrée à ses propres affaires intérieures durant des années sans fin. »

– Hrum, Houm, murmura la voix, une voix profonde comme celle d'un bois très grave. Très curieux, assurément! Pas de jugement hâtif, c'est ma devise. Mais si je vous avais vus avant d'entendre vos voix – je les ai aimées, de jolies petites voix; elles me faisaient penser à quelque chose que je ne puis me rappeler – si je vous avais vus avant de vous entendre, je vous aurais simplement écrasés, vous prenant pour de petits Orques, et j'aurais ensuite découvert mon erreur. Vous êtes très curieux, assurément. Racine et ramille, très curieux!

Pippin, quoique toujours étonné, n'avait plus de crainte. Il sentait, sous ces yeux, une curieuse incertitude, mais point de peur. – Qui êtes-vous, je vous prie? demanda-t-il. Et qu'êtes-vous?

Un regard bizarre se montra dans les vieux yeux, une sorte de circonspection; les puits profonds étaient de nouveau recouverts. – Eh bien, *hrum*, répondit la voix; enfin, je suis un Ent, ou c'est ainsi qu'on me nomme. Oui, Ent, c'est le mot. L'Ent, que je suis, pour ainsi dire, dans votre façon de vous exprimer. Selon certains, mon nom est *Fangorn*; d'autres disent *Sylvebarbe*. *Sylvebarbe* conviendra.

– Un *Ent*? dit Merry. Qu'est-ce que cela? Mais comment vous nommez-vous, vous-même? Quel est votre nom véritable?

– Hou, voyons! répliqua Sylvebarbe. Hou! Ce serait tout dire! Pas tant de hâte. Et c'est *moi* qui pose les questions. Vous êtes dans *mon* pays. Qui êtes-vous vous-mêmes, je me le demande? Je ne vous situe pas. Vous ne semblez pas relever des anciennes listes que j'ai apprises dans mon jeune âge. Mais cela, c'était il y a longtemps, longtemps, et on en a peut-être fait de nouvelles. Voyons! Voyons! Comment était-ce?

Apprenez maintenant la science des Créatures Vivantes!
Nommez d'abord les quatre, les gens libres :
Aînés de tous, les enfants des Elfes;
Le Nain, fouilleur, sombres sont ses demeures;
L'Ent, né de la terre, vieux comme les montagnes;
L'Homme, mortel, maître des chevaux;

Hum, hum, hum.

Le castor, constructeur, le daim, sauteur,
L'ours, chasseur d'abeilles, le sanglier, lutteur;
Le chien courant est affamé, le lièvre peureux...

Hum, hum.

L'aigle dans son aire, le bœuf dans son pâturage,
Le cerf couronné de bois; le faucon est plus rapide,
Le cygne le plus blanc, le serpent le plus froid...

Houm, hum; houm, hum, comment était-ce? Boum, tum, roum tum, roumty toum tum. C'était une longue liste. Mais de toute façon, il semble que vous ne cadriez nulle part!

– Il paraît qu'on a toujours été oubliés dans les anciennes listes et les anciennes histoires, dit Merry. Pourtant nous nous sommes promenés pas mal de temps. Nous sommes des *Hobbits.*

– Pourquoi ne pas faire un nouveau vers? dit Pippin :

Les Hobbits semi-poussés, habitants des trous.

– Mettez-nous parmi les quatre, auprès de l'Homme (les Grandes Gens), et vous y serez.

– Heu! Pas mal, pas mal, dit Sylvebarbe. Ça irait. Ainsi vous vivez dans des trous, hein? Cela paraît très bien et convient parfaitement. Qui vous appelle *Hobbits,* toutefois? Cela ne me semble pas elfique. Les Elfes ont créé tous les anciens mots; ce sont eux qui ont commencé la chose.

– Personne d'autre ne nous appelle Hobbits; nous nous nommons ainsi nous-mêmes, dit Pippin.

– Houm, hmm! Allons! Pas si vite! Vous vous nommez *vous-mêmes* Hobbits? Mais vous ne devriez pas aller le raconter à n'importe qui. Vous allez révéler vos propres noms réels, si vous ne faites pas attention.

– Nous ne faisons pas attention à cela, dit Merry. En fait, je suis un Brandebouc, Meriadoc Brandebouc, encore que la plupart des gens m'appellent Merry.

– Et moi, je suis un Touque, Peregrin Touque; mais on me nomme généralement Pippin, ou même Pip.

– Hm, vous êtes vraiment des gens irréfléchis, dit Sylvebarbe. Votre confiance m'honore, mais vous ne devriez pas être trop francs tout de suite. Il y a Ents et Ents, vous savez; ou il y a des Ents et des choses qui ressemblent aux Ents, mais qui n'en sont pas, pour ainsi dire. Je vous appellerai Merry et Pippin, s'il vous plaît – ce sont de jolis noms. Car moi, je ne vais pas vous donner le mien, pas encore, en tout cas. Une curieuse expression mi-entendue, mi-humoristique se montra dans un scintillement vert des yeux. D'abord ce serait un peu long : mon nom s'allonge sans cesse, et j'ai vécu très, très longtemps; de sorte que mon nom est comme une histoire. Les vrais noms vous racontent l'histoire des choses auxquelles ils appartiennent, dans ma langue, en vieil entien, pourrait-on dire. C'est une très belle langue, mais il faut très longtemps pour dire quoi que ce soit, quand on l'emploie, parce que nous ne nous en servons que pour parler de choses qui valent une longue narration et une longue écoute.

« Mais maintenant (et les yeux devinrent très brillants et « présents », semblant se faire plus petits et presque aigus) qu'est-ce qui se passe? Que faites-vous dans tout cela? Je vois et j'entends (*et* je sens à l'odeur et au toucher) beaucoup dans ce..., ce... ce *a lalla-lalla-rumba-kamanda-lind-orburumë.* Excusez-moi, c'est une partie du nom que je donne à cela; je ne sais quel est le mot dans les langues extérieures : vous savez, ce sur quoi nous sommes, où je me tiens et d'où je contemple les beaux matins, où je pense au Soleil, et à l'herbe au-delà de la forêt, aux chevaux, aux nuages et au déroulement du monde. Que se passe-t-il? Qu'est-ce que Gandalf a en tête? Et ces... *burarum* (il émit un son profond et gargouillant qui ressemblait à une dissonance de grand orgue), ces Orques, et le jeune Saroumane en Isengard? J'aime avoir des nouvelles. Mais pas trop vite, à présent.

– Il se passe beaucoup de choses, dit Merry, et même si nous essayions d'aller vite, ce serait long à raconter. Mais vous nous avez dit de ne pas être irréfléchis. Devrions-nous vous dire quoi que ce soit dès maintenant? Serait-il impertinent de vous demander ce que vous allez faire de nous et de quel côté vous êtes? Et avez-vous connu Gandalf?

– Oui, je le connais : le seul magicien qui se soucie des arbres, dit Sylvebarbe. Vous le connaissez?

– Oui, dit tristement Pippin, nous le connaissions. C'était un grand ami, et il était notre guide.

– Alors, je peux répondre à vos autres questions, dit Sylvebarbe. Je ne vais rien faire *de* vous, si vous entendez par là « vous faire quelque chose, à vous » contre votre gré. Nous pourrions faire des choses ensemble. Je ne connais rien des *côtés*. Je suis ma propre route; mais la vôtre peut coïncider avec la mienne pendant quelque temps. Mais vous parlez de Maître Gandalf comme s'il faisait partie d'une histoire terminée.

– Oui, dit tristement Pippin. L'histoire se poursuit, mais je crains que Gandalf n'en soit tombé.

– Hou, allons donc! dit Sylvebarbe. Houm, hem, enfin... Il s'arrêta, le regard longuement fixé sur les Hobbits. Houm, eh bien, je ne sais que dire. Voyons!

– Si vous le désirez, dit Merry, nous vous en dirons davantage. Mais cela prendra du temps. Ne voudriez-vous pas nous reposer à terre? Ne pourrions-nous pas nous asseoir ici tous ensemble dans le soleil, tant qu'il y en a? Vous devez être fatigué de nous tenir en l'air ainsi.

– Hem, *fatigué*? Non, je ne suis pas fatigué. Je ne me fatigue pas facilement. Et je ne m'assieds pas. Je ne suis pas très, hem, ployable. Mais voilà que le Soleil s'obscurcit, en effet. Quittons ce... avez-vous dit comment vous l'appeliez?

– Cette colline? suggéra Pippin. – Corniche? Marche? suggéra Merry.

Sylvebarbe répéta pensivement ces mots. – *Colline.* Oui, c'était cela. Mais c'était un mot irréfléchi pour une chose qui a toujours été là depuis la formation de cette partie du monde. N'importe. Quittons-la et partons.

– Où irons-nous? demanda Merry.

– Dans ma demeure, ou l'une de mes demeures, répondit Sylvebarbe.

– C'est loin?

– Je ne sais pas. A votre avis, peut-être. Mais quelle importance cela a-t-il?

– C'est que, voyez-vous, nous avons perdu tout ce que nous avions. Il ne nous reste que très peu de nourriture.

– Oh! hem! Vous n'avez pas à vous inquiéter de cela, dit Sylvebarbe. Je peux vous donner une liqueur qui vous maintiendra verts et en état de croissance pour une longue, longue durée. Et si nous décidons de nous séparer, je peux vous déposer hors de mon pays en n'importe quel lieu de votre choix. Partons!

Tenant les Hobbits avec douceur, mais avec fermeté, chacun dans le creux d'un bras, Sylvebarbe leva d'abord un grand pied, puis l'autre, et les amena au bord de la corniche. Les orteils semblables à des racines agrippèrent les rochers. Puis il descendit de marche en marche avec précaution et gravité pour finir par atteindre le sol de la Forêt.

Il partit aussitôt parmi les arbres à longs pas mesurés, s'enfonçant de plus en plus profondément dans la forêt, sans jamais s'éloigner de la rivière, et montant toujours vers les pentes de la montagne. Bon nombre des arbres semblaient endormis ou n'avoir pas davantage conscience de sa présence que de celle de toute autre créature qui passait par là; mais certains frémissaient, et d'autres élevaient leurs branches au-dessus de sa tête à son approche. Tout le temps qu'il marchait, il se parlait à lui-même en une longue coulée de sons harmonieux.

Les Hobbits restèrent un moment silencieux. Ils se sentaient, assez curieusement, en sécurité et à l'aise, et ils avaient ample matière à penser et à s'interroger. Pippin finit par se risquer à parler de nouveau.

– Puis-je demander quelque chose, Sylvebarbe, je vous prie? Pourquoi Celeborn nous a-t-il mis en garde contre votre forêt? Il nous a conseillé de ne pas courir le risque d'y être empêtrés.

– Hum, le savait-il? gronda Sylvebarbe. Et j'aurais pu en dire tout autant, si vous étiez allés dans l'autre sens. Ne courez pas le risque d'être empêtrés dans les bois de *Laurelindorenan*! C'est ainsi que les Elfes l'appelaient jadis, mais à présent ils ont abrégé le nom : ils l'appellent *Lothlorien*. Peut-être ont-ils raison : peut-être disparaît-elle progressivement au lieu de croître. Terre de la Vallée de l'Or Chantant, c'était bien cela, il y a longtemps. Maintenant, c'est la Fleur de Rêve. Enfin... Mais c'est un endroit étrange, où n'importe qui ne peut pas s'aventurer. Je suis surpris que vous en soyez jamais sortis, mais encore davantage que vous y soyez jamais entrés : cela n'est arrivé à aucun étranger depuis maintes années. C'est une terre étrange.

« Et celle-ci aussi. Les gens ont eu des malheurs par ici. Oui, des malheurs. *Laurelindorenan lindelorendor malinornélion ornemalin,* fredonna-t-il pour lui-même. Ils retardent un peu sur le monde là-dedans, j'ai l'impression, dit-il. Ni ce pays, ni rien d'autre en dehors de la Forêt d'Or n'est plus tel que du temps de la jeunesse de Celeborn. Cependant,

Taurelilomëa-tumbalemorna Tumbaletaurëa Lomëanor (1),

Voilà ce qu'on disait autrefois. Les choses ont changé, mais c'est encore vrai en certains endroits.

– Que voulez-vous dire? demanda Pippin. Qu'est-ce qui est vrai?

– Les arbres et les Ents, dit Sylvebarbe. Je ne comprends pas moi-même tout ce qui se passe; je ne puis donc vous l'expliquer. Certains d'entre nous sont encore

(1) En langue ent : Forêttrès ombreuse-profondevalléenoire-Terresombreprofondevalléeforestière, signifiant plus ou moins : il y a une ombre noire dans les combes profondes de la forêt.

de véritables Ents, et assez animés à notre manière, mais beaucoup deviennent somnolents, ils deviennent arbresques, si vous voyez ce que je veux dire. La plupart des arbres sont simplement des arbres, bien sûr; mais bon nombre sont à demi éveillés. Certains le sont bien, et, d'autres sont, euh... eh bien, ils deviennent *Entesques.* Cela se poursuit continuellement.

« Quand cela arrive à un arbre, on s'aperçoit que certains ont un *mauvais* cœur. Cela n'a rien à voir avec leur bois : ce n'est pas ce que je veux dire. J'ai même connu de bons vieux saules au bout de l'Entalluve, depuis longtemps partis, hélas! Ils étaient entièrement creux; en vérité, ils tombaient presque en morceaux; mais ils étaient aussi tranquilles qu'une jeune feuille, et leur langage était aussi doux. Et puis il y a des arbres, dans les vallées sous les montagnes, qui ont une santé de fer et qui sont mauvais de bout en bout. Ce genre de chose semble s'étendre. Il existait autrefois des parties très dangereuses dans ce pays. Il y a encore des morceaux très noirs.

– Telle la Vieille Forêt dans le nord, vous voulez dire? demanda Merry.

– Oui, oui, quelque chose dans ce genre-là, mais bien pire. Je ne doute pas qu'il n'y ait quelque ombre des Grandes Ténèbres qui reste encore là-bas dans le nord; et on transmet de mauvais souvenirs. Mais il y a des combes creuses dans ce pays, d'où l'Obscurité n'a jamais été enlevée, et les arbres sont plus vieux que moi. Nous faisons cependant ce que nous pouvons. Nous repoussons les étrangers et les imprudents; nous formons et nous enseignons, nous marchons et nous désherbons.

« Nous sommes des gardiens d'arbres, nous autres vieux Ents. Nous restons assez peu nombreux. Les moutons finissent par ressembler aux bergers et les bergers aux moutons, à ce qu'on dit; mais lentement, et aucuns ne restent longtemps au monde. La ressemblance est plus rapide et plus proche entre les arbres et les Ents, et ils parcourent les siècles ensemble. Car les Ents ressemblent davantage aux Elfes; ils s'intéressent moins que les Hommes à leur propre personne, et ils ont plus d'aptitude à pénétrer les autres choses. Et pourtant aussi les Ents ressemblent davantage aux Hommes, ils sont plus changeants que les Elfes et plus prompts à prendre la couleur de l'extérieur, pour ainsi dire. Ou supérieurs aux deux : car ils sont plus persistants, et ils gardent l'esprit fixé plus durablement sur les choses.

« Certains des miens ressemblent absolument à des arbres, à présent; il leur faut quelque chose de considérable pour sortir de leur torpeur; et ils ne parlent que par murmures. Mais certains de mes arbres ont les membres souples, et ils sont nombreux à pouvoir me parler. Ce sont les Elfes qui ont commencé, naturellement, en éveillant les arbres, en leur enseignant à parler et en apprenant leurs propos d'arbres. Ils voulaient toujours parler à tout, les anciens Elfes. Mais alors vinrent les Grandes Ténèbres, et ils partirent au-delà de la Mer ou s'enfuirent dans des vallées lointaines, où ils se cachèrent, et firent des chansons sur des jours qui ne reviendraient jamais. Jamais plus. Oui, oui, il n'y avait qu'une seule forêt jadis d'ici aux Montagnes de Lune, et ceci n'était que l'Extrémité Est.

« C'étaient alors les grands jours! Il fut un temps où je pouvais marcher et chanter tout le jour sans rien entendre que l'écho de ma propre voix au creux des collines. Les bois ressemblaient à ceux de Lothlorien, mais en plus épais, en plus fort et en plus jeune. Et la senteur de l'air! Je passais une semaine entière rien qu'à respirer.

Sylvebarbe se tut, marchant à grands pas, mais sans guère produire de son avec ses grands pieds. Puis il recommença à fredonner et passa à un murmure de psalmodie :

« Dans les saussaies de Tasarinan, je me promenais au [Printemps.
Ah! la vue et la senteur du Printemps à Nan-tasarion!
Et je disais que c'était bon.
Je vagabondais l'Eté dans les ormaies d'Ossiriand.
Ah! la lumière et la musique de l'Eté près des Sept [Rivières d'Ossir!
Et je pensais que c'était mieux!
Aux grèves de Neldoreth je vins en Automne.
Ah! l'or et le rouge et le soupir des feuilles en Automne à [Tau-na-neldor!
Cela surpassait mon désir.

Jusqu'aux pins des hautes terres de Dorthonion je
[grimpais en Hiver.
Ah! le vent et la blancheur et les branches noires de
[l'Hiver sur l'Orod-na-Thôn!
Ma voix s'élevait et chantait dans le ciel.
Et maintenant toutes ces terres gisent sous les flots,
Et je marche en Ambarona, en Tauremorna, en Aldalomë,
Dans ma propre terre, au pays de Fangorn,
Où les racines sont longues,
Où les années font une couche plus épaisse que les
[feuilles
En Tauremornalomë. »

Il arrêta là sa chanson et poursuivit son chemin à grands pas; et, dans toute la forêt, aussi loin que portât l'oreille, ne s'élevait pas un son.

Le jour déclina, et le crépuscule entoura le fût des arbres. Enfin, les Hobbits virent s'élever indistinctement devant eux des escarpements sombres : ils étaient arrivés au pied des montagnes et aux racines verdoyantes du culminant Methedras. Le long de la pente, le tout jeune Entalluve, bondissant de ses sources loin au-dessus, courait bruyamment de marche en marche à leur rencontre. A droite de la rivière, il y avait une longue pente, revêtue d'herbe, à présent grise dans le demi-jour. Il n'y poussait aucun arbre et elle était ouverte au ciel; des étoiles brillaient déjà en lacs entre des rives de nuages.

Sylvebarbe gravit la pente, ralentissant à peine le pas. Soudain, les Hobbits virent devant eux une large ouverture. Deux grands arbres se dressaient là des deux côtés, comme de vivants montants de porte; mais il n'y avait d'autre porte que leurs branches croisées et entrelacées. A l'approche du vieil Ent, les arbres élevèrent leur ramure, et toutes leurs feuilles frémirent en bruissant. Car c'étaient des arbres à feuillage persistant, et leurs feuilles sombres et lisses luisaient dans le crépuscule. Au-delà s'étendait un large plat, comme si on avait taillé le sol d'une grande salle dans le côté de la colline. De part et d'autre, les murs montaient en pente jusqu'à une hauteur de cinquante pieds ou plus, et le long de chacun se dressait un bas-côté d'arbres dont la taille croissait aussi à mesure qu'ils avançaient à l'intérieur.

A l'extrémité opposée, le mur de rocher était perpendiculaire, mais au bas un creux avait été ménagé pour former une baie voûtée et peu profonde : cette voûte était le seul toit de la salle, à part les branches des arbres, qui, à l'extrémité intérieure, couvraient de leur ombre tout le sol, ne laissant qu'une large allée découverte au milieu. Un ruisseau s'échappait des sources d'en dessus; abandonnant le cours principal, il tombait en tintant le long du mur à pic et se déversait en gouttes argentées comme un fin rideau devant la baie voûtée. L'eau se rassemblait de nouveau dans un bassin de pierre ménagé dans le sol entre les arbres, et de là elle se déversait et coulait le long de l'allée découverte pour rejoindre l'Entalluve dans sa traversée de la forêt.

– Hem! Nous y voici! dit Sylvebarbe, rompant son long silence. Je vous ai portés sur environ soixante-dix mille pas d'Ent, mais je ne sais pas ce que cela fait selon la mesure de votre pays. En tout cas, nous nous trouvons près des racines de la Dernière Montagne. Une partie du nom de cet endroit pourrait se traduire dans votre langage par la Salle du Jaillissement. Je m'y plais. Nous resterons ici pour la nuit. Il les déposa sur l'herbe entre les bas-côtés d'arbres, et ils le suivirent vers la grande arche. Les Hobbits remarquèrent alors que, dans sa marche, ses genoux se pliaient à peine, mais ses jambes s'ouvraient en une longue enjambée. Il plantait en premier sur le sol ses grands orteils (grands, ils l'étaient certes, et très larges) avant toute autre partie de ses pieds.

Sylvebarbe se tint un moment sous la pluie de la source, et il respira profondément; puis il rit et passa à l'intérieur. Il y avait là une grande table de pierre, mais pas de chaises. Le fond de la baie était déjà tout à fait sombre. Sylvebarbe souleva deux grands récipients, qu'il plaça sur la table. Ils paraissaient être remplis d'eau; mais il tint les mains au-dessus, et ils commencèrent aussitôt à rayonner l'un d'une lumière dorée et l'autre d'une riche lumière verte; et le mélange des deux éclaira la baie comme si le soleil d'été brillait au travers d'une voûte de jeunes filles. Se retournant, les Hobbits virent que les arbres de la cour avaient aussi commencé à luire, faiblement au début, puis de plus en plus fort, jusqu'à ce que chaque feuille fût bordée de lumière : certaines étaient vertes, d'autres dorées, d'autres encore rouges comme du cuivre; tandis que les troncs semblaient être des piliers de pierre lumineuse.

– Eh bien, maintenant, nous pouvons reprendre notre conversation, dit Sylvebarbe. Vous avez soif, je présume. Peut-être aussi êtes-vous fatigués. Buvez ceci! Il alla au fond de la baie, et ils virent alors là plusieurs jarres de pierre, avec de lourds couvercles. Il retira l'un de ceux-ci et plongea dans le récipient une grande louche, avec laquelle il remplit trois jattes, dont unè très grande et deux plus petites.

– Nous sommes ici dans une maison d'Ent, dit-il, et il n'y a malheureusement pas de sièges. Mais vous pouvez vous asseoir sur la table. Soulevant les Hobbits, il les déposa sur la grande dalle de pierre, à six pieds du sol, et ils restèrent assis là, balançant leurs jambes et buvant à petites gorgées.

La boisson ressemblait à de l'eau et elle avait en fait à peu près le même goût que les lampées qu'ils avaient bues à l'Entalluve près des lisières de la forêt, mais il y avait cependant une senteur ou une saveur indéfinissable : elle était faible, mais elle leur rappelait l'odeur d'une forêt lointaine, portée par une fraîche brise nocturne. L'effet de la boisson se fit sentir d'abord dans les pieds pour s'élever régulièrement dans chaque membre, apportant délassement et vigueur dans sa montée jusqu'à l'extrémité des cheveux. En fait, les Hobbits sentirent que leurs cheveux se dressaient sur leur tête, flottant, ondoyant et poussant. Quant à Sylvebarbe, il commença par se laver les pieds dans le bassin qui se trouvait au-delà de l'arche, puis il vida sa jatte d'un seul trait, long et lent. Les Hobbits avaient l'impression qu'il ne s'arrêterait jamais.

Il finit cependant par reposer la jatte. – Ah, ah! soupira-t-il. Hem, houm; à présent, je peux parler plus aisément. Vous pouvez vous asseoir par terre, et je vais m'étendre; cela empêchera cette boisson de me monter à la tête et de me faire dormir.

Du côté droit de la baie, il y avait un grand lit aux pieds courts, qui n'avait pas plus d'une vingtaine de pouces de haut et qui était couvert d'herbe et de fougères séchées. Sylvebarbe s'abaissa lentement vers cette couche (avec seulement un soupçon de courbure en son milieu) jusqu'au moment où il fut étendu tout de son long, les bras derrière la tête, regardant la voûte sur laquelle tremblotaient des lumières à la manière du jeu des feuilles dans le soleil. Merry et Pippin s'assirent près de lui sur des coussins d'herbe.

– Maintenant, racontez-moi votre histoire, et sans vous presser! dit Sylvebarbe.

Les Hobbits commencèrent à lui faire le récit de leurs aventures depuis leur départ même de Hobbitebourg. Ils suivaient un ordre assez décousu, car ils s'interrompaient constamment l'un l'autre, et Sylvebarbe arrêtait souvent le narrateur pour revenir à quelque point précédant ou sauter en avant en posant des questions sur des événements postérieurs. Ils ne parlèrent toutefois pas de l'Anneau, et ils ne lui dirent pas la raison de leur départ ni leur but; et il ne demanda rien à ce sujet.

Il fut extrêmement intéressé par tout : les Cavaliers Noirs, Elrond et Fondcombe dans la Vieille Forêt, Tom Bombadil, les Mines de la Moria, et la Lothlorien et Galadriel. Il se fit décrire maintes et maintes fois la Comté et sa région. Il eut à ce sujet une curieuse réflexion : – Vous ne voyez jamais, hem, d'Ents par là, n'est-ce pas? demanda-t-il. Enfin, pas des Ents, des Ents femmes, devrais-je dire.

– Des Ents femmes? dit Pippin. Vous ressemblent-elles en aucune façon?

– Oui, hem, enfin non : je ne sais plus vraiment, dit Sylvebarbe d'un ton pensif. Mais elles aimeraient votre pays, alors je me le demandais seulement.

Sylvebarbe s'intéressa toutefois particulièrement à tout ce qui concernait Gandalf; et plus encore aux faits et gestes de Saroumane. Les Hobbits regrettèrent fort de connaître si peu de choses là-dessus : ils n'avaient qu'un récit assez vague de Sam sur ce que Gandalf avait dit au Conseil. Mais ils étaient bien certains en tout cas qu'Ouglouk et sa troupe venaient de l'Isengard et qu'ils parlaient de Saroumane comme étant leur maître.

– Hem, houm! dit Sylvebarbe, quand leur récit fut enfin arrivé, après maints détours et vagabondages, à la bataille entre les Orques et les Cavaliers de Rohan. Eh bien! Voilà un beau paquet de nouvelles, il n'y a pas à dire! Vous ne m'avez pas tout dit, non certes, et de loin. Mais je ne doute pas que vous agissez comme Gandalf le souhaiterait. Il se passe quelque chose de très important, je le vois bien, et j'apprendrai en son temps, bon ou mauvais, ce que cela peut être. Par racine et ramille, mais c'est une étrange affaire : surgissent des petites personnes qui ne sont pas sur les anciennes listes, et voilà que les Neuf Cavaliers oubliés reparaissent à leurs trousses, que Gandalf les emmène dans un grand voyage, que Galadriel les abrite à Caras Galadhon et que les Orques les poursuivent sur toutes les lieues du Pays Sauvage : en vérité, ils paraissent pris dans une grande tempête. J'espère qu'ils en sortiront!

– Et vous-même? demanda Merry.

– Houm, hem, je ne me suis pas préoccupé des Grandes Guerres, dit Sylvebarbe; elles concernent principalement les Elfes et les Hommes. C'est là affaire de Magiciens : les Magiciens se préoccupent toujours de l'avenir. Je n'aime pas me tracasser au sujet de l'avenir. Je ne suis entièrement du *côté* de personne, parce que personne n'est entièrement du mien, si vous me comprenez : personne ne se soucie des forêts comme je le fais, pas même les Elfes, de nos jours. Toutefois, j'ai plus de sympathie pour les Elfes que pour les autres : ce sont eux qui nous ont jadis guéris du mutisme, et c'est un grand don qu'on ne saurait oublier, bien que nos voies aient différé depuis lors. Et il y a des choses du côté desquelles je ne suis absolument pas : ces – *burarum* (il émit de nouveau un profond gargouillement de dégoût) – ces Orques, et leurs maîtres.

« J'étais inquiet autrefois quand l'ombre s'étendit sur la Forêt Noire, mais quand elle passa en Mordor, je ne me souciai plus pendant quelque temps : le Mordor est très loin. Mais il semble que le vent se mette à l'Est, et le dessèchement de toutes les forêts pourrait se rapprocher.

Un vieil Ent ne peut rien pour tenir cette tempête à distance : il doit y résister ou craquer.

« Mais Saroumane! Saroumane est un voisin : je ne puis le négliger. Il faut que je fasse quelque chose, je suppose. Je me suis souvent demandé depuis quelque temps ce que je devais faire à son sujet.

– Qui est Saroumane? demanda Pippin. Savez-vous quelque chose de son histoire?

– Saroumane est un Magicien, répondit Sylvebarbe. Je ne puis en dire davantage. Je ne connais pas l'histoire des Magiciens. Ils sont apparus après la venue des Grands Navires sur la Mer, mais je ne saurais absolument pas dire s'ils vinrent ainsi. Saroumane était considéré comme grand parmi eux, je crois. Il cessa de vagabonder de droite et de gauche et de s'occuper des affaires des Hommes et des Elfes il y a quelque temps – vous diriez il y a très longtemps, et il s'établit à Angrenost, ou l'Isengard comme l'appellent les Hommes de Rohan. Il était très tranquille au début, mais sa renommée commença de croître. Il fut choisi comme chef du Conseil Blanc, dit-on; mais le résultat ne fut pas des meilleurs. Je me demande à présent s'il ne se tournait pas déjà vers le mal. Mais en tout cas il ne causait pas d'ennuis à ses voisins. Nous conversions autrefois. Il fut un temps où il se promenait toujours dans mes forêts. Il était poli en ce temps-là, et il me demandait toujours la permission (du moins quand il me rencontrait); et il était toujours avide d'écouter. Je lui dis bien des choses qu'il n'aurait jamais trouvées tout seul; mais il ne me rendit jamais la pareille. Je ne me rappelle pas qu'il m'ait jamais rien dit. Et il devint de plus en plus ainsi; son visage tel que je m'en souviens – il y a bien longtemps que je ne l'ai vu – devint comme des fenêtres dans un mur de pierre : des fenêtres avec des volets intérieurs.

« Je crois comprendre à présent ses desseins. Il complote pour devenir une Puissance. Il a un esprit de métal et de rouages; et il ne se soucie pas des choses qui poussent, sauf dans la mesure où elles lui servent sur le moment. Et il est clair maintenant que c'est un traître noir. Il s'est acoquiné avec des gens immondes, avec des Orques. Brm, houm! Pis encore : il leur a fait quelque chose, quelque chose de dangereux. Car ces Isengardiens ressemblent davantage à de mauvais Hommes. C'est une marque des choses néfastes qui vinrent dans les Grandes Ténèbres qu'elles ne peuvent supporter le Soleil; mais les Orques de Saroumane le peuvent, même s'ils le détestent. Je me demande ce qu'il a fait. Sont-ce des Hommes qu'il a dégradés ou a-t-il métissé la race des Orques avec celle des Hommes? Ce serait là un noir méfait!

Sylvebarbe gronda un moment, comme s'il prononçait quelque profonde et souterraine malédiction antique. « Il y a quelque temps que j'ai commencé à me demander comment les Orques osaient passer aussi librement par mes forêts, poursuivit-il. Ce n'est que tout dernièrement que j'ai deviné que le blâme en revenait à Saroumane et que depuis longtemps il avait espionné tous les chemins et découvert mes secrets. Lui et ses immondes gens font maintenant des ravages. Aux lisières, ils abattent des arbres – de bons arbres. Certains, ils les coupent simplement et les laissent là à pourrir – voilà bien un méfait d'Orque; mais les autres sont débités et emportés pour nourrir les feux des Orques. Il s'élève toujours une fumée de l'Isengard, ces temps-ci.

« Maudit, soit-il, racine et ramille! Bon nombre de ces arbres étaient mes amis; des créatures que je connaissais depuis la noix ou le gland; beaucoup avaient des voix à eux, qui sont maintenant perdues à jamais. Et il y a des déserts de souches et de ronces où se trouvaient autrefois des bocages emplis de chants. J'ai été paresseux. J'ai laissé les choses aller. Il faut que cela cesse!

Sylvebarbe se leva de sa couche d'une saccade, se mit debout et frappa du poing sur la table. Les vases lumineux tremblèrent et lancèrent deux jets de flamme. Une lueur tremblotante comme d'un feu vert passa dans ses yeux, et sa barbe s'avança, raide, comme un grand balai de bruyère.

– Je vais y mettre fin! gronda-t-il. Et vous viendrez avec moi. Vous pourrez m'aider. Et vous aiderez en même temps vos propres amis; car si on ne fait échec à Saroumane, le Rohan et le Gondor auront un ennemi derrière aussi bien que devant eux. Nos routes sont conjointes – vers l'Isengard!

– Nous vous accompagnerons, dit Merry. Nous ferons ce que nous pourrons.

– Oui! dit Pippin. J'aimerais voir la Main Blanche défaite. J'aimerais être présent, même si je ne sers pas à grand-chose : je n'oublierai jamais Ouglouk et la traversée du Rohan.

– Bien! Bien! dit Sylvebarbe. Mais j'ai parlé trop vite. On ne doit pas être trop pressé. Je me suis trop échauffé. Je dois me calmer et réfléchir; car il est plus facile de crier *Assez!* que de les obliger à s'arrêter.

Il alla à l'arcade et se tint un moment sous la pluie de la source. Puis il rit et s'ébroua; et partout où les gouttes d'eau tombaient de son corps en scintillant, elles brillaient telles des étincelles rouges et vertes. Il revint, s'étendit de nouveau sur le lit et demeura silencieux.

Après un moment, les Hobbits l'entendirent murmurer de nouveau. Il semblait compter sur ses doigts. – Fangorn, Finglas, Fladrif, oui, oui, fit-il en soupirant. La difficulté est qu'il reste si peu d'entre nous, poursuivit-il, se tournant vers les Hobbits. Il ne reste plus que trois des premiers Ents qui parcouraient les bois avant les Ténèbres : seulement moi-même, Fangorn, et Finglas et Fladrif – pour leur donner leurs noms elfiques; vous pouvez les appeler Bouclefeuilles et Peaurude si vous préférez. Et de nous trois, ces deux-là ne sont pas d'une grande utilité en cette affaire. Bouclefeuilles est devenu somnolent, presque arbresque, pourrait-on dire : il s'est mis à se tenir tout seul, à demi endormi durant tout l'été, les genoux plongés dans l'herbe profonde des prairies. Il est couvert d'un poil feuillu. Autrefois, il se secouait en hiver; mais ces derniers temps, il était trop somnolent pour aller loin, même alors. Peaurude vivait au flanc de la montagne à l'ouest de l'Isengard. C'est là que se sont produits les pires troubles. Il a été blessé par les Orques, et un grand nombre des siens et de ses gardiens d'arbres ont été assassinés et détruits. Il est monté sur les sommets, parmi les bouleaux qu'il aime plus que tout, et il ne veut pas redescendre. Je pense toutefois pouvoir réunir une bonne compagnie de nos plus jeunes gens – pour peu que je puisse leur faire comprendre la nécessité, que je puisse les activer : nous ne sommes pas gens prompts. Quel dommage que nous soyons si peu nombreux!

– Pourquoi l'êtes-vous, ayant vécu si longtemps dans ce

pays? demanda Pippin. En est-il mort un grand nombre?

– Oh, non! répondit Sylvebarbe. Aucun n'est mort de l'intérieur, pourrait-on dire. Certains sont tombés dans les mauvais hasards des longues années, bien sûr; et davantage sont devenus arbresques. Mais nous n'avons jamais été très nombreux et nous n'avons pas augmenté. Il n'y a pas eu d'Entures – pas d'enfants, diriez-vous, pas depuis un terriblement grand nombre d'années. Nous avons perdu les Ents-femmes, voyez-vous.

– Quelle tristesse! dit Pippin. Comment se fait-il qu'elles soient toutes mortes?

– Elles ne sont *pas* mortes! répondit Sylvebarbe. Je n'ai jamais dit qu'elles étaient *mortes.* Nous les avons perdues, ai-je dit. Nous les avons perdues et nous ne pouvons pas les retrouver. Il soupira. – Je croyais que la plupart des gens le savaient. On a chanté la recherche des Ents-femmes par les Ents chez les Elfes et chez les Hommes de la Forêt Noire au Gondor. On n'a pas dû complètement oublier ces chants.

– Eh bien, je crains qu'ils n'aient pas franchi les Montagnes vers l'ouest pour parvenir dans la Comté, dit Merry. Ne voulez-vous pas en dire davantage ou nous chanter une de ces chansons?

– Si, certes, dit Sylvebarbe, heureux, semblait-il, de la demande. Je ne puis toutefois le raconter comme il faudrait, mais seulement en bref; et après, nous devrons mettre fin à notre entretien : demain, nous aurons des conseils à réunir, du travail à faire et peut-être un voyage à entreprendre.

« C'est une assez étrange et triste histoire, reprit-il après une pause. Lorsque le monde était jeune et les forêts vastes et sauvages, les Ents et les Ents-femmes – et c'étaient alors des Ents-vierges : ah, la beauté de Fimbrethil, de Membrejonc au pied léger, au temps de notre jeunesse! – se promenaient et logeaient ensemble. Mais nos cœurs ne continuèrent pas à se développer de même façon : les Ents vouaient leur amour aux choses qu'ils rencontraient dans le monde, et les Ents-femmes consacraient leur pensée aux autres choses, car les Ents aimaient les grands arbres, les forêts sauvages et les pentes des hautes collines; et ils buvaient aux ruisseaux de montagne et mangeaient seulement les fruits que les arbres laissaient tomber sur leur chemin; et ils reçurent les enseignements des Elfes et parlèrent avec les Arbres. Mais les Ents-femmes s'intéressaient aux arbres moindres et aux prairies ensoleillées au-delà du pied des forêts; et elles voyaient la prunelle dans le hallier et la floraison du pommier sauvage et du cerisier au printemps, et les herbes vertes dans les terres aquatiques en été, et les herbes grenantes dans les champs d'automne. Elles n'avaient aucun désir de parler avec ces choses; mais elles voulaient qu'elles entendent ce qu'on leur disait et y obéissent. Les Ents-femmes leur ordonnaient de pousser selon leurs vœux et de porter des feuilles et des fruits à leur goût; car les Ents-femmes voulaient l'ordre, l'abondance et la paix (par quoi elles entendaient que les choses devaient rester là où elles les avaient établies). Les Ents-femmes faisaient donc des jardins pour y vivre. Mais nous, les Ents, nous continuions à vagabonder, et nous ne venions dans les jardins que de temps à autre. Puis, quand les Ténèbres vinrent dans le Nord, les Ents-femmes traversèrent le Grand Fleuve, créèrent de nouveaux jardins, labourèrent de nouveaux champs et nous les vîmes plus rarement. Après la défaite des Ténèbres, la terre des Ents-femmes fleurit d'abondance et leurs champs furent remplis de grain. De nombreux hommes apprirent leurs techniques et les honorèrent grandement; mais nous n'étions pour eux qu'une légende, un secret au cœur de la forêt. Pourtant nous sommes toujours là, alors que tous les jardins des Ents-femmes sont dévastés : les Hommes les appellent les Terres Brunes, à présent.

« Je me rappelle qu'il y a bien longtemps – à l'époque de la guerre entre Sauron et les Hommes de la Mer – le désir me vint de revoir Fimbrethil. Elle était toujours très belle à mes yeux, la dernière fois que je l'avais vue, encore que bien différente de l'Ent-vierge d'autrefois. Car les Ents-femmes étaient courbées et brunies par leur travail; leurs cheveux, grillés par le soleil, avaient pris le ton du blé mûr et leurs joues celui des pommes rouges. Mais leurs yeux étaient toujours ceux de notre propre peuple. Nous traversâmes l'Anduin et arrivâmes dans leur pays; mais nous n'y trouvâmes qu'un désert : tout était brûlé et arraché, car la guerre avait passé là. Mais les Ents-femmes n'y étaient plus. Nous appelâmes et cherchâmes longtemps; et nous demandâmes à tous ceux que nous rencontrions de quel côté les Ents-femmes étaient parties. Les uns déclarèrent ne les avoir jamais vues; d'autres les avoir vues partir vers l'Ouest, d'autres vers l'Est, et d'autres vers le Sud. Mais nous ne pûmes les découvrir nulle part. Notre peine fut très grande. Mais la forêt sauvage nous appelait et nous y retournâmes. Durant bien des années, nous partîmes souvent à la recherche des Ents-femmes, allant de tous côtés et les appelant par leurs beaux noms. Mais avec le temps, nos expéditions se firent plus rares et moins lointaines. Et maintenant, les Ents-femmes ne sont plus pour nous qu'un souvenir, et nos barbes sont longues et grises. Les Elfes firent maintes chansons sur la Quête des Ents, et certaines passèrent dans les langues des Hommes. Mais nous ne composâmes pas de chansons là-dessus, nous contentant de psalmodier les beaux noms des Ents-femmes quand nous pensions à elles. Nous croyons que nous les rencontrerons peut-être de nouveau dans un temps à venir et que nous pourrons alors trouver quelque part un pays où vivre ensemble avec une satisfaction réciproque. Mais il est présagé que ce ne sera que lorsque nous aurons les uns et les autres perdu tout ce que nous avons à présent. Et il se pourrait bien que ce temps approche enfin. Car si Sauron détruisit autrefois les jardins, l'Ennemi semble devoir dessécher aujourd'hui toutes les forêts.

« Il y avait une chanson elfique qui parlait de cela ou du moins est-ce ainsi que je la comprends. On la chantait autrefois tout le long du Grand Fleuve. Ce ne fut jamais une chanson d'Ents, notez bien : en entique, ç'aurait été une très, très longue chanson! Mais nous la savons par cœur et la fredonnons de temps à autre. La voici dans votre langue :

L'ENT :

Lorsque le Printemps déroulera la feuille du hêtre et que
[la sève sera dans la branche,

Lorsque la lumière sera sur la rivière de la forêt sauvage
[et le vent sur le front;
Lorsque le pas sera allongé, la respiration profonde et vif
[l'air de la montagne,
Reviens vers moi! Reviens vers moi et dis que ma terre est
[belle!

L'ENT-FEMME :

Lorsque le Printemps sera venu sur le clos et les champs,
[et que le blé sera en herbe,
Lorsque la floraison, brillante neige, couvrira le verger,
Lorsque l'averse et le Soleil sur la Terre de fragrance
[empliront l'air,
Je m'attarderai ici, et ne viendrai pas, car ma terre est
[belle.

L'ENT :

Lorsque l'Eté s'étendra sur le monde, et que dans un midi
[d'or
Sous la voûte de feuilles endormies se dérouleront les
[rêves des arbres;
Lorsque les salles de la forêt seront vertes et fraîches, et
[que le vent sera à l'ouest;
Reviens vers moi! Reviens vers moi et dis que ma terre est
[la meilleure!

L'ENT-FEMME :

Lorsque l'Eté chauffera le fruit suspendu et de son ardeur
[brunira la baie;
Lorsque la paille sera d'or et l'auricule blanche, et qu'à la
[ville arrivera la moisson;
Lorsque le miel coulera et la pomme gonflera, malgré le
[vent à l'ouest,
Je m'attarderai ici sous le Soleil, parce que ma terre est la
[meilleure.

L'ENT :

Lorsque viendra l'Hiver, l'Hiver sauvage qui tuera colline
[et forêt;

Lorsque les arbres tomberont et que la nuit sans étoiles
[dévorera le jour sans soleil;
Lorsque le vent sera à l'est mortel, alors dans la cinglante
[pluie,
Je te chercherai et t'appellerai; je reviendrai vers toi!

L'ENT-FEMME :

Lorsque viendra l'Hiver et que les chants finiront; lorsque
[les ténèbres tomberont enfin;
Lorsque sera brisé le rameau stérile, et que seront passés
[la lumière et le labeur;
Je te chercherai, et je t'attendrai, jusqu'à ce que nous nous
[rencontrions de nouveau;
Ensemble nous prendrons la route sous la cinglante
[pluie!

L'ENT :

Ensemble nous prendrons la route qui mène jusqu'à
[l'Ouest,
Et au loin nous trouverons une terre où nos deux cœurs
[pourront avoir le repos.

Sylvebarbe acheva sa chanson. – Voilà la chanson, dit-il. Elle est elfique, naturellement : allègre, concise et vite terminée. Je dois dire qu'elle est assez belle. Mais les Ents pourraient en dire davantage pour leur part, s'ils en avaient le temps! Mais maintenant je vais me lever et dormir un peu. Où voulez-vous vous mettre debout?

– Nous nous couchons d'ordinaire pour dormir, dit Merry. Nous serons très bien où nous sommes.

– Se coucher pour dormir! dit Sylvebarbe. Mais bien sûr! Hm, houm : j'oubliais; chanter cette chanson m'a remis en tête l'ancien temps; je croyais presque parler à de jeunes Entures, vraiment. Eh bien, vous pouvez vous coucher sur le lit. Moi, je vais me tenir sous la pluie. Bonne nuit!

Merry et Pippin grimpèrent sur le lit et se pelotonnèrent dans l'herbe et la fougère molles. La couche était fraîche, odorante et chaude. Les lumières s'éteignirent peu à peu, et l'incandescence des arbres s'évanouit; mais dehors, sous l'arche, ils pouvaient voir le vieux Sylvebarbe debout, immobile, les bras levés au-dessus de la tête. Les brillantes étoiles apparurent dans le ciel et éclairèrent l'eau tombante qui se répandait sur ses doigts et sa tête et dégouttait, dégouttait en centaines de particules d'argent sur ses pieds. En écoutant le tintement des gouttes, les Hobbits s'endormirent.

A leur réveil, ils virent un frais soleil briller dans la grande cour et sur le sol de la baie. Des lambeaux de nuages couraient haut dans le ciel, portés par un fort vent d'est. Sylvebarbe était invisible; mais tandis que Merry et Pippin se baignaient dans le bassin près de l'arche, ils l'entendirent fredonner et chanter en montant le chemin tracé entre les arbres.

– Hoo, ho! Bonjour, Merry et Pippin! gronda-t-il en les voyant. Vous dormez tard. J'ai déjà fait de nombreuses centaines de pas aujourd'hui. Maintenant, nous allons boire quelque chose, et ensuite, nous irons à la Chambre des Ents.

Il leur versa deux pleins bols du contenu d'une jarre de pierre, mais autre que la première. Le goût n'était pas le même que celui de la liqueur de la veille : il était plus terreux et plus corsé, plus fortifiant et nutritif, pour ainsi dire. Pendant que les Hobbits buvaient, assis sur le bord du lit et grignotant des petits morceaux de gâteau elfique (plus à cause de l'impression que manger était une partie nécessaire du petit déjeuner que par faim), Sylvebarbe se tenait devant eux à fredonner en entique, elfique ou quelque langue étrangère, en observant le ciel.

– Où est la Chambre des Ents? se risqua à demander Pippin.

– Hou, hein? La Chambre des Ents? dit Sylvebarbe, se retournant. Ce n'est pas un endroit, c'est une assemblée d'Ents – qui n'a plus souvent lieu de nos jours. Mais je suis arrivé à obtenir un assez bon nombre de promesses de présence. Nous nous assemblerons à l'endroit où nous nous sommes toujours réunis : Derunant, selon l'appellation des Hommes. C'est assez loin au sud d'ici. Il faut que nous y soyons avant midi.

Ils partirent sans trop tarder. Sylvebarbe porta les Hobbits dans ses bras comme la veille. A l'entrée de la cour, il tourna à droite, franchit le ruisseau d'une enjambée et s'en fut à grands pas en direction du sud le long de grandes pentes éboulées où les arbres étaient rares. Au-dessus, les Hobbits virent des fourrés de bouleaux et de sorbiers et par-delà montaient de sombres bois de pins. Bientôt, Sylvebarbe s'éloigna un peu des collines pour s'engager dans de profonds bosquets, où les arbres étaient plus forts, plus hauts et plus épais que tous ceux que les Hobbits avaient vus jusqu'alors. Pendant un moment, ils ressentirent vaguement l'impression d'étouffement qu'ils avaient remarquée au moment où ils s'étaient aventurés dans Fangorn, mais elle passa vite. Sylvebarbe ne leur parlait pas. Il se fredonnait à lui-même d'un ton profond et méditatif, mais Merry et Pippin ne saisissaient aucun mot précis : c'était quelque chose comme *boum, boum, rumboum, bourar, boum boum, dahrar boum boum, dahrar boum,* et ainsi de suite avec un changement constant de note et de rythme. De temps à autre, il leur semblait entendre une réponse, un bourdonnement ou un tremblement en provenance de la terre ou des branches au-dessus de leur tête, ou peut-être des fûts des arbres; mais Sylvebarbe ne s'arrêtait pas et ne tournait la tête ni d'un côté ni de l'autre.

Ils avaient ainsi marché longtemps. Pippin avait tenté de compter les « pas d'Ent », mais il avait échoué, perdu aux environs de trois mille – quand Sylvebarbe commença à ralentir son allure. Soudain, il s'arrêta, déposa les Hobbits à terre et éleva à sa bouche ses mains repliées de façon à former un tube creux; alors, il souffla ou appela au travers. Un grand *houm, hem* retentit, comme d'un cor sonné du fond de la gorge dans les bois, et les arbres semblèrent lui faire écho. Au loin, vint de plusieurs directions un semblable *houm, hom, houm* qui n'était plus un écho, mais une réponse.

Sylvebarbe percha alors Merry et Pippin sur ses épaules et il reprit ses longues enjambées, lançant de nouveau de fréquents appels de cor, et à chaque fois les réponses venaient plus fortes et plus proches. Ils finirent par arriver ainsi à un mur apparemment impénétrable d'arbres sombres à feuillage persistant, des arbres d'une sorte que les Hobbits n'avaient encore jamais vue : les branches qui partaient directement de la racine, étaient épaissement recouvertes de feuilles sombres et luisantes comme celles du houx, mais sans épines, et elles portaient de nombreuses hampes raides et dressées sur lesquelles brillaient de grands boutons de couleur olive.

Tournant à gauche et longeant cette énorme haie, Sylvebarbe arriva en quelques enjambées à une étroite entrée. Un sentier usé la franchissait pour plonger soudain sur une longue pente escarpée. Les Hobbits virent qu'ils descendaient dans un grand vallon, presque aussi rond qu'un bol, très large et très profond, couronné au bord par la haute haie d'arbres verts. L'intérieur était uni et gazonné, et il n'y avait pas d'arbres hormis trois grands et magnifiques bouleaux blancs qui se dressaient au fond du bol. Deux autres sentiers menaient dans le vallon : de l'ouest et de l'est.

Plusieurs Ents étaient déjà arrivés. Il en descendait aussi par les autres sentiers, et quelques-uns suivaient à présent Sylvebarbe. Comme ils approchaient, les Hobbits les regardaient avec curiosité. Ils avaient pensé voir un certain nombre de créatures aussi semblables à Sylvebarbe qu'un Hobbit l'est à un autre (pour un œil étranger, du moins); et ils étaient très surpris de voir quelque chose de tout autre. Les Ents étaient aussi différents entre eux qu'un arbre l'est d'un autre de même nom, mais qui n'a pas eu la même croissance et la même histoire : certains étaient même aussi dissemblables que deux arbres d'espèce différente, comme un bouleau et un hêtre ou un chêne et un sapin. Il y avait quelques Ents très âgés, barbus et noueux comme des arbres vigoureux, mais anciens (encore qu'aucun ne pût rivaliser avec Sylvebarbe); et il y avait de hauts et robustes Ents, bien découplés et à la peau lisse comme des arbres de la forêt dans la vigueur de l'âge; mais on ne voyait aucun jeune Ent, aucun adolescent. Dans l'ensemble, ils étaient environ deux douzaines debout sur le vaste sol herbeux du vallon, tandis qu'un nombre à peu près égal descendait vers eux.

Merry et Pippin furent d'abord frappés surtout par la diversité qu'ils voyaient : dans les nombreuses formes et couleurs, dans les circonférences et la taille et dans la longueur des bras et des jambes; ainsi que dans le nombre des orteils et des doigts (variant de trois à neuf). Quelques-uns semblaient plus ou moins apparentés à Sylvebarbe et leur rappelaient des hêtres ou des chênes. Mais il y avait d'autres espèces. Certains faisaient penser au châtaignier : des Ents à la peau brune avec de grandes mains ouvertes en éventail et des jambes courtes et épaisses. D'autres rappelaient le frêne : des Ents gris, droits et élancés, avec des mains aux doigts nombreux et des jambes longues; d'autres le sapin (les Ents de la plus haute taille), et d'autres encore le bouleau, le sorbier et le tilleul. Mais quand ils furent tous rassemblés autour de Sylvebarbe, inclinant légèrement la tête, murmurant de leur voix lente et harmonieuse et considérant les étrangers avec une attention soutenue, les Hobbits virent qu'ils étaient tous de même nature, et que tous avaient les mêmes yeux; dans tous ceux-ci se voyaient la même expression de réflexion, lente et soutenue, et le même clignotement vert.

Dès que toute la compagnie fut assemblée, debout en un large cercle autour de Sylvebarbe, commença une curieuse et inintelligible conversation. Les Ents débutèrent par un lent murmure : l'un d'eux se mettant d'abord de la partie, puis un autre se joignant à lui, et ainsi de suite jusqu'à ce que tous chantassent ensemble en une longue cadence montante et descendante, tantôt plus forte d'un côté avant de s'éteindre pour s'élever sur un autre point à une sonorité retentissante. Bien que Pippin ne saisît ou ne comprît aucun mot – il supposait que le langage était l'entique – il trouva le son très agréable à entendre au début; mais son attention fléchit peu à peu. Après un temps assez long (et le chant ne donnait aucun signe de relâchement) il commença de se demander si, l'entique étant une langue si peu « hâtive », ils avaient dépassé même le simple *Bonjour*, et, au cas où Sylvebarbe devait faire l'appel, combien de jours il faudrait pour que tous chantent leur nom. « Je me demande comment on dit *oui* ou *non* en entique », pensa-t-il. Il bâilla.

Sylvebarbe s'en rendit immédiatement compte. – *Hem, ha, hé,* mon Pippin! dit-il, et les autres Ents arrêtèrent tous leur chant. Vous êtes des gens pressés, je l'oubliais; et de toute façon il est fastidieux d'écouter un discours que l'on ne comprend pas. Vous pouvez descendre à présent. J'ai dit vos noms à l'Assemblée; tous vous ont vus, ils sont convenus que vous n'êtes pas des Orques et que l'on ajoutera un nouveau vers aux anciennes listes. Nous ne sommes pas encore allés plus loin, mais c'est là du travail expédié pour une Chambre des Ents. Vous et Merry pouvez vous promener dans le vallon, si vous le voulez. Il y a une source de bonne eau là-bas sur le talus nord, si vous désirez vous rafraîchir. Nous avons encore des paroles à prononcer avant que l'Assemblée ne commence vraiment. Je reviendrai vous voir pour vous dire comment vont les choses.

Il déposa les Hobbits à terre. Avant de s'en aller, ils s'inclinèrent profondément. Cette prouesse parut beaucoup amuser les Ents, à en juger par le ton de leurs murmures et le clignement de leurs yeux; mais ils revinrent bientôt à leurs propres affaires. Merry et Pippin gravirent le sentier qui venait de l'ouest et ils regardèrent par l'ouverture de la grande haie. De grandes pentes recouvertes d'arbres s'élevaient du bord du vallon, et plus loin, au-dessus des pins de la dernière crête, se dressait, aiguë et blanche, la cime d'une haute montagne. A leur gauche, au sud, ils voyaient la forêt descendre et se perdre dans le lointain gris et là, vers l'horizon, Merry devina à une pâle lueur verte les plaines de Rohan.

– Je me demande où se trouve l'Isengard, dit Pippin.

– Je ne sais pas très bien où nous sommes, dit Merry; mais ce sommet doit être le Methedras et, pour autant qu'il m'en souvienne, l'anneau d'Isengard s'étend dans une fourche ou une profonde crevasse à l'extrémité des montagnes. C'est sans doute derrière cette grande chaîne. Il semble y avoir une fumée ou une légère brume là-bas, à la gauche de la cime, tu ne trouves pas?

– A quoi ressemble l'Isengard? dit Pippin. Je me demande ce que peuvent y faire les Ents, de toute façon.

– Moi aussi, dit Merry. L'Isengard est une sorte d'anneau de rocs ou de collines, je crois, avec un espace plat à l'intérieur et une île ou un pilier de rocher au centre, appelé Orthanc. Saroumane y possède une tour. Il y a une porte, peut-être plus d'une, dans le mur d'enceinte, et je crois qu'une rivière le traverse; elle descend des montagnes et s'écoule ensuite par la Trouée de Rohan. Ce ne doit pas être un genre d'endroit propre à une action des Ents. Mais j'ai un curieux sentiment sur les Ents : je ne sais pourquoi, je ne crois pas qu'ils soient tout à fait aussi sûrs et, enfin... aussi étranges qu'ils le semblent. Ils paraissent lents, bizarres et patients, presque tristes; et pourtant je crois qu'ils pourraient être réveillés. Si cela se produisait, j'aimerais autant ne pas être de l'autre côté.

– Oui! dit Pippin. Je vois ce que tu veux dire. Il pourrait y avoir toute la différence qui existe entre une vieille vache couchée qui rumine pensivement et un taureau qui charge; et le changement pourrait intervenir soudainement. Je me demande si Sylvebarbe les éveillera. Je suis bien sûr qu'il entend essayer. Mais ils n'aiment pas être éveillés. Sylvebarbe lui-même a été réveillé hier soir, et puis il a comprimé ses sentiments.

Les Hobbits revinrent vers le creux du vallon. Les voix des Ents montaient et descendaient toujours dans leur assemblée. Le soleil avait assez monté pour dominer la haute haie : il luisait sur le sommet des bouleaux et éclairait d'une fraîche lumière jaune le côté nord du vallon. Ils virent scintiller là une petite source. Ils suivirent le bord de la grande cuvette au pied des arbres verts – il était agréable de sentir de nouveau autour de leurs pieds de l'herbe fraîche et de n'être pas pressés – puis ils descendirent vers la source jaillissante. Ils burent un peu de cette eau claire, froide, piquante, et s'assirent sur une pierre moussue, à regarder les taches de soleil sur l'herbe et le passage sur le sol du vallon des ombres des nuages qui voguaient dans le ciel. Le murmure des Ents se poursuivait. Ce semblait un endroit très étrange et très reculé, hors de leur monde et loin de tout ce qui leur était jamais arrivé. Ils se sentirent pris d'une grande nostalgie des visages et des voix de leurs compagnons, particulièrement de Frodon et de Sam, et de Grands-Pas.

Une pause se produisit enfin dans la voix des Ents; et, levant les yeux, les Hobbits virent Sylvebarbe venir vers eux, accompagné d'un autre Ent.

– Hem, houm, me revoici, dit Sylvebarbe. Commencez-vous à être fatigués ou éprouvez-vous quelque impatience, hmm, hé? Eh bien, je crains qu'il ne soit pas encore temps. Nous en avons fini avec la première phase; mais il faut encore que j'explique de nouveau les choses à ceux qui vivent très loin d'ici, loin de l'Isengard, et à ceux auprès desquels je n'ai pas pu me rendre avant l'Assemblée; et après, il nous faudra décider de notre action. Toutefois, la décision sur ce qu'il convient de faire ne prend pas autant de temps pour les Ents que la récapitulation de tous les faits et événements sur lesquels ils doivent prendre parti. Mais, il serait vain de le nier, nous en aurons encore pour longtemps : deux jours, très vraisemblablement. Je vous ai donc amené un compagnon. Il a une maison d'Ent tout à côté. Son nom elfique est Bregalad. Il dit qu'il a déjà pris sa décision et qu'il n'a pas besoin de rester à l'Assemblée. Hem, hem, il est celui d'entre nous qui se rapproche le plus d'un Ent précipité. Vous devriez vous entendre. Au revoir! Sylvebarbe fit demi-tour et les quitta.

Bregalad resta un moment à observer solennellement les Hobbits, et eux le regardèrent, se demandant quand il se déciderait à montrer quelque signe de « précipitation ». Il était grand et semblait faire partie des plus jeunes Ents; il avait sur les bras et les jambes une peau lisse et luisante; ses lèvres étaient bien rouges, et sa chevelure gris-vert. Il pouvait se courber et se balancer comme un arbre élancé dans le vent. Enfin il parla, et sa voix, quoique sonore, était plus haute et plus claire que celle de Sylvebarbe.

– Ha, hmm, allons nous promener, mes amis! dit-il. Je suis Bregalad, ce qui signifie dans votre langage Vifsorbier. Mais ce n'est qu'un surnom, bien sûr. On m'a appelé ainsi dès le moment où j'eus dit *oui* à un Ent aîné avant qu'il n'eût achevé sa question. Et puis je bois vite et sors tandis que certains humectent encore leur barbe. Venez avec moi!

Il abaissa deux bras bien tournés et tendit une main aux longs doigts à chacun des Hobbits. Toute cette journée, ils se promenèrent avec lui dans les bois, chantant et riant; car Vifsorbier riait souvent. Il riait quand le soleil sortait de derrière un nuage, il riait quand ils rencontraient un ruisseau ou une source : il se penchait alors et aspergeait d'eau ses pieds et sa tête; il riait parfois à quelque son ou murmure dans les arbres.

Chaque fois qu'il voyait un sorbier, il s'arrêtait un moment, les bras étendus, et chantait en se balançant.

A la nuit tombante, il les amena à sa maison d'Ent : ce n'était rien d'autre qu'une pierre moussue posée sur des mottes de gazon sous un talus vert. Des sorbiers poussaient en cercle autour, et il y avait de l'eau (comme dans toutes les maisons d'Ents), une source qui sortait du talus en glougloutant. Ils parlèrent un moment tandis que l'obscurité tombait sur la forêt. On pouvait encore entendre, non loin, les voix de l'Assemblée qui se poursuivait; mais elles semblaient à présent plus profondes et moins mesurées; à chaque instant, une grande voix s'élevait sur un ton haut, qui s'animait, tandis que toutes les autres s'éteignaient. Mais à côté d'eux Bregalad parlait doucement, murmurant presque, dans leur propre langue; et ils apprirent qu'il appartenait à la race des Peaurudes et que le pays qu'ils avaient habité avait été ravagé. Cela parut aux Hobbits une raison plus que suffisante à sa « précipitation », quant aux Orques tout au moins.

– Il y avait des sorbiers chez moi, dit Bregalad avec une douce tristesse, des sorbiers qui avaient pris racine quand je n'étais qu'une Enture, il y a bien, bien des années dans la tranquillité du monde. Les plus anciens furent plantés par les Ents pour essayer de plaire aux Ents-femmes; mais elles les regardèrent avec un sourire, disant qu'elles savaient où trouver une floraison plus blanche et des fruits plus savoureux. Pourtant il n'est pas d'arbres de toute cette race, le peuple de la Rose, qui soient aussi beaux à mes yeux. Et ces arbres croissaient au point que l'ombre de chacun d'eux était comme une salle verte, et que leurs baies rouges étaient à l'Automne un fardeau d'une beauté merveilleuse. Les oiseaux s'y rassemblaient en foule. J'aime les oiseaux, même quand ils jacassent; et le sorbier a du surplus. Mais les oiseaux sont devenus hostiles, avides; ils se sont mis à déchirer les arbres et à jeter les fruits à terre sans les manger. Puis les Orques sont venus avec des haches et ils ont abattu mes arbres. Je suis accouru, je les ai appelés par leur long nom, mais ils n'ont pas bronché; ils n'ont rien entendu, rien répondu : ils étaient étendus, morts.

O Orofarnë Lassemista, Carnimirië!
O beau sorbier, sur ta chevelure que la floraison était
[blanche!
O sorbier mien, que je t'ai vu briller, les jours d'été,
Avec ton écorce si claire, tes feuilles si légères, ta voix
[si fraîche et si douce :
Sur ta tête de quel bel or rouge la couronne que tu portais
[bien haut!
O sorbier mort, sur ta tête ta chevelure est sèche et
[grise;
Ta couronne est renversée, ta voix est à tout jamais
[éteinte.
O Orofarnë, Lassemista, Carnimirië!

Les Hobbits s'endormirent au son du doux chant de Bregalad, qui semblait lamenter en nombreuses langues la chute des arbres qu'il avait aimés.

Ils passèrent aussi la journée du lendemain en sa compagnie, mais ils ne s'éloignèrent guère de sa « maison ». Ils restèrent la plupart du temps assis en silence à l'abri du talus; car le vent était plus froid, les nuages plus bas et plus gris; il y avait peu de soleil, et au loin les voix des Ents à l'Assemblée continuaient de s'élever et de retomber, tantôt puissantes et sonores, tantôt basses et tristes, s'accélérant parfois, et parfois lentes et solennelles comme un hymne. Une seconde nuit vint, et les Ents tenaient toujours leur conseil sous les nuages rapides et les étoiles capricieuses.

Le troisième jour se leva, triste et venteux. A l'aurore, les voix des Ents s'élevèrent en une grande clameur, puis s'éteignirent de nouveau. Comme la matinée s'avançait, le vent tomba et l'air se fit lourd d'attente. Les Hobbits virent que Bregalad écoutait à présent avec une grande attention, bien que, pour eux, dans la combe de sa maison d'Ent, le son de l'Assemblée fût faible.

L'après-midi vint et le soleil, dans sa course à l'ouest vers les montagnes, jetait de longs rayons jaunes entre les crevasses et les fissures des nuages. Tout à coup, ils eurent conscience que tout était très silencieux; la forêt entière était en attente. Naturellement, les voix d'Ents s'étaient tues. Que signifiait cela? Bregalad se tenait debout, droit et tendu, et il regardait derrière lui vers Derunand au nord.

Alors vint avec fracas un grand cri retentissant : *ra-houm-rah!* Les arbres frémirent et se courbèrent comme sous l'effet d'une rafale. Il y eut une nouvelle pause, puis commença une musique de marche semblable à celle de tambours solennels, et, dominant des roulements et des battements, jaillirent des voix qui chantaient haut et fort.

Nous venons, nous venons au roulement des tambours :
[tarounda rounda rounda rom!

Les Ents approchaient : leur chant s'élevait de plus en plus proche, de plus en plus sonore :

Nous venons, nous venons au son du cor et du tambour :
[tarouna rouna rouna rom!

Bregalad ramassa les Hobbits et s'en fut de chez lui.

Ils ne tardèrent pas à voir approcher la troupe en marche : les Ents descendaient la pente à grands pas rythmés. Sylvebarbe était en tête, suivi de quelque cinquante Ents en colonne par deux, au pas cadencé, qui battaient la mesure de leurs mains sur leurs flancs. Comme ils approchaient, on pouvait voir l'éclat et le clignotement de leurs yeux.

– Houm, hom! Nous voici avec un grondement, nous voici enfin! cria Sylvebarbe à la vue de Bregalad et des Hobbits. Venez, joignez-vous à l'Assemblée! Nous partons. Nous partons pour l'Isengard!

– Sus à l'isengard! crièrent de nombreuses voix.

– Sus à l'Isengard!

« *Sus à l'Isengard! L'Isengard fût-il encerclé et fermé de*
[portes de pierre;
L'Isengard fût-il fort et dur, froid comme la pierre et nu
[comme l'os,
Nous partons, nous partons, nous partons en guerre, pour
[tailler la pierre et briser la porte;

Car fût et branche brûlent à présent, la fournaise gronde –
[nous partons en guerre!
Au pays des ténèbres au pas du destin, au roulement du
[tambour, nous arrivons, nous arrivons;
A l'Isengard avec le destin nous arrivons!
Avec le destin nous arrivons, avec le destin nous arri-
[vons! »

C'est ainsi qu'ils chantaient en marchant vers le sud.

Bregalad, les yeux brillants, bondit dans les rangs au côté de Sylvebarbe. Le vieil Ent reprit alors les Hobbits; il les remit sur ses épaules, et ainsi chevauchèrent-ils fièrement à la tête de la compagnie chantante, cœur battant, tête bien haute. Bien qu'ils se fussent attendus à ce que quelque chose finît par se produire, ils étaient étonnés du changement intervenu chez les Ents. Il leur paraissait à présent aussi soudain qu'une inondation longtemps contenue par une digue.

– Les Ents se sont décidés assez rapidement, après tout, vous ne trouvez pas? se risqua à dire Pippin après quelque temps, lorsque le chant s'arrêta un moment et que l'on n'entendit plus que le battement des mains et des pieds.

– Rapidement? dit Sylvebarbe. Houm! Oui, assurément. Plus rapidement que je ne le pensais. En fait, il y a bien longtemps que je ne les ai vus se secouer ainsi. Nous autres Ents, nous n'aimons pas être secoués; et nous ne le sommes jamais s'il n'est clair que nos arbres et nos vies sont en grand danger. Cela n'est pas arrivé dans cette Forêt depuis les guerres de Sauron et des Hommes de la Mer. C'est l'œuvre des Orques, cet abattage pour le plaisir – *raroum* – sans même la mauvaise excuse de l'alimentation de leurs feux, qui nous a tant irrités; et la trahison d'un voisin qui eût dû nous aider. Les magiciens devraient être plus sagaces : ils le sont. Il n'est pas de malédiction en langue elfique, entique ou dans celle des Hommes assez forte pour une telle perfidie. A bas Saroumane!

– Allez-vous vraiment forcer les portes de l'Isengard?

– Ho, hm, enfin, nous le pourrions, vous savez! Vous ne connaissez peut-être pas notre force. Avez-vous entendu parler des Trolls? Ils sont extrêmement forts. Mais ce ne sont que des contrefaçons, créées par l'Ennemi au cours des Grandes Ténèbres en dérision des Ents, comme les Orques pour les Elfes. Nous sommes plus forts que les Trolls. Nous sommes faits des os de la terre. Nous pouvons fendre la pierre comme les racines des arbres, mais plus vite, beaucoup plus vite, quand notre esprit est réveillé! Si nous ne sommes pas abattus ou détruits par le feu ou un coup de sorcellerie, nous pourrions réduire l'Isengard en éclats et faire sauter ses murs en moellons.

– Mais Saroumane va tenter de vous arrêter, non?

– Hm, ah, oui, c'est exact. Je ne l'ai pas oublié. En fait, j'y ai longuement pensé. Mais, voyez-vous, un grand nombre des Ents sont plus jeunes que moi, plus jeunes de bien des vies d'arbre. Ils sont tous éveillés à présent, et leur esprit est tout axé sur un point : briser l'Isengard. Mais ils recommenceront à penser avant peu; ils se refroidiront un peu, quand nous prendrons notre boisson du soir. Quelle soif nous aurons! Mais, pour le moment, qu'ils marchent et chantent! Nous avons un long chemin à parcourir et nous aurons tout le temps de penser plus tard. C'est quelque chose d'être partis.

Sylvebarbe poursuivit sa marche, chantant avec les autres pendant quelque temps. Mais après un moment, sa voix tomba à un murmure et elle finit par cesser entièrement. Pippin vit que son vieux front était ridé et noueux. Il finit par lever les yeux, et Pippin y aperçut un regard triste, triste mais non malheureux. Il y avait là de la lumière, comme si la flamme verte s'était enfoncée plus profondément dans les puits sombres de sa pensée.

– Naturellement, il est assez probable, mes amis, dit-il avec lenteur, assez probable que nous allons à notre propre fin : la dernière marche des Ents. Mais si nous restions chez nous sans rien faire, notre fin nous trouverait de toute façon, tôt ou tard. Cette pensée s'est longtemps développée dans nos cœurs; et c'est pourquoi nous marchons maintenant. Ce n'a pas été une résolution hâtive. A présent, au moins, la dernière marche des Ents peut valoir une chanson. Oui, soupira-t-il, nous pouvons aider les autres avant de disparaître. J'aurais cependant aimé voir se réaliser les chansons sur les Ents-femmes.

Mon vœu le plus cher aurait été de revoir Fimbrethil. Mais pour cela, mes amis, les chants, comme les arbres, ne portent fruit qu'en leur propre temps et à leur propre façon : et parfois ils se flétrissent prématurément.

Les Ents poursuivirent leur route à grands pas. Ils étaient descendus dans un long repli de terrain qui s'en allait vers le sud; à présent, ils commencèrent à monter, à monter vers la haute crête de l'ouest. Les bois diminuèrent, et ils arrivèrent à des bouquets de bouleaux espacés, puis à des pentes dénudées où seuls poussaient quelques maigres pins. Le soleil se coucha derrière la sombre croupe qu'ils avaient en face d'eux. Le crépuscule gris tomba.

Pippin regarda en arrière. Le nombre des Ents s'était accru – ou que passait-il? Là où auraient dû se trouver les pentes nues et obscures par lesquelles ils étaient passés, il croyait voir des bosquets. Mais ils bougeaient! Se pouvait-il que les arbres de Fangorn fussent éveillés et que la forêt se levât pour partir en guerre par-dessus les collines? Il se frotta les yeux, se demandant si le sommeil et l'ombre ne l'avaient pas trompé; mais les grandes formes grises poursuivaient fermement leur mouvement en avant. Il y avait un bruit semblable à celui du vent dans de nombreuses branches. Les Ents approchaient à présent du sommet de la crête et tout chant avait cessé. La nuit tomba, et ce fut le silence; on n'entendait qu'un faible tremblement de la terre sous les pieds des Ents, et un bruissement, l'ombre d'un murmure comme de nombreuses feuilles emportées par le vent. Ils se trouvèrent enfin au sommet, et leur regard plongea dans un puits sombre : la grande crevasse au bout des montagnes : Nan Curunir, la Vallée de Saroumane.

– La nuit s'étend sur l'Isengard, dit Sylvebarbe.

CHAPITRE V

LE CAVALIER BLANC

– Je suis glacé jusqu'à la moelle, dit Gimli, battant des bras et tapant des pieds. Le jour était enfin venu. A l'aube, les compagnons avaient déjeuné comme ils l'avaient pu; et maintenant, dans la lumière grandissante, ils s'apprêtaient à chercher de nouveau sur le sol quelque trace des Hobbits.

– Et n'oubliez pas ce vieillard! dit Gimli. Je serais plus content de voir l'empreinte d'une botte.

– Pourquoi en serais-tu heureux? demanda Legolas.

– Parce qu'un vieillard dont les pieds laissent des traces pourrait n'être rien d'autre que ce qu'il paraît, répondit le Nain.

– Peut-être, dit l'Elfe; mais une lourde botte pourrait ne laisser aucune empreinte ici : l'herbe est épaisse et élastique.

– Un Rôdeur n'en serait pas déconcerté pour autant, dit Gimli. Un brin couché suffit à Aragorn. Mais je ne m'attends pas qu'il trouve aucune trace. C'était un funeste fantôme de Saroumane que nous avons vu la nuit dernière. J'en suis sûr, même à la lumière du matin. Peut-être ses yeux nous observent-ils de Fangorn en ce moment même.

– C'est assez probable, dit Aragorn; mais je n'en suis pas sûr. Je pense aux chevaux. Vous avez dit hier soir, Gimli, qu'ils avaient été chassés par la peur. Mais ce n'était pas mon avis. Les avez-vous entendus, Legolas? Donnaient-ils l'impression de bêtes terrorisées?

– Non, répondit Legolas. Je les ai nettement entendus. N'étaient les ténèbres et notre propre peur, j'aurais dit que c'étaient des bêtes emportées par quelque joie soudaine. Ils parlaient comme le font des chevaux quand ils rencontrent un ami depuis longtemps absent.

– C'est bien ce que je pensais, dit Aragorn; mais je ne puis déchiffrer l'énigme, à moins qu'ils ne reviennent. Allons! La lumière croît vite. Cherchons d'abord, on devinera plus tard! Nous devrions commencer par ici, près de l'endroit de notre campement; il faut tout examiner attentivement et remonter la pente vers la forêt. Notre but est de trouver les Hobbits, quoi que nous puissions penser de notre visiteur de la nuit. Si, par quelque chance, ils ont pu s'échapper, ils doivent s'être cachés dans les arbres, sans quoi ils auraient été repérés. Si nous ne trouvons rien entre ici et les avancées de la forêt, nous procéderons à une dernière recherche sur le champ de bataille et parmi les cendres. Mais il y a peu d'espoir là : les Cavaliers de Rohan ont trop bien accompli leur tâche.

Pendant quelque temps, les Compagnons avancèrent lentement à quatre pattes, tâtonnant sur le sol. L'arbre se dressait mélancoliquement au-dessus d'eux; ses feuilles sèches pendaient mollement et crissaient dans le glacial vent d'est. Aragorn s'éloigna lentement. Il alla vers les cendres du feu de bivouac près du bord de la rivière, puis il se mit à parcourir le terrain jusqu'au tertre où s'était déroulé le combat. Soudain, il s'arrêta et se pencha très bas, le visage touchant presque l'herbe. Il appela les autres, qui accoururent.

– Voici enfin les nouvelles! dit Aragorn. Il éleva une feuille brisée pour la leur montrer, une grande feuille pâle d'un ton doré en train de disparaître pour tourner au brun. – Voici une feuille de mallorne de Lorien; elle porte des miettes, et il y a d'autres miettes dans l'herbe. Et voyez! il y a à côté des bouts de corde coupés!

– Et voici le couteau qui les a coupés! dit Gimli. Il se baissa et tira une courte lame dentée d'une touffe d'herbe où un pied lourd l'avait enfoncée. La poignée d'où elle avait été arrachée se trouvait à côté. – C'est une arme d'Orque, dit-il, la tenant avec précaution et regardant avec dégoût le manche sculpté : il avait été taillé à l'image d'une hideuse tête aux yeux louches et à la bouche mauvaise.

– Eh bien, voilà l'énigme la plus étrange que nous ayons encore rencontrée! s'exclama Legolas. Un prisonnier ligoté échappe tant aux Orques qu'aux Cavaliers qui les entourent. Il s'arrête alors qu'il est encore à découvert et coupe ses liens avec un poignard d'Orque. Mais comment et pourquoi? Car, si ses jambes étaient ligotées, comment a-t-il fait pour marcher? Et si ses bras l'étaient, comment a-t-il pu se servir du poignard? Et si ni les uns ni les autres ne l'étaient, pourquoi avoir aucunement coupé les cordes? Satisfait de son habileté, il s'est alors assis pour manger tranquillement du pain de voyage! Cela, en tout cas, suffit à montrer que c'était un Hobbit, sans la feuille de mallorne. Après quoi, je suppose qu'il a dû muer ses bras en ailes et s'envoler en chantant dans les arbres. Il devrait être facile de le trouver : il ne nous manque que des ailes à nous-mêmes!

– Il y a eu de la sorcellerie ici, c'est sûr, dit Gimli. Que faisait ce vieillard? Qu'avez-vous à dire, Aragorn, de l'interprétation de Legolas. Pouvez-vous faire mieux?

– Peut-être, dit Aragorn, souriant. Il y a d'autres signes à portée de la main, que vous n'avez pas considérés. Je suis d'accord sur ce que le prisonnier était un Hobbit et qu'il devait avoir soit les pieds soit les mains libres avant d'arriver ici. Je pense que c'étaient les mains parce que l'énigme devient ainsi plus facile, et aussi parce que, d'après mon interprétation des signes, il a été *apporté* à cet endroit par un Orque. Du sang a été versé là, à quelques pas, du sang d'Orque. Il y a de profondes empreintes de sabots tout autour de ce point, et des signes montrent qu'un objet lourd a été traîné. L'Orque a été tué par des cavaliers et son corps a ensuite été traîné jusqu'au feu. Mais le Hobbit n'a pas été vu : il n'était pas « à découvert », car il faisait nuit et il portait encore sa cape d'Elfe. Il était épuisé et il avait faim, ce qui n'a rien d'étonnant; après avoir coupé ses liens avec le poignard de son ennemi tombé, il s'est reposé et a mangé un peu avant de s'éloigner en rampant. Mais il est bon de savoir qu'il avait du *lembas* dans sa poche, même s'il était parti sans équipement ni paquet; c'est, peut-être, un trait de

Hobbit. Je dis *il*, mais j'espère et je devine que Merry et Pippin étaient tous deux ensemble. Il n'y a toutefois aucun indice qui le montre de façon sûre.

– Et comment supposez-vous que l'un ou l'autre de nos amis soit parvenu à avoir une main libre? demanda Gimli.

– Je ne sais pas comment cela s'est fait, répondit Aragorn. Et je ne sais pas non plus pourquoi un Orque les emportait. Pas pour les aider à s'échapper, on peut en être sûr. Non, je crois plutôt que je commence à comprendre un point qui m'a intrigué dès le début : pourquoi, Boromir tombé, les Orques se sont-ils contentés de la capture de Merry et de Pippin? Ils n'ont pas recherché les autres membres de notre troupe, ni attaqué notre camp; au lieu de cela, ils sont partis en toute hâte vers l'Isengard. Supposaient-ils avoir capturé le Porteur de l'Anneau et son fidèle camarade? Je ne le pense pas. Leurs maîtres n'oseraient pas donner aux Orques des ordres aussi clairs, même s'ils en savaient aussi long eux-mêmes; ils ne leur parleraient pas ouvertement de l'Anneau : ce ne sont pas des serviteurs de confiance. Mais je pense que les Orques avaient reçu l'ordre de prendre à tout prix des *Hobbits*, vivants. Une tentative fut faite de filer avec les précieux prisonniers avant la bataille. Une trahison peut-être, assez vraisemblable avec de tels êtres; quelque grand et audacieux Orque aura pu essayer de s'échapper seul avec la prise, à ses propres fins. Voilà mon histoire à moi; on pourrait en trouver d'autres. En tout cas, nous pouvons compter sur une chose : l'un au moins de nos amis s'est échappé. Il nous appartient de le trouver et de l'aider avant de retourner en Rohan. Nous ne devons pas nous laisser décourager par Fangorn, puisque la nécessité l'a conduit en ce sombre lieu.

– Je ne sais ce qui me décourage le plus, de Fangorn ou de la pensée de la longue route à pied à travers le Rohan, dit Gimli.

– Eh bien, allons à la forêt, dit Aragorn.

Aragorn ne tarda pas à trouver de nouveaux signes. A un endroit près de la rive de l'Entalluve, il tomba sur des empreintes de pas : des empreintes de Hobbits, mais trop légères pour en tirer grand-chose. Puis de nouveau sous le tronc d'un grand arbre à la lisière même de la forêt, de nouvelles empreintes furent découvertes. La terre, nue et sèche, ne donna pas beaucoup d'indications.

– Un Hobbit au moins s'est tenu un moment ici et il a regardé en arrière, avant de pénétrer dans la forêt, dit Aragorn.

– Dans ce cas, nous devons y aller aussi, dit Gimli. Mais je n'aime pas l'aspect de ce Fangorn, et on nous a mis en garde contre lui. Je voudrais bien que la poursuite nous ait amenés n'importe où ailleurs!

– Je ne trouve pas que la forêt donne une impression de malveillance, quoi qu'en puissent rapporter les histoires, dit Legolas. Il se tenait sous les avancées de la forêt, penché en avant comme pour écouter, et scrutant les ombres de ses yeux écarquillés. Non, elle n'est pas mauvaise; ou le mal qui s'y peut trouver est très éloigné. Je ne perçois que des échos extrêmement faibles d'endroits sombres où le cœur des arbres est noir. Il n'y a aucune malice près de nous; mais je vois de la vigilance et de la colère.

– Eh bien, elle n'a aucune raison de colère à mon égard, dit Gimli. Je ne lui ai fait aucun mal.

– Ça vaut aussi bien, dit Legolas. Mais elle n'en a pas moins subi du mal. Il se passe ou il va se passer quelque chose en son sein. Ne sentez-vous pas une tension? J'en suis oppressé.

– Je sens que l'air est lourd, dit le Nain. Cette forêt est moins dense que la Forêt Noire, mais elle sent le moisi et elle a pauvre apparence.

– Elle est vieille, très vieille, dit l'Elfe. Si vieille que même moi je me sens de nouveau jeune, comme je ne me suis jamais senti depuis que j'ai voyagé avec vous autres enfants. Elle est vieille et pleine de souvenirs. J'aurais pu être heureux ici, si j'y étais venu en temps de paix.

– Je crois bien, dit Gimli avec un reniflement. Vous êtes un Elfe des Bois, de toute façon, bien que les Elfes de toutes les espèces soient d'étranges personnes. Mais vous me réconfortez. Où vous irez, j'irai. Mais gardez votre arc sous la main, et moi je garderai ma hache non assujettie dans ma ceinture. Pas pour m'en servir contre les arbres, ajouta-t-il vivement en levant le regard vers celui sous lequel ils se tenaient. Je ne voudrais pas rencontrer ce vieillard à l'improviste sans un argument sous la main. Allons-y!

Là-dessus, les trois chasseurs plongèrent dans la forêt de Fangorn. Legolas et Gimli laissèrent le pistage à Aragorn. Il n'avait guère d'éléments. Le sol de la forêt était sec et couvert d'un amoncellement de feuilles; mais, devinant que les fugitifs resteraient près de l'eau, il retournait souvent au bord de la rivière. C'est ainsi qu'il arriva à l'endroit où Merry et Pippin avaient bu et s'étaient baigné les pieds. Là, bien visibles à tous, se détachaient les empreintes des deux Hobbits, l'une un peu plus petite que l'autre.

– Voilà une bonne nouvelle, dit Aragorn. Mais ces marques sont vieilles de deux jours. Et il semble qu'à ce point, les Hobbits aient quitté le bord de l'eau.

– Qu'allons-nous faire maintenant, alors? demanda Gimli. On ne peut pas les poursuivre dans toute l'épaisseur de Fangorn. Nous sommes venus mal approvisionnés. Si on ne les trouve pas vite, on ne leur sera d'aucune utilité, sinon pour nous asseoir auprès d'eux et leur montrer notre amitié en mourant de faim ensemble.

– Si c'est là vraiment tout ce que nous pouvons faire, eh bien, il faut le faire, dit Aragorn. Poursuivons notre route.

Ils finirent par arriver à l'extrémité abrupte de la Colline de Sylvebarbe, et ils levèrent les yeux sur le mur de roc avec ses marches grossières menant à la haute corniche. Des rayons de soleil tombaient à travers les nuages rapides, et la forêt paraissait à présent moins grise et triste.

– Montons pour regarder un peu alentour! dit Legolas. J'ai encore le souffle court. J'aimerais goûter un moment un air plus libre.

Les compagnons grimpèrent. Aragorn venait en dernier, se mouvant avec lenteur : il scrutait de près les marches et les corniches.

– Je suis presque sûr que les Hobbits sont montés par ici, dit-il. Mais il y a d'autres marques, des marques très étranges que je ne comprends pas. Je me demande si nous pourrions voir de cette corniche quelque chose qui nous aide à deviner de quel côté ils ont été ensuite.

Il se redressa et regarda alentour, mais il ne vit rien d'utile. La corniche faisait face au sud et à l'est, mais la vue n'était ouverte qu'à l'est. De ce côté, il pouvait voir les sommets des arbres qui descendaient en rangs vers la plaine d'où le groupe venait.

– Nous avons fait un très grand tour, dit Legolas. Nous aurions tous pu arriver sains et saufs ensemble si nous avions quitté le Grand Fleuve le second ou le troisième jour pour nous diriger vers l'ouest. Rares sont ceux qui peuvent prévoir où leur route les mènera, avant d'en avoir atteint le bout.

– Mais nous ne désirions pas venir à Fangorn, fit remarquer Gimli.

– Pourtant nous y voici – et bellement pris dans la nasse, dit Legolas. Regardez !

– Regardez quoi ? demanda Gimli.

– Là, dans les arbres.

– Où ? Je n'ai pas d'yeux d'Elfe, moi.

– Chut ! Parle plus doucement ! Regarde ! dit Legolas, le doigt tendu. En bas, la forêt, dans le chemin d'où nous venons. C'est lui. Tu ne le vois pas, qui passe d'arbre en arbre !

– Je vois, je vois maintenant ! siffla Gimli. Regardez Aragorn ! Ne vous avais-je pas averti ? Voilà le vieillard. Tout en haillons gris et sales : c'est pour cela que je ne pouvais pas le voir au début.

Aragorn regarda, et il vit une forme courbée qui bougeait lentement. Elle n'était pas loin. On aurait dit un vieux mendiant, marchant avec lassitude, appuyé sur un bâton grossier. Sa tête était baissée et il ne regardait pas vers eux. En d'autres pays, ils l'auraient accueilli par quelques paroles aimables; mais maintenant, ils restaient silencieux, chacun ressentant un étrange sentiment d'attente : quelque chose approchait qui détenait un pouvoir caché – ou une menace.

Gimli regarda un moment, les yeux écarquillés, tandis que la forme approchait pas à pas. Puis soudain, incapable de se contenir plus longtemps, il éclata : – Ton arc, Legolas ! Bande-le ! Prépare-toi ! C'est Saroumane. Ne le laisse pas parler ou nous jeter un sort ! Tire avant !

Legolas prit son arc et le banda, lentement comme si une autre volonté lui résistait. Il tenait sans la serrer une flèche qu'il n'encochait pas. Aragorn restait silencieux, le visage attentif et tendu.

– Qu'attends-tu? Qu'est-ce que tu as? dit Gimli en un murmure sifflant.

– Legolas a raison, dit tranquillement Aragorn. Nous ne pouvons tirer ainsi sur un vieillard à l'improviste et sans provocation. Quelque peur ou doute que nous ressentions. Observez et attendez!

A ce moment, le vieillard pressa le pas et vint avec une rapidité surprenante au pied de la muraille de rocher. Puis il regarda soudain en l'air, tandis qu'ils se tenaient immobiles, les yeux fixés sur lui. Il n'y avait aucun son. Ils ne pouvaient voir sa figure : il était encapuchonné et, sur la tête, il portait un chapeau à large bord, de sorte que ses traits étaient perdus dans l'ombre, sauf pour le bout de son nez et sa barbe grise. Il sembla pourtant à Aragorn saisir la lueur de ses yeux aigus et brillants dans l'ombre des sourcils sous le capuchon.

Le vieillard finit par rompre le silence. – Heureuse rencontre, assurément, mes amis, dit-il d'une voix douce. Je voudrais vous parler. Préférez-vous descendre ou que je monte? Il commença à grimper sans attendre la réponse.

– Allons! cria Gimli. Arrête-le, Legolas!

– N'ai-je pas dit que je désirais vous parler? répliqua le vieillard. Retirez cet arc, Maître Elfe!

L'arc et les flèches tombèrent des mains de Legolas, et ses bras pendirent à ses côtés.

– Et vous, Maître Nain, veuillez retirer la main du manche de votre hache jusqu'à ce que je sois arrivé, je vous prie! Vous n'aurez pas besoin de tels arguments.

Gimli eut un haut-le-corps, puis il resta immobile comme une pierre, le regard fixé sur le vieil homme qui bondissait sur les marches grossières avec toute l'agilité d'une chèvre. Toute lassitude semblait l'avoir quitté. Comme il posait le pied sur la corniche, il y eut une lueur, trop brève pour être certaine, un éclair blanc, comme si un vêtement caché par les haillons avait été un instant révélé. Gimli prit une inspiration qui fit l'effet d'un sifflement sonore dans le silence.

– Heureuse rencontre, je le répète! dit le vieillard, s'avançant vers eux. Arrivé à quelques pas, il se tint là, courbé sur son bâton, la tête en avant, les regardant de sous son capuchon. Et que faites-vous donc dans cette région? Un Elfe, un Homme et un Nain, tous vêtus à la manière elfique. Sans doute y a-t-il là-dessous une histoire qui vaut d'être entendue. Pareille chose ne se voit pas souvent par ici.

– Vous parlez en personne qui connaît bien Fangorn, dit Aragorn. Est-ce exact?

– Pas bien, dit le vieillard; il y faudrait l'étude de bien des vies. Mais j'y viens de temps à autre.

– Pourrions-nous connaître votre nom, et puis entendre ce que vous avez à nous dire? demanda Aragorn. La matinée avance, et nous avons quelque chose à faire qui ne peut attendre.

– Pour ce qui est de ce que je voulais vous dire, c'est fait : que faites-vous et quelle histoire pouvez-vous fournir à votre sujet? Quant à mon nom! Il s'interrompit sur un rire long et doux. A ce son, Aragorn se sentit parcouru d'un frémissement, un étrange et froid frisson; ce n'était pourtant pas de la peur ou de la terreur qu'il ressentait; cela ressemblait plutôt à la morsure soudaine d'un air vif ou au claquement d'une pluie froide qui réveille un dormeur inquiet.

« Mon nom! répéta le vieillard. Ne l'avez-vous pas déjà deviné? Vous l'avez déjà entendu, je crois. Oui, vous l'avez déjà entendu. Mais, allons et votre histoire?

Les trois compagnons restèrent muets.

– D'aucuns commenceraient à douter que votre mission soit avouable, reprit le vieillard. Heureusement, j'en connais quelque chose. Vous dépistez les empreintes de deux jeunes Hobbits, je crois. Oui, des Hobbits. N'écarquillez pas les yeux comme si vous n'aviez jamais entendu ce nom étrange. Vous le connaissez, et moi aussi. Eh bien, ils ont grimpé ici avant-hier; et ils ont rencontré quelqu'un qu'ils n'attendaient pas. Cela vous réconforte-t-il? Et maintenant, vous aimeriez savoir où ils ont été emmenés? Ma foi, peut-être pourrais-je vous en dire quelque chose. Mais pourquoi restez-vous debout? Votre mission n'est pas aussi urgente que vous le pensiez, je vois. Asseyons-nous et détendez-vous.

Le vieillard se détourna pour aller à un tas de pierres et de rochers éboulés au pied de la falaise derrière eux. Aussitôt, comme si un charme avait été rompu, les autres se relaxèrent et remuèrent. La main de Gimli se porta immédiatement au manche de sa hache. Aragorn tira son épée. Legolas ramassa son arc.

Le vieillard, sans y prêter aucune attention, se baissa et s'assit sur une pierre basse et plate. Son manteau gris s'ouvrit alors, et ils virent, en toute certitude, qu'en dessous il était tout de blanc vêtu.

– Saroumane! s'écria Gimli, s'élançant vers lui, la hache à la main. Parlez! Dites-nous où vous avez caché nos amis! Qu'en avez-vous fait? Parlez, ou je fais une brèche dans votre chapeau que même un magicien aura de la peine à réparer!

Le vieillard le devança. Il se dressa vivement et bondit au sommet d'un grand rocher. Il se sentit là, avec une stature soudain accrue, les dominant de haut. Il avait rejeté son capuchon et ses haillons gris, et ses vêtements blancs étincelaient. Il leva son bâton et la hache de Gimli sauta de son poing et tomba en sonnant sur le sol. L'épée d'Aragorn, dans sa main raidie et immobile, flamboya d'un feu soudain. Legolas poussa un grand cri et tira une flèche haut dans l'air : elle disparut dans un éclat de flamme.

– Mithrandir! cria-t-il. Mithrandir!

– Heureuse rencontre, je vous le répète, Legolas! dit le vieillard.

Tous avaient les yeux fixés sur lui. Ses cheveux étaient blancs comme neige au soleil, et sa robe d'une blancheur lumineuse; sous ses épais sourcils, les yeux brillaient, pénétrants comme les rayons du soleil; la puissance était entre ses mains. Partagés entre l'étonnement, la joie et la crainte, ils se tenaient là sans rien trouver à dire.

Enfin, Aragorn fit un mouvement. – Gandalf! dit-il. Contre toute espérance, vous revenez à nous dans notre besoin! Quel voile obscurcissait mes yeux? Gandalf!

Gimli ne dit rien, mais il tomba à genoux, s'abritant les yeux.

– Gandalf, répéta le vieillard, comme s'il rappelait de vieux souvenirs, un mot depuis longtemps hors d'usage. Oui, ce fut mon nom. J'étais Gandalf.

Il descendit du rocher et, ramassant son manteau gris il s'en enveloppa : on eût dit que le soleil, après avoir brillé, s'était de nouveau caché dans un nuage. – Oui, vous pouvez toujours m'appeler Gandalf, dit-il, et sa voix était celle de leur vieil ami et guide. Levez-vous, mon bon Gimli! Je n'ai rien à vous reprocher, et vous ne m'avez fait aucun mal. En vérité, mes amis, aucun de vous n'a d'arme capable de m'atteindre. Soyez joyeux! Nous nous retrouvons. Au renversement de la marée. La grande tempête vient, mais la marée a changé.

Il posa la main sur la tête de Gimli; le Nain leva les yeux et rit soudain. – Gandalf! dit-il. Mais vous êtes tout en blanc!

– Oui, je suis blanc à présent, dit Gandalf. En vérité, je suis Saroumane; on pourrait presque dire Saroumane tel qu'il aurait dû être. Mais, allons, parlez-moi de vous-mêmes! J'ai passé par le feu et l'eau profonde, depuis que nous nous sommes quittés. J'ai oublié une bonne partie de ce que je croyais savoir et j'ai aussi appris beaucoup de choses que j'avais oubliées. Je peux voir beaucoup de choses très éloignées, mais beaucoup d'autres, proches, je ne les vois pas. Parlez-moi de vous-mêmes!

– Que voulez-vous savoir? demanda Aragorn. Tous les événements depuis notre séparation sur le pont feraient un long récit. Ne voudriez-vous pas d'abord nous donner des nouvelles des Hobbits? Les avez-vous trouvés et sont-ils sains et saufs?

– Non, je ne les ai pas trouvés, dit Gandalf. Il y avait des ténèbres sur les vallées de l'Emyn Muil, et j'ignorais leur captivité jusqu'à ce que l'aigle m'en eût averti.

– L'aigle! s'écria Legolas. J'en ai vu un, haut et loin : la dernière fois, c'était il y a trois jours, au-dessus de l'Emyn Muil.

– Oui, dit Gandalf, c'était Gwaihir, le Seigneur des Vents, qui m'a tiré d'Orthanc. Je l'ai envoyé devant moi surveiller le Fleuve et recueillir des renseignements. Il a la vue perçante, mais il ne peut distinguer tout ce qui se passe sous les collines et les arbres. Il a vu certaines choses, et d'autres, je les ai vues moi-même. L'Anneau est maintenant passé au-delà de mes possibilités d'aide, comme de celles d'aucun membre de la Compagnie partie de Fondcombe. Il a bien failli être révélé à l'Ennemi, mais il a échappé. J'ai eu quelque part à ce sauvetage : car je siégeais en un haut lieu et j'ai lutté contre la Tour Sombre; et l'Ombre a passé. Après, je fus las, très las; et je marchai longtemps, plongé dans de sombres pensées.

– Alors, vous savez ce qu'il en est de Frodon! dit Gimli. Comment les choses vont-elles pour lui?

– Je ne saurais le dire. Il a été sauvé d'un grand péril, mais beaucoup l'attendent encore. Il a décidé d'aller seul en Mordor, et il est parti : c'est tout ce que je puis dire.

– Pas seul, dit Legolas. Nous pensons que Sam l'accompagnait.

– Vraiment, dit Gandalf; une lueur passa dans ses yeux et un sourire éclaira son visage. Vraiment? C'est pour moi une nouvelle, mais je n'en suis pas surpris. Bon! C'est très bien! Vous m'allégez le cœur. Il faut m'en dire davantage. Asseyez-vous près de moi et faites-moi le récit de votre voyage.

Les compagnons s'assirent sur le sol à ses pieds, et Aragorn entama le récit. Durant un long moment, Gandalf ne dit rien et il ne posa aucune question. Ses mains reposaient sur ses genoux et il gardait les yeux fermés. Enfin, quand Aragorn en vint à la mort de Boromir et à son dernier voyage sur le Grand Fleuve, le vieillard soupira.

– Vous n'avez pas dit tout ce que vous savez ou devinez, Aragorn mon ami, dit-il doucement. Pauvre Boromir! Je ne pouvais voir ce qui lui était arrivé. Ce fut une cruelle épreuve pour un tel homme : un guerrier et un seigneur des hommes. Galadriel m'avait dit qu'il était en danger. Mais il en a réchappé en fin de compte. J'en suis heureux. Ce n'a pas été en vain que les Hobbits nous ont accompagnés, fût-ce seulement pour Boromir. Mais ce n'est pas le seul rôle qu'ils ont à jouer. Ils ont été amenés à Fangorn, et leur venue a été semblable à la chute de petites pierres qui entraîne une avalanche en montagne. Tandis même que nous parlons ici, j'entends les premiers grondements. Saroumane ferait bien de ne pas être pris loin de chez lui quand le barrage se rompra!

– Il est un point sur lequel vous n'avez pas changé, mon cher ami, dit Aragorn : vous parlez toujours par énigmes.

– Comment, par énigmes? dit Gandalf. Non! Car je me parlais à haute voix à moi-même. Une habitude d'autrefois : Il choisissait, parmi les personnes présentes, les plus sages, pour leur parler. Les longues explications nécessaires aux jeunes sont fatigantes. Il rit, mais le son de ce rire avait la chaleur et la bienveillance d'un rayon de soleil.

– Je ne suis plus jeune même selon les calculs des Hommes des Anciennes Maisons, dit Aragorn. Ne voudriez-vous pas m'ouvrir plus clairement votre pensée?

– Que dirai-je donc? demanda Gandalf, et il réfléchit un moment. Voici en bref comment je vois les choses pour le moment, si vous désirez connaître aussi clairement que possible une partie de ma pensée. L'Ennemi sait depuis longtemps, bien sûr, que l'Anneau est en circulation et qu'il est porté par un Hobbit. Il connaît maintenant le nombre des Compagnons partis de Fondcombe et l'espèce de chacun de nous. Mais il ne voit pas encore clairement notre dessein. Il suppose que nous allons tous à Minas Tirith, car c'est ce qu'il aurait fait à notre place. Et, selon sa sagesse, c'eût été un grand coup porté à son pouvoir. En fait, il est dans une grande peur, ne sachant quel être puissant peut soudain apparaître, porteur de l'Anneau, et l'assaillir en guerre pour l'abattre et prendre sa place. Que nous souhaitions l'abattre pour ne mettre personne à sa place n'est pas une pensée qui lui vienne à l'esprit. L'idée que nous cherchions à détruire l'Anneau même ne figure pas encore dans ses plus sombres rêves. Et vous verrez sans doute là notre chance et notre espoir. Car, imaginant la guerre, il l'a déchaînée, pensant qu'il n'y avait pas de temps à perdre; qui frappe le premier n'ayant pas besoin de frapper deux fois pour peu que le coup soit assez fort. Il mit donc en mouvement dès à présent et plus tôt qu'il n'en avait l'intention les forces qu'il a longtemps préparées. Sage fou : s'il avait appliqué tout son pouvoir à garder le Mordor de façon à en interdire l'entrée à quiconque et consacré toute sa ruse à la recherche de l'Anneau, alors, en vérité, tout espoir aurait disparu : ni l'Anneau ni le porteur n'auraient pu longtemps lui échapper. Mais maintenant son regard se porte aù loin plutôt que chez lui et plus qu'aucun autre endroit, il observe Minas Tirith. Très bientôt, sa force s'abattra là comme une tempête.

« Car il sait déjà que les messagers qu'il avait envoyés tendre un guet-apens à la Compagnie ont de nouveau échoué. Ils n'ont pas trouvé l'Anneau, et ils n'ont pas non plus ramené des Hobbits comme otages. S'ils n'avaient même réussi qu'à cela, c'eût été pour nous un dur coup, peut-être fatal. Mais n'assombrissons pas nos cœurs en imaginant l'épreuve de leur belle loyauté dans la Tour Sombre. Car l'Ennemi a échoué – jusqu'à présent. Grâce à Saroumane.

– Saroumane n'est donc pas un traître? s'écria Gimli.

– Si, certes, répondit Gandalf. Doublement. Et n'est-ce pas chose étrange? Rien de ce que nous avons enduré depuis quelque temps ne nous a paru aussi douloureux que la trahison de l'Isengard. Même considéré simplement comme seigneur et capitaine, Saroumane est devenu très fort. Il menace les Hommes de Rohan et détourne leur aide de Minas Tirith au moment même ou le coup principal approche de l'Est. Toutefois, une arme traîtresse est toujours un danger pour la main. Saroumane avait, lui aussi, l'idée de s'emparer de l'Anneau pour son propre compte, ou au moins d'attraper des Hobbits pour ses vilains desseins. De sorte qu'entre eux nos ennemis ne sont parvenus qu'à amener Merry et Pippin avec une rapidité étonnante et à point nommé à Fangorn, où autrement ils ne seraient jamais venus!

« Ils se sont aussi emplis de nouveaux doutes qui dérangent leurs plans. Aucune nouvelle de la bataille n'atteindra le Mordor, grâce aux cavaliers de Rohan; mais le Seigneur Ténébreux sait que deux Hobbits ont été pris dans l'Emyn Muil et emmenés en direction de l'Isengard contre la volonté de ses propres serviteurs. Il a maintenant à craindre l'Isengard autant que Minas Tirith. Si celle-ci tombe, les choses iront mal pour Saroumane.

– Il est regrettable que nos amis se trouvent entre les deux, dit Gimli. Si aucune terre ne séparait l'Isengard du Mordor, ils pourraient se battre pendant que nous observerions et attendrions.

– Le vainqueur sortirait plus fort qu'aucun des deux, et il serait exempt de doute, dit Gandalf. Mais l'Isengard ne peut se battre contre le Mordor sans que Saroumane ait d'abord obtenu l'Anneau. Cela ne se produira jamais, maintenant. Il ne connaît pas encore le péril où il est. Il y a beaucoup de choses qu'il ignore. Il était tellement pressé de mettre la main sur sa proie qu'il n'a pu attendre chez lui et qu'il est parti à la rencontre de ses messagers pour les apercevoir. Mais il est venu trop tard, pour une fois; la bataille était terminée et il n'y pouvait plus rien dès avant son arrivée dans cette région. Il n'est pas resté ici longtemps. Je regarde dans son esprit, et j'y vois son doute. Il n'a aucune connaissance de la forêt. Il pense que les Cavaliers ont tout massacré et brûlé sur le champ de bataille; mais il ignore si les Orques emmenaient ou non les prisonniers. Et il ne sait rien de la querelle entre ses serviteurs et les Orques de Mordor; il ne sait rien non plus du Messager Ailé.

– Le Messager Ailé! s'écria Legolas. Je lui ai tiré dessus avec l'arc de Galadriel au-dessus de Sarn Gebir et je l'ai fait tomber du ciel. Il nous a tous emplis de crainte. Quelle nouvelle terreur est-ce là?

– Une terreur que vous ne pouvez abattre avec des flèches, dit Gandalf. Vous n'avez abattu que son coursier. C'était un bon exploit; mais le Cavalier eut vite une nouvelle monture. Car c'était un Nazgûl, l'un des Neuf, qui chevauchent à présent les coursiers ailés. Leur terreur ne tardera pas à couvrir de son ombre les dernières armées de nos amis et à obnubiler le soleil. Mais ils n'ont pas encore été autorisés à traverser le fleuve, et Saroumane ignore cette nouvelle forme dont ont été revêtus les Esprits Servants de l'Anneau. Il a toujours la pensée fixée sur l'Anneau. Celui-ci était-il présent dans la bataille? Fut-il trouvé? Et si Théoden, Seigneur de la Marche, venait à le posséder et apprenait son pouvoir? C'est là le danger qu'il voit, et il est retourné en toute hâte vers l'Isengard pour redoubler, tripler son assaut contre le Rohan. Et durant tout ce temps existe un autre danger, proche, qu'il ne voit pas, occupé qu'il est par ses bouillantes pensées. Il a oublié Sylvebarbe.

– Voilà que vous vous parlez de nouveau à vous-même, dit Aragorn avec un sourire. Sylvebarbe m'est inconnu. Et j'ai deviné une partie de la double trahison de Saroumane; je ne vois cependant pas en quoi a servi la venue à Fangorn de deux Hobbits, sinon à nous offrir une longue et vaine poursuite.

– Attendez une minute! s'écria Gimli. Il y a autre chose que j'aimerais savoir d'abord. Est-ce vous, Gandalf, ou Saroumane que nous avons vu la nuit dernière?

– Vous ne m'avez certainement pas vu, moi, répondit Gandalf; je dois donc supposer que vous avez vu Saroumane. Evidemment, nous nous ressemblons tant, qu'il faut bien excuser votre désir d'infliger une incurable blessure à mon chapeau.

– Bon, bon! dit Gimli. Je suis heureux que ce ne fût pas vous.

Gandalf rit de nouveau : – Oui, mon bon Nain, dit-il, c'est une consolation de ne pas se tromper à tout coup. Ne le sais-je pas trop bien! Mais, naturellement, je ne vous ai jamais blâmé de votre accueil. Comment l'aurais-je pu, moi qui ai si souvent conseillé à mes amis de se méfier même de leurs propres mains quand ils ont affaire à l'Ennemi. Ah, heureux Gimli fils de Glóin! Peut-être nous verrez-vous tous deux ensemble un jour et pourrez-vous juger entre nous!

– Mais les Hobbits! dit Legolas, intervenant. Nous avons fait beaucoup de chemin à leur recherche, et vous semblez savoir où ils se trouvent. Où sont-ils maintenant?

– Avec Sylvebarbe et les Ents, dit Gandalf.

– Les Ents! s'exclama Aragorn. Il y a donc quelque chose de vrai dans les anciennes légendes sur les habitants des forêts profondes et les gardiens géants des arbres? Y a-t-il encore des Ents au monde? Je croyais que ce n'était qu'un souvenir des jours anciens, si même ils représentaient autre chose qu'une simple légende de Rohan.

– Une légende de Rohan! s'écria Legolas. Non, tout Elfe du Pays Sauvage a chanté des chansons sur les vieux

Onodrim et leur longue peine. Mais, même parmi nous, ils ne sont qu'un souvenir. Si je devais en rencontrer un qui marche encore en ce monde, alors certes je me sentirais redevenu jeune! Mais Sylvebarbe : ce n'est là qu'une traduction de Fangorn en Langage Commun; et pourtant vous semblez parler d'une personne. Qui est ce Sylvebarbe?

– Ah, vous en demandez beaucoup, dit Gandalf. Le peu que je sache de cette longue et lente histoire ferait un récit pour lequel le temps nous manque actuellement. Sylvebarbe est Fangorn, le gardien de la forêt; c'est le plus vieux des Ents, le plus vieil être vivant qui marche encore sous le Soleil en cette Terre du Milieu. J'espère, en vérité, Legolas, que vous aurez l'occasion de le rencontrer. Merry et Pippin ont eu cette bonne fortune : ils l'ont rencontré ici même, où nous nous trouvons. Car il est venu il y a deux jours, et il les a emportés chez lui au loin, près des racines des montagnes. Il vient souvent ici, surtout lorsqu'il a l'esprit troublé et que des rumeurs du monde extérieur l'inquiètent. Je l'ai vu il y a quatre jours se promener parmi les arbres, et je crois qu'il m'a aperçu, car il s'est arrêté; mais je n'ai pas parlé, j'avais l'esprit lourd de pensées et j'étais encore fatigué de ma lutte contre l'Œil de Mordor; il n'a rien dit non plus et il n'a pas crié mon nom.

– Peut-être lui aussi vous a-t-il pris pour Saroumane, dit Gimli. Mais vous parlez de lui comme s'il était un ami. Je croyais Fangorn dangereux.

– Dangereux! s'écria Gandalf. Et moi aussi je le suis, très dangereux même : plus dangereux que tout ce que vous rencontrerez jamais, à moins que vous ne soyez amené vivant devant le Seigneur Ténébreux. Et Aragorn est dangereux, et Legolas est dangereux. Vous êtes entouré de dangers, Gimli fils de Glóin; car vous êtes dangereux vous-même, à votre propre manière. La forêt de Fangorn est assurément périlleuse, particulièrement pour ceux qui portent trop promptement la main à leur hache; et Fangorn lui-même est périlleux aussi; mais il n'en est pas moins sage et bienveillant. Mais à présent sa longue et lente colère déborde, et toute la forêt en est emplie. La venue des Hobbits et les nouvelles qu'ils ont apportées l'ont fait déverser : elle se répandra bientôt comme une inondation; mais son flot est dirigé contre Saroumane et les haches de l'Isengard. Une chose est sur le point de se produire, qui n'est pas arrivée depuis les Jours Anciens : les Ents vont se réveiller, et ils verront leur force.

– Que feront-ils? demanda Legolas, étonné.

– Je n'en sais rien, dit Gandalf. Je ne pense pas qu'ils le sachent eux-mêmes. Je me le demande. Il retomba dans le silence, la tête baissée, plongé dans ses pensées.

Les autres le contemplèrent. Un rayon de soleil tomba d'entre les nuages rapides sur ses mains, posées à présent la paume en l'air sur ses genoux : elles paraissaient emplies de lumière comme une coupe l'est d'eau. Enfin, il leva les yeux et regarda droit vers le soleil.

– La matinée touche à sa fin, dit-il. Il faudra bientôt partir.

– Irons-nous trouver nos amis et voir Sylvebarbe? demanda Aragorn.

– Non, répondit Gandalf. Ce n'est pas la route que vous devez prendre. J'ai prononcé des paroles d'espoir. Mais d'espoir seulement. L'espoir n'est pas la victoire. La guerre est sur nous et sur nos amis, une guerre dans laquelle seul l'usage de l'Anneau pourrait nous donner l'assurance de la victoire. Cela m'emplit d'une grande tristesse et d'une grande crainte : il y aura beaucoup de destructions, et tout peut être perdu. Je suis Gandalf, Gandalf le Blanc, mais le Noir est plus puissant encore.

Il se leva et regarda vers l'Est, s'abritant les yeux, comme s'il voyait dans le lointain des choses qu'aucun d'entre eux ne pouvait voir. Puis il hocha la tête. – Non, dit-il d'une voix douce, c'est parti hors de notre atteinte. De cela au moins, nous pouvons nous réjouir. Nous ne pouvons plus être tentés d'utiliser l'Anneau. Nous devons descendre affronter un péril presque désespéré, mais ce péril mortel est supprimé.

Il se retourna. – Allons, Aragorn fils d'Arathorn! dit-il. Ne regrettez pas le choix que vous avez fait dans la vallée de l'Emyn Muil, et ne parlez pas de vaine poursuite. Vous avez choisi dans le doute le chemin qui vous paraissait le bon : le choix était juste, et il a trouvé sa récompense. Car ainsi nous nous sommes rencontrés à temps, nous qui autrement aurions pu nous rencontrer trop tard. Mais la recherche de vos compagnons est terminée. La suite de votre voyage est marquée par votre parole donnée. Vous devez aller à l'Edoras et chercher Théoden dans son château. Car on a besoin de vous. La lumière d'Anduril doit être maintenant découverte dans la bataille qu'elle a si longtemps attendue. Il y a la guerre en Rohan et pis encore : cela va mal pour Théoden.

– Ne devons-nous plus revoir les joyeux jeunes Hobbits, alors? demanda Legolas.

– Je n'ai pas dit cela, répondit Gandalf. Qui sait? Prenez patience. Allez où vous devez aller et espérez! A Edoras! J'y vais aussi.

– C'est un long chemin à parcourir à pied pour un Homme, jeune ou vieux, dit Aragorn. Je crains que la bataille ne soit depuis longtemps terminée quand nous y arriverons.

– On verra, on verra, dit Gandalf. Voulez-vous venir avec moi maintenant?

– Oui, nous partirons ensemble, dit Aragorn. Mais je ne doute pas que vous n'y soyez avant moi, si vous le désirez. Il se leva et regarda longuement Gandalf. Les autres les observaient en silence, debout l'un en face de l'autre. La figure grise de l'Homme, Aragorn fils d'Arathorn, était haute et rigide comme la pierre, la main posée sur la poignée de son épée; on eût dit qu'un roi sorti des brumes de la mer avait posé le pied sur les rivages des hommes moindres. Devant lui s'inclinait la vieille forme, blanche, brillante à présent comme d'une lumière intérieure, courbée, chargée d'ans, mais détenant un pouvoir hors d'atteinte de la force des rois.

– Ne dis-je pas la vérité, Gandalf, reprit enfin Aragorn, quand je déclare que vous pourriez aller où que vous le désiriez plus vite que moi? Et je dis aussi ceci : que vous êtes notre capitaine et notre étendard. Le Seigneur Ténébreux a Neuf Auxiliaires; mais nous en avons Un, plus puissant qu'eux : le Cavalier Blanc. Il a passé par le feu et l'abîme, et ils le craindront. Nous irons où il nous conduira.

– Oui, ensemble nous vous suivrons, dit Legolas. Mais auparavant, j'aurais le cœur soulagé, Gandalf, de savoir ce qui vous est arrivé dans la Moria. Ne voudriez-vous pas nous le dire? Ne pouvez-vous rester même le temps de dire à vos amis comment vous fûtes délivré?

– Je ne suis déjà resté que trop longtemps, répondit Gandalf. Le temps est court. Mais y eût-il un an à passer, je ne vous dirais pas tout.

– Alors, dites-nous ce que vous voulez bien et ce que le temps permet! répliqua Gimli. Allons, Gandalf, dites-nous comment vous vous en êtes tiré avec le Balrog!

– Ne le nommez pas! dit Gandalf; il sembla pendant un moment qu'un nuage de souffrance passait sur son visage, et il resta silencieux, l'air aussi vieux que la mort même. Je suis tombé longtemps, finit-il par dire, avec lenteur comme s'il se remémorait avec difficulté. Je suis tombé longtemps et il est tombé avec moi. Son feu m'environnait. J'étais brûlé. Puis nous plongeâmes dans une eau profonde et tout fut obscur. Elle était aussi froide que le flot de la mort : elle me glaça presque le cœur.

– Profond est l'abîme que franchit le Pont de Durin, et nul ne l'a jamais sondé, dit Gimli.

– Il a pourtant un fond, au-delà de toute lumière et de toute connaissance, dit Gandalf. Je finis par y toucher, aux fondements les plus reculés de la pierre. Il était toujours avec moi. Son feu était éteint, mais il était à présent un objet de limon, plus fort qu'un serpent étrangleur.

« Nous luttâmes loin en dessous de la terre vivante, où le temps ne se compte pas. Il m'étreignait toujours, et toujours je le tailladai jusqu'à ce qu'enfin il s'enfuît dans de noirs tunnels. Ils n'avaient pas été creusés par ceux de Durin, Gimli fils de Glóin. Loin, loin sous les plus profondes caves des Nains, le monde est rongé par des choses sans nom. Même Sauron ne les connaît pas. Elles sont plus vieilles que lui. J'y ai marché, mais je n'en ferai aucun récit qui enténébrerait la lumière du jour. En ce désespoir, mon ennemi était mon seul salut, et je le poursuivis, agrippé à son talon. Il finit ainsi par me ramener aux chemins secrets de Khazad-dum : trop bien les connaissait-il tous. Toujours montant, nous continuâmes jusqu'à ce que nous arrivâmes à l'Escalier sans Fin.

– Il est depuis longtemps perdu, dit Gimli. Nombreux

sont ceux qui prétendent qu'il n'a jamais existé que dans les légendes, mais d'autres disent qu'il a été détruit.

– Il existe, et il n'a pas été détruit, dit Gandalf. Du plus profond cachot au plus haut sommet, il grimpait, s'élevant en une spirale ininterrompue de milliers et de milliers de marches pour aboutir enfin dans la Tour de Durin, taillée dans le roc vivant de Zirakzigil, couronnement de la Corne d'Argent.

« Là, sur le Celebdil, se trouvait dans la neige une fenêtre solitaire, devant laquelle s'étendait un étroit espace, aire vertigineuse au-dessus des brumes du monde. Le soleil y brillait furieusement, mais, en dessous, tout était enveloppé de nuages. Il s'élança dehors et, comme j'arrivais derrière, il fut saisi d'une nouvelle ardeur. Il n'y avait aucun témoin, ou peut-être dans la suite des âges des chansons seront-elles encore chantées sur la Bataille de la Cime. Gandalf eut un rire soudain. Mais que dirait-on en chants? Ceux qui regardaient de loin pensèrent que la montagne était couronnée d'orage. Ils entendirent le tonnerre et, dirent-ils, les éclairs qui frappaient le Celebdil rebondissaient en arrière, brisés en langues de feu. N'est-ce pas assez? Une grande fumée s'éleva autour de nous, de vapeur et de buée. De la glace tomba comme la pluie. Je jetai à bas mon ennemi; il chut du haut lieu et brisa le flanc de la montagne où il la frappa dans sa perte. Puis les ténèbres m'entourèrent, je m'égarai hors de la pensée et du temps, et j'errai au loin sur des routes que je ne dirai pas.

« Je fus renvoyé nu, pour une brève période, jusqu'à ce que ma tâche soit accomplie. Et nu je restai étendu sur le sommet de la montagne. La tour, derrière moi, était réduite en poussière, la fenêtre avait disparu, l'escalier ruiné était obstrué de pierres brûlées et brisées. J'étais seul, oublié, sans possibilité d'évasion sur la corne du monde. Je restai étendu là, les yeux ouverts sur le ciel, tandis que les étoiles tournaient, et chaque jour était aussi long qu'une existence entière sur la terre. La rumeur assemblée de toutes les terres parvenait faiblement à mes oreilles : la germination et la mort, le chant et les pleurs, et le lent et éternel gémissement de la pierre surchargée. Et ainsi enfin Gwaihir le Seigneur des Vents me trouva de nouveau; il me saisit et m'emporta.

– Je suis condamné à être toujours ton fardeau, ami des temps de besoin, dis-je.

– Un fardeau, tu l'as été, répondit-il, mais ce n'est pas le cas aujourd'hui. Aussi léger qu'une plume de cygne es-tu à mes serres. Le Soleil brille à travers toi. En fait, je ne crois pas t'être encore nécessaire : te laisserais-je tomber, que tu flotterais sur le vent.

– Ne me laisse pas tomber! fis-je haletant, car je sentais de nouveau en moi la vie. Porte-moi jusqu'en Lothlorien!

– C'est là en vérité l'ordre de la Dame Galadriel, qui m'a envoyé à ta recherche, répondit-il.

« C'est ainsi que j'arrivai à Caras Galadhon et que je vis que vous étiez partis depuis peu. Je m'attardai là dans le temps toujours jeune de cette terre où les jours apportent la guérison et non le délabrement. La guérison, je l'y trouvai, et je fus vêtu de blanc. Je donnai des conseils comme j'en reçus. De là, je vins par d'étranges routes et j'apporte des messages à certains d'entre vous. A Aragorn, je fus chargé de dire ceci :

« *Où sont maintenant les Dunedains, Elessar, Elessar?*
Pourquoi les tiens errent-ils au loin?
Proche est l'heure où devraient revenir les Egarés
Et du Nord descendre la Compagnie Grise.
Mais sombre est le chemin qui t'est réservé :
Les Morts surveillent la route qui mène à la Mer.

« A Legolas, elle a envoyé ce message :

« *Legolas Vertefeuille, longtemps sous l'arbre*
Dans la joie tu vécus. Prends garde à la Mer!
Si tu entends le cri de la mouette sur le rivage,
Ton cœur plus alors dans la forêt ne se reposera. »

Gandalf se tut et ferma les yeux.

– Alors elle ne m'a pas envoyé de message? dit Gimli, baissant la tête.

– Sombres sont ses paroles, dit Legolas, et elles ont peu de sens pour ceux qui les reçoivent.

– Ce n'est pas une consolation, répliqua Gimli.

– Eh quoi? dit Legolas. Voudrais-tu qu'elle te parle ouvertement de ta mort?

– Oui, si elle n'avait rien d'autre à dire.

– Qu'est-ce donc? dit Gandalf, rouvrant les yeux. Oui, je crois deviner le sens de ses paroles. Excusez-moi, Gimli! Je réfléchissais une fois de plus aux messages. Mais, en fait, elle vous a envoyé aussi quelque chose, et ce n'est ni sombre ni triste.

« A Gimli fils de Glóin, a-t-elle dit, transmettez les compliments de sa Dame. Porteur de boucle, où que tu ailles, ma pensée t'accompagne. Mais prends bien soin d'appliquer ta hache au bon arbre!

– En une heureuse heure, vous êtes revenu auprès de nous, Gandalf, s'écria le Nain, qui se mit à gambader en chantant haut dans l'étrange langage des Nains. Allons, allons! cria-t-il, balançant sa hache. La tête de Gandalf étant maintenant sacrée, trouvons-en une qu'il soit bon de fendre!

– Il n'y aura pas besoin de chercher bien loin, dit Gandalf, se levant de son siège. Venez maintenant! Nous avons épuisé tout le temps permis à la rencontre d'amis séparés. Il faut à présent se hâter.

Il s'enveloppa de nouveau de son vieux manteau dépenaillé et prit la tête du groupe. A sa suite, ils descendirent vivement de la haute corniche et repartirent à travers la forêt en suivant la rive de l'Entalluve. Ils ne parlèrent plus jusqu'au moment où ils se trouvèrent de nouveau sur l'herbe au-delà des avancées de Fangorn. On ne voyait aucune trace de leurs chevaux.

– Ils ne sont pas revenus, dit Legolas. Ce sera une marche épuisante.

– Je ne marcherai pas. Le temps presse, dit Gandalf. Levant alors la tête, il émit un long sifflement. La note était si claire et si perçante que les autres restèrent stupéfaits d'entendre pareil son sortir de la vieille bouche barbue. Il siffla par trois fois; et puis, faible et lointain, il leur sembla entendre un hennissement de cheval apporté des plaines par le vent d'est. Ils attendirent, curieux. Peu après vint le son de sabots, ne dépassant guère au début une simple trépidation du sol perceptible au seul Aragorn allongé sur l'herbe, puis grossissant d'instant en instant pour atteindre un rapide battement, clair et sonore.

– Il vient plus d'un cheval, dit Aragorn.

– Certainement, répondit Gandalf. Nous faisons un fardeau trop grand pour un seul.

– Il y en a trois, dit Legolas, qui observait la plaine. Voyez comme ils courent! Il y a Hasufel, et voilà à son côté mon ami Arod! Mais un autre avance devant : un très Grand Cheval. Je n'ai jamais vu son pareil.

– Et vous ne le reverrez pas, dit Gandalf. C'est Gripoil. Il est le chef des *Mearas*, seigneur des chevaux, et Théoden, Roi de Rohan, lui-même n'en a jamais vu de meilleur. Ne brille-t-il pas comme l'argent et ne court-il pas avec toute l'égalité d'une rivière rapide? Il est venu pour moi : le cheval du Cavalier Blanc. Nous allons ensemble au combat.

Comme le vieux magicien parlait encore, le grand cheval montait la pente vers lui; sa robe étincelait et sa crinière flottait au vent de sa course. Les deux autres suivaient, à présent loin derrière lui. Aussitôt que Gripoil aperçut Gandalf, il ralentit le pas et hennit avec force; puis, s'avançant au petit trot, il courba sa fière tête et fourra ses grands naseaux contre le cou du vieillard.

Gandalf le caressa. – Fondcombe est loin, mon ami, dit-il; mais tu es sage et rapide, et tu viens au moment où tu es nécessaire. Faisons maintenant une longue chevauchée ensemble, et ne nous séparons plus en ce monde!

Les autres chevaux arrivèrent bientôt, et ils se tinrent tranquillement là comme en attente d'ordres. – Nous partons tout de suite pour Meduseld, le château de votre maître, Théoden, leur dit Gandalf d'un ton grave. Ils inclinèrent la tête. Le temps presse et, si vous le permettez, mes amis, nous allons partir. Nous vous serions reconnaissants d'aller aussi vite que vous le pourrez. Hasufel portera Aragorn, et Arod, Legolas. J'installerai Gimli devant moi et, s'il le veut bien, Gripoil nous portera tous deux. Nous n'attendrons plus que le temps de boire un peu.

– Je comprends à présent une partie de l'énigme de la nuit dernière, dit Legolas, sautant avec légèreté sur le dos d'Arod. Qu'ils aient fui, au début, de peur ou non, nos chevaux ont rencontré Gripoil, leur chef, et ils l'ont salué avec joie. Saviez-vous qu'il était par là, Gandalf?

– Oui, je le savais, dit le magicien. J'avais concentré ma pensée sur lui, le priant de se hâter; car, hier, il était très loin, dans le sud de ce pays. Souhaitons qu'il me ramène rapidement!

Gandalf parla alors à Gripoil, et le cheval partit bon train, mais sans dépasser les possibilités des autres. Après un moment, il tourna brusquement et, choisissant un endroit où les rives étaient plus basses, il passa la rivière à gué, puis les mena droit au sud dans un pays plat, vaste et sans arbres. Le vent parcourait en vagues grises les interminables milles d'herbe. Il n'y avait aucune trace de route ou de piste, mais Gripoil ne ralentit ni ne flancha.

– Il se dirige tout droit maintenant sur les demeures de Théoden sous les pentes des Montagnes Blanches, dit Gandalf. Ce sera plus rapide ainsi. Le sol est plus ferme dans l'Estemnet, où s'étend la principale piste vers le nord au-delà de la rivière, mais Gripoil connaît le chemin par tous les marais et les creux.

Ils continuèrent leur route pendant de longues heures à travers les prairies et les terres parcourues de rivières. L'herbe était souvent si haute qu'elle dépassait les genoux des cavaliers, et leurs coursiers semblaient nager dans une mer vert-gris. Ils rencontraient de nombreuses mares cachées et de larges étendues de laiches ondulant au-dessus de fondrières humides et traîtresses; mais Gripoil trouvait son chemin, et les autres chevaux suivaient dans sa foulée. Le soleil tomba lentement du ciel dans l'ouest. Le regardant par-dessus la grande plaine, les cavaliers le virent un moment au loin semblable à un feu rouge sombrant dans l'herbe. Bas, à la lisière de la vue, les épaulements des montagnes étincelaient, rouges, de part et d'autre. Une fumée parut s'élever et obscurcir le disque du soleil, lui donnant la teinte du sang, comme s'il eût enflammé l'herbe à son passage sous le bord de la terre.

– Là se trouve la Trouée de Rohan, dit Gandalf. Elle

est presque droit à l'ouest de nous. De ce côté, c'est l'Isangard.

– Je vois une grande fumée, dit Legolas. Que peut-ce être?

– La bataille et la guerre! dit Gandalf. Allons!

CHAPITRE VI

LE ROI DU CHÂTEAU D'OR

Ils poursuivirent leur chevauchée au coucher du soleil, durant le lent crépuscule et la nuit tombante. Quand enfin ils firent halte et mirent pied à terre, même Aragorn était courbatu et las. Gandalf ne leur accorda qu'un repos de quelques heures. Legolas et Gimli dormirent, et Aragorn resta allongé à plat sur le dos; mais Gandalf se tint debout, appuyé sur son bâton, à regarder dans l'obscurité, à l'est et à l'ouest. Tout était silencieux, et il n'y avait aucun signe de la moindre chose vivante quand ils se relevèrent. La nuit était barrée de longs nuages, portés par un vent glacial. Ils repartirent une fois de plus sous la froide lune, aussi rapides qu'à la lumière du jour.

Les heures passèrent, et ils chevauchaient toujours. Gimli dodelinait de la tête, et il serait tombé si Gandalf ne l'avait saisi et secoué. Hasufel et Arod, las mais fiers, suivaient leur guide infatigable, ombre grise à peine visible devant eux. Les milles défilaient. Le croissant de la lune sombra dans l'ouest ennuagé.

Un froid mordant envahit l'air. Lentement, à l'est, les ténèbres se muèrent en un gris mat. Des rais de lumière rouge jaillirent au-dessus des murs noirs de l'Emyn Muil dans le lointain sur leur gauche. L'aurore se leva claire et brillante; du vent balayait leur sentier, courant impétueusement dans l'herbe couchée. Soudain, Gripoil se tint immobile et hennit. Gandalf pointa le doigt devant eux.

– Regardez! s'écria-t-il, et ils levèrent les yeux. Devant eux se dressaient les montagnes du Sud : couronnées de blanc et striées de noir. Les herbages se déroulaient jusqu'aux collines assemblées à leur pied et montaient dans de nombreuses vallées qui, vagues et obscures, n'étant pas encore touchées par la lumière de l'aurore, se glissaient jusqu'au cœur des grandes montagnes. Juste devant les voyageurs, le plus large de ces vallons s'ouvrait telle une grande crevasse dans les collines. Loin à l'intérieur, ils apercevaient la masse d'une montagne éboulée avec une seule haute cime; à l'entrée du vallon se tenait en sentinelle une hauteur isolée. A ses pieds coulait, comme un fil d'argent, le ruisseau qui sortait du vallon; sur la croupe, ils virent, encore très loin, un reflet dans le soleil levant, un miroitement d'or.

– Parlez, Legolas! dit Gandalf. Dites-nous ce que vous voyez là devant nous!

Legolas fixa son regard sur l'endroit désigné, s'abritant les yeux contre les rayons horizontaux du soleil nouvellement levé. – Je vois une rivière blanche qui descend des neiges, dit-il. A l'endroit où elle sort de l'ombre du vallon, s'élève à l'est une colline verte. Un fossé, un puissant mur et une clôture épineuse l'entourent. A l'intérieur, s'élèvent les toits de maisons, et au milieu, édifié sur une terrasse verte, se dresse haut un grand château d'Hommes. Et il semble à mes yeux qu'il soit couvert d'or. Sa lumière brille loin sur les environs. Dorés aussi sont les montants de ses portes. Là se tiennent des hommes en mailles brillantes; mais tous les autres dorment encore dans les demeures.

– Ces demeures s'appellent Edoras, dit Gandalf, et ce château d'or est Meduseld. C'est là que réside Théoden fils de Thengel, Roi de la Marche de Rohan. Nous sommes arrivés avec le lever du jour. A présent, notre route s'étend clairement visible devant nous. Mais nous devons aller plus prudemment; car la guerre est ouverte, et les Rohirrim, Seigneurs des chevaux, ne dorment pas, même s'ils semblent le faire de loin. Ne tirez aucune arme, ne prononcez pas de paroles hautaines, je vous le conseille à tous, jusqu'à ce que nous soyons arrivés devant Théoden.

Le matin était brillant et clair autour d'eux, et les oiseaux chantaient quand les voyageurs atteignirent la rivière. Elle descendait en un cours rapide dans la plaine et, après le pied des collines, elle traversait leur chemin et décrivait une grande boucle pour aller au loin grossir l'Entalluve dans ses lits encombrés de roseaux. La terre était verdoyante dans les prairies humides et, le long des rives herbeuses de la rivière, croissaient de nombreux saules. Dans cette terre méridionale, ils rougissaient déjà au bout de leurs doigts, sentant l'approche du printemps. Un gué traversait la rivière entre des bords bas fortement foulés par le passage de chevaux. Les voyageurs franchirent le cours d'eau et se trouvèrent sur une large piste sillonnée d'ornières, qui menait vers les hautes terres.

Au pied de la colline ceinte de murs, le chemin passait à l'ombre de nombreux tertres, hauts et verts. Sur leur face ouest, l'herbe était blanche comme de neige poussée par le vent : de petites fleurs y poussaient comme des étoiles innombrables parmi le gazon.

– Regardez! dit Gandalf. Que ces yeux qui brillent dans l'herbe sont donc beaux! On les appelle « souvenir éternel », *symbelmynë* en cette terre des Hommes, car elles fleurissent en toutes saisons et croissent où reposent les hommes morts. Voyez! nous sommes arrivés aux grands tombeaux où dorment les aïeux de Théoden.

– Sept tertres à gauche, et neuf à droite, dit Aragorn. Il y a maintes longues vies d'homme que le château d'or fut construit.

– Cinq cents fois les feuilles rouges sont tombées chez moi dans la Forêt Noire depuis lors, dit Legolas, et cela ne paraît pour nous qu'un court moment.

– Mais pour les Cavaliers de la Marche, dit Aragorn, cela paraît un temps si long que l'édification de cette demeure n'est qu'un souvenir de chanson, et les années antérieures se perdent dans la nuit des temps. Ils appellent maintenant cette région leur pays à eux, et leur langage est distinct de celui de leurs parents du nord. Il se mit alors à chanter doucement dans une langue lente, inconnue de l'Elfe et du Nain; ils écoutèrent cependant, car il y avait là une puissante harmonie.

– C'est, je suppose, la langue des Rohirrim, dit Legolas,

car elle ressemble à ce pays même : en partie riche et ondulé, et ailleurs dur et sévère comme les montagnes. Mais je ne puis en deviner le sens, sinon qu'il est tout chargé de la tristesse des Hommes Mortels.

– La voici en Langage Commun, dit Aragorn, aussi proche que je peux la rendre.

« *Où sont maintenant le cheval et le cavalier? Où est le*
[cor qui sonnait?
Où sont le heaume et le haubert, et les brillants cheveux
[flottants?
Où sont la main sur la corde de la harpe, et le grand feu
[rougeoyant?
Où sont le printemps et la moisson et le blé haut
[croissant?
Ils ont passé comme la pluie sur la montagne, comme un
[vent dans les prairies;
Les jours sont descendus à l'ouest dans l'ombre derrière
[les collines.
Qui recueillera la fumée du bois mort brûlant,
Ou verra les années fugitives de la Mer revenant?

« Ainsi s'exprimait jadis en Rohan un poète oublié, rappelant la haute taille et la beauté d'Eorl le Jeune, qui vint du Nord; et son coursier Felarof, père des Chevaux, avait des ailes aux pieds. C'est ce que chantent les hommes, le soir.

Sur ces mots, les voyageurs dépassèrent les tertres silencieux. Suivant le chemin en lacets le long des épaulements verdoyants des collines, ils finirent par arriver aux larges murs et aux portes balayés par le vent d'Edoras.

Là étaient assis de nombreux hommes en mailles brillantes, qui se dressèrent aussitôt pour leur barrer la route avec leurs lances. – Halte, étrangers ici inconnus! crièrent-ils dans la langue de la Marche de Ridder, et ils demandèrent les noms et le but des nouveaux arrivants. Dans leurs yeux se lisait un étonnement dénué de bienveillance; et ils jetèrent des regards sombres à Gandalf.

– Je comprends bien votre discours, répondit-il dans la même langue; peu d'étrangers en sont pourtant capables. Pourquoi donc, si vous désirez une réponse, ne parlez-vous pas en Langage Commun, comme il est d'usage dans l'Ouest?

– C'est la volonté du Roi Théoden que nul ne franchisse ses portes, hormis ceux qui connaissent notre langue et sont nos amis, répliqua l'un des gardes. Ne sont les bienvenus en temps de guerre que ceux de chez nous et ceux qui viennent de Mundburg au pays de Gondor. Qui êtes-vous, vous qui venez avec insouciance par la plaine, ainsi bizarrement vêtus et montant des chevaux semblables aux nôtres? Voilà longtemps que nous montons la garde ici, et nous vous avons observé de loin. Jamais nous n'avons vu d'autres cavaliers aussi étranges, ni de cheval plus fier que l'un de ceux-ci qui vous portent. C'est l'un des *Mearas*, si nos yeux ne sont abusés par quelque sortilège. Ne seriez-vous pas un magicien, quelque espion de Saroumane ou des fantasmes nés de ses artifices? Parlez maintenant, faites vite!

– Nous ne sommes pas des fantasmes; dit Aragorn, et vos yeux ne vous abusent point. Car, en fait, ce sont de vos propres chevaux que nous montons, comme vous le saviez bien, avant même de poser la question, je pense. Mais il est bien rare qu'un voleur revienne à l'écurie. Voici Hasufel et Arod, qu'Eomer, Troisième Maréchal de la Marche, nous a prêtés, il y a seulement deux jours. Nous les ramenons à présent, conformément à notre promesse. Eomer n'est-il donc pas revenu et n'a-t-il pas averti de notre venue?

Une expression embarrassée se vit dans les yeux du garde. – D'Eomer, je n'ai rien à dire, répliqua-t-il. Si ce que vous me dites est vrai, sans nul doute Théoden en aura entendu parler. Peut-être votre venue n'était-elle pas tout à fait inattendue. Ce n'est qu'il y a deux nuits que Langue de Serpent est venu nous dire que, par la volonté de Théoden, nul étranger ne devait franchir les portes.

– Langue de Serpent? dit Gandalf, scrutant le visage du garde. Il suffit! Ce n'est pas auprès de Langue de Serpent, mais du Seigneur de la Marche en personne que j'ai affaire. Je suis pressé. Ne voudriez-vous pas aller ou envoyer dire que nous sommes arrivés? Ses yeux étincelaient sous ses épais sourcils, tandis qu'il abaissait son regard sur l'homme.

– Oui, j'irai, répondit-il lentement. Mais quels noms

donnerai-je? Et que dirai-je de vous? Vous paraissez maintenant vieux et las, et pourtant vous êtes par en dessous féroce et menaçant, m'est avis.

– Vous voyez et dites juste, répondit le magicien. Car je suis Gandalf. Je suis revenu. Et voyez! moi aussi je ramène un cheval. Voici Gripoil le Grand, que nulle autre main ne saurait domestiquer. Et voici à côté de moi Aragorn fils d'Arathorn, l'héritier de Rois, et c'est à Mundburg qu'il se rend. Voici aussi Legolas l'Elfe et Gimli le Nain, nos camarades. Allez maintenant, et dites à votre maître que nous sommes à ses portes et que nous aimerions nous entretenir avec lui, s'il nous permet de pénétrer dans son château.

– Ce sont d'étranges noms que vous me donnez, assurément! Mais je les transmettrai comme vous m'en priez, et j'apprendrai quelle est la volonté de mon maître, dit le garde. Attendez ici un moment, et je vous rapporterai la réponse qu'il jugera bon de me donner. N'espérez pas trop! Nous passons par de sombres jours. Il s'en fut rapidement, laissant les étrangers à la garde attentive de ses camarades.

Il revint au bout d'un moment. – Suivez-moi! dit-il. Théoden vous permet d'entrer; mais vous devez laisser sur le seuil toute arme que vous porteriez, fût-ce un simple bâton. Les huissiers vous les garderont.

Les portes sombres s'ouvrirent toutes grandes. Les voyageurs entrèrent, marchant à la file derrière leur guide. Ils trouvèrent une large allée, pavée de pierres taillées, qui tantôt montait en serpentant et tantôt grimpait par de courts escaliers aux marches bien disposées. Ils passèrent devant de nombreuses maisons de bois et de nombreuses portes sombres. A côté du chemin un ruisseau d'eau claire coulait, scintillant et murmurant, dans une rigole de pierre. Ils finirent par arriver au sommet de la colline. Là, ils virent une haute plate-forme au-dessus d'une terrasse verte, au pied de laquelle une source claire jaillissait d'une pierre sculptée à l'image d'une tête de cheval, au-dessous se trouvait un large bassin d'où l'eau se déversait pour alimenter le ruisseau qui descendait. Un bel escalier de pierre, haut et large, gravissait la terrasse verte et, de part et d'autre de la dernière marche, il y avait des sièges taillés dans la pierre. Là étaient assis d'autres gardes, l'épée posée sur les genoux. Leur chevelure dorée descendait en tresses sur leurs épaules; le soleil était blasonné sur leurs boucliers verts, leurs longs corselets étaient magnifiquement brunis et, quand ils se levèrent, ils parurent plus grands que des hommes mortels.

– Voilà l'entrée devant vous, dit le guide. Je dois maintenant retourner à mon service à la porte. Adieu! Et que le Seigneur de la Marche vous soit bienveillant!

Il fit demi-tour et redescendit vivement la route. Les autres montèrent le long escalier sous les yeux des grands gardes. Ceux-ci se tenaient maintenant debout au-dessus d'eux sans mot dire jusqu'au moment où Gandalf posa le pied sur la terrasse pavée en haut de l'escalier. Alors soudain ils lancèrent d'une voix claire une parole courtoise d'accueil dans leur propre langue.

– Salut, vous qui venez de loin! dirent-ils, et ils tournèrent la poignée de leurs épées vers les voyageurs en signe de paix. Des joyaux verts étincelèrent au soleil. Puis l'un des gardes s'avança et s'exprima en Langage Commun.

– Je suis l'Huissier de Théoden, dit-il. Je m'appelle Hama. Je dois vous prier d'abandonner ici vos armes avant d'entrer.

Legolas remit alors entre ses mains son poignard à manche d'argent, son carquois et son arc. – Gardez-les bien, dit-il, car ils viennent du Bois d'Or, et c'est la Dame de Lothlorien qui me les a donnés.

L'étonnement se lut dans les yeux de l'homme, et il déposa vivement les armes contre le mur comme s'il craignait de les manipuler. – Nul ne les touchera, je vous le promets, dit-il.

Aragorn hésita un moment. – Je ne désire pas me défaire de mon épée, dit-il, ni remettre Anduril aux mains d'un autre.

– C'est la volonté de Théoden, dit Hama.

– Il ne m'est pas évident que la volonté de Théoden fils de Thengel, tout seigneur de la Marche qu'il est, prévale sur celle d'Aragorn fils d'Arathorn, héritier d'Elendil pour le Gondor.

– C'est ici la demeure de Théoden, non celle d'Aragorn,

fût-il Roi de Gondor sur le trône de Denethor, dit Hama, se plaçant vivement devant les portes pour barrer le chemin. Il avait à présent l'épée à la main, pointe tournée vers les étrangers.

– Ce sont paroles en l'air, dit Gandalf. L'exigence de Théoden est inutile, mais il est vain de refuser. Un roi fait comme il l'entend dans son propre château, que ce soit folie ou sagesse.

– C'est vrai, dit Aragorn. Et je me plierais à la volonté du maître de la maison, fût-ce simplement une chaumière de bûcheron, si je portais en ce moment toute autre épée qu'Anduril.

– Quel que soit son nom, dit Hama, vous la déposerez ici, si vous ne voulez vous battre seul contre tous les hommes d'Edoras.

– Pas seul! dit Gimli, palpant la lame de sa hache et levant un regard noir sur le garde, comme si celui-ci fût un jeune arbre qu'il se proposait d'abattre. Pas seul!

– Allons, allons! dit Gandalf. Nous sommes tous amis ici. Ou nous devrions l'être; car le seul résultat, si nous nous querellons, sera le rire de Mordor. Ma mission est urgente. Voici du moins mon épée, Maître Hama. Gardez-la bien. Elle s'appelle Glamdring, car les Elfes la forgèrent il y a bien longtemps. Laissez-moi passer à présent. Venez, Aragorn!

Aragorn déboucla lentement sa ceinture et posa lui-même son épée debout contre le mur. – Je la mets là, dit-il; mais je vous ordonne de n'y point toucher, ni de permettre à quiconque d'y porter la main. Dans ce fourreau elfique se trouve la Lame qui fut Brisée et qui a été refaite. Telchar la forgea d'abord dans la nuit des temps. La mort s'abattra sur quiconque tire l'épée d'Elendil hormis l'héritier d'Elendil.

Le garde fit un pas en arrière et regarda Aragorn avec étonnement. – On dirait que vous êtes venu des temps oubliés sur les ailes de la chanson, dit-il. Il en sera, comme vous l'ordonnez, Seigneur.

– Eh bien, dit Gimli, si elle a Anduril pour compagne, ma hache peut rester là aussi, sans honte, et il la posa à terre. Maintenant, si tout est selon vos désirs, allons voir votre maître.

Le garde hésitait encore. – Votre bâton, dit-il à Gandalf. Pardonnez-moi, mais cela aussi doit rester aux portes.

– Balivernes! dit Gandalf. La prudence est une chose, mais la discourtoisie en est une autre. Je suis vieux. Si je ne puis m'appuyer, en marchant, sur un bâton, je resterai assis ici jusqu'à ce qu'il plaise à Théoden de traîner la jambe jusqu'ici pour me parler.

Aragorn rit. – Chacun a quelque chose de trop cher pour le confier à autrui. Mais voudriez-vous donc priver un vieillard de son appui? Allons, ne voulez-vous pas nous laissez entrer?

– Le bâton entre les mains d'un magicien peut être plus qu'un simple soutien pour la vieillesse, dit Hama. Il examina avec attention le bâton de frêne sur lequel s'appuyait Gandalf. Mais dans le doute un homme de valeur s'en remet à sa propre sagesse. Je crois que vous êtes des amis et des gens qui n'ont aucun mauvais dessein, dignes d'être honorés. Vous pouvez entrer.

Les gardes levèrent alors les lourdes barres et poussèrent lentement les portes, qui tournèrent en grognant sur leurs grands gonds. Les voyageurs entrèrent. A l'intérieur, semblaient régner l'obscurité et la chaleur après l'air vif de la colline. La salle était longue et large, emplie d'ombres et de demi-jour; de puissants piliers soutenaient la haute voûte. Mais, par endroits, de brillants rais de soleil tombaient des fenêtres à l'est sous les profondes avancées. Par le trou d'aération de la voûte, au-dessus des minces volutes de la fumée qui s'échappait, on voyait le ciel, pâle et bleu. Leurs yeux s'accommodant, les voyageurs constatèrent que le sol était dallé de pierres de multiples couleurs; des runes ramifiées et d'étranges emblèmes s'entrelaçaient sous leurs pieds. Ils virent alors que les piliers étaient richement sculptés et reluisaient confusément d'or et de couleurs entr'aperçues. De nombreuses tentures étaient suspendues aux murs, et sur leur vaste surface marchaient des figures de l'ancienne légende, certaines ternies par l'âge, d'autres se détachant à peine dans l'ombre. Mais sur l'une d'elles tombait un rayon de soleil : un jeune homme monté sur un cheval blanc. Il sonnait d'un grand cor, et ses cheveux blonds flottaient au vent. Le cheval levait la tête, et ses naseaux étaient larges et rouges, tandis qu'il hennissait à l'odeur de la bataille lointaine. Une eau écumante, verte et blanche, se précipitait et roulait autour de ses genoux.

– Voyez Eorl le Jeune! dit Aragorn. C'est ainsi qu'il vint du Nord à la Bataille du Champ du Celebrant.

Les quatre compagnons s'avancèrent alors au-delà du clair feu de bois qui flamboyait sur le long âtre au centre de la salle. Puis ils s'arrêtèrent. A l'extrémité opposée, face aux portes et au nord, s'élevait une estrade avec trois marches, et au milieu se trouvait un grand fauteuil doré. Un homme y était assis, tellement courbé par l'âge qu'il paraissait presque nain; mais ses cheveux blancs, longs et fournis, tombaient en grandes tresses de sous un mince cercle d'or posé sur son front. Au centre de celui-ci scintillait un unique diamant blanc. Sa barbe reposait comme de la neige sur ses genoux; mais ses yeux brûlaient d'un vif éclat et étincelaient comme il observait les étrangers. Derrière son fauteuil, se tenait une femme vêtue de blanc. Sur les marches à ses pieds, était assis un homme ratatiné, dont le visage pâle et les yeux aux lourdes paupières reflétaient la sagacité.

Il y eut un silence. Le vieillard ne fit aucun mouvement dans son fauteuil. Enfin, Gandalf prit la parole : – Salut! Théoden fils de Thengel! Je suis revenu. Car voilà que la tempête vient, et tous nos amis devraient se rassembler, de crainte que chacun ne soit détruit séparément.

Le vieillard se leva lentement en s'appuyant lourdement sur un court bâton noir à poignée d'os blanc; et les voyageurs virent alors que, tout courbé, il était encore grand et que, dans sa jeunesse, il devait certes avoir été de haute et fière stature.

– Je vous salue, dit-il, et peut-être vous attendez-vous à un bon accueil. Mais je dois à la vérité de dire que votre accueil est ici douteux, Maître Gandalf. Vous avez toujours été un annonciateur de malheur. Les ennuis vous suivent comme des corbeaux, et le plus souvent les pires. Je ne vous le cacherai pas : en apprenant que Gripoil était revenu sans cavalier, je me suis réjoui du retour du cheval, mais encore davantage de l'absence du cavalier; et quand Eomer m'a apporté la nouvelle que vous étiez enfin parti pour votre dernière demeure, je ne me suis pas affligé. Mais les nouvelles de loin sont rarement vraies. Vous voici revenu! Et avec vous arrivent des maux pires encore que par le passé, comme on pourrait s'y attendre. Pourquoi vous ferais-je bon accueil, Gandalf, Corbeau de Tempête? Dites-le-moi. Et il se rassit lentement.

– Vous parlez justement, Seigneur, dit l'homme pâle qui était assis sur les marches de l'estrade. Il n'y a que cinq jours qu'est venue l'amère nouvelle de la mort de votre fils Théodred aux Marches de l'Ouest : votre bras droit, le Second Maréchal de la Marche. Il y a peu de confiance à faire à Eomer. Il resterait peu d'hommes pour garder vos murs s'il lui avait été permis de gouverner. Et à présent même, nous apprenons de Gondor que le Seigneur des Ténèbres bouge à l'Est. Telle est l'heure où cet errant choisit de revenir. Pourquoi, en vérité, vous ferions-nous bon accueil, Maître Corbeau de Tempête? Je vous nomme *Lathspell*, Mauvaises Nouvelles; et mauvaises nouvelles font mauvais hôte, dit-on. Il eut un rire sinistre, tout en levant un instant ses lourdes paupières pour observer les étrangers de ses yeux sombres.

– On vous tient pour sage, ami Langue de Serpent, et vous êtes sans doute d'un grand soutien à votre maître, répondit Gandalf d'une voix douce. Mais on peut apporter de mauvaises nouvelles de deux façons. On peut être un fauteur de mal; ou on peut être de ceux qui partent bien seuls et qui ne reviennent que pour apporter de l'aide en temps de besoin.

– C'est exact, dit Langue de Serpent; mais il y a une troisième sorte : les ramasseurs d'ossements, ceux qui se mêlent des chagrins des autres, les charognards qui s'engraissent de la guerre. Quelle aide avez-vous jamais apportée, Corbeau de Tempête? Et quelle aide apportez-vous maintenant? C'est une aide de notre part que vous êtes venu chercher la dernière fois que vous avez paru ici. Mon Seigneur vous invita alors à choisir le cheval que vous voudriez et à vous en aller; et, à l'étonnement de tous, vous eûtes l'insolence de prendre Gripoil. Mon Seigneur en fut ulcéré; mais, pour certains, il semblait que pour vous faire partir au plus vite du pays, ce n'était pas payer trop cher. Je pense que ce sera encore une fois la même chose : vous allez chercher de l'aide et non la donner. Amenez-vous des hommes? Amenez-vous des chevaux, des épées, des lances? Cela, ce serait de l'aide; c'est notre besoin présent. Mais qui sont ces gens que vous traînez derrière vous? Trois vagabonds en haillons gris, et vous qui paraissez le plus mendiant des quatre!

– La courtoisie de votre demeure a quelque peu diminué depuis un certain temps, Théoden fils de Thengel, dit Gandalf. Le messager de votre porte n'a-t-il pas transmis les noms de mes compagnons? Il est rare qu'un Seigneur de Rohan ait reçu trois hôtes de cette qualité. Ils ont déposé à votre porte des armes qui valent maints hommes mortels, fussent-ils les plus puissants. Leurs vêtements sont gris, en effet, car ce sont les Elfes qui les ont habillés, et ils ont ainsi passé par l'Ombre de grands périls pour parvenir à votre Château.

– Ce qu'Eomer nous a rapporté est donc vrai : vous êtes de connivence avec la Sorcière du Bois d'Or? dit Langue de Serpent. Il n'y a pas à s'en étonner : on a toujours tissé des toiles de fourberie à Dwimordene.

Gimli fit un pas en avant, mais il sentit soudain la main de Gandalf qui lui saisissait l'épaule, et il s'arrêta, rigide comme une pierre.

« *A Dwimordene, en Lorien,*
Rarement se sont posés des pieds d'Hommes,
Peu d'yeux mortels ont vu la lumière
Qui là règne toujours, durable et brillante.
Galadriel! Galadriel!
Claire est l'eau de ta source;
Blanche est l'étoile dans ta blanche main;
Sans altération, sans tache sont la feuille et la terre
A Dwimordene, en Lorien,
Plus belle que les pensées, des Hommes Mortels. »

Ainsi chanta doucement Gandalf; puis brusquement, il changea. Rejetant son manteau en loques, il se redressa sans plus s'appuyer sur son bâton, et il parla d'une voix claire et froide :

– Les Sages ne parlent que de ce qu'ils connaissent, Grima fils de Galmod. Tu es devenu un serpent sans intelligence. Garde donc le silence et garde ta langue fourchue derrière tes dents. Je n'ai pas passé par le feu et la mort pour échanger des paroles malhonnêtes avec un domestique jusqu'à ce que tombe l'éclair.

Il leva son bâton. Il y eut un roulement de tonnerre. Le soleil fut effacé aux fenêtres de l'Est; toute la salle devint noire comme la nuit. Le feu s'évanouit pour n'être plus que cendres sombres. Seule resta visible la grande silhouette de Gandalf, haute et blanche devant l'âtre noirci.

Ils entendirent dans l'obscurité siffler la voix de Langue de Serpent : – Ne vous avais-je pas conseillé, Seigneur, d'interdire son bâton? Cet imbécile d'Hama nous a trahis! Il y eut un éclair, comme si la foudre avait fendu la voûte. Puis tout fut silencieux. Langue de Serpent tomba, face contre terre.

– Et maintenant, Théoden fils de Thengel, voulez-vous m'écouter? dit Gandalf. Demandez-vous de l'aide? Il leva son bâton et le dirigea vers une haute fenêtre. Là, l'obscurité parut s'éclaircir, et l'on put voir par l'ouverture, haut et lointain, un coin de ciel brillant. Tout n'est pas sombre. Prenez courage, Seigneur de la Marche, car vous ne sauriez trouver de meilleure assistance. Je n'ai pas de conseil à donner à qui désespère. Je pourrais pourtant vous en donner à vous, et vous dire certaines paroles. Voulez-vous les entendre? Elles ne sont pas pour toutes les oreilles. Je vous invite à sortir devant vos portes et à regarder au loin. Trop longtemps êtes-vous resté dans les ombres et avez-vous ajouté foi à des contes pervertis et à des instigations tortueuses.

Théoden quitta lentement son fauteuil. Une faible lumière revint dans la salle. La femme se hâta de venir au côté du roi et lui prit le bras; d'un pas chancelant, le vieillard descendit de l'estrade et traversa doucement la salle. Langue de Serpent resta étendu à terre. Ils arrivèrent aux portes, et Gandalf frappa.

– Ouvrez! cria-t-il. Le Seigneur de la Marche s'avance!

Les portes s'écartèrent et un air vif entra en sifflant. Le vent soufflait sur la colline.

– Envoyez vos gardes au pied de l'escalier, dit Gandalf. Et vous, Madame, laissez-le un moment avec moi. Je prendrai soin de lui.

– Va, Eowyn, fille-sœur! dit le vieux roi. Le temps de la crainte est passé.

La femme se retourna et s'en fut lentement dans la demeure. Comme elle passait les portes, elle fit demi-tour et regarda en arrière. Ses yeux étaient graves et pensifs, tandis qu'ils se posaient avec une calme pitié sur le roi. Son visage était très beau et ses longs cheveux semblaient une rivière d'or. Mince et élancée apparaissait-elle dans sa robe blanche ceinte d'argent; mais elle était en même temps forte et dure comme l'acier, fille de rois. C'est ainsi qu'Aragorn vit pour la première fois à la pleine lumière du jour Eowyn, Dame de Rohan, et il la trouva belle, belle et froide, comme un pâle matin de printemps, non parvenue à la plénitude de la femme. Et elle prit alors soudain conscience de lui : noble héritier de rois, sage de nombreux hivers, enveloppé de gris, dissimulant un pouvoir qu'elle n'en sentait pas moins. Elle resta un moment dans une immobilité de statue; puis, se détournant, elle disparut vivement.

– Et maintenant, Seigneur, dit Gandalf, contemplez votre terre! Respirez de nouveau l'air libre!

Du porche situé au sommet de la haute terrasse, ils voyaient par-delà la rivière les prairies vertes de Rohan se perdre dans le gris lointain. Des rideaux de pluie poussés par le vent tombaient en oblique, et des éclairs clignotaient au loin parmi les sommets des collines cachées. Mais le vent avait tourné au nord, et déjà l'orage venu de l'Est s'éloignait, roulant au sud vers la mer. Brusquement, un rayon de soleil frappa le sol par une déchirure des nuages derrière eux. L'ondée brilla de reflets d'argent, et au loin la rivière scintilla comme un miroir.

– Il ne fait pas aussi noir, ici, dit Théoden.

– Non, répondit Gandalf. Et l'âge ne pèse pas sur vos épaules aussi lourdement que certains voudraient vous le faire accroire. Rejetez votre canne!

Le bâton noir tomba des mains du roi, résonnant sur les pierres. Le vieillard se redressa lentement comme un homme raidi pour s'être trop longtemps penché sur une tâche fastidieuse. Il se tint alors, debout, grand et droit, et ses yeux étaient bleus tandis qu'il regardait le ciel qui se découvrait.

– Sombres ont été mes rêves depuis quelque temps, dit-il; mais je me sens à présent comme quelqu'un de nouvellement éveillé. Je voudrais bien maintenant que vous fussiez venu plus tôt, Gandalf. Car je crains que déjà vous ne soyez venu trop tard, pour ne voir que les derniers jours de ma demeure. Le haut château qu'édifia Bregon fils d'Eorl ne se dressera plus longtemps. Le feu dévorera le haut lieu. Que devons-nous faire?

– Beaucoup, dit Gandalf. Mais envoyez d'abord quérir Eomer. Ne suis-je pas dans le vrai en supposant que vous le tenez prisonnier, sur les conseils de Grima, celui que tous hormis vous nomment Langue de Serpent?

– C'est exact, dit Théoden. Il s'était rebellé contre mes ordres, et il avait menacé Grima de mort dans mon château.

– Un homme peut vous aimer sans pour cela aimer Langue de Serpent ou ses conseils, dit Gandalf.

– C'est possible. Je ferai ce que vous demandez. Qu'on fasse venir Hama. Puisqu'il s'est montré infidèle comme huissier, qu'il devienne messager. Le coupable amènera le coupable au jugement, dit Théoden; son ton était sévère, mais, regardant Gandalf, il sourit et, comme il le faisait, maintes rides de souci se trouvèrent effacées et ne reparurent pas.

Hama ayant été appelé et étant reparti, Gandalf entraîna Théoden vers un banc de pierre, puis il s'assit devant le roi sur la dernière marche. Aragorn et ses compagnons se tinrent debout à proximité.

– Il n'y a pas le temps de vous dire tout ce que vous devriez entendre, dit Gandalf. Mais si mes espoirs ne sont pas déçus, un temps viendra avant peu où je pourrai parler plus pleinement. Voici que vous êtes exposé à un péril plus grand encore que tout ce que l'imagination de Langue de Serpent pouvait introduire dans vos rêves. Mais voyez! vous ne rêvez plus. Vous vivez. Le Gondor et le Rohan ne sont pas seuls. L'ennemi est plus fort que nous ne le jugeons, mais nous avons un espoir qu'il n'a pas deviné.

Gandalf parla alors avec rapidité. Sa voix était basse et secrète, et nul autre que le roi n'entendit ce qu'il disait. Mais, à mesure qu'il parlait, la lumière brillait de plus en plus dans l'œil de Théoden; le roi finit par se lever tout droit de son siège; Gandalf se tint à son côté, et tous deux, du haut lieu, contemplèrent l'Est.

– Vraiment, dit Gandalf d'une voix à présent forte et claire, notre espoir se trouve là où réside notre plus grande peur. Le destin est encore suspendu à un fil. Mais il y a encore de l'espoir, pour peu que nous restions quelque temps invaincus.

Les deux autres tournèrent alors également leur regard vers l'Est. Par-dessus les lieues intermédiaires, tout au loin, ils observaient l'horizon et l'espoir et la peur portaient leur pensée encore plus loin, par-delà les montagnes noires au Pays de l'Ombre. Où était maintenant le Porteur de l'Anneau? Qu'il était donc ténu le fil auquel était encore suspendu le Destin! Legolas, forçant sa vue perçante, crut voir un reflet blanc : dans le lointain, le soleil scintillait par hasard sur un pinacle de la Tour de Garde. Et au-delà encore, au fin fond de l'horizon et pourtant menace présente, il y avait une minuscule langue de flamme.

Théoden se rassit lentement, comme si la fatigue luttait pour le dominer de nouveau contre la volonté de Gandalf. Il se retourna pour regarder sa grande demeure.
– Hélas! fit-il, dire que ces jours de malheur sont pour moi et qu'ils me viennent en mon vieil âge au lieu de la paix à laquelle je pouvais m'attendre. Hélas pour Boromir le brave! Les jeunes périssent, et les vieux s'attardent dans leur dessèchement. Il saisit ses genoux dans ses mains rugueuses.

– Vos doigts se souviendraient mieux de leur ancienne force s'ils se refermaient sur une poignée d'épée, dit Gandalf.

Théoden se leva et porta la main à son côté; mais aucune épée ne pendait à sa ceinture. – Où Grima l'a-t-il rangée? murmura-t-il à mi-voix.

– Prenez celle-ci, cher Seigneur! dit une voix claire. Elle a toujours été à votre service. Deux hommes avaient doucement gravi l'escalier, et ils se tenaient à présent à quelques pas du haut. Eomer était là. Aucun heaume n'était sur sa tête, aucunes mailles sur sa poitrine, mais dans la main il tenait une épée nue; et, s'agenouillant, il tendit la garde à son maître.

– Comment se fait-il? dit sévèrement Théoden. Il se tourna vers Eomer, et les hommes le regardèrent avec étonnement, à présent dressé, fier et droit. Où était le vieillard qu'ils avaient laissé tapi dans son fauteuil ou appuyé sur sa canne?

– C'est mon fait, Seigneur, dit Hama, tremblant. J'avais compris qu'Eomer devait être libéré. J'avais une telle joie au cœur que j'ai pu me tromper. Mais, puisqu'il était de nouveau libre, lui, Maréchal de la Marche, je lui ai apporté son épée comme il me l'ordonnait.

– Pour la déposer à vos pieds, mon Seigneur, dit Eomer.

Durant un moment de silence, Théoden, debout, regarda Eomer, toujours agenouillé devant lui. L'un et l'autre restaient immobiles.

– Ne voulez-vous pas prendre l'épée? demanda Gandalf.

Théoden tendit lentement la main. Comme ses doigts prenaient la poignée, les assistants crurent voir la fermeté et la force revenir dans son maigre bras. Il leva soudain la lame et la fit siffler en miroitant dans l'air. Puis il lança un grand cri. Sa voix sonna clair tandis qu'il chantait dans la langue de Rohan un appel aux armes :

Debout maintenant, debout, Cavaliers de Théoden!
De funestes forfaits se déchaînent, sombre est l'orient.
Que les chevaux soient bridés, que le cor retentisse!
En avant Eorlingas!

Les gardes, se croyant appelés, montèrent précipitamment l'escalier. Ils regardèrent leur maître avec stupeur, puis, comme un seul homme, ils tirèrent leurs épées et les déposèrent à ses pieds. – Donnez-nous vos ordres! dirent-ils.

– *Westu Théoden hal!* cria Eomer. C'est une joie de vous voir revenir à vous-même. Jamais plus on ne dira, Gandalf, que vous ne venez qu'avec le malheur!

– Reprenez votre épée, Eomer, fils-sœur! dit le roi. Allez chercher mon épée, Hama! Grima l'a en sa garde. Amenez-le-moi aussi. Et maintenant, Gandalf, vous m'avez dit avoir un avis à donner si je voulais bien l'entendre. Quel est votre conseil?

– Vous l'avez déjà accepté, répondit Gandalf. C'est de placer votre confiance en Eomer plutôt qu'en un homme à l'esprit tortueux. De rejeter tout regret et toute crainte. D'accomplir l'action à votre portée. Tout homme capable de monter à cheval devrait être immédiatement envoyé vers l'Ouest, comme Eomer vous l'a conseillé : nous devons d'abord détruire la menace de Saroumane, pendant que nous en avons le temps. Si nous échouons, nous tombons. Si nous réussissons, eh bien, nous ferons face à la nouvelle tâche. Entre-temps, ceux de votre peuple qui resteront, femmes, enfants et vieillards, devront courir aux refuges que vous avez dans les montagnes. N'ont-ils pas été préparés précisément pour un jour funeste comme celui-ci ? Qu'ils prennent des provisions, mais ne s'attardent pas, et qu'ils ne se chargent pas de trésors, grands ou petits. C'est leur vie qui est en jeu.

– Ce conseil me paraît bon à présent, dit Théoden. Que tous mes sujets s'apprêtent ! Mais vous, mes hôtes, vous aviez raison, Gandalf, quand vous avez dit que la courtoisie de mon château se perdait. Vous avez chevauché toute la nuit et la matinée tire à sa fin. Vous n'avez eu ni sommeil ni nourriture. On va apprêter une maison d'invités : vous y dormirez après avoir mangé.

– Non, Seigneur, dit Aragorn. Il n'y a pas encore de repos pour ceux qui sont fatigués. Les hommes de Rohan doivent partir dès aujourd'hui, et nous les accompagnerons avec hache, épée et arc. Nous ne les avons pas apportés pour les ranger contre votre mur, Seigneur de la Marche. Et j'ai promis à Eomer que mon épée et la sienne seraient tirées ensemble.

– A présent, certes, il y a l'espoir de la victoire ! dit Eomer.

– De l'espoir, oui, dit Gandalf. Mais l'Isengard est fort. Et d'autres périls approchent toujours davantage. Ne tardez pas, Théoden, après notre départ. Emmenez rapidement vos sujets à votre place forte de Dunharrow dans les collines !

– Non, Gandalf ! dit le Roi. Vous ne connaissez pas votre propre talent de guérison. Il n'en sera pas ainsi. Je partirai moi-même en guerre, pour tomber sur le front du combat, si cela doit être. Je dormirai mieux ainsi.

– Alors, même la défaite de Rohan resterait glorieuse

dans les chants, dit Aragorn. Les hommes armés qui se trouvaient là entrechoquèrent leurs armes, criant : – Le Seigneur de la Marche va partir en guerre! En avant Eorlingas!

– Mais vos sujets ne doivent pas être en même temps désarmés et sans berger, dit Gandalf. Qui les guidera et les gouvernera à votre place?

– J'y penserai avant de partir, répondit Théoden. Voici venir mon conseiller.

A ce moment, Hama revint du château. Derrière lui, l'air craintif entre deux autres hommes, venait Grima la Langue de Serpent. Sa figure était très blanche. Ses yeux clignaient dans le soleil. Hama mit genou en terre et présenta à Théoden une longue épée dans un fourreau à l'agrafe d'or et incrusté de gemmes vertes.

– Voici, Seigneur, Herugrim, votre ancienne lame, dit-il. Nous l'avons trouvée dans son coffre. Il n'en a remis les clefs qu'à contrecœur. Il se trouve là maintes autres choses dont les hommes avaient constaté la disparition.

– Vous mentez, dit Langue de Serpent. Et cette épée, c'est votre maître lui-même qui m'en a confié la garde.

– Et il vous la redemande à présent, dit Théoden. Cela vous déplaît-il?

– Non, assurément, Seigneur, dit Langue de Serpent. Je me soucie de vous et des vôtres du mieux que je le puis. Mais ne vous fatiguez pas, ou ne présumez pas trop de votre force. Laissez à d'autres le soin de disposer de ces hôtes importuns. Votre repas va être servi. Ne voulez-vous pas aller le prendre?

– Si, dit Théoden. Et que celui de mes invités soit disposé à mes côtés. L'armée part aujourd'hui. Dépêchez les hérauts! Qu'ils convoquent tous ceux qui résident dans les environs! Que tous les hommes et les gars assez forts pour porter les armes, que tous ceux qui possèdent des chevaux soient en selle à la porte d'ici la seconde heure après midi!

– Cher Seigneur! s'écria Langue de Serpent. C'est bien ce que je craignais. Ce magicien vous a ensorcelé. Ne restera-t-il personne pour défendre le Château d'Or de vos pères et tout votre trésor? Personne pour garder le Seigneur de la Marche?

– Si ensorcellement il y a, dit Théoden, il me paraît plus salutaire que toutes vos chuchoteries. Votre science médicale m'aurait bientôt réduit à marcher à quatre pattes comme les bêtes. Non, personne ne restera, pas même Grima. Grima partira aussi. Allez! Vous avez encore le temps de nettoyer la rouille de votre épée!

– Miséricorde, Seigneur! gémit Langue de Serpent, se traînant sur le sol. Ayez pitié de quelqu'un qui s'est usé à votre service. Ne me renvoyez pas de votre côté! Au moins resterai-je près de vous quand tous les autres seront partis. Ne renvoyez pas votre fidèle Grima!

– Vous avez ma pitié, dit Théoden. Et je ne vous renvoie pas de mon côté. Je pars moi-même en guerre avec mes hommes. Je vous invite à m'accompagner et à me prouver votre fidélité.

Langue de Serpent regarda de visage en visage. Dans ses yeux se voyait l'expression d'une bête pourchassée cherchant quelque défaut dans l'encerclement de ses ennemis. Il passa sur ses lèvres une longue langue pâle. – On pourrait s'attendre à pareille résolution d'un seigneur de la Maison d'Eorl, si vieux qu'il soit, dit-il. Mais ceux qui l'aiment vraiment ménageraient son âge défaillant. Je vois toutefois que je suis venu trop tard. D'autres, que la mort de mon seigneur affligerait peut-être moins, l'ont déjà persuadé. Si je ne puis défaire leur œuvre, écoutez-moi au moins en ceci, Seigneur! Il faudrait laisser en Edoras quelqu'un qui connaît votre pensée et qui honore vos commandements. Nommez un intendant fidèle. Que votre conseiller Grima garde toutes choses jusqu'à votre retour – et je souhaite que nous le voyions, encore que nul homme sage n'estime pouvoir l'espérer.

Eomer rit. – Et si ce prétexte ne vous dispense pas de la guerre, très noble Langue de Serpent, dit-il, quel emploi moins honorifique accepteriez-vous? Porter un sac de farine dans les montagnes – si aucun homme voulait vous le confier?

– Non, Eomer, vous n'entendez pas entièrement la pensée de Maître Langue de Serpent, dit Gandalf, tournant vers lui son regard perçant. Il est hardi et rusé. En ce moment même, il joue un jeu dangereux et gagne le temps d'un coup de dés. Il a déjà gâché des heures de mon précieux temps. A bas, serpent! dit-il brusquement d'une voix terrible. A plat ventre! Depuis combien de temps Saroumane t'a-t-il acheté? Quel a été le prix convenu? Quand tous les hommes seront morts, tu ramasseras ta part du trésor et tu prendras la femme que tu désires? Il y a déjà trop longtemps que tu la guettes de sous tes paupières et que tu hantes ses pas.

Eomer saisit son épée. – Cela, je le savais déjà, murmura-t-il. C'est pourquoi je l'ai déja abattu auparavant, oubliant la loi du château. Mais il y a d'autres raisons. Il fit un pas en avant, mais Gandalf le retint de la main.

– Eowyn est en sécurité maintenant, dit-il. Mais vous, Langue de Serpent, vous avez fait ce que vous pouviez pour votre véritable maître. Vous avez au moins mérité une récompense. Mais Saroumane est enclin à négliger les marchés qu'il a conclus. Je vous conseillerais d'aller vite lui rafraîchir la mémoire, de peur qu'il n'oublie votre fidèle service.

– Vous mentez, dit Langue de Serpent.

– Cette parole revient trop souvent et trop facilement à votre bouche, dit Gandalf. Je ne mens pas. Voyez, Théoden, vous avez là un serpent! Vous ne pouvez l'emmener en toute sécurité avec vous, et vous ne pouvez davantage le laisser là. Le mettre à mort serait justice. Mais il ne fut pas toujours ce qu'il est aujourd'hui. Il fut un temps où c'était un homme et où il vous a rendu service à sa façon. Donnez-lui un cheval et laissez-le partir immédiatement, pour aller où il voudra. Vous le jugerez à son choix.

– Vous entendez, Langue de Serpent? dit Théoden. Voici le choix que vous avez devant vous : ou m'accompagner à la guerre, et nous jugerons au combat de votre fidélité; ou aller dès maintenant où vous voulez. Mais dans ce cas, si jamais nous nous rencontrons à nouveau, je serai sans pitié.

Langue de Serpent se leva lentement. Il les regarda de ses yeux mi-fermés. Ceux-ci se posèrent en dernier lieu sur le visage de Théoden, et il ouvrit la bouche comme pour parler. Puis, soudain, il se redressa. Ses mains s'agitèrent. Ses yeux étincelèrent. On y lisait une telle malice que les hommes s'écartèrent de lui. Il découvrit ses dents, et, dans un souffle sifflant, il cracha aux pieds du roi, puis, se précipitant de côté, il s'enfuit dans l'escalier.

– Courez après lui! dit Théoden. Voyez à ce qu'il ne fasse de mal à personne, mais ne le blessez pas et ne le retenez pas. Qu'on lui donne un cheval, s'il le désire.

– Et s'il en est un qui veuille le porter, dit Eomer.

Un des gardes courut dans l'escalier. Un autre alla à la source au pied de la terrasse et puisa de l'eau dans son casque. Il s'en servit pour laver les pierres que Langue de Serpent avait souillées.

– Et maintenant, mes hôtes, venez! dit Théoden. Venez vous rafraîchir autant que la hâte le permet.

Ils rentrèrent dans la grande demeure. On entendait déjà en bas dans la ville crier les hérauts et sonner les cors de guerre. Car le roi devait partir dès que les hommes de la ville et ceux qui demeuraient dans les environs auraient pu être armés et rassemblés.

A la table du roi s'assirent Eomer et les quatre invités, et là aussi, servant le roi, se trouvait la dame Eowyn. Elle mangea et but rapidement. Les autres observèrent le silence tandis que Théoden interrogeait Gandalf au sujet de Saroumane.

– Qui pourrait deviner jusqu'où remonte sa trahison? dit Gandalf. Il n'a pas toujours été mauvais. Je ne doute pas qu'il ne fût autrefois un ami du Rohan; et même quand son cœur se refroidit, il vous trouvait encore utile. Mais depuis longtemps il a comploté votre ruine sous le masque de l'amitié, jusqu'au moment où il fut prêt. Durant ces années-là, la tâche de Langue de Serpent était facile, et tout ce que vous faisiez était aussitôt connu dans l'Isengard, car votre pays était ouvert, et les étrangers allaient et venaient. Et les chuchotements de Langue de Serpent étaient toujours présents à vos oreilles, empoisonnant votre pensée, refroidissant votre cœur, affaiblissant vos membres, tandis que les autres observaient sans pouvoir rien faire, car votre volonté était dans sa dépendance.

– Mais quand, m'étant échappé, je vous eus averti, le masque fut déchiré pour qui voulait bien voir. Après cela, Langue de Serpent joua un jeu dangereux, cherchant toujours à vous retenir, à empêcher que votre force entière ne soit rassemblée. Il était rusé : émoussant la circonspection des hommes ou jouant de leurs craintes, selon l'occasion. Vous rappelez-vous avec quelle ardeur il vous pressait de ne distraire aucun homme pour courir une sotte aventure dans le nord alors que le péril immédiat était à l'ouest? Il vous persuada d'interdire à Eomer de poursuivre les Orques dans leurs razzias. Si Eomer n'avait défié la voix de Langue de Serpent parlant par votre bouche, ces Orques auraient maintenant atteint l'Isengard, rapportant une grande prise. Non pas certes celle que Saroumane désire plus que tout, mais au moins deux membres de ma Compagnie, participants d'un espoir secret dont, même à vous, Seigneur, je ne puis encore parler ouvertement. Osez-vous vous représenter ce qu'ils pourraient être en train de souffrir ou ce que Saroumane pourrait avoir maintenant appris pour notre destruction?

– J'ai une grande dette envers Eomer, dit Théoden. Cœur fidèle peut avoir langue obstinée.

– Dites aussi, ajouta Gandalf, que pour des yeux déformés la vérité peut porter un visage grimaçant.

– En vérité, les miens étaient presque aveuglés, dit Théoden. C'est à vous que je suis le plus redevable, mon hôte. Encore une fois, vous êtes arrivé à temps. Je voudrais vous faire un présent avant notre départ, à votre choix. Il vous suffit de nommer toute chose en ma possession. Je ne réserve à présent que mon épée.

– Que je sois venu à temps ou non reste à voir, dit Gandalf. Mais quant à votre présent, Seigneur, j'en choisirai un qui convient à mes besoins : rapide et sûr. Donnez-moi Gripoil! Il ne m'a été jusqu'ici que prêté, si cela peut s'appeler un prêt. Mais maintenant je vais le mener dans de grands risques, opposant l'argent au noir : je ne voudrais pas hasarder quelque chose qui ne m'appartienne pas. Et déjà il y a entre nous un lien d'amitié.

– Vous choisissez bien, dit Théoden; et je vous le donne à présent avec joie. C'est cependant un grand cadeau. Gripoil n'a pas d'égal. En lui est revenu un des plus grands coursiers de jadis. Il n'en reviendra jamais plus de semblable. Et à vous, mes autres invités, j'offrirai des objets de mon armurerie. Vous n'avez pas besoin d'épées, mais il y a des heaumes et des cottes de mailles d'un grand art, dons faits par le Gondor à mes ancêtres.

Choisissez parmi eux avant notre départ, et qu'ils vous servent bien!

Des hommes apportèrent alors un équipement de guerre des magasins du roi, et ils revêtirent Aragorn et Legolas de mailles brillantes. Ils choisirent aussi des heaumes et des boucliers ronds; les ombons en étaient recouverts d'or et incrustés de pierres précieuses vertes, rouges et blanches. Gandalf ne prit pas d'armure; et Gimli n'avait pas besoin de cotte de mailles, en eût-il trouvé une à sa taille, car il n'existait pas dans les réserves d'Edoras de haubert de fabrication meilleure que le corselet court forgé sous la Montagne dans le Nord. Mais il choisit un couvre-chef de fer et de cuir bien adapté à sa tête ronde, et il prit aussi un petit bouclier. Celui-ci portait le cheval courant, blanc sur fond vert, emblème de la Maison d'Eorl.

– Qu'il vous protège bien! dit Théoden. Il fut fait pour moi du temps de Thengel, alors que j'étais encore enfant.

Gimli s'inclina. « Je suis fier de porter votre emblème, Seigneur de la Marche, dit-il. En fait, je préfère porter un cheval qu'être porté par lui. J'aime mieux mes pieds. Mais peut-être arriverai-je encore où je pourrai me battre debout.

– Il se pourrait bien, dit Théoden.

Le Roi se leva et aussitôt Eowyn s'avança, apportant du vin. – *Ferthu Théoden hal!* dit-elle. Recevez maintenant cette coupe et buvez à un moment heureux. Que la santé t'accompagne à l'aller et au retour!

Théoden but à la coupe, puis elle la présenta aux invités. Arrivée devant Aragorn, elle s'arrêta soudain et le regarda, les yeux brillants. Et il abaissa le regard sur son visage et sourit; mais, en prenant la coupe, sa main rencontra celle de la jeune fille, et il sentit qu'elle tremblait à ce contact. – Je vous salue, Aragorn fils d'Arathorn! dit-elle. – Je vous salue, Dame de Rohan! répondit-il; mais son visage était à présent troublé, et il ne souriait plus.

Quand ils eurent tous bu, le roi traversa la salle pour gagner les portes. Les gardes l'y attendaient, les hérauts étaient là, et tous les seigneurs et les chefs qui restaient à Edoras ou demeuraient alentour étaient rassemblés.

– Voyez! Je pars et il semble probable que ce sera ma dernière chevauchée, dit Théoden. Je n'ai pas d'enfant, Théodred, mon fils, a été tué. Je nomme pour héritier Eomer, mon fils-sœur. Si aucun de nous ne revient, vous choisirez un nouveau seigneur comme vous l'entendrez. Mais il faut maintenant que je confie mon peuple que je laisse derrière moi à quelqu'un qui gouvernera à ma place. Qui d'entre vous veut rester?

Personne ne parla.

– N'y a-t-il personne que vous nommeriez? En qui mon peuple a-t-il confiance?

– En la Maison d'Eorl, répondit Hama.

– Mais je ne puis me passer d'Eomer; il ne voudrait d'ailleurs pas rester, dit le roi; et il est le dernier de cette Maison.

– Je n'ai pas nommé Eomer, répondit Hama. Et il n'est pas le dernier. Il y a Eowyn, fille d'Eomund, sa sœur. Elle est intrépide et elle a le cœur haut placé. Elle est aimée de tous. Qu'elle soit le seigneur des Eorlingas, pendant notre absence.

– Il en sera ainsi, dit Théoden. Que les hérauts annoncent au peuple que la Dame Eowyn le dirigera!

Le roi prit alors place sur un siège devant ses portes, et Eowyn s'agenouilla pour recevoir de lui une épée et un beau corselet. – Adieu, fille-sœur! dit-il. L'heure est sombre; peut-être cependant reviendrons-nous au Château d'Or. Mais les hommes pourront se défendre longtemps et, si la bataille tourne mal, viendront ici tous ceux qui s'échapperont.

– Ne parlez pas ainsi, répondit-elle. Chaque journée qui s'écoulera d'ici votre retour sera pour moi une année. Mais tandis qu'elle parlait, ses yeux se dirigeaient sur Aragorn, debout près du roi.

– Le roi reviendra, dit-il. N'ayez point de crainte! C'est à l'Ouest et non à l'Est que notre destin nous attend.

Le roi descendit alors l'escalier avec Gandalf à son côté. Les autres suivirent. Aragorn tourna la tête au moment où ils allaient vers la porte. Eowyn se tenait seule devant les portes de la demeure au haut de l'escalier; l'épée était dressée devant elle, et ses mains reposaient sur la poignée. Vêtue à présent de mailles, elle brillait au soleil comme une statue d'argent.

Gimli marchait avec Legolas, sa hache sur l'épaule.

– Eh bien, nous voilà enfin partis! dit-il. Il faut beaucoup de paroles aux hommes avant les actes. Ma hache est impatiente entre mes mains. Encore que je ne doute pas que ces Rohirrim n'aient le bras redoutable, quand ils s'y mettent. Mais ce n'est tout de même pas le genre de guerre qui me convient. Comment arriverai-je au combat? J'aimerais bien pouvoir marcher et non pas être ballotté comme un sac contre le pommeau d'arçon de Gandalf.

– C'est une place plus sûre que bien d'autres, m'est avis, dit Legolas. Mais il n'est pas douteux que Gandalf te déposera avec plaisir sur tes pieds quand les coups commenceront, ou Gripoil lui-même. Une hache n'est pas une arme pour cavalier.

– Et un Nain n'est pas un cavalier. Je voudrais tailler des cous d'Orques et non raser des cuirs chevelus d'Hommes, dit Gimli, tapotant le manche de sa hache.

A la porte, ils trouvèrent une grande armée d'hommes, vieux et jeunes, tous déjà en selle. Il y en avait là plus d'un millier assemblés. Leurs lances faisaient penser à une forêt naissante. Ils accueillirent Théoden par une forte et joyeuse clameur. Certains tenaient prêt le cheval du roi, Nivacrin, et d'autres ceux d'Aragorn et de Legolas. Gimli se tenait là mal à l'aise, le sourcil froncé, mais Eomer vint à lui, tenant son cheval par la bride.

– Salut, Gimli fils de Glóin! cria-t-il. Je n'ai pas eu le temps d'apprendre à parler doux sous votre baguette, comme vous me l'avez promis. Mais ne mettrons-nous pas de côté notre querelle? Au moins ne dirai-je plus de mal de la Dame de la Forêt.

– J'oublierai ma colère pour un temps, Eomer fils d'Eomund, dit Gimli; mais si jamais vous avez la chance de voir la Dame Galadriel de vos propres yeux, vous la reconnaîtrez pour la plus belle des dames, ou notre amitié sera finie.

– Qu'il en soit ainsi! dit Eomer. Mais jusqu'alors pardonnez-moi, et en gage de pardon, montez avec moi, je vous en prie. Gandalf sera en tête avec le Seigneur de la Marche; mais mon cheval, Piedardent, nous portera tous deux, si vous le voulez bien.

– Je vous en remercie, certes, dit Gimli tout content. Je serai heureux d'aller avec vous, si mon camarade Legolas peut chevaucher à côté de nous.

– Il en sera ainsi, dit Eomer. Legolas à ma gauche et Aragorn à ma droite, nul n'osera tenir devant nous!

– Où est Gripoil? s'enquit Gandalf.

– Il court frénétiquement dans la prairie, répondit-on. Il ne veut se laisser manier par quiconque. Le voilà, là-bas, près du gué, comme une ombre parmi les saules.

Gandalf siffla et cria le nom du cheval; et, au loin, celui-ci leva la tête et hennit; puis, se retournant, il s'élança comme une flèche vers l'armée.

– Le souffle du vent d'Ouest prendrait-il un corps concret, c'est bien ainsi qu'il apparaîtrait, dit Eomer, comme le grand cheval accourait pour s'arrêter devant le magicien.

– Le don paraît déjà donné, dit Théoden. Mais oyez tous! Dès maintenant, je nomme mon hôte Gandalf Manteaugris, le plus sage des conseillers, le très bienvenu parmi les errants, un seigneur de la Marche, un chef des Eorlingas tant que durera notre famille; et je lui donne Gripoil, prince des chevaux.

– Je vous remercie, Roi Théoden, dit Gandalf. Puis il rejeta soudain en arrière son manteau gris, abandonna son chapeau et bondit à cheval. Il ne portait ni heaume ni mailles; ses cheveux de neige flottaient librement dans le vent, ses vêtements blancs brillaient d'un éclat aveuglant dans le soleil.

– Voyez le Cavalier Blanc! cria Aragorn; et tous reprirent ces mots.

– Notre Roi et le Cavalier Blanc! crièrent-ils. En avant, Eorlingas!

Les trompettes sonnèrent. Les chevaux se cabrèrent et hennirent. Les lances heurtèrent avec fracas les boucliers. Alors, le roi leva le bras et, d'un élan semblable au brusque assaut d'un grand vent, la dernière armée de

Rohan partit avec un grondement de tonnerre vers l'Ouest.

Eowyn vit au loin par-dessus la plaine l'étincellement des lances, tandis qu'elle demeurait immobile, seule devant les portes de la demeure silencieuse.

CHAPITRE VII

LE GOUFFRE DE HELM

Le soleil passait déjà à l'ouest lors de leur départ d'Edoras, et ils avaient sa lumière dans les yeux, tandis qu'elle répandait sur tous les champs onduleux une brume dorée. Il y avait un chemin battu qui passait par les contreforts des Montagnes Blanches en direction du nord-ouest; ils le suivirent, montant et descendant dans une campagne verdoyante et traversant à gué de nombreux petits torrents. Loin derrière eux, sur leur droite, se dessinaient les Monts Brumeux, qui devenaient de plus en plus sombres et hauts à mesure que défilaient les milles. Le soleil baissa lentement devant eux. Le soir s'avançait derrière.

L'armée poursuivit sa chevauchée. La nécessité les poussait. Craignant d'arriver trop tard, ils allaient avec toute la célérité possible et faisaient rarement halte. Rapides et endurants étaient les coursiers de Rohan, mais il y avait bien des lieues à parcourir. Il en fallait compter au moins quarante à vol d'oiseau d'Edoras aux gués de l'Isen, où ils espéraient trouver les hommes du roi qui contenaient les armées de Saroumane.

La nuit les environna. Ils finirent par s'arrêter pour établir leur campement. Ils avaient chevauché quelque cinq heures durant, et ils étaient déjà loin dans la plaine occidentale; mais il leur restait encore plus de la moitié du trajet à faire. Ils installèrent alors leur bivouac en un grand cercle sous le ciel étoilé et le croissant de la lune. Ils n'allumèrent pas de feux, incertains qu'ils étaient des événements; mais ils établirent autour d'eux un anneau de gardes montés, et des éclaireurs partirent au loin, passant comme des ombres dans les replis du terrain. La nuit s'écoula lentement, sans nouvelles et sans alertes. A l'aube, les cors sonnèrent, et une heure après ils avaient repris la route.

Il n'y avait pas encore de nuages au ciel, mais une certaine lourdeur régnait dans l'air; il faisait chaud pour la saison. Le soleil levant était voilé de brume, et derrière lui s'élevait lentement dans le ciel une obscurité grandissante, comme d'un grand orage venant de l'Est. Et dans le lointain du nord-ouest, une autre obscurité, une ombre qui descendait lentement de la Vallée du Magicien, environnait le pied des Monts Brumeux.

Gandalf ralentit le pas pour rejoindre l'endroit où Legolas chevauchait à côté d'Eomer. – Vous avez les yeux perçants de votre belle race, Legolas, dit-il; et ils sont capables de distinguer un moineau d'un pinson à une lieue. Pouvez-vous voir quelque chose là-bas vers l'Isengard, dites-moi?

– Bien des milles nous en séparent, dit Legolas, le regard fixé dans la direction indiquée et s'abritant les yeux de sa longue main. Je vois une obscurité. Des formes s'y meuvent, de grandes formes très loin sur le bord de la rivière, mais je ne saurais dire ce qu'elles sont. Ce n'est pas de la brume ou un nuage qui met mes yeux en échec : il y a une ombre que quelque pouvoir étend sur la terre pour la voiler, et elle descend lentement le long de la rivière. On dirait que le crépuscule descend des collines sous des arbres sans fin.

– Et derrière nous vient un véritable orage de Mordor, dit Gandalf. La nuit sera noire.

A mesure que leur seconde journée de chevauchée s'avançait, la lourdeur de l'air s'accrut. Dans l'après-midi, les nuages noirs commencèrent à les rattraper : sombre dais aux grands bords ondoyants tachetés d'une lumière aveuglante. Le soleil se coucha, rouge sang dans une brume fumeuse. Une flamme luisait à la pointe des lances des Cavaliers comme les derniers rayons embrasaient les pentes escarpées du Thrihyrne; celles-ci se dressaient à présent très près sur le bras le plus septentrional des Montagnes Blanches : trois cornes pointues face au coucher du soleil. Dans la dernière lueur rougeoyante, les hommes de l'avant-garde virent un point noir, un cavalier qui revenait vers eux. Ils s'arrêtèrent pour l'attendre.

L'arrivant était un homme fatigué, dont le casque était bossué et le bouclier fendu. Il descendit de cheval avec lenteur et resta un instant à reprendre son souffle. Enfin, il parla. – Eomer est-il là? demanda-t-il. Vous arrivez enfin, mais trop tard et en force insuffisante. Les choses ont mal été depuis la mort de Théodred. Nous avons été repoussés hier au-delà de l'Isen, avec de grandes pertes; de nombreux hommes ont péri dans le passage de la rivière. Et, à la nuit, des forces fraîches ont traversé pour attaquer notre camp. Tout l'Isengard doit être vidé; et Saroumane a armé les sauvages montagnards et gardiens de troupeaux du Pays de Dun au-delà des rivières, et ceux-là aussi il les a lancés contre nous. Nous avons été submergés. Le mur de protection a été rompu. Erkenbrand de l'Ouestfolde a retiré tous ceux qu'il a pu rassembler vers sa place forte du Gouffre de Helm. Les autres ont été dispersés.

– Où est Eomer? Dites-lui qu'il n'y a aucun espoir devant vous. Il ferait mieux de retourner à Edoras avant que les loups de l'Isengard n'y arrivent.

Théoden était resté silencieux, caché à la vue de l'homme derrière ses gardes, il poussa alors son cheval en avant. – Allons, tenez-vous devant moi, Ceorl! dit-il. Je suis là. La dernière armée des Eorlingas est sortie. Elle ne rentrera pas sans combattre.

Le visage de l'homme s'éclaira d'une joyeuse surprise. Il se redressa. Puis il mit genou en terre pour offrir au roi son épée ébréchée. – Commandez, seigneur! s'écria-t-il. Et pardonnez-moi! Je croyais...

– Vous croyiez que je demeurais à Meduseld, courbé comme un vieil arbre sous la neige de l'hiver. Il en était ainsi lors de votre départ en guerre. Mais un vent d'ouest a secoué les branches, dit Théoden. Donnez à cet homme un cheval frais! Volons au secours d'Erkenbrand!

Tandis que Théoden parlait, Gandalf avait été un peu en avant et, assis là seul, il avait contemplé l'Isengard au nord et le soleil couchant à l'ouest. Il revint alors.

– Allez, Théoden! dit-il. Allez au Gouffre de Helm! N'allez pas aux gués de l'Isen et ne restez pas dans la plaine! Il me faut vous quitter pour un temps. Gripoil doit m'emporter maintenant pour une course rapide. Se tournant vers Aragorn, Eomer et les hommes de la maison du roi, il cria : – Gardez bien le Seigneur de la Marche jusqu'à mon retour. Attendez-moi à la Porte de Helm! Adieu!

Il dit un mot à Gripoil et le cheval bondit comme une flèche de l'arc. Tandis même qu'ils regardaient, il était parti : éclair d'argent dans le soleil couchant, vent sur la prairie, ombre qui volait et disparaissait de la vue. Nivacrin s'ébroua et se cabra, avide de suivre; mais seul un oiseau en vol rapide aurait pu le rattraper.

– Qu'est-ce que cela signifie? demanda un garde à Hama.

– Que Gandalf Manteaugris a besoin de faire diligence. Il vient et s'en va toujours à l'improviste.

– Si Langue de Serpent était ici, il n'aurait pas de peine à l'expliquer, dit l'autre.

– C'est bien vrai, dit Hama; mais, quant à moi, j'attendrai de revoir Gandalf.

– Peut-être attendrez-vous longtemps, dit l'autre.

L'armée quitta alors la route des Gués de l'Isen pour se diriger vers le Sud. La nuit tomba, et ils poursuivirent leur course. Les collines approchèrent, mais les hautes cimes du Thrihyrne s'estompaient déjà dans le ciel obscurci. Encore à quelques milles, de l'autre côté de la Vallée de l'Ouestfolde, s'étendait un cirque vert, une grande baie dans la montagne, d'où une gorge s'ouvrait dans les collines. Les hommes de cette région l'appelaient le Gouffre de Helm, d'après un héros des anciennes guerres qui y avait pris refuge. De plus en plus escarpé et étroit, il serpentait du nord vers l'intérieur à l'ombre du Thrihyrne, jusqu'au moment où les parois hantées de corbeaux s'élevaient comme de puissantes tours de part et d'autre, oblitérant toute lumière.

A la Porte de Helm, à l'entrée du Gouffre, il y avait une avancée de rocher projetée par la paroi nord. Sur cet éperon s'élevaient de grands murs de pierre ancienne et à l'intérieur une tour. On disait qu'au temps lointain de la gloire du Gondor les rois de la mer avaient construit là cette place forte de leurs mains de géants. On l'appelait Fort le Cor, car les échos d'un coup de trompette donné sur la tour retentissaient dans le Gouffre derrière comme si des armées depuis longtemps oubliées sortaient en guerre des cavernes de sous les collines. Les anciens avaient aussi construit un mur du Fort le Cor à la paroi sud, barrant l'entrée de la gorge. La Rivière du Gouffre passait en dessous par un large ponceau. Elle contournait le pied du Roc du Cor et coulait ensuite par un petit ravin au milieu d'une large langue de terre verte qui descendait en pente douce de la Porte au Fossé de Helm. De là, elle tombait dans la Combe du Gouffre et passait ensuite dans la Vallée de l'Ouestfolde. Là, dans le Fort le Cor, à la Porte de Helm, demeurait à présent Erkenbrand, maître de l'Ouestfolde aux lisières de la Marche. Les jours s'assombrissant de menaces de guerre, il avait, dans sa sagesse, réparé le mur et renforcé la puissance de la place forte.

Les Cavaliers étaient encore dans la basse vallée devant l'entrée de la Combe, quand ils entendirent des cris et des sonneries de cor lancés par leurs éclaireurs. Des flèches jaillirent en sifflant de l'obscurité. Un éclaireur revint au galop annoncer que des chevaucheurs de loups étaient dans la vallée et qu'une troupe d'Orques et d'hommes sauvages se hâtait en direction du sud, venant des Gués de l'Isen et paraissant se diriger vers le Gouffre de Helm.

– Nous avons trouvé un grand nombre des nôtres tués tandis qu'ils fuyaient par là, dit l'éclaireur. Et nous avons rencontré des compagnies dispersées, qui erraient çà et là, sans chef. Personne ne semblait savoir ce qu'était devenu Erkenbrand. Il est probable qu'il sera rattrapé avant d'avoir pu atteindre la Porte de Helm, s'il n'a pas déjà péri.

– A-t-on rien vu de Gandalf? demanda Théoden.

– Oui, seigneur. Beaucoup ont vu un vieillard en blanc passer à cheval çà et là sur les plaines comme le vent dans l'herbe. Certains le prenaient pour Saroumane. On dit qu'il est parti avant la nuit vers l'Isengard. D'autres disent aussi qu'on a vu plus tôt Langue de Serpent qui allait vers le nord avec une compagnie d'Orques.

– Cela ira mal pour Langue de Serpent si Gandalf lui tombe dessus, dit Théoden. Quoi qu'il en soit, je suis mainenant privé de mes deux conseillers, l'ancien et le nouveau. Mais dans cette adversité nous n'avons rien de mieux à faire que de poursuivre notre route, comme l'a dit Gandalf, jusqu'à la Porte de Helm, qu'Erkenbrand y soit ou non. Connaît-on la force de l'armée qui vient du Nord?

– Elle est très importante, dit l'éclaireur. Qui fuit compte chaque ennemi pour deux, mais j'ai parlé à des hommes intrépides, et je ne doute pas que le gros de l'ennemi n'équivaille à plusieurs fois tout ce que nous avons ici.

– Alors, forçons de vitesse, dit Eomer. Passons au travers de ceux qui sont déjà entre nous et la place forte. Il y a dans le Gouffre de Helm des cavernes où l'on peut se cacher par centaines; et des chemins secrets mènent de là sur les collines.

– Ne vous fiez pas aux chemins secrets, dit le roi. Saroumane a depuis longtemps espionné toute cette région. Toutefois, notre défense en cet endroit peut durer longtemps. Allons!

Aragorn et Legolas passèrent alors avec Eomer à l'avant-garde. Ils chevauchaient dans la nuit, toujours plus lentement à mesure que l'obscurité se faisait plus profonde et que leur route grimpait en direction du sud de plus en plus haut dans les replis incertains au pied des montagnes. Ils trouvaient peu d'ennemis devant eux. Ils tombaient par-ci par-là sur des bandes d'Orques en vagabondage; mais ceux-ci s'enfuyaient avant que les Cavaliers ne pussent les prendre ou les tuer.

– Il ne faudra pas longtemps, je crains, dit Eomer, pour que la venue de l'armée royale soit connue du chef de nos ennemis, Saroumane ou tout autre capitaine qu'il ait envoyé.

La rumeur de la guerre s'amplifiait derrière eux. Ils entendaient à présent, porté par-dessus les ténèbres, le son d'un chant rauque. Ils étaient montés loin dans la Combe du Gouffre, quand ils regardèrent en arrière. Ils virent alors des torches, innombrables points de lumière qui parsemaient les champs noirs comme de fleurs rouges ou qui montaient des terres basses en longues files tremblotantes. Par endroits s'élevait un plus grand flamboiement.

– C'est une grande armée, et elle nous suit de près, dit Aragorn.

– Ils apportent du feu, dit Théoden, et ils brûlent tout sur leur passage, meules, chaumières et arbres. C'était ici une riche vallée, qui possédait de nombreux coursiers de chez nous. Hélas pour les miens!

– Si seulement il faisait jour et que nous puissions leur tomber dessus comme un orage des montagnes! dit Aragorn. Il me point le cœur de fuir devant eux.

– Nous n'aurons pas à fuir encore longtemps, dit Eomer. Non loin devant nous se trouve le Fossé de Helm, une ancienne tranchée avec un rempart qui barre la combe, à deux furlongs sous la Porte de Helm. Là, nous pourrons faire volte-face et livrer bataille.

– Non, nous sommes en trop petit nombre pour défendre le Fossé, dit Théoden. Il a au moins un mille de long, et il comporte une large brèche.

– Notre arrière-garde devra tenir, si nous sommes serrés de trop près, dit Eomer.

Il n'y avait ni étoiles ni lune quand les Cavaliers arrivèrent à la brèche du Fossé, par laquelle passaient la rivière et la route qui la longeait, descendant du Fort le Cor. Le rempart se dressa soudain devant eux, haute ombre au-delà d'une fosse noire. Comme ils montaient, une sentinelle les interpella.

– Le Seigneur de la Marche se rend à la Porte de Helm, répondit Eomer. C'est Eomer fils d'Eomund qui parle.

– Voilà une bonne nouvelle qui n'était plus espérée, dit la sentinelle. Hâtez-vous! L'ennemi est sur vos talons.

La troupe franchit la brèche et s'arrêta au-delà sur la pente de gazon. Ils apprirent alors avec joie qu'Erkenbrand avait laissé de nombreux hommes pour tenir la Porte de Helm et que d'autres avaient pu depuis se réfugier auprès d'eux.

– Nous en avons peut-être un millier en état de combattre à pied, dit Gamelin, un vieil homme, chef de ceux qui surveillaient le Fossé. Mais la plupart ont vu trop d'hivers, comme moi, ou trop peu, comme le fils de mon fils, que voilà. Quelles sont les nouvelles d'Erkenbrand? Nous avons appris hier qu'il venait par ici en retraite, avec tout ce qui reste des meilleurs Cavaliers de l'Ouestfolde. Mais il n'est pas arrivé.

– Je crains qu'il ne vienne plus maintenant, dit Eomer. Nos éclaireurs n'ont pu obtenir aucun renseignement à son sujet, et l'ennemi remplit toute la vallée derrière nous.

– J'aurais bien voulu qu'il se fût échappé, dit Théoden. C'était un grand homme. En lui revivait la vaillance de Helm Poing de Marteau. Mais nous ne pouvons l'attendre ici. Il nous faut maintenant retirer toutes nos forces derrière les murs. Etes-vous bien approvisionnés? Nous apportons peu de vivres, car nous sommes partis pour une bataille en campagne et non pour un siège.

– Derrière nous, dans les cavernes du Gouffre, sont les trois quarts des habitants de l'Ouestfolde, vieux et jeunes, enfants et femmes, dit Gamelin. Mais on y a aussi rassemblé de grandes réserves de vivres et beaucoup de bêtes avec leur fourrage.

– Voilà qui est bien, dit Eomer. Ils brûlent et pillent tout ce qui reste dans la vallée.

– S'ils viennent faire marché de nos biens à la Porte de Helm, ils paieront cher, dit Gamelin.

Le roi et ses Cavaliers poursuivirent leur chemin. Ils mirent pied à terre devant la chaussée qui traversait la rivière. En une longue file, ils menèrent leurs chevaux sur la pente et passèrent à l'intérieur des portes du Fort le Cor. Ils furent de nouveau accueillis là avec joie et un renouvellement d'espoir; car il y avait à présent assez d'hommes pour garnir en même temps le fort et le mur de la barrière.

Eomer mit rapidement ses hommes en position. Le roi et les hommes de sa maison étaient dans le Fort le Cor, où se trouvaient aussi bon nombre des hommes de l'Ouestfolde. Mais Eomer rangea la plus grande partie de ses forces sur le Mur du Gouffre et sa tour, ainsi que derrière, car la défense paraissait là plus douteuse en cas d'un assaut déterminé d'une force nombreuse. Les chevaux furent ammenés loin dans le Gouffre, à la garde des quelques hommes que l'on pouvait distraire de la défense.

Le Mur du Gouffre avait vingt pieds de haut, et il était assez épais pour que quatre hommes pussent marcher de front sur le sommet, à l'abri d'un parapet par-dessus lequel seul un homme de grande taille pouvait regarder. Des fentes étaient ménagées par endroits dans la pierre pour le tir. On accédait à ce rempart par un escalier qui descendait d'une porte dans la cour extérieure du Fort le Cor; trois autres escaliers menaient aussi au mur du Gouffre derrière; mais la face extérieure était lisse, et les grandes pierres en étaient si bien jointoyées qu'il était impossible d'y trouver la moindre prise pour le pied, et au sommet elles débordaient comme une falaise affouillée par la mer.

Gimli était appuyé contre le parapet du mur. Legolas, assis au-dessus de lui sur le rebord, tripotait son arc et scrutait l'obscurité.

– Ceci est plus à mon goût, dit le Nain, frappant du pied sur les pierres. Mon cœur se relève toujours à l'approche des montagnes. Il y a du bon roc, ici. Ce pays a des os solides. Je les sentais dans mes pieds tandis que nous montions du fossé. Qu'on me donne un an et une centaine des miens, et je ferais de ceci un endroit sur lequel les armées se briseraient comme de l'eau.

– Je n'en doute pas, dit Legolas. Mais tu es un Nain, et les Nains sont d'étranges gens. Je n'aime pas cet endroit, et je ne l'aimerai pas davantage à la lumière du jour. Mais tu me réconfortes, Gimli, et je suis heureux de t'avoir là avec tes jambes vigoureuses et ta dure hache. Je voudrais bien qu'il y en eût davantage de ta race parmi nous. Mais je donnerais encore plus pour une centaine de bons archers de la Forêt Noire. On en aura besoin. Les Rohirrim ont de bons archers à leur manière, mais il y en a trop peu ici, trop peu.

– Il fait bien sombre pour le tir à l'arc, dit Gimli. A la vérité, c'est le moment de dormir. Dormir! J'en sens le besoin comme jamais je n'aurais cru qu'un Nain le pourrait. Chevaucher est un travail pénible. Pourtant, ma hache s'agite dans ma main. Qu'on me donne une rangée de têtes d'Orques et la place de me balancer, et toute fatigue m'abandonnera!

Un court moment passa. Au loin, dans la vallée, des feux parsemés brûlaient encore. Les armées de l'Isengard avançaient à présent en silence. On pouvait voir leurs torches serpenter dans la combe en files nombreuses.

Soudain, du Fossé, éclatèrent des hurlements et les féroces cris de guerre des hommes. Des brandons enflammés apparurent sur le bord et se rassemblèrent en une masse épaisse à la brèche. Puis ils se dispersèrent et disparurent. Des hommes revinrent au galop sur le terrain et commencèrent à monter le talus vers la porte du Fort le Cor. L'arrière-garde de ceux de l'Ouestfolde avait été pourchassée.

– L'ennemi est là! dirent les arrivants. Nous avons lâché jusqu'à notre dernière flèche, et rempli le Fossé d'Orques. Mais cela ne les arrêtera pas longtemps. Ils escaladent déjà le talus en maints endroits, serrés comme des fourmis en marche. Mais nous leur avons appris à ne pas porter de torches.

Il était à présent minuit passé. Le ciel était totalement noir, et l'immobilité de l'air lourd annonçait l'orage. Un éclair aveuglant roussit soudain les nuages. La foudre ramifiée frappa les collines à l'est. Pendant un instant éblouissant, les guetteurs des murs virent tout l'espace qui les séparait du Fossé éclairé d'une lumière blanche : il bouillonnait et fourmillait de formes noires, les unes larges et trapues, les autres grandes et sinistres, avec de hauts casques et des boucliers noirs. Des centaines et des centaines se déversaient au bord du Fossé et à travers la brèche. La marée sombre montait jusqu'aux murs, d'escarpement en escarpement. Le tonnerre roulait dans la vallée. Une pluie cinglante se mit à tomber.

Des flèches, aussi drues que la pluie, sifflaient au-dessus des parapets et tombaient en cliquetant et ricochant sur les pierres.

Les assaillants s'arrêtèrent, déroutés par la menace silencieuse du roc et du mur. A chaque instant, des éclairs déchiraient les ténèbres. Puis, les Orques poussèrent des cris aigus, agitant lances et épées et tirant une nuée de flèches sur tout ce qui se révélait sur les parapets; et les hommes de la Marche, confondus, croyaient voir un grand champ de blé noir, secoué par une tempête guerrière et dont chaque épi luisait d'une lumière barbelée.

Des trompettes d'airain retentirent. Le flot des ennemis déferla; une partie se porta contre le Mur du Gouffre, et une autre vers la chaussée et la rampe menant aux portes du Fort le Cor. Là étaient rassemblés les plus énormes des Orques et les montagnards sauvages du Pays de Dun. Après un moment d'hésitation, ils se portèrent en avant. Il y eut un éclair, et l'on put voir, blasonnée sur chaque casque et chaque bouclier, l'affreuse main de l'Isengard. Ils atteignirent le sommet du rocher; ils s'avancèrent vers les portes.

Alors enfin, vint une réponse : une tempête de flèches les accueillit en même temps qu'une grêle de pierres. Ils fléchirent, se débandèrent et s'enfuirent; ils chargèrent encore et se débandèrent à plusieurs reprises; et chaque fois, comme la marée montante, ils s'arrêtaient en un point plus élevé. Les trompettes retentirent de nouveau; et une foule d'hommes hurlants bondit en avant. Ils tenaient leurs grands boucliers au-dessus d'eux comme un toit, et ils portaient parmi eux les troncs de deux puissants arbres. Derrière, se pressaient des archers orques, qui lançaient une grêle de traits sur les archers des murs. Ils atteignirent les portes. Les arbres, balancés par des bras vigoureux, frappèrent les battants avec un grondement fracassant. Quand un homme tombait, écrasé par une pierre précipitée d'en haut, deux autres s'élançaient pour prendre sa place. Maintes et maintes fois, les grands béliers se balancèrent et s'abattirent.

Eomer et Aragorn se tenaient ensemble sur le Mur du Gouffre. Ils entendaient le rugissement des voix et le bruit sourd des béliers; et tout à coup, à la lumière d'un éclair, ils virent le péril qui menaçait les portes.

– Venez! dit Aragorn. Voici l'heure de tirer l'épée ensemble!

Courant à toutes jambes, ils filèrent le long du mur, grimpèrent les escaliers quatre à quatre et passèrent dans la cour extérieure sur le Roc. Tout en allant, ils réunirent une poignée de vigoureux sabreurs. Il y avait dans un angle du mur du fort une petite poterne qui ouvrait sur l'ouest, à un endroit où la falaise s'avançait jusqu'à elle. De ce côté, un étroit sentier descendait à la grande porte, entre le mur et le bord à pic du Rocher. Eomer et Aragorn s'élancèrent ensemble par la porte, suivis de près par leurs hommes. Les deux épées sortirent du fourreau en un même éclair.

– Guthwinë! cria Eomer. Guthwinë pour la Marche!

– Anduril! cria Aragorn. Anduril pour les Dunedains!

Chargeant du côté, ils se ruèrent sur les hommes sauvages. Anduril se leva et retomba, luisante d'un feu blanc. Un cri s'éleva du mur et de la tour : – Anduril! Anduril part en guerre. La Lame qui fut Brisée brille de nouveau!

Epouvantés, les porteurs des béliers laissèrent tomber les arbres et se retournèrent pour se battre; mais le mur de leurs boucliers se trouva brisé comme par un coup de foudre et ils furent balayés, abattus ou jetés par-dessus le bord du Rocher dans le torrent pierreux qui coulait en bas. Les archers orques tirèrent éperdument, puis s'enfuirent.

Eomer et Aragorn s'arrêtèrent un moment devant les portes. Le tonnerre grondait au loin, à présent. Les éclairs scintillaient encore parmi les montagnes reculées du Sud. Un vent perçant soufflait de nouveau du Nord. Les nuages déchiquetés étaient entraînés; les étoiles commençaient à se montrer et, au-dessus des collines bordant la Combe, la lune voguait vers l'Ouest, jetant une faible lueur jaune dans la brume de l'orage.

– Nous ne sommes pas arrivés trop tôt, dit Aragorn regardant les portes. Les grands gonds et les barres de fer étaient tout tordus; le bois avait craqué en de nombreux points.

– Nous ne pouvons pourtant pas rester ici hors des murs pour les défendre, dit Eomer. Regardez! Il désignait la chaussée. Une grande presse d'Orques et d'Hommes s'assemblait déjà de nouveau de l'autre côté de la rivière. Des flèches gémirent et sautèrent sur les pierres autour d'eux. Allons! Il faut retourner voir ce que nous pouvons faire pour entasser des pierres et des poutres en travers des portes à l'intérieur. Venez, maintenant!

Ils firent volte-face et partirent en courant. A ce moment, une douzaine d'Orques qui étaient restés immobiles parmi les morts se relevèrent d'un bond et les suivirent vivement et en silence. Deux d'entre eux, se jetant à terre sur les talons d'Eomer, le firent trébucher, et en un instant ils furent sur lui. Mais une petite forme noire que personne n'avait remarquée s'élança hors de l'ombre, poussant un cri rauque : *Barouk Khazâd! Khazâd ai-mênou*! Une hache se balança et revint brutalement. Deux Orques tombèrent, décapités. Les autres s'enfuirent.

Eomer se remit sur ses pieds au moment même où Aragorn accourait à son aide.

La poterne fut refermée, la porte de fer bâclée et renforcée de pierres à l'intérieur. Quand tous furent en sécurité, Eomer se retourna : – Je vous remercie, Gimli fils de Glóin! dit-il. Je ne savais pas que vous étiez avec nous dans cette sortie. Mais il arrive souvent que l'hôte non invité se révèle la meilleure compagnie. Comment se fait-il que vous fussiez là?

– Je vous avais suivis pour échapper au sommeil, dit Gimli; mais j'ai observé les montagnards, et ils m'ont paru trop grands pour moi; je me suis donc assis sur une pierre pour voir votre jeu d'épée.

– Il ne me sera pas facile de m'acquitter envers vous, dit Eomer.

– Il y aura peut-être plusieurs occasions avant que la nuit ne soit écoulée, répliqua le Nain en riant. Mais je suis satisfait ainsi. Jusqu'à présent, je n'avais fendu que du bois depuis mon départ de la Moria.

– Deux! dit Gimli, caressant sa hache. Il avait regagné sa place sur le mur.

– Deux? dit Legolas. J'ai fait mieux, encore qu'il me faille maintenant chercher à tâtons des flèches tirées; j'ai employé toutes les miennes. En tout cas, j'évalue mon compte à une vingtaine au moins. Mais cela ne fait que quelques feuilles dans une forêt.

Le ciel se nettoyait alors rapidement, et la lune descendante brillait avec éclat. Mais la lumière n'apportait pas grand espoir aux Cavaliers de la Marche. Les ennemis qu'ils avaient en face d'eux semblaient s'être accrus plutôt qu'avoir diminué, et il en montait toujours de la vallée par la brèche. La sortie sur le Rocher n'avait assuré qu'un bref répit. L'assaut contre les portes redoubla. Les armées de l'Isengard mugissaient comme une mer contre le Mur du Gouffre. Des Orques et des montagnards grouillaient d'un bout à l'autre de sa base. Des cordes munies de grappins étaient lancées par-dessus le parapet plus vite que les hommes ne pouvaient les trancher ou les rejeter. Des centaines de longues échelles se dressaient. Beaucoup étaient abattues à demi détruites, mais seulement pour être remplacées par d'autres en plus grand nombre, et les Orques s'y élançaient tels les singes dans les forêts sombres du Sud. Au pied du mur, les cadavres et les corps rompus s'empilaient comme galets dans la tempête; les effroyables monticules s'élevaient toujours plus haut, mais l'ennemi ne se relâchait pas.

Les hommes de Rohan commençaient à être fatigués. Ils avaient épuisé leurs flèches et tous leurs javelots; leurs épées étaient ébréchées et leurs boucliers fendus. Par trois fois, Aragorn et Eomer les rallièrent, et par trois fois Anduril flamboya en une charge désespérée qui repoussait l'ennemi du mur.

Puis une clameur s'éleva derrière dans le Gouffre. Des Orques s'étaient glissés comme des rats par le ponceau qui permettait l'écoulement de la rivière. Ils s'étaient rassemblés là à l'ombre des falaises jusqu'au moment où, l'assaut d'en haut étant à son comble, presque tous les défenseurs s'étaient précipités au sommet du mur. Ils jaillirent alors. Déjà, certains étaient passés dans la gueule du Gouffre; ils se trouvaient parmi les chevaux et se battaient avec les gardiens.

Gimli sauta du mur avec un cri féroce dont l'écho roula dans les falaises. – *Khazâd! Khazâd!* Il eut vite une tâche suffisante.

– Ai-oi! cria-t-il. Les Orques sont derrière le mur. Ai-oi! Par ici, Legolas! Il y a assez à faire pour deux. *Khazâd ai-mênou!*

Entendant la grande voix du Nain qui dominait tout le tumulte, Gamelin le Vieux regarda du haut du Fort le Cor. – Les Orques sont dans le Gouffre! cria-t-il. Helm! Helm! En avant Helmingas! hurla-t-il, bondissant dans l'escalier qui descendait du Rocher, suivi de nombreux hommes de l'Ouestfolde.

Leur attaque fut aussi féroce que soudaine, et les Orques lâchèrent pied. Avant peu, ils furent pris dans l'étranglement de la gorge et tous tués ou poussés, hurlants, dans la fissure du Gouffre pour tomber devant les gardiens des cavernes cachées.

– Vingt et un! s'écria Gimli. Il assena un coup des deux mains et étendit le dernier Orque à ses pieds. – A présent, mon compte dépasse de nouveau celui de Maître Legolas.

– Il faut obturer ce trou de rat, dit Gamelin. Les Nains sont réputés habiles manieurs de pierre. Prêtez-nous assistance, maître!

– Nous ne taillons pas les pierres avec des haches de guerre, non plus qu'avec nos ongles, dit Gimli. Mais je vous aiderai de mon mieux.

Ils rassemblèrent tous les petits blocs roulés et brisures de roc qu'ils purent trouver, et, sous la direction de Gimli, les Hommes de l'Ouestfolde bouchèrent l'extrémité intérieure du ponceau, ne laissant qu'une étroite issue. La Rivière du Gouffre, grossie par la pluie, se mit alors à bouillonner dans son lit étranglé, et elle se répandit lentement en mares froides d'une falaise à l'autre.

– Ce sera plus sec en dessus, dit Gimli. Venez, Gamelin, allons voir comment vont les choses sur le mur!

Il grimpa et trouva Legolas près d'Aragorn et d'Eomer. L'Elfe affûtait son long poignard. Il y avait un moment de répit dans l'assaut, après l'échec de la tentative d'irruption par le ponceau.

– Vingt et un! dit Gimli.

– Bon! dit Legolas. Mais moi j'en suis maintenant à deux douzaines. Ç'a été une lutte au couteau, ici.

Eomer et Aragorn s'appuyaient avec lassitude sur leurs épées. A distance sur la gauche, le fracas et la clameur de la bataille sur le Rocher s'élevèrent de nouveau avec force. Mais le Fort le Cor tenait toujours bon, comme une île dans la mer. Ses portes gisaient fracassées; mais aucun ennemi n'avait encore franchi la barricade de poutres et de pierres.

Aragorn regarda les étoiles pâles et la lune qui descendait à présent derrière les collines qui fermaient la vallée à l'ouest. – Cette nuit est aussi longue que des années, dit-il. Combien de temps le jour va-t-il encore se faire attendre?

– L'aube n'est pas loin, dit Gamelin, qui l'avait rejoint. Mais elle ne nous servira de rien, je pense.

– Et pourtant l'aube est toujours un espoir pour les hommes, dit Aragorn.

– Mais ces créatures de l'Isengard, ces demi-orques et hommes-gobelins fabriqués par l'art immonde de Saroumane, elles ne fléchiront pas devant le soleil, dit Gamelin. Non plus que les montagnards sauvages. N'entendez-vous pas leurs voix?

– Si, dit Eomer, mais ce ne sont à mes oreilles que le cri d'oiseaux et le mugissement de bêtes.

– Il en est pourtant de nombreuses qui crient en langue du Pays de Dun, dit Gamelin. Je la connais. C'est un ancien langage des hommes, et on le parlait autrefois dans maintes vallées de l'Ouest de la Marche. Ecoutez! Ils nous haïssent, et ils sont contents, car notre perte leur semble certaine. « Le roi, le roi! crient-ils. Nous prendrons leur roi. Mort aux Forgoil! Mort aux Têtes de Paille! Mort aux voleurs du Nord! Ce sont les noms qu'ils nous donnent. Depuis un demi-millénaire, ils n'ont pas oublié leur grief de ce que les seigneurs du Gondor aient donné la Marche à Eorl le Grand et fait alliance avec lui. Saroumane a enflammé cette ancienne haine. Ce sont des gens féroces, quand on les excite. Ils ne fléchiront pas maintenant, que ce soit le crépuscule ou l'aube, tant que Théoden ne sera pas pris ou eux-mêmes tués.

– L'aube ne m'en apportera pas moins de l'espoir, à moi, dit Aragorn. Ne dit-on pas qu'aucun ennemi n'a jamais pris le Fort le Cor si des hommes le défendaient?

– C'est ce que chantent les ménestrels, dit Eomer.

– Eh bien, défendons-le, et espérons! dit Aragorn.

Tandis qu'ils parlaient, s'éleva une sonnerie de trompettes. Il y eut alors un fracas et un éclair de flamme et de fumée. Les eaux de la Rivière du Gouffre se déversèrent en sifflant et en écumant : elles n'étaient plus obstruées, une trouée béante avait été ouverte dans le mur. Une armée de formes sombres entra à flots.

– Une sorcellerie de Saroumane! s'écria Aragorn. Ils se sont de nouveau glissés dans le ponceau pendant que nous parlions, et ils ont allumé le feu d'Orthanc sous nos pieds. *Elendil, Elendil!* cria-t-il, sautant dans la brèche; mais pendant ce temps cent échelles avaient été dressées contre les remparts. Par-dessus et sous le mur, le dernier assaut déferla comme une sombre vague sur un monticule de sable. La défense fut balayée. Une partie des Cavaliers furent repoussés, de plus en plus loin dans le Gouffre, tombant et combattant comme ils reculaient, pas à pas, vers les cavernes. D'autres se frayèrent un chemin de retraite vers la citadelle.

Un grand escalier montait du Gouffre au Rocher et à la porte de derrière du Fort le Cor. Au pied, se tenait Aragorn. Anduril brillait encore à sa main, et la terreur de l'épée tint encore un moment l'ennemi en échec, pendant qu'un à un tous ceux qui pouvaient gagner l'escalier montaient vers la porte. Legolas était agenouillé derrière, sur les marches supérieures. Son arc était bandé, mais il ne lui restait plus qu'une seule flèche qu'il avait glanée, et il demeurait en observation prêt à tirer sur le premier Orque qui oserait approcher de l'escalier.

– Tous ceux qui pouvaient sont maintenant en sécurité à l'intérieur, Aragorn, cria-t-il. Revenez!

Aragorn se retourna et monta l'escalier en courant; mais la fatigue le fit trébucher. Ses ennemis bondirent aussitôt. Les Orques montèrent en hurlant, leurs longs bras tendus en avant pour le saisir. Celui qui était en tête tomba, la dernière flèche de Legolas plantée dans sa gorge, mais les autres sautèrent par-dessus lui. Alors, un gros bloc de pierre, projeté du mur extérieur au-dessus d'eux, s'écrasa sur l'escalier et les renvoya dans le Gouffre. Aragorn gagna la porte, qui se referma vivement derrière lui.

– Les choses vont mal, mes amis, dit-il, essuyant avec son bras la sueur de son front.

– Assez, dit Legolas, mais elles ne sont pas encore désespérées, tant que nous vous avons avec nous. Où est Gimli ?

– Je ne sais pas, répondit Aragorn. La dernière fois que je l'ai vu, il se battait par terre derrière le mur, mais la ruée de l'ennemi nous a séparés.

– Hélas ! Voilà une mauvaise nouvelle, dit Legolas.

– Il est vaillant et fort, dit Aragorn. Espérons qu'il s'échappera jusqu'aux cavernes. Là, il serait en sûreté pour un moment. Plus que nous. Un tel refuge serait de nature à plaire à un Nain.

– Ce doit être là mon espoir, dit Legolas. Mais je voudrais bien qu'il fût venu par ici. Je désirais dire à Maître Gimli que mon compte est maintenant de trente-neuf.

– S'il parvient jusqu'aux cavernes, il le dépassera de nouveau, dit Aragorn, riant. Jamais je n'ai vu de hache si bien maniée.

– Il faut que j'aille chercher des flèches, dit Legolas. Ah, si cette nuit pouvait se terminer, que j'aie une meilleure lumière pour mon tir !

Aragorn passa alors dans la citadelle. Là, il apprit avec consternation qu'Eomer n'avait pas atteint le Fort le Cor.

– Non, il n'est pas venu au Rocher, dit l'un des hommes de l'Ouestfolde. La dernière fois que je l'ai vu, il ralliait ses hommes autour de lui et il se battait à l'entrée du Gouffre. Gamelin était avec lui, et le Nain aussi; mais je n'ai pu arriver jusqu'à eux.

Aragorn traversa à grands pas la cour intérieure et monta à une chambre haute dans la cour. Là se tenait le roi, dont la silhouette sombre se détachait sur une étroite fenêtre par laquelle il contemplait la vallée.

– Quelles nouvelles, Aragorn ? demanda-t-il.

– Le Mur du Gouffre est pris, seigneur, et tous les défenseurs ont été balayés; mais bon nombre ont pu s'échapper jusqu'ici au Rocher.

– Eomer est-il là ?

– Non, seigneur. Mais une certaine quantité des nôtres

ont pu se retirer dans le Gouffre; et certains disent qu'Eomer est parmi eux. Ils pourront peut-être contenir l'ennemi dans l'étranglement et venir à l'intérieur des cavernes. Quel espoir ils pourront avoir alors, je l'ignore.

– Ils en auront plus que nous. Il y a de bons approvisionnements, à ce qu'on dit. Et l'air y est sain à cause des sorties par des fissures dans le rocher beaucoup plus haut. Nul ne peut entrer de force contre des hommes déterminés. Ils peuvent tenir longtemps.

– Mais les Orques ont apporté une sorcellerie d'Orthanc, dit Aragorn. Ils ont un feu qui fait sauter les roches et avec lequel ils ont pris le Mur. S'ils n'arrivent pas à pénétrer dans les cavernes, ils peuvent y sceller les occupants. Mais maintenant il nous faut consacrer toute notre pensée à notre propre défense.

– Je ronge mon frein dans cette prison, dit Théoden. Peut-être, si j'avais pu mettre une lance en arrêt, chevauchant devant mes hommes sur le champ de bataille, aurais-je pu ressentir de nouveau la joie du combat et finir ainsi. Mais je ne sers pas à grand-chose ici.

– Ici, au moins vous êtes protégé par la plus puissante place forte de la Marche, dit Aragorn. Nous avons meilleur espoir de vous défendre dans le Fort le Cor qu'a Edoras ou même à Dunharrow dans les montagnes.

– On dit que le Fort le Cor n'est jamais tombé sous un assaut, dit Théoden; mais aujourd'hui j'ai le cœur incertain. Le monde change, et tout ce qui fut fort se révèle maintenant peu sûr. Comment aucune tour pourrait-elle résister à un tel nombre et à une haine aussi violente? Si j'avais su que la force de l'Isengard avait atteint cette puissance, peut-être n'aurais-je pas eu la témérité de me porter à sa rencontre, en dépit de tous les artifices de Gandalf. Ses conseils ne paraissent pas aussi bons à présent qu'au soleil du matin.

– Ne jugez pas des conseils de Gandalf avant que tout ne soit terminé, seigneur, dit Aragorn.

– La fin ne tardera pas, dit le roi. Mais je ne finirai pas ici, pris au piège comme un vieux blaireau. Nivacrin, Hasufel et les chevaux de ma garde se trouvent dans la cour intérieure. Quand viendra l'aube, je ferai sonner le cor de Helm, et je sortirai. Sortirez-vous alors avec moi, fils d'Arathorn? Peut-être nous frayerons-nous un chemin ou ferons-nous une fin digne d'être chantée – s'il reste quiconque pour chanter nos exploits par la suite.

– Je partirai avec vous, dit Aragorn.

Prenant congé, il retourna aux murs et en fit le tour, encourageant les hommes et prêtant main-forte où l'assaut était chaud. Legolas l'accompagnait. Des explosions de feu jaillissaient d'en bas, secouant les pierres. Des grappins étaient lancés et des échelles levées. Maintes et maintes fois, les Orques arrivèrent au sommet du mur extérieur, et chaque fois les défenseurs les rejetaient à bas.

Enfin, Aragorn se tint au-dessus des grandes portes, insoucieux des traits de l'ennemi. Comme il observait, il vit le ciel pâlir à l'est. Il leva alors sa main vide, paume en dehors pour indiquer qu'il demandait à parlementer.

Les Orques poussèrent des vociférations et des huées.

– Descendez! Descendez! crièrent-ils. Si vous voulez nous parler, descendez! Amenez votre roi! Nous sommes les combattants ourouk-hai. Nous irons le tirer de son trou, s'il ne vient pas. Amenez votre roi qui se dérobe!

– Le roi reste ou vient selon son bon plaisir, dit Aragorn.

– Alors que faites-vous ici? demandèrent-ils. Pourquoi regardez-vous au-dehors? Est-ce pour voir la grandeur de notre armée? Nous les combattants ourouk-hai.

– Je regardais pour voir l'aurore, dit Aragorn.

– Qu'est-ce que l'aurore a à faire là-dedans? crièrent-ils en se gaussant. Nous sommes les Ourouk-hai : nous ne cessons pas le combat en fonction de la nuit ou du jour, ni du beau temps ou de l'orage. Qu'a à faire l'aurore?

– Nul ne sait ce que lui apportera le nouveau jour, dit Aragorn. Partez, avant qu'il ne tourne à votre détriment.

– Descendez, ou nous vous abattrons du mur, crièrent-ils. Ce ne sont pas là des pourparlers. Vous n'avez rien à dire.

– J'ai encore à dire ceci, répondit Aragorn : aucun ennemi n'a encore pris le Fort le Cor. Partez, ou aucun de vous ne sera épargné. Il ne restera pas un être vivant pour rapporter la nouvelle dans le Nord. Vous ne connaissez pas votre péril.

Une telle puissance et une telle majesté se révélaient chez Aragorn, comme il se tenait là seul au-dessus des portes détruites devant l'armée de ses ennemis, que maints hommes sauvages s'arrêtèrent et tournèrent la tête pour observer la vallée, tandis que d'autres levaient un regard indécis vers le ciel. Mais les Orques rirent à gorge déployée; et une grêle de traits et de flèches sifflèrent au-dessus du mur d'où Aragorn venait de sauter.

Il y eut un grondement et un éclair de feu. La voûte de la porte au-dessus de laquelle il se tenait un instant auparavant s'écroula au milieu de la fumée et de la poussière. La barricade fut dispersée comme par un coup de foudre. Aragorn courut à la tour du roi.

Mais au moment où la porte tombait et où les Orques poussaient les hurlements précédant la charge, un murmure comme un vent dans le lointain s'éleva derrière eux, qui ne tarda pas à devenir la clameur de nombreuses voix criant une étrange nouvelle dans l'aurore. Les Orques qui se trouvaient sur le rocher, entendant la rumeur de consternation, hésitèrent et regardèrent en arrière. Alors, soudain et terrible, sonna du haut de la tour le grand cor de Helm.

A ce son, tous frémirent. De nombreux Orques se jetèrent face contre terre et se couvrirent les oreilles de leurs griffes. Du Gouffre revinrent les échos, coup après coup, comme si quelque puissant héraut se tenait sur chaque falaise, sur chaque colline. Mais sur les murs les hommes levaient la tête, écoutant avec étonnement; car les échos ne mouraient pas. Les sonneries de cor continuaient à retentir parmi les collines; plus proches et plus puissantes à présent, elles se répondaient l'une à l'autre, férocement et sans obstacle.

– Helm! Helm! crièrent les Cavaliers. Helm s'est levé et revient en guerre. Helm pour le Roi Théoden!

Et sur ce cri, le roi vint. Son cheval était d'un blanc de neige, doré était son bouclier, et sa lance était longue. A sa droite se trouvait Aragorn, l'héritier d'Elendil, et derrière lui chevauchaient les seigneurs de la Maison d'Eorl le Jeune. La lumière jaillit dans le ciel. La nuit s'évanouit.

– En avant Eorlingas! Sur ce cri et dans un grand fracas, ils chargèrent. Ils descendirent des portes en un grondement, franchirent la chaussée à fond de train et passèrent à travers les rangs de l'Isengard comme un vent de tempête dans l'herbe. Derrière eux, venaient du Gouffre les cris rauques des hommes qui sortaient des cavernes, poussant l'ennemi devant eux. Se déversaient aussi tous les hommes qui restaient sur le Rocher. Et toujours le son des cors se répercutait dans les collines.

Le roi et ses compagnons poursuivirent leur course. Capitaines et champions tombaient ou fuyaient devant eux. Ni Orque ni homme ne leur résistaient. Les ennemis présentaient le dos aux épées et aux lances des Cavaliers, et leur face à la vallée. Ils poussaient des cris et des gémissements, car la peur et un grand étonnement les avaient envahis avec le lever du jour.

C'est ainsi que le Roi Théoden descendit de la Porte de Helm et se fraya le chemin jusqu'au grand Fossé. Là, la compagnie fit halte. La lumière devint brillante alentour. Des rayons de soleil flamboyaient au-dessus des collines de l'est et miroitaient sur leurs lances. Mais ils restaient silencieux en selle, contemplant d'en dessus la Combe du Gouffre.

La terre avait changé. Là où auparavant s'étendait la vallée verdoyante dont les pentes herbeuses léchaient les collines toujours plus hautes, apparaissait à présent une forêt. De grands arbres, dépouillés et silencieux, se dressaient en rangées innombrables avec leurs branches emmêlées et leur tête chenue; leurs racines tordues disparaissaient dans la longue herbe verte. En dessous d'eux régnait l'obscurité. Il n'y avait entre le Fossé et les lisières de cette forêt inconnue que deux furlongs découverts. Là se tapissaient à présent les fières armées de Saroumane, dans leur terreur du roi et dans leur terreur des arbres. Elles se déversèrent de la Porte de Helm jusqu'à ce que tout ce qui était au-dessus du Fossé fût entièrement vide; mais, en dessous, elles étaient entassées comme un grouillement de mouches. Rampant et grimpant des pieds et des mains le long des murs de la

Combe, ils cherchaient en vain à s'échapper. A l'est, le côté de la vallée était trop escarpé et pierreux; à gauche, de l'ouest, s'avançait leur destin final.

Là, sur une crête, apparut soudain un cavalier, vêtu de blanc, resplendissant dans le soleil levant. Les cors sonnaient par-dessus les collines basses. Derrière lui, un millier d'hommes de pied descendaient en hâte les longues pentes, l'épée à la main. Au milieu d'eux marchait à grandes enjambées un homme de haute et forte stature. Son bouclier était rouge. En arrivant au bord de la vallée, il porta à ses lèvres un grand cor noir et lança une sonnerie retentissante.

– Erkenbrand! crièrent les Cavaliers. Erkenbrand!

– Voilà le Cavalier Blanc! cria Aragorn. Gandalf est revenu!

– Mithrandir, Mithrandir! dit Legolas. C'est assurément de la magie! Allons! Je voudrais observer cette forêt avant que le sortilège ne change.

Les armées de l'Isengard rugirent, oscillant d'un côté et d'un autre, passant d'une peur à une autre. De nouveau, le cor sonna de la tour. Par la brèche du Fossé, la compagnie du roi descendit à la charge. Du haut des collines, bondit Erkenbrand, seigneur de l'Ouestfolde. S'élança aussi Gripoil, tel le daim courant d'un pied sûr dans les montagnes. Le Cavalier Blanc était sur les ennemis, et la terreur de cette venue répandit sur eux la folie. Les hommes sauvages tombèrent face contre terre. Les Orques chancelèrent, hurlèrent, et jetèrent épée et lance. Telle une fumée noire poussée par un vent montant, ils s'enfuirent. Ils passèrent en gémissant dans l'ombre des arbres en attente, et de cette ombre, nul ne ressortit plus.

CHAPITRE VIII

LA ROUTE DE L'ISENGARD

Ce fut donc à la lumière d'une belle matinée que le Roi Théoden et Gandalf le Cavalier Blanc se retrouvèrent sur l'herbe verte au bord de la Rivière du Gouffre. Etaient également là Aragorn fils d'Arathorn, Legolas l'Elfe, Erkenbrand de l'Ouestfolde et les seigneurs de la Maison d'Or. Autour d'eux étaient rassemblés les Rohirrim, Cavaliers de la Marche : l'étonnement surmontait leur joie de la victoire, et leurs regards étaient tournés vers la forêt.

Il y eut soudain un grand cri, et du Fossé descendirent ceux qui avaient été repoussés dans le Gouffre. Venaient là Gamelin le Vieux et Eomer fils d'Eomund, à côté desquels marchait Gimli le Nain. Il n'avait pas de casque et sa tête était enveloppée d'un bandage teint de sang; mais sa voix était ferme et sonore.

– Quarante-deux, Maître Legolas! cria-t-il. Hélas! ma hache est ébréchée : le quarante-deuxième avait un colletin de fer. Et toi?

– Tu me bats d'un, répondit Legolas. Mais je ne te l'accorde pas de mauvaise grâce tant je suis heureux de te voir sur pied!

– Bienvenue, Eomer, fils-sœur! dit Théoden. Maintenant que je te vois sain et sauf, je suis heureux, en vérité.

– Salut, Seigneur de la Marche! dit Eomer. La nuit sombre a passé et le jour est revenu. Mais il a apporté d'étranges nouvelles. Il se retourna et regarda avec étonnement d'abord la forêt, puis Gandalf. – Une fois de plus, vous êtes venu à l'heure critique, à l'improviste, dit-il.

– A l'improviste? répliqua Gandalf. Ne vous avais-je pas dit que je reviendrais et que je vous rencontrerais ici?

– Mais vous n'aviez pas donné l'heure, et vous n'aviez pas annoncé de quelle façon. Vous apportez une assistance étrange. Vous êtes puissant en magie, Gandalf le Blanc!

– Peut-être bien. Mais si c'est le cas, je ne l'ai pas encore montré. Je n'ai fait que vous donner un bon conseil dans le danger et utiliser la rapidité de Gripoil. Votre propre valeur a fait davantage, ainsi que les jambes vigoureuses des hommes de l'Ouestfolde marchant dans la nuit.

Tous contemplèrent alors Gandalf avec un étonnement plus grand encore. Certains jetèrent un regard noir à la forêt et se passèrent la main sur le front comme s'ils pensaient que leurs yeux voyaient autrement que les siens.

Gandalf rit longuement et de bon cœur. « Les arbres? dit-il. Non, je vois la forêt tout aussi clairement que vous. Mais l'exploit ne me revient pas. C'est une chose qui dépasse les conseils d'un sage. L'événement s'est révélé meilleur que je ne l'avais projeté et même que je n'aurais pu l'espérer.

– Mais si ce n'est vous, quel est l'auteur de cette magie? demanda Théoden. Il est clair que ce n'est pas Saroumane. Existe-t-il un sage plus puissant, dont nous n'avons pas encore connaissance?

– Ce n'est pas de la magie, mais un pouvoir beaucoup plus ancien, répondit Gandalf; un pouvoir qui parcourait la terre bien avant que les Elfes ne chantent ou que le marteau ne sonne.

Avant que le fer ne fût trouvé ou l'arbre abattu,
Quand la montagne était jeune sous la lune,
Avant que l'Anneau ne fût forgé, oui le malheur ourdi,
Il parcourait les forêts au temps jadis.

– Et quelle peut être la réponse à votre énigme? demanda Théoden.

– Pour la connaître, il faudrait venir avec moi jusqu'à l'Isengard, répondit Gandalf.

– A l'Isengard? s'écrièrent-ils.

– Oui, dit Gandalf. Je vais retourner à l'Isengard, et ceux qui le veulent peuvent m'accompagner. Nous pourrons y voir d'étranges choses.

– Mais il n'y a pas assez d'hommes dans la Marche, fussent-ils même tous rassemblés et remis de leurs blessures et de leur fatigue, pour assaillir la forteresse de Saroumane, dit Théoden.

– Je n'en vais pas moins à l'Isengard, dit Gandalf. Je n'y resterai pas longtemps. Ma route est maintenant vers l'est. Attendez-moi à Edoras avant le décours de la lune!

– Non! dit Théoden. A l'heure sombre précédant l'aurore, j'ai douté; mais nous ne nous séparerons pas maintenant. J'irai avec vous, si c'est là votre conseil.

– Je voudrais m'entretenir avec Saroumane aussitôt que possible, à présent, dit Gandalf; et puisqu'il vous a infligé un grand tort, votre présence serait tout à fait à propos. Mais dans combien de temps et avec quelle rapidité pourrez-vous faire la chevauchée?

– Mes hommes sont fatigués par le combat, dit le roi; et je suis las aussi, car j'ai fait une longue course et j'ai peu dormi. Hélas! mon grand âge n'est pas feint, ni dû seulement aux chuchotages de Langue de Serpent. C'est un mal qu'aucun médecin ne saurait entièrement guérir, pas même Gandalf.

– Dans ce cas, que tous ceux qui doivent m'accompagner se reposent maintenant, dit Gandalf. Nous voyagerons à l'ombre du soir. C'est aussi bien; car mon intention est que nos allées et venues restent dorénavant aussi secrètes que possible. Mais n'ordonnez pas une grande escorte, Théoden. Nous allons à des pourparlers, non à un combat.

Le Roi choisit alors des hommes indemnes, possédant des chevaux rapides, qu'il envoya porter la nouvelle de la victoire dans toutes les vallées de la Marche; ils devaient aussi convoquer d'urgence tous les hommes, jeunes et vieux, à Edoras. Le Seigneur de la Marche tiendrait là une assemblée de tous les hommes en état de porter les armes, le second jour après la pleine lune. Le Roi choisit pour l'accompagner à l'Isengard Eomer et vingt hommes de sa maison. Avec Gandalf iraient Aragorn, Legolas et Gimli. Le Nain ne voulait pas rester derrière, en dépit de sa blessure.

– Ce n'était qu'un petit coup, et le couvre-chef l'a détourné, dit-il. Il faudrait plus qu'une pareille égratignure pour me retenir.

– Je vais la soigner pendant que vous vous reposerez, dit Aragorn.

Le Roi retourna alors au Fort le Cor; il dormit d'un sommeil tranquille qu'il n'avait pas connu depuis bien des années, et le reste de sa compagnie choisie se reposa aussi. Mais les autres, tous ceux qui n'avaient ni mal ni blessures, s'attelèrent à une grande tâche; car nombreux étaient ceux qui étaient tombés au combat et qui gisaient sur le terrain ou dans le Gouffre.

Il ne restait pas d'Orques vivants; leurs corps étaient innombrables. Mais un grand nombre de montagnards s'étaient rendus; ils avaient peur et criaient merci.

Les Hommes de la Marche leur prirent leurs armes et les mirent au travail.

– Contribuez maintenant à réparer le mal auquel vous avez participé, dit Erkenbrand; et, après, vous ferez le serment de ne jamais passer en armes les Gués de l'Isen, ni marcher avec les ennemis des Hommes; et vous pourrez rentrer libres chez vous. Car vous avez été abusés par Saroumane. Un grand nombre d'entre vous ont reçu la mort en récompence de votre confiance en lui; mais si vous aviez vaincu, votre salaire n'eût guère été meilleur.

Les hommes du Pays de Dun furent très étonnés, Saroumane leur ayant dit que les hommes de Rohan étaient cruels et brûlaient vifs leurs prisonniers.

Deux tertres furent érigés au centre du champ de bataille et dessous furent placés tous les Cavaliers de la Marche qui étaient tombés dans la défense, ceux des Vallées de l'Est d'un côté et ceux de l'Ouestfolde de l'autre. Dans une tombe isolée à l'ombre du Fort le Cor fut étendu Hama, capitaine de la garde royale. Il était tombé devant la Porte.

Les Orques furent empilés en grands tas, à distance des

tertres des Hommes et non loin des lisières de la forêt. Et les gens furent troublés, car les amas de charogne étaient trop grands pour que l'on pût les enterrer ou les incinérer. Ils avaient peu de bois pour le feu, et nul n'aurait osé porter la hache sur les arbres étranges, Gandalf ne les eût-il pas même avertis de n'abîmer ni écorce ni branche sous peine de grand danger.

– Laissez les Orques là, dit Gandalf. Le matin apportera peut-être un nouveau conseil.

Dans l'après-midi, la compagnie du Roi s'apprêta au départ. La tâche de l'ensevelissement était à peine commencée; Théoden pleura la perte de Hama, son capitaine, et il jeta la première pelletée de terre sur sa tombe.

– C'est un grand mal que Saroumane m'a fait, à moi et à tout ce pays, dit-il; et je m'en souviendrai quand nous nous rencontrerons.

Le soleil approchait déjà des collines à l'ouest de la Combe quand Théoden, Gandalf et leurs compagnons finirent par descendre du Fossé. Derrière eux venait une grande armée composée tant de Cavaliers que des gens de l'Ouestfolde, vieux et jeunes, femmes et enfants, sortis des cavernes. Ils chantèrent d'une voix claire un chant de victoire; après quoi, ils restèrent silencieux, se demandant ce qui allait leur arriver, car leur regard était fixé sur les arbres, et ils les redoutaient.

Parvenus à la forêt, les Cavaliers firent halte; chevaux et hommes répugnaient à y pénétrer. Les arbres étaient gris et menaçants, et ils étaient environnés d'ombre ou de brume. Les extrémités de leurs longues branches basses pendaient comme des doigts fureteurs, leurs racines se dressaient hors de terre comme les membres de monstres étranges, et de sombres cavernes s'ouvraient par en dessous. Mais Gandalf poussa son cheval en avant, entraînant la compagnie; et là où la route du Fort le Cor rejoignait les arbres, ils virent alors une ouverture semblable à une porte voûtée sous les puissantes branches; Gandalf la franchit, et ils le suivirent. Ils virent alors, à leur grand étonnement, que la route se poursuivait, longée par la Rivière du Gouffre; et au-dessus le ciel était dévoilé et empli d'une lumière dorée. Mais de part et d'autre, les grands bas-côtés de la forêt, déjà enveloppés d'obscurité, se perdaient dans des ombres impénétrables; et là, ils entendaient les craquements et les gémissements des branches, des cris lointains et une rumeur de voix inarticulées qui murmuraient avec irritation. Aucun Orque ni aucun être vivant n'était visible.

Legolas et Gimli étaient à présent montés sur le même cheval; et ils restaient tout près de Gandalf, car Gimli avait peur de la forêt.

– Il fait chaud ici dedans, dit Legolas à Gandalf. Je perçois autour de moi une grande colère. Ne sentez-vous pas l'air battre dans vos oreilles?

– Si, répondit Gandalf.

– Qu'est-il advenu des malheureux Orques? dit Legolas.

– Cela, je pense que personne ne le saura jamais, dit Gandalf.

Ils continuèrent à chevaucher un moment en silence; mais Legolas ne cessait de jeter des regards de droite et de gauche, et il aurait souvent voulu s'arrêter pour prêter l'oreille aux sons de la forêt si Gimli l'avait permis.

– Ce sont les arbres les plus étranges que j'aie jamais vus, dit-il, et j'ai vu bien des chênes croître du gland jusqu'à un âge délabré. Je voudrais bien qu'il y eût le loisir de se promener parmi eux : ils ont des voix et, avec le temps, j'arriverais peut-être à comprendre leur pensée.

– Non, non! s'écria Gimli. Laissons-les tranquilles! Je la devine déjà, leur pensée : la haine de tous ceux qui vont sur deux pattes; et leur discours parle d'écrasement et d'étranglement.

– Pas tous ceux qui vont sur deux pattes, dit Legolas. Là, je crois que tu te trompes. Ce sont les Orques qu'ils haïssent. Car ils ne sont pas d'ici, et ils savent peu de chose des Elfes et des Hommes. Bien loin sont les vallées où ils crûrent. Des profondes combes de Fangorn, voilà d'où ils viennent, je pense, Gimli.

– Eh bien, c'est la forêt la plus dangereuse de la Terre du Milieu, répliqua Gimli. Je devrais leur être reconnaissant du rôle qu'ils ont joué, mais je ne les aime pas. Tu peux les trouver merveilleux, mais j'ai vu une plus grande merveille en ce pays, plus belle qu'aucun bocage ou clairière jamais admirés : mon cœur en est encore plein.

– Les voies des Hommes sont étranges, Legolas! Ils ont là une des merveilles du Monde Septentrional, et qu'en disent-ils? Des cavernes, disent-ils! Des cavernes! Des trous où se réfugier en temps de guerre, où emmagasiner du fourrage! Mon bon Legolas, sais-tu que les souterrains du Gouffre de Helm sont vastes et beaux? Il y aurait un pèlerinage continu de Nains uniquement pour les contempler, si l'existence en était connue. Oui, en vérité, ils paieraient de l'or pur pour un seul bref regard!

– Et moi, je donnerais de l'or pour en être dispensé, dit Legolas, et le double pour en sortir, si j'y étais entré par mégarde!

– Tu n'as pas vu; je te pardonne donc ta raillerie, dit Gimli. Mais tu parles en étourdi. Trouves-tu belles ces salles où ton Roi réside sous la colline dans la Forêt Noire et que les Nains contribuèrent à construire il y a bien longtemps? Ce ne sont que des taudis à côté des souterrains que j'ai vus ici : des salles incommensurables, emplies de la musique éternelle de l'eau tintant dans des fontaines, aussi belles que Kheled-zâram à la clarté des étoiles.

– Et, Legolas, lorsque les torches sont allumées et que les hommes déambulent sur les sols sablés sous les dômes sonores, ah! alors, Legolas, les gemmes, les cristaux et les veines de minerais précieux étincellent dans les murs polis; et la lumière rayonne à travers les marbres plissés, semblables à des coquillages, translucides comme les vivantes mains de la Reine Galadriel. Il y a des colonnes blanches, safran et d'un rose d'aurore, cannelées et contournées en formes de rêve, Legolas; elles jaillissent de sols multicolores pour rejoindre les pendentifs scintillants de la voûte : des ailes, des cordes, des rideaux aussi fins que des nuages gelés; des lances, des bannières, des clochetons de palais suspendus! Des lacs immobiles les reflètent : un monde miroitant surgit de sombres mares couvertes de verre clair : des cités, telles que Durin n'aurait guère pu en imaginer dans son sommeil, s'étendent par des avenues et des portiques jusqu'aux recoins sombres où nulle lumière ne parvient. Et ding! une goutte d'argent tombe et les ondulations circulaires du miroir font courber et vaciller toutes les tours comme les algues et les coraux d'une grotte marine. Puis le soir vient : elles s'évanouissent en clignotant; les torches passent dans une autre salle et un autre rêve. Les salles se succèdent, Legolas; une salle ouvre sur une autre, dôme après dôme, et les escaliers abondent; et les méandres mènent toujours plus avant au cœur de la montagne. Des cavernes! Les souterrains du Gouffre de Helm! Heureuse fut la chance qui m'y conduisit! Je pleure de les quitter.

– Eh bien, Gimli, dit l'Elfe, je te souhaite, pour ton réconfort, la bonne fortune de rentrer sain et sauf de la guerre et de retourner les voir. Mais ne le raconte pas à tous les tiens! Il ne semble pas rester grand-chose à faire pour eux, à t'entendre. Peut-être les hommes de ce pays sont-ils sages en n'en parlant guère : une famille de Nains actifs, armés de marteaux et de ciseaux, pourrait abîmer plus qu'ils n'auraient fait.

– Non, tu ne comprends pas, dit Gimli. Aucun Nain ne resterait insensible à pareille beauté. Personne de la race de Durïn ne creuserait ces cavernes pour extraire des pierres ou du minerai, même si l'on y trouvait des diamants et de l'or. Coupe-t-on des arbres de vergers en fleurs au printemps pour se procurer du bois de chauffage? Nous entretiendrions ces clairières de pierre fleurie, nous ne les exploiterions pas. Avec un art circonspect, à petits coups – un petit fragment de roc, sans plus, peut-être, dans toute une journée soucieuse – c'est ainsi que nous pourrions travailler et, avec les années, nous ouvririons de nouvelles voies et révélerions des salles lointaines qui sont encore obscures et que l'on n'aperçoit que comme un vide au-delà de fissures du roc. Et les lumières, Legolas! Nous créerions des lumières, des lampes semblables à celles qui brillaient autrefois à Khazad-dûm; et, quand nous le voudrions, nous chasserions la nuit qui est demeurée là depuis la création des collines; et nous la laisserions revenir quand nous souhaiterions nous reposer.

– Tu m'émeus, Gimli, dit Legolas. Je ne t'ai jamais entendu parler ainsi. Tu me fais presque regretter de n'avoir pas vu ces cavernes. Allons! Convenons de ceci : si nous revenons l'un et l'autre sains et saufs des périls qui nous attendent, nous voyagerons quelque temps ensemble. Tu visiteras Fangorn avec moi, puis j'irai avec toi voir le Gouffre de Helm.

– Ce ne serait pas le chemin de retour que je choisirais, dit Gimli. Mais je supporterai Fangorn, si tu me promets de revenir aux cavernes pour partager avec moi l'émerveillement qu'elles offrent.

– Tu as ma promesse, dit Legolas. Mais, hélas! il nous faut maintenant abandonner caverne et forêt pour quelque temps. Vois! Nous arrivons à la fin des arbres. A quelle distance sommes-nous de l'Isengard, Gandalf?

– Environ quinze lieues, à vol des corbeaux de Saroumane, dit Gandalf; cinq de l'entrée de la Combe du Gouffre aux gués, et dix de là aux portes de l'Isengard. Mais nous ne ferons pas tout le trajet cette nuit.

– Et quand nous y arriverons, que verrons-nous? demanda Gimli. Vous le savez peut-être, mais je ne puis le deviner.

– Je ne sais pas moi-même pour sûr, répondit le magicien. J'y étais hier à la nuit tombante, mais il a pu se passer bien des choses depuis lors. Je pense toutefois que vous ne trouverez pas le voyage inutile – même si nous laissons derrière nous les Cavernes Etincelantes d'Aglarond.

La compagnie finit par sortir des arbres, et elle se trouva au fond de la Combe, à l'embranchement de la route du Gouffre de Helm qui se dirigeait d'une part à l'ouest vers Edoras et de l'autre au nord vers les Gués de l'Isen. Comme ils chevauchaient aux lisières de la forêt, Legolas fit halte et regarda en arrière avec regret. Il poussa alors soudain un cri.

– Il y a des yeux! s'exclama-t-il. Des yeux qui nous observent d'entre les ombres des branches! Je n'ai jamais vu pareils yeux.

Surpris par son cri, les autres s'arrêtèrent et se retournèrent; mais Legolas fit mine de revenir en arrière.

– Non, non! cria Gimli. Fais comme il te plaît dans ta folie, mais laisse-moi d'abord descendre de ce cheval! Je ne veux pas voir d'yeux!

– Restez, Legolas Feuilleverte! dit Gandalf. Ne retournez pas encore dans la forêt, pas encore! Votre moment n'est pas encore venu.

Tandis qu'il parlait, trois étranges formes sortirent des arbres. Elles étaient aussi grandes que des trolls, mesurant une douzaine de pieds de haut; leurs corps solides, d'une robustesse de jeunes arbres, semblaient habillés de vêtements, ou de peaux, gris et bruns ajustés. Leurs membres étaient longs et leurs mains comportaient de nombreux doigts; ils avaient les cheveux raides et des barbes d'un gris-vert de mousse. Ils observaient avec des yeux graves, mais non pas les cavaliers : leur regard se portait vers le nord. Ils élevèrent soudain leurs longues mains à leur bouche et lancèrent trois appels sonores, aussi clairs que les notes d'un cor, mais plus harmonieux et plus variés. Il y eut une réponse; et, se retournant de nouveau, les cavaliers virent approcher à grands pas dans l'herbe d'autres créatures semblables. Elles venaient rapidement du nord, avec la démarche, mais non l'allure de hérons échassiers car, dans leurs longs pas, leurs jambes battaient plus vite que les ailes des hérons. Les cavaliers lancèrent des exclamations d'étonnement, et quelques-uns portèrent la main à leur épée.

– Les armes sont inutiles, dit Gandalf. Ce ne sont là que des pasteurs. Ils ne sont pas des ennemis, et en fait ils ne s'occupent aucunement de nous.

Ce semblait bien être vrai, car, tandis qu'il parlait, les grandes créatures s'évanouirent à grandes enjambées dans la forêt sans jeter le moindre regard aux cavaliers.

– Des pasteurs! dit Théoden. Où sont leurs troupeaux? Que sont-ils, Gandalf? Car il est clair que pour vous, du moins, ils ne sont pas étranges.

– Ce sont les pasteurs des arbres, répondit Gandalf. Y a-t-il donc si longtemps que vous écoutiez les légendes de coin du feu? Il est dans votre pays des enfants qui, des fils emmêlés des histoires, pourraient tirer la réponse à votre question. Vous avez vu des Ents, ô Roi, des Ents de la Forêt de Fangorn, que vous appelez dans votre langue Forêt d'Ent. Pensiez-vous que ce nom avait été donné par simple fantaisie? Non, Théoden, il en va autrement : pour eux, vous n'êtes que l'histoire passagère; toutes les années écoulées depuis Eorl le Jeune jusqu'à Théoden le Vieux ne représentent pas grand-chose pour eux; et tous les exploits de votre maison ne sont que broutilles.

Le Roi resta silencieux. – Des Ents! dit-il enfin. Hors des ombres de la légende, je commence à comprendre un peu la merveille des arbres, je crois. J'ai assez vécu pour voir d'étranges jours. Longtemps, nous avons soigné nos bêtes et nos champs, bâti nos maisons, forgé nos outils ou chevauché au loin pour participer aux guerres de Minas Tirith. Et c'est ce que nous appelions la vie des Hommes, le train du monde. Nous ne nous préoccupions guère de ce qui se trouvait au-delà des frontières de notre pays. Nous avons des chansons qui parlent de ces choses, mais nous les oublions et nous ne les enseignons aux enfants que par une vague habitude. Et voilà que les chansons viennent parmi nous d'endroits étranges et marchent en chair et en os sous le Soleil.

– Vous devriez en être heureux, Roi Théoden, dit Gandalf. Car ce n'est pas seulement la petite vie des Hommes qui est menacée à présent, mais celle aussi de ces choses que vous jugiez affaire de légende. Vous n'êtes pas sans alliés, quand bien même vous ne les connaissez pas.

– Mais je devrais aussi m'attrister, dit Théoden. Car, quelle que soit la fortune de la guerre, ne se terminera-t-elle pas de telle sorte qu'une grande partie de ce qui était beau et merveilleux disparaîtra à jamais de la Terre du Milieu?

– Il se pourrait, dit Gandalf. Le mal infligé par Sauron ne peut être totalement guéri, et on ne saurait l'annuler purement et simplement. Mais nous sommes condamnés à ces temps. Poursuivons le voyage que nous avons commencé!

La compagnie quitta alors la Combe et la forêt pour prendre la route des Gués. Legolas suivit à contrecœur. Le soleil s'était couché, déjà il avait sombré derrière l'horizon; mais comme, sortant de l'ombre des collines, ils regardaient à l'ouest vers la Trouée de Rohan, le ciel était encore rouge, et une lueur de flamme se reflétait sous les nuages flottants. Se détachant en sombre, tournoyaient de nombreux oiseaux aux ailes noires. Quelques-uns, qui rentraient chez eux parmi les rochers, les survolaient avec des cris lugubres.

– Les charognards se sont activés sur le champ de bataille, dit Eomer.

Ils avaient pris maintenant une allure tranquille, et l'obscurité tombait sur la plaine environnante. La lune monta lentement : elle était presque dans son plein, et dans sa froide lueur argentée les herbages onduleux s'élevaient et descendaient comme une vaste mer grise. Ils avaient chevauché quelque quatre heures depuis la fourche des routes quand ils approchèrent des Gués. De longues pentes descendaient rapidement vers l'endroit où la rivière s'étalait en hauts fonds pierreux entre de hautes berges herbeuses. Ils entendirent, porté par le vent, le hurlement de loups. Ils eurent le cœur lourd à la pensée de tous les hommes qui étaient tombés au combat en ces lieux.

La route plongea entre des talus de gazon qui s'élevaient de part et d'autre, creusant son chemin au travers des levées de terre jusqu'au bord de la rivière, pour remonter de l'autre côté. Il y avait en travers du cours d'eau trois rangées de pierres plates et entre celles-ci des Gués pour les chevaux, qui allaient des deux bords à un îlot nu à mi-chemin. Les cavaliers abaissèrent le regard sur les passages, qui leur parurent bizarres; car les Gués avaient toujours été des endroits remplis du caquetage des eaux précipitées, alors que, là, ils étaient silencieux. Les lits de la rivière étaient presque à sec; on ne voyait qu'une étendue nue de galets et de sable gris.

– C'est devenu un endroit bien morne, dit Eomer. Quel mal a atteint la rivière? Saroumane a détruit bien des belles choses; aurait-il aussi dévoré les sources de l'Isen?

– Il le semblerait, dit Gandalf.

– Hélas! dit Théoden. Devons-nous emprunter cette route où les bêtes de proie dévorent tant de bons Cavaliers de la Marche?

– C'est notre chemin, dit Gandalf. Cruelle est la perte de vos hommes, mais vous verrez qu'au moins les loups des montagnes ne les dévorent pas. C'est avec leurs amis, les Orques, qu'ils tiennent leur festin : telle est, en vérité, l'amitié de leur espèce. Allons!

Ils descendirent à la rivière et, à leur approche, les loups cessèrent leurs hurlements et partirent furtivement. La peur les saisit à la vue de Gandalf dans la lune et de Gripoil, son cheval, brillant comme de l'argent. Les cavaliers passèrent sur l'îlot, et des yeux luisants et blafards les observèrent de l'obscurité des rives.

– Regardez! dit Gandalf. Des amis ont travaillé ici.

Et ils virent qu'au milieu de l'îlot avait été élevé un tertre entouré de pierres, où étaient plantées de nombreuses lances.

– Ici gisent tous les Hommes de la Marche qui sont tombés près de cet endroit, dit Gandalf.

– Qu'ils reposent en paix! dit Eomer. Et quand leurs lances auront pourri et rouillé, que leur tertre demeure longtemps encore, gardant les Gués de l'Isen!

– Ceci est-il votre œuvre aussi, Gandalf, mon ami? dit Théoden. Vous avez beaucoup fait en une soirée et une nuit!

– Avec l'aide de Gripoil – et d'autres, dit Gandalf. J'ai été vite et loin. Mais ici, près du tertre, je dirai ceci pour votre réconfort : beaucoup sont tombés dans les batailles des Gués, mais moins que la rumeur ne l'a colporté! Il y a eu plus d'hommes dispersés que de tués; j'ai rallié tous ceux que j'ai pu trouver. J'en envoyai une partie rejoindre Erkenbrand avec Grimbold de l'Ouestfolde, et je confiai à d'autres le soin de cet ensevelissement. Ils ont maintenant suivi votre maréchal, Elfhelm. Je l'ai dépêché avec d'autres Cavaliers à Edoras. Je savais que Saroumane avait envoyé toutes ses forces contre vous et que tous ses serviteurs avaient abandonné toute autre mission pour se rendre au Gouffre de Helm : le pays paraissait vide d'ennemis; je craignais toutefois que des chevaucheurs de loups et des pillards ne pussent aller à Meduseld alors que la ville n'était pas défendue. Mais je crois que vous n'avez rien à craindre à présent : votre maison sera là pour vous accueillir à votre retour.

– Et je serai bien heureux de la revoir, dit Théoden, encore que mon séjour doive y être bref maintenant, je n'en doute pas.

Là-dessus, la compagnie dit adieu à l'île et au tertre, traversa la rivière et gravit la rive opposée. Puis ils poursuivirent leur chevauchée, heureux d'avoir quitté les lugubres Gués. Tandis qu'ils allaient, le hurlement des loups éclata de nouveau.

Une ancienne grand-route descendait de l'Isengard vers les passages. Elle longeait pendant quelque temps le bord de la rivière, virant avec elle vers l'est, puis vers le nord; mais elle s'en détournait enfin pour se diriger en droite ligne vers les portes de l'Isengard; et celles-ci étaient situées sous le flanc de la montagne à l'ouest de la vallée, à seize milles ou davantage de son entrée. Ils suivirent cette route, mais non dessus; car le sol, à côté, était ferme et uni, recouvert sur de nombreux milles d'un gazon court et nouveau. Ils allèrent alors d'un train plus rapide et, à minuit, les Gués se trouvaient à près de cinq lieues derrière eux. Puis ils firent halte, terminant le voyage de la journée, car le Roi était fatigué. Ils étaient parvenus au pied des Monts Brumeux, et les longs bras du Nain Curunir s'avançaient à leur rencontre. La vallée s'étendait, sombre, devant eux, car la lune avait passé à l'ouest et la lumière en était cachée par les collines. Mais de l'ombre profonde de la vallée s'élevait une grande spire de fumée et de vapeur; en montant, elle accrochait les rayons de la lune descendante, et elle s'étendait en vagues diaprées, noir et argent, sur le ciel étoilé.

– Que pensez-vous de cela, Gandalf? demanda Aragorn. On dirait que toute la Vallée du Magicien flambe.

– Il y a toujours de la fumée au-dessus de cette vallée depuis quelque temps, dit Eomer, mais je n'en ai jamais vu de semblable. Ce sont des vapeurs plutôt que des fumées. Saroumane élabore quelque sorcellerie pour nous accueillir. Peut-être fait-il bouillir toutes les eaux de l'Isen et est-ce pourquoi la rivière s'assèche.

– Peut-être bien, dit Gandalf. Nous apprendrons demain ce qu'il fait. Pour le moment, reposons-nous un peu, si nous le pouvons.

Ils campèrent près du lit de l'Isen; il était toujours silencieux et vide. Certains sommeillèrent un peu. Mais tard dans la nuit, les veilleurs crièrent, et tous se réveillèrent. La lune avait disparu. Les étoiles brillaient dans le ciel; mais sur le sol se glissaient des ténèbres plus profondes que la nuit même. Elles roulaient vers eux des deux côtés de la rivière en direction du nord.

– Restez où vous êtes! dit Gandalf. Ne tirez pas d'armes! Attendez! et cela passera à côté de vous!

Une brume s'assembla autour d'eux. Au-dessus, quelques étoiles luisaient encore faiblement; mais de part et d'autre s'élevèrent des murs d'une obscurité impénétrable; ils se trouvaient dans un étroit passage entre deux mouvantes tours d'ombre. Ils entendaient des voix, murmures et gémissements, et un interminable et bruissant soupir; la terre tremblait sous eux. Le temps leur parut long qu'ils passèrent assis dans la peur; mais enfin les ténèbres et la rumeur passèrent et s'évanouirent parmi les bras de la montagne.

Là-bas, dans le sud, sur le Rocher du Cor, les hommes entendirent au milieu de la nuit un grand bruit, comme le vent dans la vallée, et le sol trembla; tous eurent peur, et personne n'osa se risquer au-dehors. Mais, au matin, ils sortirent et ils furent stupéfaits : les corps des Orques avaient disparu, et les arbres aussi. Tout le long de la pente de la vallée du Gouffre, l'herbe était écrasée et roussie par un piétinement; mais à un mille en contrebas du Fossé, un grand trou avait été creusé dans la terre, et des pierres amoncelées au-dessus formaient un monticule. Les hommes pensèrent que les Orques qu'ils avaient tués y étaient enterrés; mais nul ne pouvait dire si ceux qui avaient fui dans la forêt étaient là aussi, car personne n'y mit jamais les pieds. L'endroit porta désormais le nom de Colline de la Mort, et aucune herbe n'y poussa plus. Mais on ne revit jamais les étranges arbres dans la Combe du Gouffre; ils étaient partis au loin dans les sombres vallons de Fangorn, après s'être ainsi vengés des Orques.

Le Roi et sa compagnie ne dormirent plus cette nuit-là; mais ils ne virent ou n'entendirent plus aucune autre étrangeté que celle-ci : la voix de la rivière se réveilla soudain à côté d'eux. il y eut une précipitation d'eau parmi les pierres, et, quand elle fut passée, l'Isen coulait et bouillonnait de nouveau dans son lit, comme il avait toujours fait.

A l'aube, ils s'apprêtèrent à poursuivre leur route. La lumière vint, grise et pâle, et ils ne virent pas le lever du soleil. L'air au-dessus d'eux était lourd de brouillard, et une odeur âcre enveloppait le sol. Ils allèrent lentement, chevauchant à présent sur la grand-route. Elle était large et dure, et bien entretenue. Ils pouvaient discerner à travers la brume le long bras des montagnes qui s'élevaient sur leur gauche. Ils étaient passés dans Nan Curunir, la Vallée du Magicien. C'était une vallée abritée, ouverte seulement vers le Sud. Elle avait été jadis verte et belle, et l'Isen y coulait, déjà profond et abondant avant de rejoindre les plaines; car il était alimenté par de nombreuses sources et des rivières moindres parmi les collines lavées par les pluies, et dans tous ses environs s'était étendue une terre fertile et plaisante.

Il n'en était plus ainsi. Sous les murs de l'Isengard, il y avait encore des champs cultivés par les esclaves de Saroumane; mais la majeure partie de la vallée était devenue un désert d'herbes folles et d'épines. Des ronces rampaient sur le sol ou, grimpant sur les buissons et les talus, ménageaient des antres touffus où logeaient de petites bêtes sauvages. Nul arbre ne poussait là; mais parmi les herbes luxuriantes pouvaient encore se voir les souches brûlées et taillées à la hache d'anciens bosquets. C'était un pays désolé, à présent silencieux à part le bruit de l'eau rapide parmi les pierres. Des fumées et des vapeurs dérivaient en mornes nuages ou se tapissaient dans les creux. Les cavaliers ne parlaient pas. Nombreux étaient ceux qui avaient le doute au cœur et qui se demandaient à quelle triste fin menait leur voyage.

Après plusieurs milles de leur chevauchée, la grand-route se mua en une large rue, pavée de grandes pierres plates, équarries et disposées avec art; pas le moindre brin d'herbe n'était visible dans les joints. De profonds caniveaux, emplis d'eau découlante, couraient de chaque côté. Soudain, une grande colonne apparut devant eux. Elle était noire et portait à son sommet une grande pierre, sculptée et peinte, représentant une longue Main Blanche. Le doigt désignait le nord. Ils surent que les portes de l'Isengard ne devaient plus être loin, et ils eurent le cœur lourd; mais leurs yeux ne pouvaient percer les brumes qui s'étendaient devant eux.

Sous le bras de la montagne dans la Vallée du Magicien se trouvait depuis des temps immémoriaux cet endroit que les Hommes appelaient l'Isengard. Il était en partie formé par les montagnes, mais les Hommes de l'Ouistrenesse y avaient autrefois fait de grands travaux; et Saroumane, qui y avait longtemps résidé, n'était pas resté inactif.

Voici comment ce lieu était constitué à l'époque où Saroumane, que bien des gens tenaient pour le premier des Magiciens, était au faîte de sa grandeur. Un grand mur circulaire, semblable à de puissants escarpements, se détachait du flanc de la montagne pour le retrouver plus loin. Une seule entrée y était ménagée sous la forme d'une grande arche creusée dans le mur sud. Là, un long tunnel avait été percé dans le roc noir, et fermé à chaque extrémité par de puissantes portes de fer. Celles-ci étaient si bien forgées et équilibrées sur leurs énormes gonds, pieds-droits d'acier enfoncés dans la pierre vive, qu'une fois débâclées, il suffisait d'une légère poussée des bras pour les ouvrir sans bruit. Qui entrait dans le tunnel empli d'échos se trouvait à la sortie devant une plaine, un grand cercle un peu creux, une sorte de vaste cuvette de faible profondeur, qui mesurait un mille d'un bord à l'autre. Elle avait été autrefois verdoyante et remplie de promenades et de vergers plantureux, arrosés par les ruisseaux qui descendaient de la montagne vers un lac. Mais il ne poussait plus rien de vert dans les derniers temps de Saroumane. Les routes étaient pavées de dalles de pierre, sombres et dures; et, au lieu d'arbres, elles étaient bordées de longues rangées de colonnes, certaines de marbre, d'autres de cuivre et de fer, réunies par de lourdes chaînes.

Il y avait là de nombreuses maisons, chambres, salles et passages creusés dans la face intérieure des murs, de sorte que le cercle découvert était surplombé d'innombrables fenêtres et portes sombres. Des milliers de personnes pouvaient habiter là, ouvriers, serviteurs, esclaves et guerriers avec de grands approvisionnements d'armes; des loups étaient nourris et logés en dessous dans de profondes tanières. La plaine aussi était forée et creusée. Des puits s'enfonçaient loin dans le sol; l'orifice en était recouvert de monticules bas et de dômes de pierre, de sorte qu'au clair de lune le Cercle d'Isengard avait l'air d'un cimetière de morts agités. Car la terre tremblait. Les puits descendaient par de nombreuses pentes et escaliers en spirale vers des cavernes profondes; là, Saroumane avait des trésors, des magasins, des armureries, des forges et de grands fourneaux. Des roues d'acier y tournaient sans répit, et les marteaux y résonnaient sourdement. La nuit, des panaches de vapeur s'échappaient des trous d'aération, éclairés par en dessous de lueurs rouges, bleues ou d'un vert vénéneux.

Toutes les routes descendaient entre leurs chaînes vers le centre. Là, se dressait une tour de forme merveilleuse. Elle avait été façonnée par les constructeurs d'autrefois qui avaient égalisé l'Anneau de l'Isengard, et pourtant elle ne paraissait pas être due à l'art des Hommes, mais avoir surgi de l'ossature même de la terre dans l'antique tourment des collines. C'était une pointe et une île de roc, noire et luisante : quatre puissants piliers de pierre à plusieurs côtés étaient soudés en un seul, mais près du sommet, ils s'ouvraient en cornes écartées aux pinacles aussi aigus que des fers de lance et aussi affilés que des couteaux. Entre eux était ménagé un étroit espace, où, sur un sol de pierre polie portant des inscriptions étranges, un homme pouvait se tenir à cinq cents pieds au-dessus de la plaine. C'était là Orthanc, la citadelle de Saroumane, dont le nom avait (à dessein ou par hasard) un double sens; car, en langage elfique, *orthanc* signifie Mont du Croc, mais dans l'ancienne langue de la Marche, Esprit Rusé.

L'Isengard était une étonnante place forte, et elle avait longtemps été belle; là avaient résidé de grands seigneurs, les gardiens du Gondor à l'Ouest, et des sages qui observaient les étoiles. Mais Saroumane l'avait lentement adaptée à ses desseins mouvants et, à son idée, bien qu'il s'abusât, améliorée – car tous ces artifices et dispositifs ingénieux, pour lesquels il abandonna sa sagesse antérieure et qu'il se plaisait à imaginer siens, ne venaient que du Mordor; de sorte que ce qu'il faisait n'était rien d'autre qu'une copie en petit – modèle d'enfant ou flatterie d'esclave – de ces vastes forteresse, armurerie, prison, fourneau à grande puissance, qu'était Barad-dûr, la Tour

Sombre, qui ne souffrait pas de rivale et se riait de la flatterie, attendant son heure, invulnérable dans son orgueil et sa force incommensurable.

Telle était la place forte de Saroumane, selon que le rapportait la renommée; car, de mémoire d'homme, les habitants du Rohan n'avaient point passé ses portes, à part un tout petit nombre, dont par exemple Langue de Serpent, qui y étaient venus en secret et s'étaient gardés de dire à quiconque ce qu'ils avaient vu.

Gandalf avança alors vers la grande colonne et passa devant elle; et à ce moment, les Cavaliers virent avec étonnement que la Main n'était plus blanche. Elle était tachée de sang séché, et, regardant de plus près, ils constatèrent que ses ongles étaient rouges. Impavide, Gandalf poursuivit son chemin dans la brume, et ils le suivirent à contrecœur. Tout autour d'eux à présent, on eût dit qu'il y avait eu une soudaine inondation : de grandes mares d'eau s'étendaient près de la route, emplissant les creux, et des ruisseaux coulaient parmi les pierres.

Gandalf s'arrêta enfin et les appela du geste; ils approchèrent et virent que, plus loin, les brumes s'étaient dissipées et qu'un pâle soleil brillait. Midi était passé. Ils étaient arrivés aux portes de l'Isengard.

Mais celles-ci gisaient arrachées et tordues sur le sol. Et partout de la pierre, fendue ou brisée en innombrables fragments déchiquetés, était répandue de tous côtés ou entassée en morceaux croulants. La grande arche restait debout, mais elle ouvrait à présent sur un vide sans voûte : le tunnel était dénudé et de part et d'autre dans les murs semblables à des falaises s'ouvraient de grandes fissures et brèches; les tours étaient réduites en poussière. Si la Grande Mer se fût soulevée de colère et précipitée en tempête sur les collines, elle n'aurait pas infligé ruine plus grande.

Au-delà, le cercle était rempli d'eau fumante : chaudron bouillonnant dans lequel se soulevaient et flottaient des épaves de madriers et d'espars, de coffres, de barriques et d'apparaux brisés. Des colonnes tordues et penchées dressaient leurs fûts ébréchés au-dessus de l'inondation, mais toutes les routes étaient noyées. Très loin, semblait-il, apparaissait, à demi voilé dans les replis d'un nuage, le rocher de l'île. Toujours sombre et haute, non atteinte par la tempête, se dressait la tour d'Orthanc. Des eaux pâles clapotaient à son pied.

Le roi et toute sa compagnie, étonnés, restaient silencieusement sur leurs chevaux; ils voyaient que le pouvoir de Saroumane était défait, mais ils ne pouvaient imaginer de quelle façon. Ils tournèrent alors le regard vers la voûte d'entrée et les portes abattues. Ils virent là, tout à côté, un grand tas de décombres, et tout à coup ils aperçurent, tranquillement étendus dessus, deux petits personnages, vêtus de gris, à peine visibles parmi les pierres. Des bouteilles, des bols et des écuelles se trouvaient à côté d'eux, comme s'ils venaient de faire un bon repas après lequel ils se reposaient de leurs peines. L'un semblait dormir; l'autre était appuyé contre un rocher brisé, jambes croisées et mains derrière la tête, et il lançait de sa bouche de longs rubans et des petits ronds de légère fumée bleue.

Théoden, Eomer et tous ses hommes les observèrent un moment avec étonnement. Au milieu de toute cette ruine de l'Isengard, c'était pour eux la plus étrange des visions. Mais avant que le roi ne pût parler, le petit personnage qui soufflait la fumée s'aperçut tout d'un coup de leur présence, tandis qu'ils se tenaient là silencieux à la limite de la brume. Il se dressa vivement sur ses pieds. Ce semblait être un jeune homme, tout au moins en avait-il l'apparence, bien qu'il ne dépassât pas la moitié de la taille d'un homme; sa tête, aux cheveux bruns bouclés, était découverte, mais il était vêtu d'un manteau taché par les voyages, de même teinte et de même forme que ceux que portaient les compagnons de Gandalf lors de leur chevauchée vers Edoras. Il s'inclina très bas, la main sur la poitrine. Puis il se tourna vers Eomer et le roi, sans paraître prêter aucune attention au magicien et à ses amis.

– Bienvenue, mes seigneurs, à l'Isengard! dit-il. Nous sommes les gardiens de la porte. Je m'appelle Meriadoc, fils de Saradoc; et mon compagnon – qui est malheureusement accablé de fatigue (là-dessus, il donna à l'autre un coup de pied) – est Peregrin, fils de Paladïn, de la maison de Touque. Notre demeure est loin dans le Nord. Le Seigneur Saroumane est à l'intérieur, mais pour le moment, il est enfermé avec un certain Langue de Serpent, sans quoi il serait sans nul doute venu accueillir de si honorables hôtes.

– Sans nul doute! dit Gandalf, riant. Et est-ce Saroumane qui vous a ordonné de garder ces portes délabrées et de guetter l'arrivée d'hôtes, quand votre attention pourrait se détourner du boire et du manger?

– Non, mon bon monsieur, cette question lui a échappé, répondit gravement Merry. Il a été extrêmement occupé. Nos ordres sont venus de Sylvebarbe, qui a repris la direction de l'Isengard. Il m'a ordonné d'accueillir le Seigneur de Rohan avec des paroles qui conviennent. J'ai fait de mon mieux.

– Et vos compagnons? et Legolas et moi? s'écria Gimli, incapable de se contenir plus longtemps. Espèces de coquins, lâcheurs aux pieds et à la caboche laineux! Une belle chasse dans laquelle vous nous avez entraînés! Deux cents lieues, par marais et forêts, en affrontant les combats et la mort, pour vous secourir! Tout cela pour vous trouver là à banqueter et à vous délasser – et à fumer! Fumer! Où avez-vous trouvé l'herbe, scélérats? Par le marteau et les tenailles! Je suis tellement déchiré entre la rage et la joie que ce sera pur miracle si je n'éclate pas!

– Tu parles pour moi, Gimli, dit Legolas, riant. Encore que j'aimerais mieux savoir où ils ont trouvé le vin.

– Il est une chose que vous n'avez pas trouvée au cours de votre chasse, c'est un esprit un peu plus vif, dit Pippin, ouvrant un œil. Comme ça, vous nous trouvez assis sur un champ de victoire, au milieu du butin d'armées, et vous vous demandez comment nous nous sommes procuré quelques réconforts bien gagnés!

– Bien gagnés? dit Gimli. Voilà que je ne saurais croire!

Les Cavaliers rirent. – Il n'y a pas de doute que nous assistons à la rencontre d'amis chers, dit Théoden. Ainsi, ce sont là les membres perdus de votre compagnie, Gandalf? Ces jours sont voués aux merveilles. J'en ai déjà vu beaucoup depuis que j'ai quitté ma demeure; et voici que se tiennent devant mes yeux d'autres héros de lègende. Ne sont-ce pas là les semi-hommes, que certains d'entre nous appellent Hobbytlan?

– Hobbits, s'il vous plaît, seigneur, dit Pippin.

– Hobbits? dit Théoden. Votre langue a étrangement changé, mais le nom ne paraît pas inapproprié ainsi. Des Hobbits! Toutes les données que j'avais ne faisaient guère justice à la vérité.

Merry s'inclina; et Pippin se leva pour saluer profondément. – Vous êtes bienveillant, seigneur; du moins espéré-je pouvoir ainsi interpréter vos paroles, dit-il. Et voici une autre merveille! J'ai vagabondé par bien des pays depuis que j'ai quitté ma maison, et jamais encore je n'ai rencontré de gens qui connussent aucune histoire concernant les Hobbits.

– Les miens sont venus du Nord il y a très longtemps, dit Théoden. Mais je ne veux pas vous tromper : nous ne connaissons aucune histoire sur les Hobbits. Tout ce que l'on raconte chez nous, c'est que très loin, au-delà de maintes collines et rivières, vivent les semi-hommes qui demeurent dans des trous des dunes de sable. Mais il n'y a aucune légende de leurs exploits, car on dit qu'ils ne font pas grand-chose et qu'ils échappent à la vue des hommes, ayant la faculté de disparaître en un clin d'œil; et ils peuvent changer leur voix de façon à la faire ressembler au gazouillement des oiseaux. Mais il semble qu'il y en ait davantage à dire.

– En effet, seigneur, dit Merry.

– Pour commencer, reprit Théoden, je n'avais pas entendu dire qu'ils soufflaient de la fumée par la bouche.

– Cela n'a rien d'étonnant, répondit Merry, car c'est un art que nous ne pratiquons que depuis quelques générations. Ce fut Tobold Sonneur de Cor, de Longoulet dans le Quartier Sud, qui le premier fit pousser la véritable herbe à pipe dans ses jardins, vers l'an 1070 selon notre compte. A quel âge le vieux Tobby découvrit la plante...

– Vous ne connaissez pas le danger où vous êtes, Théoden, dit Gandalf, s'interposant. Ces Hobbits peuvent se tenir au bord de la ruine et discuter des plaisirs de la table ou des petits faits de leurs pères, grands-pères et arrière-grands-pères ou petits cousins au neuvième degré, pour peu que vous les encouragiez par une patience indue. Un autre moment conviendrait plus à l'histoire de l'art de fumer. Où est Sylvebarbe, Merry?

– Du côté nord, je pense. Il est allé boire un coup – d'eau pure. La plupart des Ents sont avec lui, encore occupés à leur tâche – là-bas. Merry agita la main en direction du lac fumant; et, tandis qu'ils regardaient, ils entendirent un grondement et un fracas lointains, comme si une avalanche tombait du flanc de la montagne. D'une grande distance vint un *houm-hom*, comme de cors sonnant triomphalement.

– Et Orthanc reste-t-il donc sans défense? demanda Gandalf.

– Il y a l'eau, dit Merry. Mais Vifsorbier et d'autres le surveillent. Ces piliers et ces colonnes dans la plaine n'ont pas tous été plantés par Saroumane. Vifsorbier se trouve, je crois, près du rocher, au pied de l'escalier.

– Oui, il y a là un grand Ent gris, dit Legolas; mais ses bras sont à ses côtés, et il se tient aussi immobile qu'un arbre de porte.

– Il est midi passé, dit Gandalf, et nous, en tout cas, nous n'avons pas mangé depuis le grand matin. Mais je voudrais voir Sylvebarbe le plus tôt possible. N'a-t-il laissé aucun message pour moi, ou le boire et le manger l'ont-ils chassé de votre pensée?

– Il a bien laissé un message, et j'y venais, dit Merry, mais j'ai été retenu par bien d'autres questions. Je devais vous dire que, si le Seigneur de la Marche et Gandalf veulent bien se rendre au mur nord, ils y trouveront Sylvebarbe, qui les accueillera avec plaisir. Je puis ajouter qu'ils y trouveront aussi de la nourriture des meilleures; elle a été découverte et choisie par vos humbles serviteurs. Il s'inclina.

Gandalf rit. – Voilà qui est mieux! dit-il. Eh bien, Théoden, voulez-vous venir avec moi rejoindre Sylvebarbe? Il nous faut faire un tour, mais ce n'est pas loin. Quand vous verrez Sylvebarbe, vous apprendrez beaucoup de choses. Car Sylvebarbe est Fangorn et le plus vieux et le chef des Ents : en parlant avec lui, vous entendrez le discours du plus ancien de tous les êtres vivants.

– Je vous accompagne, dit Théoden. Adieu, mes Hobbits! J'espère que nous nous reverrons dans ma demeure!

Vous vous y assiérez près de moi, et vous me direz tout ce que votre cœur désirera : les exploits de vos aïeux, aussi loin que vous pouvez les faire remonter; et nous parlerons aussi de Tobold le Vieux et de ses connaissances en herbes. Adieu!

Les Hobbits s'inclinèrent profondément. – C'est donc là le Roi de Rohan! dit Pippin à mi-voix. Un beau vieillard. Très poli.

CHAPITRE IX

EPAVES

Gandalf et la compagnie du Roi s'en furent, obliquant vers l'est pour faire le tour des murs ruinés de l'Isengard. Mais Aragorn, Gimli et Legolas restèrent là. Laissant Arod et Hasufel s'écarter en quête d'herbe, ils vinrent s'asseoir près des Hobbits.

– Alors! La chasse est terminée, et nous nous retrouvons enfin en un lieu où aucun de nous n'avait jamais pensé venir, dit Aragorn.

– Et maintenant que les grands sont allés discuter de questions importantes, dit Legolas, les chasseurs pourront peut-être recevoir la réponse à leurs propres petites énigmes. Nous vous avons pistés jusqu'à la forêt, mais il y a encore bien des choses sur lesquelles je voudrais connaître la vérité.

– Et il y a aussi beaucoup de choses que nous voudrions savoir à votre sujet, dit Merry. Nous en avons appris quelques-unes par Sylvebarbe, le Vieil Ent, mais ce n'est pas à moitié suffisant.

– A chacun son tour, dit Legolas. Nous sommes les chasseurs, et c'est à vous de nous donner en premier lieu des explications a votre sujet.

– Ou en second lieu, dit Gimli. Ce serait mieux après un repas. J'ai mal à la tête, et il est midi passé. Vous autres lâcheurs, vous pourriez faire réparation en nous trouvant un peu du butin dont vous parliez. De quoi manger et boire rachèterait un peu des griefs que j'ai contre vous.

– Dans ce cas, tu l'auras, dit Pippin. Veux-tu le prendre ici ou avec plus de confort dans ce qui reste du corps de garde de Saroumane – là-bas sous l'arche? Nous avons dû pique-niquer ici dehors pour garder un œil sur la route.

– Moins d'un œil! dit Gimli. Mais je ne veux pas entrer dans une maison d'Orque, ni toucher à de la nourriture d'Orque ni à rien qu'ils aient abattu.

– On ne te le demanderait pas, dit Merry. Nous avons eu assez des Orques nous-mêmes pour une vie entière. Mais il y avait beaucoup d'autres gens dans l'Isengard. Saroumane avait conservé suffisamment de sagesse pour ne pas faire confiance à ses Orques. Il avait des hommes pour garder ses portes : certains de ses plus fidèles serviteurs, je pense. En tout cas, ils étaient favorisés, et ils recevaient de bons vivres.

– Et de l'herbe à pipe? demanda Gimli.

– Non, je ne crois pas, dit Merry, riant. Mais c'est là une autre histoire, qui peut attendre jusqu'à après le déjeuner.

– Eh bien, allons déjeuner, alors! dit le Nain.

Les Hobbits montrèrent le chemin, et, passant sous l'arche, ils arrivèrent à une large porte au sommet d'un escalier sur la gauche. Elle ouvrait directement sur une grande salle, où il y avait d'autres portes plus petites à l'extrémité opposée et un âtre et une cheminée sur un côté. La pièce était taillée dans le roc; et elle devait avoir été sombre, car les fenêtres ne donnaient que sur le tunnel. Mais à présent la lumière tombait de la voûte écroulée. Du bois flambait dans l'âtre.

– J'ai allumé un peu de feu, dit Pippin. Cela nous ragaillardissait un peu dans les brouillards. Il n'y avait par là que quelques fagots, et la plupart du bois que nous avons pu trouver était mouillé. Mais il y a un grand tirage dans la cheminée; elle paraît monter en colimaçon à travers le rocher, et elle n'a heureusement pas été bloquée. Un feu a son utilité. Je vais vous faire des rôties. Le pain est d'il y a trois ou quatre jours, je crains.

Aragorn et ses compagnons s'assirent à un bout de la longue table, et les Hobbits disparurent par une des portes intérieures.

– La dépense est là-dedans, et au-dessus du niveau de l'inondation, heureusement, dit Pippin, comme ils revenaient chargés de plats, de bols, de tasses, de couteaux et de nourriture de diverses sortes.

– Et ce n'est pas la peine de faire fi de la provende, Maître Gimli, dit Merry. Ce ne sont pas des trucs d'Orques, mais de la nourriture d'homme, comme dit Sylvebarbe. Voulez-vous du vin ou de la bière? Il y a un tonneau là-dedans – très passable. Et voici du porc salé de première qualité. Ou je peux couper quelques tranches de lard et vous les faire griller, si vous voulez. Je regrette qu'il n'y ait pas de légumes verts : les livraisons ont été quelque peu interrompues ces derniers jours! Je ne puis rien vous offrir ensuite que du beurre et du miel pour votre pain. Etes-vous satisfaits?

– Certes oui, dit Gimli. Mon compte de griefs est fortement réduit.

Les trois furent bientôt tout occupés de leurs repas; et les deux Hobbits s'attablèrent sans vergogne à un second service. – Nous devons tenir compagnie à nos hôtes, dirent-ils.

– Vous êtes pleins de courtoisie ce matin, dit Legolas, riant. Mais peut-être que, si nous n'étions arrivés, vous seriez déjà en train de vous tenir mutuellement compagnie de nouveau.

– Peut-être; et pourquoi pas? dit Pippin. Nous avons fait vilaine chère avec les Orques, et nous n'avions pas eu grand-chose pendant plusieurs jours auparavant. Cela paraît longtemps que nous n'avons pu manger tout notre content.

– Vous n'avez pas l'air de vous en porter plus mal, dit Aragorn. En fait, vous paraissez en pleine forme.

– Oui, vraiment, dit Gimli, les jaugeant par-dessus le bord de sa tasse. Votre chevelure est deux fois plus épaisse et bouclée que quand nous nous sommes séparés; je jurerais que vous avez tous les deux grandi, si la chose était possible pour des Hobbits de votre âge. En tout cas, ce Sylvebarbe ne vous a pas affamés.

– Non, dit Merry. Mais les Ents boivent seulement, et la boisson ne suffit pas au contentement. Les boissons de Sylvebarbe ont beau être nourrissantes, on ressent le besoin de quelque chose de solide. Et même le *lembas* supporte le changement.

– Ainsi vous avez bu des eaux des Ents? dit Legolas. Dans ce cas, il est vraisemblable que les yeux de Gimli ne le trompent pas. On a chanté d'étranges chansons sur les boissons de Fangorn.

– On a raconté bien des histoires étranges sur cette terre, dit Aragorn. Je n'y ai jamais été. Allons, dites-m'en davantage là-dessus, et sur les Ents!

– Les Ents, dit Pippin, les Ents sont... enfin, les Ents sont différents, pour commencer. Mais leurs yeux, leurs yeux sont très curieux. Il essaya de quelques mots maladroits qui se perdirent dans le silence. Oh, ben, poursuivit-il, vous en avez vu de loin, déjà – eux vous ont vu en tout cas, et ils ont signalé que vous étiez en route – et vous en verrez beaucoup d'autres avant de partir d'ici, je pense. Vous devez vous faire votre propre idée.

– Allons, allons! dit Gimli. Nous commençons l'histoire par le milieu. J'aimerais avoir un récit ordonné, en commençant par cette étrange journée où notre communauté fut rompue.

– Tu l'auras, si le temps le permet, dit Merry. Mais tout d'abord – si vous avez fini de manger – vous bourrerez vos pipes, et vous vous allumerez. Nous pourrons alors prétendre un moment être tous de retour sains et saufs à Bree, ou à Fondcombe.

Il sortit un petit sac de cuir rempli de tabac. « Nous en avons des tas, dit-il, et vous pourrez tous en empaqueter autant que vous voudrez quand nous repartirons. Nous avons procédé ce matin à un petit travail de récupération, Pippin et moi. Il y a des tas de choses qui flottent par-ci par-là. C'est Pippin qui a trouvé deux petits barils emportés par l'eau, je pense, de quelque cave ou magasin. En les ouvrant, nous les avons trouvés pleins de ceci : de l'herbe à pipe aussi fine qu'on la pourrait désirer, et parfaitement intacte.

Gimli en prit qu'il frotta dans ses paumes et huma :
– La consistance est bonne, et elle sent bon, dit-il.

– Elle est bonne! dit Merry. C'est de la Feuille de Longoulet, mon cher Gimli! Les barils portaient la marque de fabrique de Sonnecor, clairement inscrite. Comment elle est venue ici, ça je n'en sais rien. Sans doute pour l'usage personnel de Saroumane. Je n'aurais jamais imaginé qu'il allât aussi loin. Mais cela tombe au mieux, hein?

– Oui, si j'avais une pipe pour la fumer, dit Gimli. J'ai malheureusement perdu la mienne dans la Moria, ou avant. Il n'y a pas de pipe, dans tout votre butin?

– Non, j'en ai peur, dit Merry. On n'en a pas trouvé, pas même ici, au corps de garde. Saroumane conservait cette marchandise de choix pour lui seul, semble-t-il. Et je ne pense pas qu'il serve à grand-chose de frapper aux portes d'Orthanc pour lui demander une pipe! Il nous faudra partager les nôtres, comme de bons amis dans le besoin.

– Un instant! dit Pippin. Il glissa sa main dans le devant de sa veste et en tira un petit portefeuille au bout d'une ficelle. – Je conserve contre ma peau un ou deux petits trésors, aussi précieux pour moi que des Anneaux. En voici un : ma vieille pipe de bois. Et en voici une autre, neuve. Je l'ai longuement portée, je me demande pourquoi. Je n'avais jamais pensé trouver de l'herbe à pipe au cours du voyage, quand j'eus fini la mienne. Mais la voilà utile après tout. Il tendit à Gimli une petite pipe à large fourneau aplati. Cela règle-t-il notre compte? dit-il.

– Le régler! s'écria Gimli. Très noble Hobbit, cela me laisse grandement ton débiteur.

– Bon, je retourne à l'air libre voir ce que font le vent et le ciel! dit Legolas.

– Nous vous accompagnons, dit Aragorn.

Ils sortirent et s'assirent sur les pierres entassées devant la porte. Ils pouvaient voir au loin dans la vallée, à présent; les brumes se levaient et s'en allaient portées par la brise.

– Et maintenant prenons un peu nos aises ici un moment! dit Aragorn. Asseyons-nous au bord des ruines et parlons, comme dit Gandalf, pendant qu'il est occupé ailleurs. Je ressens une fatigue telle que j'en ai rarement éprouvée jusqu'ici.

Il s'enveloppa de son manteau gris, cachant sa chemise de mailles, et étendit ses longues jambes. Puis il se renversa en arrière et envoya en l'air un mince filet de fumée.

– Regardez! dit Pippin. Grands-Pas le Rôdeur est revenu!

– Il n'est jamais parti, dit Aragorn. Je suis Grands-Pas et aussi Dunadan, et je suis autant du Gondor que du Nord.

Ils fumèrent un moment en silence, et le soleil brillait sur eux, jetant dans la vallée ses rayons obliques d'entre les nuages blancs qui flottaient haut dans le ciel à l'Ouest. Legolas restait étendu immobile, regardant le soleil et le ciel d'un œil ferme et chantant doucement pour lui-même. Il finit par se redresser. – Allons! dit-il. Le temps passe, et les brouillards se dissipent – ou le feraient si vous autres gens étranges ne vous enveloppiez de fumée. Et l'histoire?

– Eh bien, elle commence par mon réveil dans le noir, tout encordé dans un camp d'Orques, dit Pippin. Voyons, quel jour sommes-nous?

– Le 5 mars selon le calendrier de la Comté, dit Aragorn. Pippin calcula sur ses doigts. – Neuf jours seulement! dit-il (1). Il semblerait y avoir un an que nous fûmes faits prisonniers. Enfin... bien que la moitié ait été comme un mauvais rêve, je compte que trois horribles journées suivirent. Merry rectifiera si j'oublie quelque chose d'important; je n'entrerai pas dans les détails : les fouets, la crasse, la puanteur et tout cela; la remémoration en est insupportable. Là-dessus, il se lança dans le récit du dernier combat de Boromir et de la marche des Orques d'Emyn Muil à la Forêt. Les autres hochaient la tête, comme les différents points s'accordaient avec leurs hypothèses.

– Voici des trésors que vous avez semés, dit Aragorn. Vous serez contents de les récupérer. Il desserra sa ceinture sous son manteau et en tira deux poignards dans leur gaine.

– Eh bien! dit Merry. Je ne me serais jamais attendu à les revoir! J'ai marqué quelques Orques du mien; mais Ouglouk nous les a pris. Quelle fureur était la sienne! J'ai cru tout d'abord qu'il allait me poignarder, mais il jeta les poignards au loin comme s'ils le brûlaient.

(1) Tous les mois du calendrier de la Comté avaient 30 jours.

– Et voici aussi votre broche, Pippin, dit Aragorn. Je l'ai gardée en sécurité, car c'est un objet très précieux.

– Je sais, dit Pippin. Ce fut un déchirement de l'abandonner; mais que pouvais-je faire d'autre?

– Rien, répondit Aragorn. Qui ne peut jeter un trésor en cas de nécessité est dans les fers. Vous avez bien agi.

– Votre façon de trancher les liens de vos poignets, ce fut du joli travail! dit Gimli. La chance vous a servi, mais vous avez su saisir l'occasion des deux mains, pour ainsi dire.

– Et vous nous avez posé une belle énigme, dit Legolas. Je me suis demandé s'il ne vous était pas poussé des ailes.

– Malheureusement pas, dit Pippin. Mais vous ne saviez rien de Grishnakh. Il eut un frisson et il se tut, laissant à Merry le soin de décrire ces derniers et horribles moments : les mains tripoteuses, l'haleine chaude et l'horrible force des bras poilus de Grishnakh.

– Tous ces détails sur les Orques de Barad-dûr ou Lugburz, comme ils l'appellent, m'inquiètent, dit Aragorn. Le Seigneur Ténébreux en savait déjà trop, et ses serviteurs aussi; et Grishnakh a évidemment envoyé un messager de l'autre côté de la Rivière, après la querelle. L'Œil Rouge regardera du côté de l'Isengard. Mais en tout cas Saroumane se trouve dans une impasse de sa façon.

– Oui, quel que soit le côté gagnant, ses perspectives ne sont pas brillantes, dit Merry. Les choses ont commencé à aller tout à fait de travers pour lui dès le moment où les Orques ont mis le pied en Rohan.

– Nous avons aperçu le vieux scélérat, ou du moins Gandalf le suggère-t-il, dit Gimli. A la lisière de la Forêt.

– Quand était-ce? demanda Pippin.

– Il y a cinq nuits, dit Aragorn.

– Attendez, que je réfléchisse, dit Merry : il y a cinq nuits – nous arrivons maintenant à une partie de l'histoire dont vous ne connaissez rien. Nous avons rencontré Sylvebarbe ce matin-là après la bataille; et le soir, nous étions à Chateaufont, une de ses maisons ent. Le lendemain matin, nous sommes allés à la Chambre des Ents, une assemblée des Ents, c'est-à-dire; et la plus curieuse chose que j'aie vue de ma vie. Cela a duré toute cette journée et la suivante, et nous avons passé les nuits avec un Ent du nom de Vifsorbier. Et puis, tout d'un coup, tard dans l'après-midi du troisième jour de leur assemblée, les Ents ont éclaté. C'était stupéfiant. La Forêt avait donné une impression de tension, comme si un orage y couvait; et puis soudain, cela a explosé. J'aurais voulu que vous entendiez leur chant, tandis qu'ils marchaient.

– Si Saroumane l'avait entendu, il serait à des centaines de milles à l'heure qu'il est, eût-il dû courir sur ses propres jambes, dit Pippin.

« *Que l'Isengard soit puissant et dur, froid comme pierre*
[et nu comme os,
Nous allons, nous allons, nous partons en guerre pour
[fendre la pierre et briser la porte!

« Il y en avait encore long. Une bonne part du chant était sans paroles et ressemblait à une musique de cors et de tambours. C'était très entraînant. Mais je pensais que ce n'était qu'une musique de marche, sans plus, un chant simplement – jusqu'à mon arrivée ici. J'en sais plus long maintenant.

« Nous descendîmes de la dernière crête dans Nan Curunir après la tombée de la nuit, poursuivit Merry. Ce fut alors que j'eus pour la première fois l'impression que la Forêt elle-même s'avançait derrière nous. Je pensai que je faisais un rêve entique, mais Pippin l'avait remarqué aussi. Nous étions tous les deux effrayés; mais nous n'en découvrîmes pas plus long sur le moment.

« C'étaient les Huorns, c'est ainsi que les Ents les appellent en « langage bref ». Sylvebarbe ne veut pas dire grand-chose à leur sujet, mais je crois que ce sont des Ents qui sont devenus presque comme des arbres, quant à l'aspect tout au moins. Ils se tiennent çà et là dans la forêt ou à ses lisières, silencieux, observant sans fin par-dessus les arbres; mais au creux des plus sombres vallées, il doit y en avoir des centaines et des centaines, je pense.

« Il y a en eux un grand pouvoir, et ils semblent susceptibles de s'envelopper d'ombre : il est difficile de les voir bouger. Mais ils le font. Ils peuvent se mouvoir très rapidement, s'ils sont en colère. On est là immobile à observer le temps, par exemple – ou à écouter le bruissement du vent, et on s'aperçoit soudain qu'on est au milieu d'un bois avec de grands arbres qui tâtonnent tout alentour. Ils ont conservé une voix, et ils peuvent s'entretenir avec les Ents – c'est pourquoi on les appelle Huorns, dit Sylvebarbe – mais ils sont devenus bizarres et sauvages. Dangereux. Je serais terrifié de les rencontrer hors de la présence d'autres Ents pour les surveiller.

« Toujours est-il qu'au début de la nuit nous nous glissâmes par un long ravin dans l'extrémité supérieure de la Vallée du Magicien, les Ents suivis de tous leurs Huorns bruissants. Nous ne pouvions les voir, bien sûr, mais l'air était tout rempli de craquements. Il faisait très sombre; la nuit était nuageuse. Aussitôt les collines quittées, ils allèrent avec une grande rapidité dans un bruit de vent impétueux. La Lune n'apparaissait pas à travers les nuages, et peu après minuit il y avait une haute futaie tout autour du côté nord de l'Isengard. Il ne se voyait aucun signe d'ennemis, aucun qui-vive ne se fit entendre. Une lumière brillait à une fenêtre du haut de la tour, c'était tout.

« Sylvebarbe et quelques autres Ents se sont glissés tout autour, jusqu'en vue des grandes portes. Pippin et moi étions avec lui. Nous étions assis sur ses épaules, et je pouvais sentir la tension frémissante qui était en lui. Mais, même quand ils sont réveillés, les Ents savent se montrer très prudents et patients. Ils se tinrent telles des pierres sculptées, respirant et écoutant.

« Puis, tout à coup, il y eut une énorme agitation. Des trompettes sonnèrent, et les murs de l'Isengard retentirent d'échos. Nous pensâmes que nous avions été découverts et que la bataille allait commencer. Mais rien de tel. Tous les gens de Saroumane s'en allaient. Je ne connais pas grand-chose de cette guerre ni des Cavaliers de Rohan, mais il semble que Saroumane avait décidé d'en finir d'un seul coup avec le roi et tous ses hommes. Il vida l'Isengard. Je vis partir l'ennemi : des rangs interminables d'Orques en marche; et des troupes des mêmes montées sur de grands loups. Et il y avait aussi des bataillons d'Hommes. Nombre d'entre eux portaient des torches, et à leur flamboiement je pouvais voir les visages. La plupart étaient des hommes ordinaires, assez grands, bruns et rébarbatifs, mais ils n'avaient pas l'air particulièrement mauvais. Il en était toutefois d'autres horribles : de la taille d'hommes, mais avec une figure de gobelin, jaunâtre, au regard louche et méchant. Ils me rappelèrent aussitôt cet homme du Sud à Bree, vous savez; mais il n'était pas aussi manifestement du genre orque que l'étaient tous ceux-là.

– J'ai pensé à lui, moi aussi, dit Aragorn. Nous avons eu affaire à beaucoup de ces demi-orques au Gouffre de Helm. Il paraît clair à présent que cet homme du Sud était un espion de Saroumane; mais j'ignore s'il travaillait avec les Cavaliers Noirs ou pour Saroumane seul. Il est difficile, avec ces personnages mauvais, de savoir quand ils sont ligués et quand ils se trompent les uns les autres.

– En tout cas, de toutes ces sortes réunies, ils devaient bien être au bas mot dix mille, dit Merry. Ils mirent une heure à sortir des portes. Les uns partirent par la grand-route vers les Gués, et les autres tournèrent en direction de l'est. Un pont a été construit là-bas à environ un mille, où le lit de la rivière est très profond. Vous pourriez le voir d'ici en vous redressant. Ils chantaient tous d'une voix rauque et ils riaient, faisant le plus affreux vacarme. Je me dis que les choses avaient un aspect bien sombre pour le Rohan. Mais Sylvebarbe ne bougeait pas. Il se contentait de dire : « C'est à l'Isengard que j'ai affaire cette nuit, au roc et à la pierre. »

« Mais, bien que je ne pusse voir ce qui se passait dans le noir, je pense que les Huorns se mirent en marche vers le sud, aussitôt les portes refermées. Ils avaient à s'occuper des Orques, je crois. Au matin, ils étaient très loin dans la vallée; ou en tout cas il y avait là une ombre impénétrable à la vue.

« Dès que Saroumane eut expédié toute son armée, vint notre tour. Sylvebarbe nous déposa à terre et alla aux portes, qu'il martela en appelant Saroumane. Il n'y eut pas de réponse, en dehors des flèches et des pierres lancées des murs. Mais les flèches sont vaines contre les Ents. Elles leur font mal, bien sûr, et les mettent en fureur : comme des mouches qui piquent. Mais un Ent peut être aussi criblé de flèches qu'une pelote d'épingles sans aucun mal sérieux. Ils ne peuvent être empoisonnés, pour commencer; et ils semblent avoir la peau très épaisse, plus résistante que de l'écorce. Il faut un coup de hache extrêmement lourd pour les blesser sérieusement. Ils n'aiment pas les haches. Mais il faudrait un grand nombre de manieurs de haches pour un seul Ent : un homme qui taillade une fois un Ent n'a jamais l'occasion de frapper une seconde fois. Un coup de poing d'Ent écrase le fer comme une feuille d'étain.

« Quand Sylvebarbe eut quelques flèches dans le corps, il commença de s'échauffer, de devenir positivement « irréfléchi », dirait-il. Il lança un grand « *houm-hom* », et une douzaine d'autres Ents s'avancèrent à grands pas. Un Ent en colère est terrifiant. Leurs doigts et leurs pieds s'accrochent simplement au roc, et ils le réduisent en miettes comme un croûton de pain. C'était comme de voir l'œuvre de grandes racines d'arbres durant une centaine d'années toute condensée en quelques instants.

« Ils poussèrent, tirèrent, arrachèrent, secouèrent, martelèrent; et, *clang-bang, crash-crack*, en cinq minutes ils avaient jeté bas en ruines les portes énormes, et certains commencaient déjà à ronger les murs, comme des lapins une sablière. Je ne sais pas ce que Saroumane crut qu'il se passait; en tout cas, il ne sut que faire. Sa magie a peut-être perdu de sa force depuis quelque temps, bien sûr; mais, quoi qu'il en soit, je trouve qu'il n'a pas beaucoup de cran, pas beaucoup de simple courage quand il est seul dans un endroit resserré sans un tas d'esclaves, d'appareils et de trucs – vous voyez ce que je veux dire. Il est très différent du vieux Gandalf. Je me demande si sa renommée n'a pas toujours été due surtout à l'astuce de son installation dans l'Isengard.

– Non, dit Aragorn. Il fut jadis aussi grand que sa renommée le faisait. Son savoir était étendu, sa pensée subtile et ses mains merveilleusement habiles; et il avait un pouvoir sur l'esprit des autres. Il savait persuader les sages et intimider les gens moins marquants. Ce pouvoir, il l'a certainement conservé. Ils sont peu nombreux en Terre du Milieu ceux que je considérerais comme en sécurité s'ils restaient seuls à s'entretenir avec lui, même après la défaite qu'il a subie. Gandalf, Elrond, et Galadriel peut-être, maintenant que sa perversité a été mise à nu, mais bien peu d'autres.

– Les Ents sont en sécurité, dit Pippin. Il semble les avoir à un moment embobelinés, mais jamais plus après cela. Et de toute façon il ne les comprenait pas; et il a commis la grande erreur de ne pas en tenir compte dans ses calculs. Il n'avait pas de plan pour eux, et il n'y avait plus le temps d'en dresser, une fois qu'ils s'étaient mis à l'œuvre. Dès le début de notre attaque, les quelques rats qui restaient dans l'Isengard commencèrent à déguerpir par tous les trous que creusaient les Ents. Ceux-ci laissèrent partir les Hommes après les avoir questionnés, deux ou trois douzaines seulement de ce côté-ci. Je ne crois pas que beaucoup d'Orques, de n'importe quelle taille, se soient échappés, ou n'aient échappé aux Huorns en tout cas : il y en avait une forêt tout autour de l'Isengard à ce moment, sans compter ceux qui étaient descendus dans la vallée.

« Lorsque les Ents eurent réduit en décombres une grande partie des murs sud et que ce qui restait de la population eut déguerpi en l'abandonnant, Saroumane s'enfuit, pris de panique. Il semble qu'il se soit trouvé aux portes lors de notre arrivée : je suppose qu'il était venu assister au départ de sa splendide armée. Quand les Ents forcèrent l'entrée, il partit en toute hâte. Ils ne le repérèrent pas immédiatement. Mais la nuit étant plus avancée, les étoiles répandirent une grande clarté, tout à fait suffisante pour la vue des Ents, et soudain Vifsorbier s'écria : « Le tueur d'arbres, le tueur d'arbres! » Vifsorbier est d'une nature douce, mais il n'en hait Saroumane que davantage : les siens ont cruellement souffert de la hache des Orques. Il s'élança dans le chemin qui descend de la porte intérieure et il est aussi rapide que le vent quand il est monté. Une forme pâle s'enfuyait, sortant parfois de l'ombre des colonnes pour y replonger, et elle avait déjà presque atteint l'escalier de la porte de la tour. Il s'en fallut de peu : Vifsorbier la poursuivait avec tant d'acharnement qu'il n'était plus qu'à un ou deux pas de l'attraper et de l'étrangler quand elle se glissa par la porte.

« Une fois en sécurité dans Orthanc, il ne fallut pas

longtemps à Saroumane pour mettre en action un de ses fameux sortilèges. A ce moment, de nombreux Ents avaient pénétré dans l'Isengard : quelques-uns avaient suivi Vifsorbier et les autres avaient fait irruption du nord et de l'est; ils parcouraient la place en faisant de grands ravages. Tout à coup jaillirent des feux et des fumées nauséabondes; les orifices d'aération et les puits se mirent à vomir et à éructer. Plusieurs Ents furent roussis et cloqués. L'un d'eux, Osdehétu, je crois qu'il s'appelait, un très grand et bel Ent, fut pris dans un jet de feu liquide et flamba comme une torche : un spectacle horrible.

« Cela les rendit furieux. Je les croyais déjà vraiment montés, mais je me trompais. Je vis enfin ce qu'était leur réveil. C'était renversant. Ils rugissaient, ils grondaient, ils trompettaient au point que les pierres commencèrent à craquer et à tomber au seul vacarme qu'ils faisaient. Merry et moi, nous nous couchâmes par terre, les oreilles emmitouflées dans nos manteaux. Les Ents tournèrent maintes et maintes fois à grandes enjambées autour d'Orthanc, véritable tempête hurlante, brisant les colonnes, précipitant des avalanches de pierres dans les trous d'aération, jetant en l'air d'énormes dalles de pierre comme de simples feuilles. La tour était au centre d'une trombe. Je vis des montants de fer et des blocs de maçonnerie monter en chandelle à des centaines de pieds et aller fracasser les fenêtres d'Orthanc. Mais Sylvebarbe gardait toute sa tête. Il n'avait heureusement subi aucune brûlure. Il ne voulait pas que les siens se blessent dans leur fureur et il ne voulait pas non plus que Saroumane pût s'échapper par quelque trou, dans la confusion générale. De nombreux Ents se jetaient contre le rocher d'Orthanc; mais ils en furent pour leurs frais. Il est très lisse et dur. Peut-être existe-t-il là quelque sorcellerie plus ancienne et plus forte que celle de Saroumane. En tout cas, ils n'y purent trouver aucune prise, ni y pratiquer aucune crevasse : ils n'arrivaient qu'à se contusionner et se blesser.

« Sylvebarbe entra donc dans le cercle et cria. Son énorme voix domina tout le vacarme. Il y eut soudain un silence de mort. Dans celui-ci, nous entendîmes un rire aigu partant d'une fenêtre haute de la tour. Cela eut un curieux effet sur les Ents. Ils avaient été en complète ébullition; ils devinrent alors froids, rébarbatifs comme la glace et silencieux. Ils abandonnèrent la plaine pour s'assembler et rester tout à fait immobiles autour de Sylvebarbe. Il leur parla un moment dans leur langue; je crois qu'il leur soumettait un plan depuis longtemps mûri dans sa vieille tête. Ils s'évanouirent alors en silence dans la lumière grise de l'aube qui se levait.

« Ils établirent une équipe d'observation de la tour, je pense, mais les veilleurs étaient si bien dissimulés dans l'ombre et ils restaient si immobiles que je ne les voyais pas. Les autres s'en furent vers le nord. Ils restèrent occupés toute cette journée, hors de vue. C'était une morne journée, et nous vaguâmes un peu à l'aventure, tout en nous tenant hors de vue des fenêtres d'Orthanc, tant elles avaient l'air menaçant. Nous passâmes pas mal de temps à chercher quelque chose à manger et nous restâmes aussi assis à parler, nous demandant ce qui se passait là-bas au sud en Rohan et ce qu'il était advenu du reste de notre Compagnie. Nous entendions de temps à autre au loin le fracas de chutes de pierres et des bruits sourds qui se répercutaient dans les collines.

« Dans l'après-midi, nous fîmes le tour du cercle pour voir un peu ce qui se passait. Il y avait un grand bois sombre de Huorns à l'entrée de la vallée et un autre autour du mur nord. Nous n'osâmes y pénétrer. Mais on entendait, venant de là, le bruit d'un travail de déchirement et d'arrachement. Les Ents et les Huorns creusaient de vastes fosses et tranchées, ménageant de grands étangs et des barrages pour rassembler toutes les eaux de l'Isen et de toutes les sources et ruisseaux qu'ils pouvaient trouver. Nous les laissâmes à ce travail.

« Au crépuscule, Sylvebarbe revint à la porte. Il fredonnait et grondait pour lui-même, et il avait l'air très satisfait. Il se tint là, étirant ses grands bras et ses longues jambes et respirant profondément. Je lui demandai s'il était fatigué.

« Fatigué? dit-il; fatigué? Enfin, non, pas fatigué, mais courbaturé. J'ai besoin de boire un bon coup de l'Entalluve. Nous avons travaillé ferme; on a fendu plus de pierre et rongé plus de terre aujourd'hui qu'au cours de bien des longues années passées. Mais c'est presque fini.

Quand la nuit tombera, gardez-vous de traîner près de cette porte ou dans le vieux tunnel! L'eau peut passer par là – et ce sera de l'eau polluée pendant un bon moment, jusqu'à ce que toutes les immondices de Saroumane soient emportées. L'Isen pourra alors de nouveau couler pure. » Il se mit à abattre encore un peu de murs, d'un air désœuvré, comme pour s'amuser.

« Nous nous demandions où nous étendre pour dormir en sûreté, quand il se produisit la chose la plus extraordinaire. On entendit le pas d'un cheval qui montait rapidement la route. Merry et moi restâmes immobiles, et Sylvebarbe se cacha dans l'ombre de l'arche. Soudain arriva un grand cheval, dans un rayonnement d'argent. Il faisait déjà sombre, mais je pus voir clairement le visage du cavalier : il paraissait briller, et tous ses vêtements étaient blancs. Je me redressai, les yeux écarquillés et la bouche ouverte. Je voulais crier, mais j'en fus incapable.

« C'était inutile. Il s'arrêta juste à côté de nous et nous regarda d'en dessus. « Gandalf! » dis-je enfin, mais ma voix ne fut qu'un murmure. Dit-il : « Salut, Pippin! Voilà une agréable surprise! »? Pas du tout! Il dit : « Levez-vous, espèce de nigaud de Touque! Où donc, je me le demande bien, se trouve Sylvebarbe au milieu de tout ce bouleversement? J'ai besoin de lui. Vite! »

« Sylvebarbe, entendant sa voix, sortit aussitôt de l'ombre; et ce fut alors une étrange rencontre. J'étais étonné, car aucun des deux ne semblait l'être aucunement. Gandalf s'attendait manifestement à trouver Sylvebarbe là; et Sylvebarbe aurait pu aussi bien avoir traîné près des portes à seule fin de l'y rencontrer. Nous avions pourtant raconté au vieil Ent tout ce qui s'était passé dans la Moria. Mais je me rappelai alors un curieux regard qu'il nous avait lancé à ce moment-là. Tout ce que je peux supposer, c'est qu'il avait vu Gandalf ou qu'il avait eu des nouvelles de lui, mais qu'il n'avait rien voulu dire de façon précipitée. « Pas de précipitation », c'est sa devise; mais personne, pas même les Elfes, ne dira grand-chose des allées et venues de Gandalf quand il n'est pas là.

« Houm! Gandalf! dit Sylvebarbe. Je suis heureux de votre venue. Le bois et l'eau, les troncs et la pierre, je peux en venir à bout; mais il y a un Magicien à mater ici. »

« J'ai besoin de votre aide, Sylvebarbe, dit Gandalf. Vous avez déjà beaucoup fait, mais il m'en faut encore davantage. J'ai dix mille Orques sur les bras. »

« Les deux s'écartèrent alors et tinrent conseil dans un coin. Sylvebarbe dut trouver cela bien précipité, car Gandalf était extrêmement pressé, et il parlait déjà grand train avant d'être passé hors de portée de la voix. Ils ne restèrent absents que quelques minutes, un quart d'heure peut-être. Puis Gandalf revint vers nous et il paraissait soulagé, presque joyeux. Alors, il dit tout de même qu'il était heureux de nous voir.

« Mais, Gandalf, m'écriai-je où avez-vous été? Et avez-vous vu les autres? »

« Où que j'aie été, je suis revenu, répondit-il à sa manière typique. Oui, j'ai vu quelques-uns des autres. Mais les nouvelles devront attendre. C'est une nuit périlleuse, et il me faut partir rapidement. Mais l'aube sera peut-être plus claire; et dans ce cas, nous nous retrouverons. Prenez soin de vous et restez à distance d'Orthanc! Adieu! »

« Sylvebarbe resta très songeur après le départ de Gandalf. Il avait visiblement appris beaucoup de choses en peu de temps, et il les digérait. Nous regardant, il dit : « Hm, je m'aperçois que vous n'êtes pas aussi irréfléchis que je l'avais pensé. Vous en avez dit beaucoup moins que vous n'auriez pu, et pas plus que vous ne le deviez. Hm, voilà tout un paquet de nouvelles, sans aucun doute! Eh bien, maintenant Sylvebarbe doit se mettre de nouveau au travail. »

« Avant qu'il ne partît, nous pûmes obtenir de lui quelques renseignements; et ils ne nous réjouirent aucunement. Mais, pour le moment, nous pensions davantage à nous trois qu'à Frodon et Sam, ou au pauvre Boromir. Car nous apprîmes qu'une grande bataille allait avoir lieu, si elle n'était déjà en cours, que vous y seriez engagés et que vous pourriez ne jamais en revenir.

« Les Huorns seront d'un grand secours », dit Sylvebarbe. Puis il s'en alla, et nous ne le revîmes plus jusqu'à ce matin.

« C'était la pleine nuit. Nous étions couchés sur un tas de pierres et nous ne pouvions rien voir au-delà. La brume ou l'ombre effaçait tout comme une grande couverture étendue tout autour de nous. L'air était chaud et lourd; et il était plein de bruissements, de craquements et d'un murmure comme de voix qui passaient. Je pense que des centaines d'autres Huorns durent passer pour apporter leur aide dans la bataille. Plus tard, il y eut un grand grondement de tonnerre au sud, et des éclairs au loin dans le Rohan. A chaque instant, on pouvait voir les cimes de montagnes à des milles et des milles percer soudain le ciel, noires et blanches, et disparaître aussitôt. Et derrière nous s'élevaient des bruits de tonnerre dans les collines, mais différents. Par moments, toute la vallée résonnait d'échos.

« Il devait être environ minuit quand les Ents rompirent les barrages et déversèrent dans l'Isengard par une brèche du mur nord toutes les eaux rassemblées. L'obscurité des Huorns avait passé, et le tonnerre s'était éloigné. La Lune disparaissait derrière les montagnes de l'ouest.

« L'Isengard commença de s'emplir de ruisseaux et de mares noirs grandissants. Ils scintillaient à la dernière lumière de la Lune tandis qu'ils s'étendaient sur la plaine. A chaque instant, les eaux trouvaient un chemin dans quelque puits ou évent. De grandes vapeurs blanches s'élevaient en sifflant. La fumée faisait de grandes ondulations. Il y avait des explosions et des rafales de feu. Une grande spirale de vapeur s'enroula autour d'Orthanc, lui donnant l'aspect d'une haute pointe nuageuse enflammée par en dessous et éclairée de la lune par en dessus. Et l'eau se déversait toujours, de telle sorte qu'en fin de compte l'Isengard eut l'air d'une immense poêle plate, toute fumante et bouillonnante.

– Nous avons vu un nuage de fumée et de vapeur du sud, la nuit dernière, en arrivant à l'entrée de Nan Curunir, dit Aragorn. Nous craignions que Saroumane ne concoctât quelque sorcellerie à notre intention.

– Lui! dit Pippin. Il était sans doute en train de suffoquer, et il ne riait certainement plus. Au matin, hier, l'eau était descendue dans tous les trous, et il y avait un épais brouillard. Nous nous sommes réfugiés dans le corps de garde, là-bas, et nous étions assez effrayés. Le lac commença à déborder et à se déverser dans l'ancien tunnel, et l'eau montait rapidement sur les marches. Nous pensions devoir être pris comme des Orques dans un trou; mais nous avons trouvé au fond du magasin un escalier en colimaçon qui nous a menés à l'air libre au-dessus de l'arche. Nous avons dû nous faufiler pour sortir, les passages crevassés étant aux trois quarts bloqués par des éboulis de pierres près du haut. Nous sommes restés assis là bien au-dessus de l'inondation, et nous avons assisté à la submersion de l'Isengard. Les Ents ne cessaient de déverser de l'eau, jusqu'à extinction complète de tous les feux et remplissage de toutes les caves. Les brouillards se rassemblèrent lentement pour s'élever en un immense parapluie nuageux : il devait bien avoir un mille de hauteur. Dans la soirée, il y eut un grand arc-en-ciel au-dessus des collines de l'est; et puis le coucher du soleil fut estompé par une brouillasse opaque sur les pentes des montagnes. Tout se passa très silencieusement. Quelques loups hurlèrent lugubrement dans le lointain. Les Ents arrêtèrent le flot au cours de la nuit et renvoyèrent l'Isen dans son ancien lit. Et tout fut ainsi terminé.

« Depuis lors, l'eau a rebaissé. Il doit y avoir des issues quelque part dans les caves en dessous, je pense. Si Saroumane jette un coup d'œil par une de ses fenêtres, ce doit être un beau fouillis, assez lugubre! Nous nous sentions très seuls. Pas le moindre Ent en vue avec qui parler dans toute cette ruine; et aucune nouvelle. Nous passâmes la nuit là-haut sur l'arche; il faisait froid et humide, et nous n'avons pas fermé l'œil. Nous avions l'impression que n'importe quoi pouvait arriver à tout moment. Saroumane est toujours dans sa tour. Il y avait un bruit dans la nuit, comme d'un vent remontant la vallée. Je crois que les Ents et les Huorns qui étaient partis sont revenus à ce moment-là; mais j'ignore où ils sont tous repartis. Le matin était brumeux et humide quand nous sommes redescendus pour regarder alentour, et il n'y avait personne là. Voilà à peu près tout ce qu'il y a à dire. Tout paraît presque paisible, maintenant que le tumulte est passé. Et plus sûr aussi, en quelque sorte, depuis le retour de Gandalf. Je dormirais bien!

Tous restèrent silencieux un moment. Gimli rebourra sa pipe. – Il y a une chose que je me demande, dit-il, tout en l'allumant avec son briquet : qu'est devenu Langue de Serpent? Tu as dit à Théoden qu'il était avec Saroumane. Comment est-il arrivé là?

– Ah oui, j'oubliais, dit Pippin. Il n'est arrivé que ce matin. Nous venions d'allumer le feu et nous prenions le petit déjeuner quand Sylvebarbe a reparu. Nous l'avons entendu lancer son houm et crier nos noms au-dehors.

« Je suis juste venu voir comment vous alliez, mes amis, dit-il, et vous donner des nouvelles. Les Huorns sont revenus. Tout va bien; oui, très bien, en vérité! dit-il en riant et se tapant sur les cuisses. Il n'y a plus d'Orques dans tout l'Isengard, et plus de haches! Et il va venir des gens du Sud avant que le jour ne soit bien avancé; des gens que vous serez heureux de voir. »

« A peine avait-il parlé que nous entendîmes un bruit de sabots sur la route. Nous nous précipitâmes devant les portes, et je restai là les yeux écarquillés, m'attendant presque à voir s'avancer Grands-Pas et Gandalf à la tête d'une armée. Mais il ne sortit de la brume qu'un homme monté sur un vieux cheval fatigué, et il avait lui-même l'aspect d'un drôle de personnage tout tordu. Il n'y avait personne d'autre. Sortant de la brume et voyant soudain devant lui toute la ruine et les débris épars, il resta bouche bée, et son visage devint presque vert. Il était tellement désorienté qu'au début il ne parut pas remarquer notre présence. Quand il nous vit, il poussa un cri et voulut faire demi-tour pour s'en aller. Mais Sylvebarbe s'avança en trois enjambées, tendit son long bras et le souleva de selle. La terreur fit détaler le cheval, et lui rampa sur le sol. Il dit qu'il était Grima, ami et conseiller du roi, et qu'il avait été envoyé porter d'importants messages de Théoden à Saroumane.

« Personne d'autre n'osait chevaucher en ce terrain découvert si plein d'immondes Orques, dit-il, c'est pourquoi on m'a envoyé. J'ai fait un voyage périlleux, j'ai faim et je suis fatigué. J'ai dû fuir vers le nord, loin de ma route, car j'étais poursuivi par des loups. »

« Je saisis les coups d'œil qu'il jetait en coulisse vers Sylvebarbe, et je me dis : « Menteur. » Sylvebarbe le regarda pendant plusieurs minutes à sa longue et lente façon, jusqu'à ce que le malheureux se tortillât sur le sol. Puis il dit enfin : « Ha, hm, je vous attendais, Maître Langue de Serpent. » L'homme tressaillit à ce nom. « Gandalf vous a précédé. J'en connais donc à votre sujet aussi long qu'il est nécessaire, et je sais ce que j'ai à faire de vous. « Mettez tous les rats dans la même ratière », a dit Gandalf; et c'est ce que je vais faire. Je suis le maître de l'Isengard, à présent; mais Saroumane est enfermé dans sa tour; vous pouvez y aller et lui porter tous les messages qui vous passeront par la tête. »

« Laissez-moi partir, laissez-moi partir! dit Langue de Serpent. Je connais le chemin. »

« Vous connaissez le chemin, je n'en doute pas, dit Sylvebarbe. Mais les choses ont quelque peu changé. Allez voir! »

« Il laissa partir Langue de Serpent; celui-ci passa en clopinant sous l'arche, et nous le suivîmes de près; arrivé au cercle, il vit toutes les inondations qui s'étendaient entre lui et Orthanc. Il se retourna alors vers nous.

« Laissez-moi m'en aller! gémit-il. Laissez-moi m'en aller! Mes messages sont inutiles à présent. »

« Ils le sont bien assurément, dit Sylvebarbe. Mais vous n'avez le choix qu'entre deux solutions : rester avec moi jusqu'à l'arrivée de Gandalf et de votre maître; ou traverser l'eau. Laquelle choisissez-vous? »

« L'homme frissonna à la mention de son maître, et il mit un pied dans l'eau; mais il recula. « Je ne sais pas nager », dit-il.

« L'eau n'est pas profonde, dit Sylvebarbe. Elle est sale, mais cela ne vous fera pas de mal, Maître Langue de Serpent. Et maintenant, allez-y! »

« Là-dessus, le misérable s'en alla en barbotant dans l'inondation. L'eau lui montait presque jusqu'au cou avant que je ne le perdisse de vue. A ce moment, il s'agrippait à quelque vieux baril ou quelque pièce de bois. Mais Sylvebarbe le suivit pour observer sa progression.

« Eh bien, il est entré, dit-il au retour. Je l'ai vu grimper les marches comme un rat crotté. Il y a encore quelqu'un dans la tour : une main est sortie pour le tirer à l'intérieur. Ainsi l'y voilà, et j'espère que l'accueil sera à son goût. Il faut maintenant que j'aille me laver de toute cette vase. Je serai en haut du côté nord, si quelqu'un veut me voir. Il n'y a pas ici en bas d'eau assez propre pour qu'un Ent puisse la boire ou s'y baigner. Je vous demanderai donc, mes garçons, de guetter à la porte l'arrivée de ceux qui doivent venir. Il y aura le Seigneur des Champs de Rohan, notez-le! Il faudra l'accueillir du mieux que vous savez le faire : ses hommes ont livré un grand combat aux Orques. Peut-être connaissez-vous, mieux que les Ents, les paroles d'Hommes qui conviennent à pareil seigneur. Il y en a eu beaucoup dans les champs verts de mon temps, et je n'ai jamais appris leur langage ni leurs noms. Ils voudront de la nourriture d'homme, et vous savez tout ce qu'il faut là-dessus, je pense. Trouvez donc ce qui sied à un roi, si vous le pouvez. » Et voilà la fin de l'histoire. Mais j'aimerais bien savoir qui est ce Langue de Serpent. Etait-il vraiment le conseiller du roi?

– Oui, dit Aragorn; et aussi l'espion et le serviteur de Saroumane en Rohan. Le sort ne l'a pas plus favorisé qu'il ne le méritait. La vue de la ruine de tout ce qu'il trouvait si puissant et magnifique a dû être une punition presque suffisante. Mais je crains que bien pis ne l'attende.

– Oui, je ne pense pas que Sylvebarbe l'ait envoyé à Orthanc par bonté d'âme, dit Merry. Il paraissait assez sinistrement satisfait de l'affaire, et il riait tout seul en partant boire et se baigner. Nous avons été très occupés après cela à inspecter les épaves et à farfouiller partout. Nous avons trouvé deux ou trois magasins en divers endroits près d'ici, au-dessus du niveau de l'inondation. Mais Sylvebarbe a envoyé des Ents qui ont emporté une bonne partie des vivres.

« Il nous faut de la nourriture d'homme pour vingt-cinq personnes », nous ont-ils dit; vous pouvez donc voir que quelqu'un avait soigneusement compté votre compagnie avant votre arrivée. Vous deviez manifestement accompagner les grands. Mais vous n'en auriez pas fait meilleure chère. Nous avons conservé d'aussi bonnes choses que ce que nous avons envoyé, je vous le garantis. Mieux même, car nous n'avons rien envoyé à boire.

« Et la boisson? » ai-je demandé aux Ents.

« Il y a l'eau de l'Isen, ont-ils répondu, et elle est assez bonne pour les Ents et les Hommes. » Mais j'espère que les Ents auront trouvé le temps de brasser quelqu'une de leurs boissons à partir des sources de montagne et que nous verrons la barbe de Gandalf boucler à son retour. Après le départ des Ents, nous nous sommes sentis fatigués et nous avions faim. Mais nous ne grognâmes pas – nous avions été très bien récompensés de nos peines. C'est dans notre recherche de nourriture d'homme que Pippin a découvert la grande aubaine de toutes les épaves : ces barils de Sonnecor. « L'herbe à pipe est meilleure après le repas », dit Pippin; voilà comment la situation se présenta.

– Nous comprenons tout parfaitement, à présent, dit Gimli.

– Tout sauf une chose, dit Aragorn : de la feuille du Quartier Sud dans l'Isengard. Plus j'y réfléchis, plus je trouve cela curieux. Je n'ai jamais été dans l'Isengard, mais j'ai voyagé dans ce pays et je connais bien les terres désertes qui s'étendent entre le Rohan et la Comté. Aucunes marchandises ni gens n'ont passé par là depuis bien des années, ouvertement du moins. Saroumane devait avoir des tractations secrètes avec quelqu'un dans la Comté. On peut trouver des Langue de Serpent dans d'autres demeures que celle du Roi Théoden. Les barils portaient-ils une date?

– Oui, dit Pippin. C'était la récolte de 1417, c'est-à-dire de l'année dernière; non, celle d'avant, bien sûr, maintenant : une bonne année.

– Oh, après tout, le mal projeté est passé à présent, j'espère; ou alors nous n'y pouvons rien pour le moment, dit Aragorn. Mais je crois que j'en parlerai à Gandalf, si minime que le fait puisse paraître au milieu de ses grandes affaires.

– Je me demande ce qu'il fait, dit Merry. L'après-midi s'avance. Allons voir par là! Vous pouvez entrer dans l'Isengard à présent, en tout cas, Grands-Pas, si vous en avez envie. Mais ce n'est pas une vue bien réjouissante.

CHAPITRE X

LA VOIX DE SAROUMANE

Ils passèrent par le tunnel en ruine et se tinrent sur un tas de pierres pour contempler le noir rocher d'Orthanc et ses nombreuses fenêtres, menace persistante dans toute la désolation qui l'entourait. Les eaux s'étaient maintenant presque toutes retirées. Par-ci par-là restaient des mares sombres, couvertes d'écume et de débris; mais la plus grande partie du large cercle était de nouveau nue, désert de vase et d'éboulis de rocher, percé de trous noircis et piqueté de poteaux et de colonnes penchés hors d'aplomb de côté et d'autre. Au bord de la cuvette fracassée s'élevaient des monticules et des pentes comme les galets soulevés par une grande tempête; et au-delà la vallée verdoyante montait en serpentant dans le long ravin qui séparait les deux bras sombres de la montagne. De l'autre côté du terrain dévasté, ils virent des cavaliers s'avancer avec précaution; ils venaient du côté nord, et ils approchaient déjà d'Orthanc.

– Voilà Gandalf, et Théoden avec ses hommes! dit Legolas. Allons à leur rencontre!

– Faites attention en marchant! dit Merry. Il y a des dalles branlantes qui pourraient basculer et vous projeter dans un puits si vous n'y prenez garde.

Ils suivirent ce qui restait de la route des portes à Orthanc, marchant lentement, les dalles étant crevassées et couvertes de vase. Les voyant approcher, les Cavaliers firent halte à l'ombre du rocher pour les attendre. Gandalf se porta à leur rencontre.

– Eh bien, Sylvebarbe et moi, nous avons eu quelques discussions intéressantes et nous avons fait des plans, dit-il; et nous avons tous pris un repos bien mérité. A présent, il nous faut repartir. J'espère que, vous autres compagnons, vous vous êtes tous reposés aussi et rafraîchis?

– Oui, dit Merry. Mais nos discussions ont commencé et se sont achevées dans la fumée. Cependant, nous nous sentons moins mal disposés qu'auparavant envers Saroumane.

– Vraiment? dit Gandalf. Eh bien, pas moi. J'ai une dernière tâche à accomplir avant de partir : il faut que je fasse une visite d'adieu à Saroumane. C'est dangereux, et sans doute inutile; mais il le faut. Ceux d'entre vous qui le désirent peuvent m'accompagner – mais faites attention! Et pas de raillerie! Ce n'est pas le moment.

– J'irai, dit Gimli. Je voudrais le voir et apprendre s'il vous ressemble vraiment.

– Et comment comptez-vous l'apprendre, Maître Nain? demanda Gandalf. Saroumane pourrait me ressembler à vos yeux si cela convenait à ses desseins en ce qui vous concerne. Et êtes-vous assez perspicace pour discerner toutes ses contrefaçons? Enfin, on verra, peut-être. Il pourrait hésiter à se montrer devant de nombreux yeux différents réunis. Mais j'ai ordonné à tous les Ents de se mettre hors de vue; peut-être pourrons-nous donc le persuader de sortir.

– Quel danger y a-t-il? demanda Pippin. Va-t-il nous tirer dessus et déverser du feu par les fenêtres; ou peut-il nous jeter un sort à distance?

– La dernière hypothèse est la plus vraisemblable si vous allez à sa porte, le cœur léger, dit Gandalf. Mais on ne sait jamais ce qu'il peut faire ou choisir de tenter. Il est dangereux d'approcher d'une bête sauvage acculée. Et Saroumane a des pouvoirs que vous ne devinez pas. Méfiez-vous de sa voix!

Ils arrivèrent alors au pied d'Orthanc. Il était noir, et le rocher luisait comme s'il fût mouillé. Les nombreuses facettes de la pierre avaient des arêtes aiguës comme si elles avaient été récemment ciselées. La seule marque qu'elle révélait de la furie des Ents était quelques éraflures et de petits éclats semblables à des paillettes près de la base.

Sur la face est, à l'angle de deux pilastres, il y avait à une certaine hauteur au-dessus du sol une grande porte, surmontée d'une fenêtre aux volets clos qui donnait sur un balcon entouré de barres de fer. Une volée de vingt-sept larges marches taillées par quelque art inconnu dans la même pierre noire montait jusqu'au seuil de la porte. C'était la seule entrée de la tour; mais de nombreuses et hautes fenêtres étaient découpées avec de profondes embrasures dans les murs à pic : à grande hauteur, elles vous scrutaient comme de petits yeux dans les faces escarpées des cornes.

Gandalf et le roi mirent pied à terre en bas de l'escalier.

– Je vais monter, dit Gandalf. Je suis déjà entré dans Orthanc et je connais le danger.

– Et moi aussi je vais monter, dit le roi. Je suis vieux et je ne crains plus aucun péril. Je voudrais parler à l'ennemi qui m'a fait tant de mal. Eomer m'accompagnera pour veiller à ce que mes vieux pieds ne chancellent pas.

– Comme vous voulez, dit Gandalf. Aragorn viendra avec moi. Que les autres nous attendent au pied de l'escalier. Ils entendront et verront suffisamment s'il y a quelque chose à entendre et à voir.

– Non! dit Gimli. Legolas et moi souhaitons voir les choses de plus près. Nous sommes seuls ici à représenter notre espèce. Nous aussi, nous vous suivrons.

– Eh bien, venez! dit Gandalf; là-dessus, il gravit les marches, et Théoden monta à côté de lui.

Les Cavaliers de Rohan restèrent avec inquiétude en selle de part et d'autre de l'escalier; ils regardaient d'un air sombre la grande tour, dans la crainte de ce qui pourrait arriver à leur seigneur. Merry et Pippin s'assirent sur la dernière marche, avec la conscience simultanée de leur importance et de leur insécurité.

– Il y a un demi-mille gluant d'ici à la porte! marmonna Pippin. Je voudrais bien pouvoir retourner en catimini au corps de garde sans que personne ne me remarque!

Pourquoi sommes-nous venus? On n'a pas besoin de nous.

Gandalf se tint devant la porte d'Orthanc, qu'il frappa de son bâton. Elle retentit avec un son creux. – Saroumane, Saroumane! cria-t-il d'une voix forte de commandement. Sortez, Saroumane!

Il n'y eut aucune réponse pendant un moment. Enfin la fenêtre au-dessus de la porte fut débâclée, mais aucune tête ne se montra dans l'ouverture noire.

– Qui est-là? demanda une voix. Que voulez-vous?

Théoden tressaillit. – Je connais cette voix, dit-il, et je maudis le jour où je l'écoutai pour la première fois.

– Allez chercher Saroumane, puisque vous êtes devenu son valet de pied, Grima Langue de Serpent! dit Gandalf. Et ne nous faites pas perdre notre temps!

La fenêtre se referma. Ils attendirent. Soudain, une autre voix parla, basse et mélodieuse, dont le son même était un enchantement. Ceux qui écoutaient sans méfiance cette voix pouvaient rarement répéter les paroles entendues; et quand ils le faisaient, ils étaient tout étonnés, car il ne leur restait que peu de force. Ils se rappelaient surtout qu'il était délicieux d'entendre parler cette voix, tout ce qu'elle disait semblait sage et raisonnable, et le désir s'élevait en eux de sembler sages eux-mêmes par un rapide agrément. Quand d'autres parlaient, le contraste faisait paraître les voix rauques et grossières; et s'ils contredisaient la voix, la colère était allumée dans le cœur de ceux qui étaient sous le charme. Pour certains, le sortilège ne durait que le temps que la voix leur parlait et quand elle s'adressait à quelqu'un d'autre, ils souriaient comme sourient ceux qui saisissent un tour de prestidigitateur tandis que les autres restent bouche bée. Pour beaucoup, le son seul de la voix suffisait à les captiver; mais pour ceux qu'elle subjuguait, le sortilège continuait même quand ils étaient au loin, et ils entendaient toujours cette douce voix murmurer à leur oreille et les exhorter. Mais nul n'y était insensible; personne ne rejetait ses appels et ses ordres sans un grand effort de l'esprit et de la volonté, tant que son maître la dirigeait.

– Eh bien? disait-elle à présent en douce question. Pourquoi vous faut-il troubler mon repos? Ne voulez-vous donc me laisser de paix ni jour ni nuit? Le ton était celui d'un cœur bienveillant chagriné par des torts immérités.

Ils levèrent la tête, étonnés, car aucun son n'avait annoncé sa venue; et ils virent une forme debout derrière la grille, qui les regardait : c'était un vieillard, enveloppé d'un grand manteau de couleur indéfinissable, car elle changeait s'ils bougeaient les yeux ou s'il faisait un mouvement. Son visage était long, avec le front haut, et il avait des yeux sombres et profonds, difficiles à sonder encore que le regard qu'ils assumaient alors fût grave et bienveillant, un peu las aussi. Ses cheveux et sa barbe étaient blancs, mais des fils noirs se voyaient encore autour des lèvres et des oreilles.

– Semblable et en même temps dissemblable, marmonna Gimli.

– Mais voyons, maintenant, dit la douce voix. Je connais au moins deux d'entre vous de nom. Gandalf, je le connais trop bien pour espérer beaucoup qu'il cherche ici aide ou conseil. Mais vous, Théoden, Seigneur de la Marche de Rohan, vous êtes reconnaissable à vos nobles emblèmes et encore davantage aux beaux traits de la Maison d'Eorl. O digne fils de Thengel Trois fois renommé! Que n'êtes-vous venu plus tôt et en ami? J'ai grandement désiré vous voir, très puissant roi des terres occidentales, et surtout ces dernières années pour vous sauver des peu sages et pernicieux conseils dont vous étiez entouré! Est-il déjà trop tard? En dépit des maux qui m'ont été infligés et auxquels les hommes de Rohan ont, hélas! eu quelque part, je voudrais encore vous sauver et vous délivrer de la ruine qui s'approche inévitablement si vous suivez cette route que vous avez prise. En vérité, moi seul puis vous aider à présent.

Théoden ouvrit la bouche comme pour parler, mais il ne dit rien. Il leva le regard vers le visage de Saroumane qui l'observait de ses yeux sombres et graves, et le reporta sur Gandalf à son côté; et il parut hésiter. Gandalf ne fit aucun signe, mais se tint muet comme une pierre, ainsi que quelqu'un qui attend patiemment un appel qui n'est pas encore venu. Les Cavaliers s'agitèrent tout d'abord, avec un murmure d'approbation des paroles de Saroumane; puis eux aussi furent silencieux, comme des hommes retenus par un charme. Il leur semblait que Gandalf n'avait jamais parlé à leur seigneur avec autant d'honnêteté et de convenance. Toutes ses relations avec Théoden leur parurent alors entachées de rudesse et de fierté. Et une ombre se glissa dans leur cœur : la crainte d'un grand danger, la fin de la Marche dans des ténèbres où Gandalf les entraînait, tandis que Saroumane se tenait près d'une issue de secours, qu'il gardait entrouverte pour laisser passer un rayon de lumière. Il y eut un silence lourd.

Ce fut le Nain Gimli qui le rompit soudain. – Les paroles de ce magicien ne tiennent pas debout, gronda-t-il, saisissant le manche de sa hache. Dans le langage d'Orthanc, aide signifie ruine et sauver veut dire tuer, c'est clair. Mais nous ne sommes pas venus ici pour mendier.

– Paix! dit Saroumane, et pendant un bref instant sa voix fut moins suave; une lumière clignota dans ses yeux et disparut. – Je ne vous parle pas encore, Gimli fils de Glóin, dit-il. Bien loin est votre pays, et les difficultés de cette terre ne vous concernent que fort peu. Mais ce n'est pas de votre propre mouvement que vous y avez été mêlé; je ne vous reprocherai donc pas la part que vous y avez prise – part vaillante, je n'en doute pas. Mais, de grâce, permettez que je parle d'abord avec le Roi de Rohan, mon voisin, et qui fut mon ami.

– Qu'avez-vous à dire, Roi Théoden? Voulez-vous la paix avec moi et toute l'aide que mon savoir, fondé sur de longues années, peut vous apporter? Prendrons-nous ensemble nos décisions à l'encontre des mauvais jours et réparerons-nous ensemble nos dommages avec assez de bonne volonté pour que nos domaines deviennent tous deux plus florissants que jamais?

Théoden ne répondit toujours pas. Nul ne pouvait dire s'il luttait contre la colère ou contre le doute. Eomer parla.

– Ecoutez-moi, Seigneur! dit-il. Nous sentons à présent le danger dont on nous a avertis. Ne sommes-nous allés à la victoire que pour finir par nous tenir là, stupéfiés par un vieux menteur à la langue fourchue enduite de miel? C'est ainsi que le loup piégé parlerait aux chiens, s'il le pouvait. Quelle aide peut-il vous offrir, en vérité? Tout ce qu'il désire, c'est d'échapper à sa condition. Mais allez-vous parlementer avec cet habitué de la traîtrise et du meurtre? Rappelez-vous Théodred aux Gués et la tombe de Hama dans le Gouffre de Helm!

– Si on parle de langues empoisonnées, que dire de la vôtre, jeune serpent? répliqua Saroumane, et l'éclair de sa colère fut visible à tous. Mais allons, Eomer fils d'Eomund! reprit-il de sa voix douce. A chacun son rôle. Le vôtre est la valeur dans les armes, et vous vous y acquérez grand honneur. Tuez ceux que votre seigneur désigne comme ennemis et contentez-vous de cela. Ne vous mêlez pas de politique, à quoi vous n'entendez rien. Mais peut-être que si vous devenez roi, vous vous apercevrez qu'il doit choisir ses amis avec soin. On ne saurait rejeter à la légère l'amitié de Saroumane et la puissance d'Orthanc, quels que soient les griefs, vrais ou imaginaires, qui s'y rattachent. Vous avez gagné une bataille, mais pas une guerre – et cela grâce à une aide sur laquelle vous ne pouvez plus compter. Il se pourrait que vous trouviez l'Ombre de la Forêt à votre propre porte, la prochaine fois : elle est capricieuse et dépourvue de raison, et elle n'a aucun amour pour les Hommes.

« Mais, mon seigneur de Rohan, dois-je être qualifié de meurtrier parce que de vaillants hommes sont tombés au combat? Si vous partez en guerre, inutilement, car je ne la désirais pas, des hommes seront forcément tués. Mais si je suis pour cela un meurtrier, toute la maison d'Eorl est entachée de meurtres; car ses membres ont mené bien des guerres et attaqué qui les défiait. Cela ne les a pas empêchés par la suite de faire avec certains une paix qui n'était pas plus mauvaise pour être politique. Je vous le dis, Roi Théoden : voulez-vous que nous fassions paix et amitié, vous et moi? C'est à nous de commander.

– Nous ferons la paix, dit enfin Théoden d'une voix empâtée et avec effort. Plusieurs des Cavaliers lancèrent des cris de joie. Théoden leva la main. Oui, nous ferons la paix, dit-il d'une voix maintenant claire, nous aurons la paix quand vous et toutes vos œuvres auront péri – et les œuvres de votre ténébreux maître auquel vous voudriez nous livrer. Vous êtes un menteur, Saroumane, et un corrupteur du cœur des hommes. Vous me tendez la main, et je ne vois qu'un doigt de la serre de Mordor.

Cruel et froid! Même si la guerre que vous m'avez imposée était juste – et elle ne l'était pas, car, fussiez-vous vingt fois plus sage, vous n'auriez aucun droit de me gouverner moi et les miens à votre seul profit, comme vous le désiriez – même ainsi, que direz-vous de vos torches dans l'Ouestfolde et des enfants qui y gisent morts? Et ils ont déplacé le corps de Hama devant les portes du Fort le Cor après qu'il était mort. Quand vous pendrez à un gibet à votre fenêtre pour le plaisir de vos propres corbeaux, alors je serai en paix avec vous et avec Orthanc. Voilà pour la Maison d'Eorl. Je ne suis qu'un fils moindre de grands ancêtres, mais je n'ai pas besoin de vous lécher les doigts. Tournez-vous d'un autre côté. Mais je crains que votre voix n'ait perdu son charme.

Les Cavaliers levèrent sur Théoden le regard d'hommes brusquement tirés d'un rêve. Après la musique de Saroumane, la voix de leur maître paraissait à leurs oreilles aussi rauque que celle d'un vieux corbeau. Mais, pendant un moment, Saroumane fut ivre de colère. Il se penchait par-dessus la balustrade comme pour frapper le Roi de son bâton. Certains crurent soudain voir un serpent en train de se lover pour l'attaque.

– Des gibets et des corbeaux! siffla-t-il, et ils frissonnèrent à ce hideux changement. Vieux radoteur! Qu'est-ce que la Maison d'Eorl sinon une grange couverte de chaume où des bandits boivent dans les relents, pendant que leur marmaille se roule par terre parmi les chiens? Voilà trop longtemps qu'ils échappent eux-mêmes au gibet. Mais le nœud coulant s'approche, lent à faire peut-être, mais il n'en sera que plus serré et plus dur à la fin. Soyez pendu si vous le voulez! Sa voix changea alors à mesure qu'il se maîtrisait lentement. Je ne sais pourquoi j'ai eu la patience de vous parler. Car je n'ai pas besoin de vous, ni de votre petite bande de galopeurs, aussi rapides dans la fuite que dans l'approche, Théoden Dresseur de Chevaux. Je vous ai offert il y a longtemps un état au-dessus de votre mérite et de votre intelligence. Je vous l'ai offert de nouveau, afin que ceux que vous égarez puissent clairement voir le choix des routes. Vous me répondez par des fanfaronnades et des insultes. Soit. Regagnez vos cabanes!

– Mais vous, Gandalf! Pour vous au moins, je suis

peiné, car je prends part à votre honte. Comment se fait-il que vous supportiez pareille compagnie? Car vous êtes fier, Gandalf – et non sans raison, ayant l'esprit noble et des yeux qui regardent au plus profond des choses et loin. Maintenant encore, ne voulez-vous pas écouter mon conseil?

Gandalf fit un mouvement et leva la tête. – Qu'avez-vous à me dire que vous ne m'ayez déjà dit lors de notre dernière rencontre? demanda-t-il. Ou peut-être avez-vous des choses à rétracter?

Saroumane fit une pause. – Rétracter? fit-il, comme perplexe. Rétracter? J'ai tenté de vous conseiller pour votre propre bien, mais vous m'avez à peine écouté. Vous êtes fier, et vous n'aimez pas les conseils, ayant en fait votre propre réserve de sagesse. Mais en cette occurrence, vous vous êtes trompé, je pense, en prenant exprès mes intentions à rebours. Je crains d'avoir perdu patience, dans mon ardeur à vous persuader. Et je le regrette, certes. Car je n'avais pour vous aucune malveillance; et je n'en ai même pas aujourd'hui encore, bien que vous reveniez me voir en compagnie des violents et des ignorants. Comment le ferais-je? Ne sommes-nous pas tous deux membres d'un haut et ancien ordre, des plus excellents en Terre du Milieu? Notre amitié nous profiterait à tous deux de même. Nous pourrions encore accomplir beaucoup ensemble pour guérir les désordres du monde. Comprenons-nous mutuellement, et écartons de nos pensées ces gens mineurs! Qu'ils servent nos décisions! Pour le bien commun, je suis prêt à redresser le passé et à vous recevoir. Ne voulez-vous pas que nous délibérions? Ne voulez-vous pas monter?

Le pouvoir que Saroumane mit en œuvre dans cet ultime effort était si grand qu'aucun de ceux qui se trouvaient à portée ne resta insensible. A présent, toutefois, le sortilège était entièrement différent. Ils entendaient la douce remontrance d'un roi bienveillant envers un ministre dans l'erreur, mais très aimé. Ils étaient cependant exclus, écoutant à une porte des paroles qui ne leur étaient pas destinées : enfants mal élevés ou domestiques stupides surprenant l'entretien insaisissable de leurs aînés et se demandant de quelle façon leur sort en serait affecté. Ces deux-là étaient d'une espèce plus élevée : vénérables et sages. Leur alliance était inévitable. Gandalf monterait à la tour pour discuter dans les chambres hautes d'Orthanc de choses profondes qui dépassaient leur entendement. La porte serait fermée et ils seraient laissés dehors, congédiés en attendant la tâche ou la punition qui leur serait assignée. Cette pensée prit forme même dans l'esprit de Théoden, comme une ombre de doute : – Il va nous trahir; il va partir – nous serons perdus.

Et puis Gandalf rit. L'idée fantasque s'évanouit comme une bouffée de fumée.

– Ah, Saroumane, Saroumane! dit Gandalf, toujours riant. Vous avez manqué votre voie dans la vie, Saroumane. Vous auriez dû être le bouffon du roi et gagner votre pain, et vos coups de fouet aussi, en singeant ses conseillers. Ah, pauvre de moi! Il s'arrêta pour mettre fin à son hilarité. Nous comprendre mutuellement? Je crains bien que vous ne puissiez jamais me comprendre. Mais vous, Saroumane, je ne vous comprends maintenant que trop bien. Je garde de vos arguments et de vos actes une mémoire plus claire que vous ne le supposez. La dernière fois que je vous ai rendu visite, vous étiez le geôlier du Mordor, et c'est là que je devais être envoyé. Non, l'hôte qui s'est échappé par le toit y regardera à deux fois avant de passer de nouveau par la porte. Non, je ne crois pas que je monterai. Mais écoutez, Saroumane, pour la dernière fois! Ne voulez-vous pas descendre? L'Isengard s'est révélé moins puissant que votre espoir et votre imagination le faisaient. Il peut en aller de même d'autres choses dans lesquelles vous mettez encore votre confiance. Ne serait-il pas bon de l'abandonner un moment? De vous tourner vers de nouveaux objets, peut-être? Réfléchissez bien, Saroumane! Ne voulez-vous pas descendre?

Une ombre passa sur le visage de Saroumane; puis ce visage prit une pâleur mortelle. Avant qu'il ne pût la dissimuler, ils virent sous le masque l'angoisse d'un esprit dans le doute, ayant horreur de rester et redoutant de quitter son refuge. Il hésita une seconde, et chacun retint son souffle. Puis il parla, et sa voix était stridente et froide. L'orgueil et la haine le subjuguaient.

– Veux-je descendre? dit-il d'un ton de raillerie. Un

homme désarmé descend-il parler dehors à des voleurs? Je vous entends assez bien d'ici. Je ne suis pas idiot, et je n'ai aucune confiance en vous, Gandalf. Les sauvages démons de la forêt ne se tiennent pas ouvertement sur mon escalier, mais je sais où ils sont tapis, à vos ordres.

– Les traîtres se méfient toujours, répondit Gandalf d'un ton las. Mais vous n'avez pas à craindre pour votre peau. Je ne désire pas vous tuer, ni vous faire de mal, comme vous le sauriez si vous me compreniez vraiment. Et j'ai le pouvoir de vous protéger. Je vous offre une dernière chance. Vous pouvez quitter Orthanc, libre – si vous le voulez.

– Voilà qui sonne bien, répliqua Saroumane, ricanant. C'est tout à fait dans la manière de Gandalf le Gris : si condescendant et si bon. Je ne doute pas que vous trouveriez Orthanc confortable et mon départ commode. Mais pourquoi voudrais-je partir? Et qu'entendez-vous par « libre »? Il y a des conditions, je suppose?

– Les raisons de partir vous pouvez les voir de vos fenêtres, répondit Gandalf. D'autres vous viendront à l'esprit. Vos serviteurs sont détruits ou dispersés; vos voisins, vous en avez fait des ennemis; et vous avez trompé votre nouveau maître ou essayé de le faire. Quand il tournera les yeux de ce côté, ce seront les yeux rouges de la colère. Mais quand je dis « libre », j'entends bien « libre » : libre de tout lien, chaîne ou ordre : pour aller où vous voudrez, fût-ce en Mordor, si vous le désirez, Saroumane. Mais vous me remettrez d'abord la Clef d'Orthanc et votre bâton. Ils seront le gage de votre conduite, et ils vous seront rendus plus tard si vous le méritez.

Le visage de Saroumane devint livide, se tordit de rage, et une lueur s'alluma dans ses yeux. Il éclata d'un rire sauvage. – Plus tard! s'écria-t-il, et sa voix devint un cri perçant. Plus tard! Oui, quand vous aurez aussi les Clefs de Barad-dûr même, je suppose; et les couronnes de sept rois, et les baguettes des Cinq Magiciens, et que vous vous serez acquis une paire de bottes beaucoup plus grandes que celles que vous portez actuellement. Le plan est modeste! A peine mon aide y est-elle nécessaire! J'ai d'autres choses à faire. Ne soyez pas stupide. Si vous désirez traiter avec moi, pendant que vous en avez encore une chance, allez-vous-en et revenez quand vous aurez repris votre bon sens! Et laissez derrière ces coupe-jarrets et cette petite canaille qui sont pendus à vos basques! Adieu! Il se retourna et quitta le balcon.

– Revenez, Saroumane! dit Gandalf d'une voix autoritaire. A l'étonnement de tous, Saroumane se retourna derechef et, comme tiré malgré lui, il revint lentement à la balustrade de fer, contre laquelle il s'appuya, respirant avec peine. Son visage était ridé et contracté. Sa main étreignait son lourd bâton noir comme une serre.

– Je ne vous ai pas donné la permission de partir, dit sévèrement Gandalf. Je n'ai pas fini. Vous avez fait l'imbécile, Saroumane, et pourtant vous êtes digne de pitié. Vous auriez encore pu vous détourner de la folie et du mal et être de quelque utilité. Mais vous préférez rester et ronger les bouts de vos anciennes intrigues. Restez donc! Mais je vous avertis que vous ne ressortirez pas facilement. Pas à moins que les mains ténébreuses de l'Est ne s'étendent pour vous emporter. Saroumane! cria-t-il, et sa voix crût en puissance et en autorité. Voyez! je ne suis pas Gandalf le Gris, que vous avez trahi. Je suis Gandalf le Blanc, qui est revenu de la mort. Vous n'avez plus de couleur à présent, et je vous chasse de l'ordre et du Conseil.

Il leva la main et parla lentement d'une voix claire et froide. « Votre bâton est brisé, Saroumane. » Il y eut un craquement, le bâton se fendit en deux dans la main de Saroumane, et la tête tomba au pied de Gandalf. Saroumane bascula en arrière en poussant un cri et s'en fut en rampant. A ce moment, un objet lourd et brillant arriva d'en dessus comme un bolide. Il ricocha sur la rambarde de fer à l'instant même où Saroumane la quittait, et, frôlant la tête de Gandalf, frappa l'escalier sur lequel ce dernier se tenait. La rambarde se brisa en résonnant. L'escalier se crevassa et lança des étincelles scintillantes. Mais la boule resta intacte : elle roula sur les marches, globe de cristal, sombre, mais rayonnant d'un cœur de feu. Comme elle rebondissait vers une mare, Pippin courut après et la ramassa.

– Le scélérat d'assassin! cria Eomer. Mais Gandalf resta impavide. Non, cela n'a pas été lancé par Saroumane, ni même à son instigation, je pense, dit-il. C'est venu d'une fenêtre tout en haut. Un coup d'adieu de Maître Langue de Serpent, j'imagine, mais mal dirigé.

– Peut-être était-il mal dirigé parce que le lanceur n'arrivait pas à déterminer lequel il haïssait le plus, de vous ou de Saroumane, dit Aragorn.

– C'est bien possible, dit Gandalf. Ces deux-là trouveront peu de réconfort dans leur compagnonnage : ils vont se tenailler mutuellement en paroles. Mais le châtiment est juste. Si Langue de Serpent se tire jamais vivant d'Orthanc, ce sera plus qu'il ne mérite.

– Hé, mon garçon, je vais prendre cela! Je ne vous ai pas demandé de le manipuler, cria-t-il, se tournant vivement et voyant Pippin monter lentement les marches comme s'il portait un grand poids. Il descendit à sa rencontre, prit à la hâte le globe sombre des mains du Hobbit et l'enveloppa dans les plis de son manteau. Je m'occuperai de cela, dit-il. Ce n'est pas un objet que Saroumane aurait choisi de jeter, je pense.

– Mais il peut en avoir d'autres à jeter, dit Gimli. Si la discussion est terminée, mettons-nous au moins hors de portée des pierres!

– Elle est terminée, dit Gandalf. Partons.

Ils tournèrent le dos aux portes d'Orthanc et descendirent. Les Cavaliers acclamèrent le roi avec joie et saluèrent Gandalf. Le sortilège de Saroumane était rompu; ils l'avaient vu sortir sur ordre et s'en aller en rampant, congédié.

– Eh bien, voilà qui est fait, dit Gandalf. Il me faut maintenant trouver Sylvebarbe pour lui dire comment les choses se sont passées.

– Il l'aura deviné, sûrement? dit Merry. Y avait-il quelque probabilité qu'elles se terminassent autrement?

– C'était peu probable, répondit Gandalf, encore que cela n'ait tenu qu'à un cheveu. Mais j'avais des raisons d'essayer; certaines miséricordieuses, et d'autres moins. J'ai commencé par montrer à Saroumane que le pouvoir de sa voix déclinait. Il ne peut être en même temps tyran et conseiller. Un complot mûr ne demeure plus secret. Il est pourtant tombé dans le piège, et il a essayé de venir à bout de ses victimes une à une tandis que les autres écoutaient. Je lui ai ensuite offert un dernier choix – loyal : renoncer tant au Mordor qu'à ses plans personnels et réparer ses torts en nous aidant dans notre besoin. Il le connaît, plus que tout autre. Il aurait pu nous rendre grand service. Mais il a préféré refuser et conserver la puissance d'Orthanc. Il ne veut pas servir, mais seulement commander. Il vit maintenant dans la terreur de l'ombre du Mordor, et pourtant il rêve encore de surmonter la tempête. Malheureux fou ! Il sera dévoré, si le pouvoir de l'Est étend ses bras jusqu'à l'Isengard. Nous ne pouvons détruire Orthanc de l'extérieur, mais Sauron – qui sait ce qu'il peut faire ?

– Et si Sauron n'est pas vainqueur ? Que lui ferez-vous ? demanda Pippin.

– Moi ? Rien ! dit Gandalf. Je ne lui ferai rien. Je ne souhaite pas la domination. Qu'adviendrait-il de lui ? Je n'en sais rien. Je suis peiné de ce que tant de choses qui étaient bonnes pourrissent maintenant dans la tour. Quoi qu'il en soit, les affaires n'ont pas mal tourné pour nous. Que les renversements de la fortune sont étranges ! Il arrive souvent que la haine se tourne contre elle-même ! Je présume que, eussions-nous même pénétré dans Orthanc, nous n'y aurions guère trouvé de trésors plus précieux que l'objet que Langue de Serpent nous a lancé.

Un cri strident, brusquement interrompu, sortit d'une fenêtre ouverte à très grande hauteur.

– Il semble que ce soit aussi l'avis de Saroumane, dit Gandalf. Laissons-les !

Ils retournèrent alors aux ruines de la porte. A peine avaient-ils passé sous l'arche que Sylvebarbe et une douzaine d'autres Ents s'avancèrent d'entre les ombres des pierres entassées, où ils s'étaient tenus. Aragorn, Gimli et Legolas les considérèrent avec étonnement.

– Voici trois de mes compagnons, Sylvebarbe, dit Gandalf. Je vous ai parlé d'eux, mais vous ne les avez pas encore vus. Il les nomma un à un.

Le Vieil Ent les regarda longuement d'un œil scrutateur. Il se tourna en dernier vers Legolas. – Ainsi, vous avez parcouru tout le chemin depuis la Forêt Noire, mon bon Elfe ? C'était autrefois une très grande forêt !

– Ce l'est encore, dit Legolas. Mais pas assez pour que nous qui y demeurons nous nous fatiguions jamais de voir de nouveaux arbres. Je serais extrêmement heureux de voyager dans la Forêt de Fangorn. J'en ai à peine franchi les lisières, et je ne désirais pas m'en retourner.

Les yeux de Sylvebarbe brillèrent de plaisir. – J'espère que votre désir se réalisera avant que les collines soient beaucoup plus âgées, dit-il.

– Je viendrai, si j'en ai la bonne fortune, dit Legolas. Je suis convenu avec mon ami que, si tout va bien, nous visiterons Fangorn ensemble – avec votre permission.

– Tout Elfe qui viendra avec vous sera le bienvenu, dit Sylvebarbe.

– L'ami dont je parle n'est pas un Elfe, dit Legolas. Je parlais de Gimli fils de Gloïn, que voici.

Gimli s'inclina profondément, et la hache s'échappa de sa ceinture et résonna sur le sol.

– Houm, hm! Ah ça, dit Sylvebarbe, lui jetant un regard noir. Un Nain et un porteur de hache! Houm! J'ai de la bienveillance pour les Elfes; mais vous me demandez beaucoup. Voilà une étrange amitié!

– Elle peut sembler étrange, dit Legolas; mais tant que Gimli vivra, je n'irai pas seul à Fangorn. Sa hache n'est pas destinée aux arbres, mais aux cous d'Orques, ô Fangorn, Maître de la Forêt de Fangorn. Quarante-deux, il en a tranchés dans la bataille.

– Hou! Allons donc! dit Sylvebarbe. Voilà qui est mieux! Enfin... les choses suivront leur cours; et il n'y a aucun besoin de se presser à leur rencontre. Pour le moment, nous devons nous séparer quelque temps. Le jour tire à sa fin, mais Gandalf dit que vous devez partir avant la tombée de la nuit, et le Seigneur de la Marche est anxieux de regagner sa propre demeure.

– Oui, nous devons partir, et partir maintenant, dit Gandalf. Je crains de devoir vous enlever vos portiers. Mais vous vous arrangerez bien sans eux.

– Peut-être, dit Sylvebarbe. Mais ils me manqueront. Nous sommes devenus amis en si peu de temps que je dois devenir un peu irréfléchi – je rétrograde vers la jeunesse, peut-être. Mais il faut dire qu'ils sont la première nouveauté que j'aie vue sous le Soleil ou la Lune depuis bien, bien des jours. Je ne les oublierai pas. J'ai inscrit leur nom dans la Longue Liste. Les Ents s'en souviendront.

« *Les Ents nés de la terre, vieux comme les montagnes,*
Grands marcheurs, buveurs d'eau,
et affamés comme des chasseurs, les enfants Hobbits,
les gens rieurs, les petites personnes,

« *Ils demeureront amis tant que les feuilles se renouvelleront.* Adieu! Mais si vous avez des nouvelles dans votre agréable pays, dans la Comté, faites-le-moi savoir! Vous savez ce que je veux dire : si vous entendiez parler des femmes-Ents ou si vous les voyiez. Venez en personne, si vous le pouvez!

– Nous le ferons! dirent d'une seule voix Merry et Pippin, et ils se détournèrent vivement. Sylvebarbe les regarda et resta un moment silencieux, hochant pensivement la tête. Puis il se tourna vers Gandalf.

– Ainsi Saroumane n'a pas voulu partir? dit-il. Je ne pensais pas qu'il le ferait. Son cœur est aussi pourri que celui d'un Huorn noir. Pourtant, si j'étais vaincu et que tous mes arbres fussent détruits, je ne viendrais pas tant qu'il me resterait un trou noir où me cacher.

– Non, dit Gandalf. Mais vous n'aviez pas projeté de couvrir le monde entier de vos arbres et d'étouffer tous autres êtres vivants. Mais voilà, Saroumane reste pour nourrir sa haine et tisser de nouveau toutes les toiles qu'il pourra. Il a la Clef d'Orthanc. Mais il ne faut pas le laisser s'échapper.

– Certes non! Les Ents y veilleront, dit Sylvebarbe. Saroumane ne mettra pas le pied au-delà du rocher sans ma permission. Les Ents le surveilleront.

– Bon! dit Gandalf. C'est ce que j'espérais. Maintenant, je peux partir et me tourner vers d'autres affaires avec un souci de moins. mais il vous faudra être attentif. Les eaux ont baissé. Il ne suffira pas de ceinturer la tour de sentinelles, je crains. Je ne doute pas que des chemins profonds furent creusés sous Orthanc et que Saroumane espère aller et venir avant peu sans être vu. Si vous voulez bien vous charger de cette tâche, je vous serais reconnaissant de déverser de nouveau les eaux; et faites-le jusqu'à ce que l'Isengard reste un étang permanent ou que vous ayez découvert les issues. Quand tous les souterrains seront noyés et les issues bloquées, Saroumane devra rester en haut et se contenter de regarder par les fenêtres.

– Fiez-vous aux Ents! dit Sylvebarbe. Nous fouillerons la vallée du haut en bas, et nous regarderons sous chaque caillou. Des arbres reviennent vivre ici, de vieux arbres, des arbres sauvages. Nous appellerons cela le Bois du Guet. Pas un écureuil n'y viendra que je ne le sache. Fiez-vous aux Ents! Nous ne nous lasserons pas de le surveiller jusqu'à ce que se soit écoulé sept fois le nombre des années durant lesquelles ils nous a tourmentés.

CHAPITRE XI

LE PALANTIR

Le soleil descendait derrière le long bras occidental des montagnes, quand Gandalf et ses compagnons et le roi avec ses Cavaliers repartirent de l'Isengard. Gandalf prit Merry en croupe et Aragorn, Pippin. Deux des hommes du roi allèrent en avant, chevauchant bon train, et ils disparurent bientôt dans la vallée. Les autres suivaient sans se presser.

Des Ents se tenaient à la porte, solennellement rangés comme des statues, leurs longs bras levés, mais sans faire le moindre bruit. Merry et Pippin jetèrent un regard en arrière quand ils furent à une petite distance sur la route sinueuse. Le soleil brillait encore dans le ciel, mais de longues ombres s'étendaient sur l'Isengard : ruines grises s'enfonçant dans l'obscurité. Sylvebarbe se voyait là debout, seul, telle la souche distante d'un vieil arbre : les Hobbits pensèrent à leur première rencontre, sur la saillie ensoleillée au loin, à la lisière de Fangorn.

Ils arrivèrent à la colonne de la Main Blanche, mais la main taillée avait été abattue et brisée en menus morceaux. Le long index gisait au beau milieu de la route, blanc dans le crépuscule et son ongle rouge tournant au noir.

– Les Ents font attention au moindre détail! dit Gandalf.

Ils poursuivirent leur route, et le soir s'épaissit dans la vallée.

– Irons-nous loin ce soir, Gandalf? demanda Merry au bout d'un moment. Je ne sais pas quelle impression cela vous fait de sentir la petite canaille bâiller derrière vous, mais la canaille est fatiguée et elle serait bien contente de cesser de bâiller pour s'étendre.

– Ah, vous avez entendu cela? dit Gandalf. Que cela ne vous reste pas sur le cœur! Soyez heureux de n'avoir pas été visé par d'autres mots. Il avait les yeux fixés sur vous. Si votre amour-propre peut en être réconforté, je dirais qu'en ce moment vous et Pippin occupez plus de place dans ses pensées qu'aucun de nous. Qui vous êtes; comment vous êtes venus là, et pourquoi; ce que vous savez; si vous avez été capturés et, dans ce cas, comment vous vous êtes échappés alors que tous les Orques ont péri – voilà les petites énigmes dont se préoccupe le grand esprit de Saroumane. Un sarcasme de sa part et un compliment, Meriadoc, si vous vous sentez honoré de son intérêt.

– Merci! dit Merry. Mais c'est un plus grand honneur de bâiller derrière vous, Gandalf. D'abord, cette position permet de répéter une question. Irons-nous loin ce soir?

Gandalf rit. – Un Hobbit impossible à assouvir! Tous les magiciens devraient avoir un ou deux Hobbits à leur charge – pour leur apprendre le sens de ce mot et les corriger. Je vous demande pardon. Mais j'ai accordé une pensée même à ces simples détails. Nous chevaucherons quelques heures, sans nous fatiguer, jusqu'au bout de la vallée. Demain, il nous faudra aller plus vite.

– En venant, nous comptions revenir de l'Isengard à la demeure du Roi à Edoras tout droit par la plaine, une chevauchée de quelques jours. Mais nous avons réfléchi et changé nos plans. Des messagers sont partis devant vers le Gouffre de Helm pour prévenir que le roi reviendra demain. Il se rendra de là avec une grande escorte à Dunharrow par des chemins de montagne. A partir de maintenant, on ne doit plus parcourir ouvertement le pays à plus de deux ou trois, de jour comme de nuit, pour autant qu'on puisse l'éviter.

– Rien ou pléthore, voilà votre manière! dit Merry. Je ne pensais pas plus loin que le coucher de ce soir, je crains. Où et que sont le Gouffre de Helm et tout le reste? Je ne connais rien de ce pays.

– Dans ce cas, vous feriez bien d'en apprendre quelque chose, si vous voulez comprendre ce qui se passe. Mais pas en ce moment et pas de moi : j'ai trop de choses pressantes à quoi penser.

– Bon, je m'attaquerai à Grands-pas au feu de camp : il est moins irritable. Mais pourquoi tout ce secret? Je croyais qu'on avait gagné la bataille!

– Oui, nous l'avons gagnée, mais seulement la première victoire, et cela même accroît notre danger. Il y avait quelque lien entre l'Isengard et le Mordor, que je n'ai pas encore déterminé. Je ne sais pas trop comment ils échangeaient les nouvelles; mais ils le faisaient. L'Œil de Barad-dûr va observer avec impatience la Vallée du Magicien, je pense : et du côté du Rohan. Moins il en verra, mieux cela vaudra.

La route se poursuivit lentement en serpentant dans la vallée. L'Isen coulait dans son lit pierreux, tantôt lointain et tantôt proche. La nuit descendit des montagnes. Toutes les brumes avaient disparu. Un vent glacial soufflait. La lune, à présent proche de son plein, emplissait le ciel de l'est d'une pâle et froide luminosité. Les épaulements de la montagne descendaient à leur droite vers des collines dénudées. Les vastes plaines s'ouvraient, grises, devant eux.

Enfin, ils firent halte. Ils quittèrent alors la grand-route pour prendre de nouveau par les doux herbages des hautes terres. Après avoir parcouru ainsi un ou deux milles vers l'ouest, ils arrivèrent à un vallon. Il s'ouvrait vers le sud, appuyé sur la pente du rond Dol Baran, dernière colline des chaînes du nord, à la base verdoyante et couronnée de brandes. Les bords du vallon étaient hérissés des fougères de l'année passée, parmi lesquelles les frondes serrées du printemps commençaient juste de surgir de la terre aux douces senteurs. D'épais buissons d'épines garnissaient les talus inférieurs, et ils établirent là leur campement, deux heures environ avant la mi-nuit. Ils allumèrent un feu dans un creux, parmi les racines d'une aubépine rameuse, aussi grande qu'un arbre, tordue par les ans, mais aux branches encore vigoureuses. Des bourgeons gonflaient l'extrémité de chaque ramille.

Un tour de garde par deux fut établi. Les autres, après avoir soupé, s'enveloppèrent dans un manteau et une couverture et s'endormirent. Les Hobbits s'installèrent à part dans un coin sur un tas de vieilles fougères. Merry avait sommeil, mais Pippin semblait à présent curieusement agité. Les fougères craquaient et bruissaient, comme il se tournait et se retournait sans arrêt.

– Qu'est-ce qu'il y a? demanda Merry. Serais-tu couché sur une fourmilière?

– Non, dit Pippin, mais je ne suis pas à l'aise. Je me demande combien cela fait de temps que je n'ai dormi dans un lit.

Merry bâilla. – Tu n'as qu'à compter sur tes doigts! dit-il. Mais tu dois savoir depuis combien de temps nous avons quitté la Lorien.

– Oh, ça! dit Pippin. Je veux dire un vrai lit dans une chambre à coucher.

– Eh bien, Fondcombe, alors, dit Merry. Mais je pourrais dormir n'importe où, cette nuit.

– Tu as de la veine, Merry, dit doucement Pippin après un silence. Tu allais avec Gandalf.

– Et alors?

– T'a-t-il donné des nouvelles, des renseignements?

– Oui, pas mal. Plus que d'ordinaire. Mais tu les as tous entendus, ou la plupart; tu étais tout près et nous ne faisions aucun secret. Tu peux cependant aller avec lui demain, si tu crois pouvoir en tirer davantage de lui – et s'il veut de toi.

– Vrai? Bon! Mais il est peu communicatif, hein? Pas du tout changé.

– Oh, si! dit Merry, se réveillant un peu et commençant à se demander ce qui troublait son compagnon. Il a grandi, ou quelque chose comme cela. Il peut être en même temps plus aimable et plus inquiétant, plus gai et plus grave qu'autrefois, me semble-t-il. Il a changé; mais nous n'avons pas encore eu l'occasion de voir à quel point. Pense à la dernière partie de l'affaire de Saroumane! Rappelle-toi que Saroumane fut autrefois le supérieur de Gandalf : chef du Conseil, quoique je ne sache pas trop ce que c'est. Il était Saroumane le Blanc. C'est Gandalf le

Blanc, maintenant. Saroumane est venu à l'appel, et sa baguette lui a été retirée; et puis il s'est entendu signifier de partir, et il est parti!

– Eh bien, si Gandalf a aucunement changé, il est plus renfermé que jamais, voilà tout, répliqua Pippin. Et cette boule de verre? Il paraissait rudement content de l'avoir. Il sait ou devine quelque chose à ce sujet. Mais nous dit-il quoi? Pas un mot. C'est pourtant moi qui l'ai ramassée et qui l'ai empêchée de rouler dans une mare. *Hé, mon garçon, je vais prendre cela.* Voilà tout ce qu'il a dit. Je me demande ce que c'est. C'était si lourd! La voix de Pippin tomba, comme s'il se parlait à lui-même.

– Tiens, c'est donc cela qui te tracasse, dit Merry. Eh bien, mon vieux Pippin, n'oublie pas l'adage de Gildor – celui que Sam citait toujours : *Ne vous occupez pas des affaires de Magiciens, car ils sont astucieux et prompts à la colère.*

– Mais toute notre vie depuis des mois a consisté à nous mêler des affaires de Magiciens, dit Pippin. J'aimerais bien avoir un peu de renseignements en même temps que du danger. J'aimerais voir un peu cette boule.

– Dors! dit Merry. Tu en auras assez, de renseignements, tôt ou tard. Un Touque n'a jamais battu un Brandebouc en matière de curiosité, mon cher Pippin; mais est-ce bien le moment, je te le demande.

– Bon! Qu'y a-t-il de mal à te dire ce que j'aimerais : un coup d'œil sur cette pierre? Je sais que ce n'est pas possible, avec le vieux Gandalf assis dessus, comme une poule sur un œuf. Mais ce n'est pas d'un grand secours de n'obtenir de toi qu'un *tu-ne-peux-pas-alors-dors!*

– Mais que pouvais-je dire d'autre? répliqua Merry. Je regrette, Pippin, mais il te faudra vraiment attendre le matin. Je serai aussi curieux que toi après le petit déjeuner, et je t'aiderai autant que je le pourrai dans l'enjôlement de magicien. Mais je ne peux tenir éveillé plus longtemps. Si je bâille encore, je vais me décrocher la mâchoire. Bonne nuit!

Pippin ne dit plus rien. Il resta immobile, mais le sommeil le fuyait; et l'assoupissement n'était aucunement facilité par le son de la douce respiration de Merry, qui s'était endormi en quelques minutes après avoir dit bonsoir. La pensée du globe sombre s'imposait encore davantage dans le silence environnant. Pippin en sentait de nouveau le poids dans ses mains, et il revoyait les mystérieuses profondeurs rouges dans lesquelles il avait un moment plongé le regard. Il se tourna et se retourna, s'efforçant de penser à autre chose.

Il finit par ne plus pouvoir y tenir. Il se leva et regarda alentour. Il faisait froid, et il serra son manteau autour de lui. La lune brillait, blanche et froide, dans la vallée, et les ombres des buissons étaient noires. Partout étaient étendues des formes endormies. On ne voyait pas les deux gardes; ils étaient en haut de la colline peut-être ou cachés dans les fougères. Poussé par quelque impulsion qu'il ne comprenait pas, Pippin alla doucement à l'endroit où Gandalf était couché. Il le regarda d'en dessus. Le magicien semblait endormi, mais ses paupières n'étaient pas tout à fait closes : il y avait un scintillement d'yeux derrière ses longs cils. Pippin recula vivement. Mais Gandalf ne fit aucun signe; et, attiré de nouveau presque malgré lui, le Hobbit s'avança derechef en catimini de derrière la tête du magicien. Celui-ci était enroulé dans une couverture avec son manteau étalé dessus; et tout près de lui, entre son côté droit et son bras recourbé, il y avait une protubérance, quelque chose de rond enveloppé dans un tissu noir; sa main semblait en avoir juste glissé sur le sol.

Retenant son souffle, Pippin s'approcha pied à pied. Enfin, il s'agenouilla et souleva lentement la masse; elle ne lui parut pas tout à fait aussi lourde qu'il s'y attendait. « Ce n'est peut-être qu'un paquet de choses sans importance, après tout », pensa-t-il avec un étrange sentiment de soulagement; mais il ne reposa pas le paquet. Il resta un moment les mains serrées dessus. Puis une idée lui vint à l'esprit. Il s'éloigna sur la pointe des pieds, trouva une grande pierre et revint.

Rapidement alors il retira le tissu, en enveloppa la pierre et, s'agenouillant, le replaça près de la main du magicien. C'était bien là : un globe de cristal lisse, à présent sombre et mort, posé nu devant ses genoux. Pippin le souleva, le recouvrit en hâte de son propre manteau et se détourna à demi pour regagner son lit. A ce moment, Gandalf fit un mouvement dans son sommeil et marmonna quelques mots : ils semblaient être en une langue étrange; sa main tâtonna et saisit la pierre enveloppée, puis il soupira et ne bougea plus.

« Pauvre idiot! se murmura Pippin. Tu vas t'attirer les pires ennuis. Remets vite cela en place! » Mais il s'aperçut alors que ses genoux tremblaient, et il n'osa pas approcher suffisamment du magicien pour atteindre le paquet. « Je n'arriverai jamais à remettre l'objet à présent sans le réveiller, pensa-t-il, en tout cas pas avant de reprendre un peu de calme. Autant donc y jeter un coup d'œil. Pas juste ici pourtant! » Il s'éloigna à pas de loup et s'assit sur un tertre vert non loin de son lit. La lune jetait sa lueur par-dessus le bord du vallon.

Pippin s'assit, la boule entre ses genoux levés. Il se pencha dessus, avec l'air d'un enfant glouton devant un bol de nourriture, dans un coin séparé. Il écarta son manteau et examina l'objet. L'air semblait immobile et attentif autour de lui. Au début, la boule était sombre, d'un noir de jais, et le clair de lune luisait à sa surface. Puis vinrent un léger rayonnement et un mouvement au centre, et elle retenait le regard de Pippin de telle façon qu'il ne pouvait plus le détourner. Bientôt, tout l'intérieur parut en feu; elle pivotait ou les lumières intérieures tournaient. Soudain, elles s'éteignirent. Il sursauta et fit de grands efforts; mais il resta courbé, le globe serré dans ses deux mains. Il se pencha de plus en plus, puis il devint rigide; ses lèvres s'agitèrent un moment sans qu'il en sortît le moindre son. Enfin, avec un cri étranglé, il tomba en arrière et resta immobile.

Le cri fut perçant. Les gardes sautèrent à bas des talus. Tout le camp fut bientôt en émoi.

– Ainsi voilà le voleur! dit Gandalf. Il jeta vivement son manteau sur le globe, là où il se trouvait. Mais vous, Pippin! C'est là un tour de choses pénibles! Il s'agenouilla près du corps de Pippin : le Hobbit était étendu sur le dos, rigide, les yeux vides fixés sur le ciel. Sorcellerie! Quel méfait a-t-il commis – pour lui-même et pour nous tous? Le magicien avait la figure tirée et décomposée.

Il prit la main de Pippin et se pencha sur son visage, guettant sa respiration; puis il posa les mains sur son front. Le Hobbit frissonna. Ses yeux se fermèrent. Il cria, se mit sur son séant et regarda avec ahurissement toutes les têtes qui l'entouraient, pâles au clair de lune.

– Ce n'est pas pour vous, Saroumane! cria-t-il d'une voix aiguë et atone, s'écartant de Gandalf. Je vais l'envoyer chercher immédiatement. Vous me comprenez? Dites seulement cela! Puis il se débattit pour s'échapper, mais Gandalf le retint avec une douce fermeté.

– Peregrin Touque! dit-il. Revenez!

Le Hobbit se détendit et retomba en arrière, s'accrochant à la main du magicien. – Gandalf! cria-t-il. Gandalf! Pardonnez-moi!

– Vous pardonner, dit le magicien. Dites-moi d'abord ce que vous avez fait!

– J'ai... j'ai pris la boule et je l'ai regardée, balbutia Pippin; et j'y ai vu des choses qui m'ont effrayé. J'ai voulu partir, et je ne le pouvais pas. Et puis il est venu et il m'a interrogé; et il m'a regardé, et... et c'est tout ce que je me rappelle.

– Cela ne suffit pas, dit sévèrement Gandalf. Qu'avez-vous vu et qu'avez-vous dit?

Pippin ferma les yeux et frissonna, mais sans rien dire. Tous l'observèrent en silence, sauf Merry, qui se détourna. Mais le visage de Gandalf était toujours dur. – Parlez! dit-il.

D'une voix basse et hésitante, Pippin reprit la parole, et ses mots se firent lentement plus clairs et plus forts. – J'ai vu un ciel sombre et de hauts remparts, dit-il. Et de toutes petites étoiles. Cela paraissait être très loin et très ancien, mais dur et clair. Puis les étoiles s'allumaient et s'éteignaient – elles étaient interceptées par quelque chose d'ailé. Très grand, je crois, vraiment; mais dans le cristal, on aurait dit des chauves-souris virevoltant autour de la tour. J'ai cru en voir neuf. L'une s'est mise à voler droit vers moi; elle devenait de plus en plus grosse. C'était horrible... non, non! Je ne puis dire.

« J'essayais de m'en aller, parce que je pensais qu'elle allait sortir du globe; mais quand elle l'eut entièrement couvert, elle disparut. Puis *il* est venu. Il ne parla pas de façon que j'entende les mots. Il me regardait seulement, et je compris.

– Ainsi vous voilà revenu? Pourquoi avez-vous négligé si longtemps de vous présenter?

« Je ne répondis pas. Il dit : « Qui êtes-vous? » Je ne répondis toujours pas, mais cela me causait une souffrance horrible; et il me pressait, si bien que je dis : « Un Hobbit. »

« Il parut alors soudain me voir, et il se rit de moi. C'était cruel. C'était comme des coups de poignard. Je luttai. Mais il dit : « Un moment! Nous nous reverrons bientôt. Dites à Saroumane que cette friandise n'est pas pour lui. Je vais l'envoyer chercher tout de suite. Vous avez compris? Dites seulement cela! »

« Puis il me couva du regard. Je me sentais tomber en morceaux. Non, non, je ne puis en dire davantage. Je ne me rappelle plus rien.

– Regardez-moi! dit Gandalf.

Pippin leva la tête et le regarda droit dans les yeux. Le magicien soutint un moment son regard en silence. Puis son visage se radoucit et l'ombre d'un sourire y apparut. Il posa doucement la main sur la tête de Pippin.

– Bon! dit-il. Ne dites plus rien! Vous n'avez pris aucun mal. Il n'y a pas de mensonge dans vos yeux, comme je l'avais craint. Mais il ne vous a pas parlé longtemps. Vous êtes un niais; mais vous restez un niais honnête, Peregrin Touque. De plus sages auraient pu faire pis en pareille circonstance. Mais notez bien ce que je vous dis! Vous avez été sauvé, et tous vos amis en même temps, par simple chance, pour ainsi dire. Il ne faut pas compter là-dessus pour une seconde fois. S'il vous avait interrogé séance tenante, vous auriez presque à coup sûr dit tout ce que vous saviez, pour notre ruine à tous. Mais il était trop avide. Il ne voulait pas de vous seulement des renseignements : il vous voulait *vous*, vite, de façon à disposer de vous lentement dans la Tour Sombre. Ne frissonnez pas! Si vous voulez vous mêler des affaires de Magiciens, il faut être prêt à penser à ce genre de choses. Mais, allons! Je vous pardonne. Remettez-vous! Les choses n'ont pas tourné aussi mal qu'elles l'auraient pu.

Il souleva doucement Pippin et le rapporta à son lit. Merry suivit et s'assit à son chevet. – Restez là et reposez-vous, si vous le pouvez, Pippin! dit Gandalf. Faites-moi confiance. Si vous sentez de nouveau une démangeaison de votre paume, dites-le-moi! Cela peut se guérir. Mais en tout cas, mon cher Hobbit, ne remettez pas un bloc de rocher sous mon coude! Et maintenant, je vous laisse ensemble un moment.

Là-dessus, Gandalf retourna auprès des autres, qui se tenaient encore, l'esprit troublé, près de la pierre d'Orthanc. – Le péril vient la nuit au moment où l'on s'y attend le moins, dit-il. Nous l'avons échappé belle!

– Comment va le hobbit Pippin? demanda Aragorn.

– Je crois que tout ira bien maintenant, répondit Gandalf. Il n'a pas été retenu longtemps, et les Hobbits ont un étonnant pouvoir de récupération. Le souvenir, ou l'horreur, de la chose passera sans doute rapidement. Trop rapidement, peut-être. Aragorn, voulez-vous prendre la pierre d'Orthanc et la garder? C'est une charge dangereuse.

– Dangereuse assurément, mais pas pour tous, dit Aragorn. Il est une personne qui a le droit de la revendiquer. Car c'est sans nul doute le *palantir* d'Orthanc, provenant du trésor d'Elendil, déposé ici par les Rois de Gondor. Maintenant, mon heure approche. Je la prendrai.

Gandalf regarda Aragorn, puis, à la surprise de tous, il souleva la Pierre couverte et s'inclina en la présentant.

– Recevez-la, Seigneur! dit-il : en gage d'autres choses qui seront rendues. Mais si je puis vous donner un conseil pour l'usage de ce qui vous appartient, ne vous en servez pas... encore! Faites attention!

– Quand donc ai-je été irréfléchi ou imprudent, moi qui ai attendu et qui me suis préparé durant tant de longues années? dit Aragorn.

– Jamais encore. Ne trébuchez donc pas au bout de la route, répondit Gandalf. Mais au moins gardez ceci secret. Vous et tous ceux qui sont ici! Le Hobbit Peregrin plus que quiconque doit ignorer à qui elle aura été remise. Le mauvais accès peut le reprendre. Car il l'a, hélas! manipulée et il a regardé dedans, ce qui n'aurait jamais dû être. Il n'aurait jamais dû la toucher dans l'Isengard, et là j'aurais dû être plus prompt. Mais j'avais l'esprit fixé sur Saroumane et je n'avais pas aussitôt deviné la nature de la Pierre. Et après, j'étais fatigué et comme je réfléchissais à ce sujet, étendu, le sommeil m'a pris. Maintenant, je sais!

– Oui, il ne peut y avoir aucun doute, dit Aragorn. Nous connaissons enfin le lien entre l'Isengard et le Mordor, ainsi que son fonctionnement. Bien des choses s'expliquent.

– Nos ennemis ont d'étranges pouvoirs, et aussi d'étranges faiblesses! dit Théoden. Mais il y a longtemps qu'on dit : « *La volonté du mal ruine souvent le mal.* »

– Cela s'est vu bien des fois, dit Gandalf. Mais, en l'occurrence, nous avons eu une chance étonnante. Peut-être ce hobbit m'a-t-il sauvé d'une grave erreur. Je m'étais demandé si j'allais ou non sonder moi-même cette Pierre pour en découvrir les usages. L'eussé-je fait, que je lui aurais été moi-même révélé. Je ne suis pas prêt à pareille épreuve et ne le serai sans doute jamais. Mais même si je trouvais le pouvoir de me retirer, il serait désastreux qu'il me vît, pour le moment – jusqu'à l'heure où le secret ne sera plus efficace.

– Cette heure est maintenant venue, je crois, dit Aragorn.

– Pas encore, répondit Gandalf. Il reste un court moment de doute, que nous devons utiliser. L'Ennemi pensait, cela est clair, que la Pierre se trouvait dans Orthanc – pourquoi ne le penserait-il pas? Et que, par conséquent, le Hobbit y était prisonnier, poussé par Saroumane à regarder dans le miroir pour son tourment. Cet esprit ténébreux sera empli maintenant de la voix et du visage du Hobbit... et d'attente : il peut falloir quelque temps pour qu'il se rende compte de son erreur. Nous devons saisir ce répit. Nous avons été trop lents. Il faut nous éloigner. Le voisinage de l'Isengard n'est pas un endroit où traîner désormais. Je vais partir immédiatement en avant avec Peregrin Touque. Cela vaudra mieux pour lui que de rester étendu dans le noir tandis que les autres dormiront.

– Je garderai Eomer et dix Cavaliers, dit le roi. Ils partiront avec moi à l'aube. Les autres pourront aller avec Aragorn et partir quand ils en auront envie.

– Comme vous voulez, dit Gandalf. Mais gagnez aussi vite que vous le pourrez l'abri des montagnes, au Gouffre de Helm!

A ce moment, une ombre s'étendit sur eux. Le brillant clair de lune parut soudain intercepté. Plusieurs des Cavaliers poussèrent des cris et se tassèrent, les bras sur la tête, comme pour parer un coup venant d'en dessus : ils étaient saisis d'une peur aveugle et d'un froid mortel. Recroquevillés, ils levèrent le regard. Une vaste forme ailée passait devant la lune, tel un nuage noir. Elle vira et s'en fut vers le nord, volant plus vite que tout vent de la Terre du Milieu. Les étoiles s'évanouirent devant elle. Elle était partie.

Ils se redressèrent, avec une rigidité de statues. Gandalf regardait le ciel, les bras étendus et baissés, raide, les poings serrés.

– Nazgul! s'écria-t-il. Le messager de Mordor. L'orage vient. Les Nazgul ont passé la Rivière! En selle, en selle! N'attendez pas l'aurore! Que les rapides n'attendent pas les lents! En selle!

Il s'élança, tout en appelant Gripoil dans sa course. Aragorn le suivit. Gandalf alla vers Pippin et le prit dans ses bras. – Vous viendrez avec moi, cette fois-ci, dit-il. Gripoil vous montrera ce qu'il sait faire. Puis il courut à l'endroit où il avait dormi. Gripoil s'y trouvait déjà. Ayant jeté sur ses épaules le petit sac qui formait tout son bagage, le magicien sauta à cheval. Aragorn souleva Pippin et le mit dans les bras de Gandalf, enveloppé dans un manteau et une couverture.

– Adieu! Suivez vite! cria Gandalf. En avant, Gripoil!

Le grand cheval releva la tête. Il donna un petit coup de sa queue flottante dans la lumière de la lune. Puis il bondit en avant, frappant la terre de ses sabots, et il disparut des montagnes comme le vent du nord.

– Quelle belle et reposante nuit! dit Merry à Aragorn. Il y en a qui ont une sacrée veine. Il ne voulait pas dormir et il voulait chevaucher avec Gandalf – et le voilà parti! Au lieu d'être transformé lui-même en pierre pour rester ici à tout jamais en guise d'avertissement.

– Si vous aviez été le premier à soulever la pierre d'Orthanc, et non lui, qu'en serait-il à présent? dit Aragorn. Vous auriez pu faire pis. Qui saurait le dire? Mais maintenant c'est votre sort de venir avec moi, je crains. Et tout de suite. Allez vous préparer, et apportez ce que Pippin a pu laisser là. Faites vite!

Gripoil volait sur les plaines sans qu'il fût aucunement besoin de le pousser ou de le diriger. Moins d'une heure s'était écoulée, et ils avaient atteint et franchi les Gués de l'Isen. Le Tertre des Cavaliers et ses froides lances se trouvaient, gris, derrière eux.

Pippin se remettait. Il avait chaud, mais le vent sur sa figure était vif et réparateur. Il était avec Gandalf. L'horreur de la pierre et de la hideuse ombre sur la lune s'estompait, choses laissées dans les brumes de la montagne ou dans un rêve passager. Il respira profondément.

– Je ne savais pas que vous montiez à nu, Gandalf, dit-il. Vous n'avez ni selle ni bride!

– Je ne monte à la façon des Elfes que sur Gripoil. Mais il ne veut pas de harnais. On ne monte pas Gripoil : il veut bien vous porter – ou non. S'il veut bien, cela suffit. C'est alors à lui de voir à ce que vous restiez sur son dos, à moins que vous ne sautiez en l'air.

– A quelle allure va-t-il? demanda Pippin. Vite d'après le vent, mais très uniformément. Et qu'il a le pas léger!

– Il court en ce moment aussi vite que pourrait galoper le cheval le plus rapide, répondit Gandalf; mais ce n'est pas vite pour lui. Le sol monte un peu ici, et il est plus accidenté que de l'autre côté de la rivière. Mais voyez comme les Montagnes Blanches approchent sous les étoiles! Là-bas sont les aiguilles de Thrihyrne, telles des lances noires. Nous allons atteindre l'embranchement des routes, et nous arriverons avant peu à la Combe du Gouffre, où s'est déroulée la bataille il y a deux nuits.

Pippin resta de nouveau silencieux un moment. Il entendit Gandalf chanter doucement pour lui-même, murmurant de brefs fragments de poésie en diverses langues, tandis que les milles défilaient sous leurs pieds. Enfin, le magicien passa à une chanson dont le Hobbit saisit les paroles : quelques vers parvinrent, clairs, à ses oreilles dans la ruée du vent :

« *De grands vaisseaux et de grands rois*
Trois fois trois,
Qu'ont-ils apporté de la terre effondrée,
Sur le flot de la mer?
Sept étoiles et sept pierres
Et un arbre blanc. »

– Que dites-vous, Gandalf? demanda Pippin.

– Je récapitulais seulement quelques chansons de la Tradition, répondit le Magicien. Les Hobbits ont dû les oublier, je suppose, même le peu qu'ils ont connu.

– Mais pas du tout, dit Pippin. Et nous en avons beaucoup pour notre propre compte, qui ne vous intéresseraient peut-être pas. Mais je n'ai jamais entendu celle-ci. De quoi parle-t-elle : les sept étoiles et les sept pierres?

– Des *palantiri* des Rois de jadis, dit Gandalf.

– Et qu'est-ce que cela?

– Ce nom signifiait *ce qui regarde au loin.* La pierre d'Orthanc en était un.

– Il n'a donc pas été fabriqué, fabriqué (Pippin hésita)... par l'Ennemi?

– Non, dit Gandalf. Pas par Saroumane. Cela dépasse son art, et celui de Sauron aussi. Les *palantiri* viennent d'au-delà de l'Ouistrenesse, d'Eldamar. Ce sont les Noldor qui les ont faits. Peut-être Fëanor les travaille-t-il en personne, en un temps si ancien que l'on ne peut le mesurer en années. Mais il n'est rien que Sauron ne puisse appliquer à de mauvais usages. Hélas pour Saroumane! Ce fut la cause de sa chute, comme je le vois à présent. Périlleux pour nous tous sont les moyens d'un art plus profond que celui que nous possédons nous-mêmes. Il doit pourtant en supporter la faute. Le fou! le conserver secret à son propre profit! Nous n'avions pas encore pensé au sort des *palantiri* de Gondor dans ses guerres ruineuses. Pour les Hommes, ils les avaient presque oubliés. Même en Gondor, c'était un secret connu seulement d'un petit nombre; en Arnor, ils n'étaient plus rappelés que dans un chant traditionnel parmi les Dunedains.

– A quel usage les Hommes de l'ancien temps s'en servaient-ils? demanda Pippin, ravi et étonné de recevoir réponse à tant de questions et se demandant combien de temps cela durerait.

– A voir à grande distance et à s'entretenir en pensée les uns avec les autres, dit Gandalf. C'est ainsi qu'ils gardèrent longtemps et qu'ils unirent le royaume de Gondor. Ils installèrent des Pierres à Minas Ithil, et aussi à Orthanc dans le cercle de l'Isengard. Le chef et maître en était le Dôme d'Etoiles à Osgiliath avant sa ruine. Les trois autres étaient très loin dans le Nord. On dit dans la maison d'Elrond qu'elles se trouvaient à Annuminas et à Amon Sûl, et que la Pierre d'Elendil était sur les Collines de la Tour qui font face à Mithlond dans le Golfe de Lune, où sont les vaisseaux gris.

« Les *palantiri* se répondaient individuellement, mais tous ceux de Gondor étaient toujours ouverts à la vue d'Osgiliath. Il apparaît maintenant que, de même que le rocher d'Orthanc a résisté aux tempêtes du temps, le *palantiri* de cette tour y a subsisté. Mais, seul, il ne pouvait que voir de petites images de choses lointaines et de jours reculés. C'était sans nul doute extrêmement utile à Saroumane; il semble pourtant qu'il ne s'en contentait pas. Il portait le regard de plus en plus loin, jusqu'à contempler Barad-dûr. Il fut alors pris!

« Qui sait où se trouvent maintenant les Pierres perdues d'Arnor et de Gondor, profondément enterrées ou noyées? Mais Sauron a dû en obtenir au moins une, qu'il a maîtrisée pour l'adapter à ses desseins. Je pense que c'était la Pierre d'Ithil, car il prit Minas Ithil voilà longtemps, et il en a fait un endroit néfaste. C'est devenu Minas Morgul.

« Il est aisé de comprendre à présent de quelle façon le regard vagabond de Saroumane fut piégé et retenu; et comment, depuis lors, il a été persuadé de loin, et dompté quand la persuasion ne suffisait pas. Le mordeur mordu, le faucon sous la patte de l'aigle, l'araignée dans une toile d'acier! Depuis combien de temps, je me le demande, a-t-il été forcé de venir souvent à son miroir pour se présenter à l'inspection et recevoir ses instructions, la pierre d'Orthanc étant tellement fixée sur Barad-dûr que quiconque y regarde, s'il n'est doué d'une volonté inflexible, y portera rapidement sa pensée et sa vue? Et comme elle attire vers elle! Ne l'ai-je pas moi-même senti?

Maintenant encore, mon cœur désire éprouver ma volonté dessus, pour voir si je ne pourrais pas la lui arracher et la tourner du côté que je voudrais – pour regarder au-delà des vastes océans d'eau et de temps vers Tirion la Belle et voir à l'œuvre la main et la pensée inconcevables de Fëanor, alors que l'Arbre Blanc et l'Arbre d'Or étaient tous deux en fleur! Il soupira et resta alors silencieux.

– Je voudrais bien avoir su tout cela plus tôt, dit Pippin. Je n'avais aucune idée de ce que je faisais.

– Oh, si! dit Gandalf. Vous saviez agir mal et stupidement; et vous vous l'êtes dit, encore que sans écouter. Je ne vous ai pas raconté tout cela auparavant, parce que c'est seulement en méditant sur tout ce qui s'est passé que j'ai fini par comprendre, tandis même que nous chevauchons ensemble. Mais aurais-je parlé plus tôt que votre désir n'en aurait pas été atténué et que la résistance n'en aurait pas été plus facile. Au contraire! Non, une main brûlée est la meilleure leçon. Après, les avis sur le feu vont droit au cœur.

– Oui, dit Pippin. Quand bien même les sept pierres seraient déposéses devant moi maintenant, je fermerais les yeux et me fourrerais les mains dans les poches.

– Bon! dit Gandalf. C'est bien ce que j'espérais.

– Mais j'aimerais bien savoir..., commença de dire Pippin.

– Pitié! s'écria Gandalf. S'il faut continuer à donner des renseignements pour guérir votre curiosité, je passerai le restant de mes jours à vous répondre. Que voulez-vous encore savoir?

– Les noms de toutes les étoiles et de toutes les choses vivantes, et toute l'histoire de la Terre du Milieu, du Super-ciel et des Mers Isolantes, répliqua Pippin, riant. Bien sûr! Quoi de moins? Mais je ne suis pas à cette nuit près. Pour le moment, je m'interroge sur l'ombre noire. Je vous ai entendu crier « messager de Mordor ». Qu'était-ce? Que pouvait-elle faire à l'Isengard?

– C'était un Cavalier Noir monté sur des ailes, un Nazgûl, dit Gandalf. Il aurait pu vous emporter à la Tour Sombre.

– Mais il ne venait pas pour moi, tout de même? dit

Pippin d'une voix tremblante. Je veux dire : il ne savait pas que j'avais...

– Bien sûr que non, dit Gandalf. Il y a deux cents lieues ou plus à vol d'oiseau de Barad-dûr à Orthanc, et il faut au moins quelques heures même pour un Nazgûl pour aller de l'un à l'autre. Mais Saroumane a certainement regardé dans la Pierre depuis l'expédition des Orques, et sa pensée secrète a été plus largement lue qu'il ne le voulait, je n'en doute pas. Un messager a été dépêché, pour découvrir ce qu'il faisait. Et, après ce qui s'est passé cette nuit, en viendra un autre, et sans tarder, je pense. Ainsi Saroumane ira jusqu'à l'extrémité du vice où il s'est engagé. Il n'a pas de prisonnier à envoyer. Il n'a plus de Pierre pour voir, et il ne peut répondre aux convocations. Sauron croira seulement qu'il retient le prisonnier et refuse d'user de la Pierre. Il ne servira à rien à Saroumane de dire la vérité au messager. Car l'Isengard a beau être en ruine, lui est toujours sain et sauf dans Orthanc. Ainsi, qu'il le veuille ou non, il paraîtra toujours rebelle. Et pourtant il nous a rejetés précisément pour éviter cela! Je ne puis conjecturer ce qu'il va faire dans une telle situation. Tant qu'il est à Orthanc, il conserve, je pense, le pouvoir de résister aux Neuf Cavaliers. Il peut le tenter. Il peut essayer d'attraper le Nazgûl, ou au moins de tuer ce sur quoi il traverse l'air. Dans ce cas, que le Rohan surveille ses chevaux!

« Mais je ne saurais dire ce qu'il en résultera de bon ou de mauvais pour nous. Peut-être les conseils de l'Ennemi en seront-ils brouillés ou entravés par sa colère envers Saroumane. Peut-être apprendra-t-il que j'étais là et que je me tenais sur les marches d'Orthanc – avec les Hobbits derrière moi. Ou qu'un héritier d'Elendil vit toujours, qui se trouvait à mes côtés. Si Langue de Serpent n'a pas été trompé par l'armure de Rohan, il devrait se rappeler Aragorn et le titre qu'il revendiquait. C'est là ce que je crains. Et c'est pourquoi nous volons, non pas pour échapper au danger, mais vers un danger plus grand. Chaque pas de Gripoil nous porte plus près du Pays de l'Ombre, Peregrin Touque.

Pippin ne répondit rien, mais saisit son manteau, comme pris d'un froid soudain. Une terre grise défilait sous eux.

– Voyez, maintenant! dit Gandalf. Les vallées de l'Ouestfolde s'ouvrent devant nous. Nous voici revenus à la route de l'est. L'ombre noire que l'on voit là-bas est l'entrée de la Combe du Gouffre. C'est par là que se trouvent Aglarond et les Cavernes Scintillantes. Ne me posez pas de questions là-dessus. Vous demanderez à Gimli, si vous vous revoyez, et vous recevrez peut-être pour la première fois une réponse plus longue que vous ne la souhaiteriez. Vous ne verrez pas vous-même les cavernes au cours de ce voyage-ci. Elles seront bientôt loin derrière nous.

– Je croyais que vous alliez vous arrêter au Gouffre de Helm! dit Pippin. Où allez-vous donc?

– A Minas Tirith, avant que le flot de la guerre ne l'entoure.

– Ah! Et à quelle distance est-ce?

– A des lieues et des lieues, répondit Gandalf. Trois fois plus loin que les demeures du Roi Théoden, et elles sont à plus de cent milles à l'est d'ici, à vol des messagers de Mordor. Gripoil doit parcourir une route plus longue. Lequel sera le plus rapide?

« Nous continuerons à chevaucher jusqu'à l'aube, ce qui fait encore quelques heures. Alors, même Gripoil devra se reposer, dans quelque creux des collines : à Edoras, j'espère. Dormez, si vous le pouvez! Vous verrez la première lueur de l'aube sur le toit d'or de la maison d'Eorl. Et deux jours après, vous verrez l'ombre pourprée du Mont Mindolluin et les murs de la tour de Denethor, blancs dans le matin.

« En avant, maintenant, Gripoil! Cours, Grandcœur, cours comme tu n'as jamais couru! Nous sommes arrivés aux terres où tu es né, et tu connais chaque pierre. Cours! L'espoir est en la rapidité!

Gripoil dressa la tête et hennit, comme si une trompette l'avait appelé au combat. Puis il s'élança. Le feu jaillit de ses pas; il s'engouffra dans la nuit.

S'assoupissant lentement, Pippin éprouva une étrange sensation : lui et Gandalf étaient dans une immobilité de pierre, assis sur la statue d'un cheval galopant, tandis que le monde roulait sous ses pieds dans un grand bruit de vent.

LIVRE IV

CHAPITRE I

L'APPRIVOISEMENT DE SMEAGOL

– Eh bien, maître, nous voilà dans le pétrin, y a pas d'erreur, dit Sam Gamegie. Il se tenait d'un air découragé, épaules voûtées, à côté de Frodon et il fixait ses yeux plissés sur l'obscurité.

C'était le troisième soir depuis leur fuite de la Compagnie, pour autant qu'ils pussent le déterminer : ils avaient à peu près perdu le compte des heures durant lesquelles ils avaient grimpé et peiné parmi les pentes arides et les pierres de l'Emyn Muil, revenant parfois sur leurs pas parce qu'ils ne trouvaient pas de chemin pour poursuivre et parfois découvrant qu'après avoir erré en rond, ils étaient revenus où ils s'étaient trouvés plusieurs heures auparavant. Dans l'ensemble, toutefois, ils avaient fermement progressé vers l'est, se tenant, tant qu'ils trouvaient un chemin, aussi près du bord extérieur de cet étrange emmêlement de collines. Mais ils en trouvaient toujours les faces externes à pic, hautes et infranchissables, dominant la plaine d'un air menaçant; au-delà des bords éboulés s'étendaient des marais plombés et putrescents, où rien ne bougeait et où on ne voyait pas le moindre oiseau.

Les Hobbits se tenaient pour lors au bord d'un haut escarpement, nu et froid, dont le pied était enveloppé de brume; et derrière eux, s'élevaient les hautes terres tourmentées et couronnées de nuages dérivants. Un vent glacial soufflait de l'Est. L'obscurité grandissait devant eux sur les terres informes; leur vert fade tournait à un brun morne. Au loin à droite, l'Anduin, qui avait miroité par à-coups dans les éclaircies de la journée, était à présent perdu dans l'ombre. Mais leur regard ne se portait pas au-delà du Fleuve, vers le Gondor, vers leurs amis, vers les terres des Hommes. Au sud et à l'est, ils fixaient les yeux sur l'endroit où s'étendait à la lisière de la nuit tombante une ligne sombre, ressemblant à de lointaines montagnes de fumée immobile. A tous moments, une minuscule lueur rouge s'élevait en tremblotant à la limite de la terre et du ciel.

– Quel pétrin! dit Sam. Voilà l'endroit précis de toutes les terres dont nous avons entendu parler que nous ne voulons pas voir de plus près; et c'est l'endroit même que nous cherchons à atteindre! Et c'est juste celui où on ne peut pas arriver, d'aucune façon. On est venus tout à fait du mauvais côté, apparemment. On ne peut pas descendre; et si on descendait, on trouverait dans toute cette terre verte un sale marécage, je parie. Pouah, Vous le sentez? Il renifla le vent d'un air dégoûté.

– Oui, je le sens, dit Frodon; mais il ne fit aucun mouvement, et ses yeux restèrent fixés sur la ligne sombre et la flamme tremblotante. – Le Mordor! murmura-t-il. Si je dois aller là, je voudrais bien y arriver rapidement et en avoir fini! Il frissonna. Le vent était glacial et pourtant lourd d'une odeur de froide pourriture. – Enfin..., dit-il, détournant les yeux, nous ne pouvons pas rester ici toute la nuit, pétrin ou pas. Il faut trouver un endroit plus abrité et camper une fois de plus; peut-être un autre jour nous montrera-t-il un sentier.

– Ou un autre, un autre et un autre encore, grommela Sam. Ou peut-être aucun jour. Nous avons pris un mauvais chemin.

– Je me le demande, dit Frodon. C'est mon destin, je crois, d'aller vers cette Ombre là-bas de façon à trouver un chemin. Mais sera-ce le bien ou le mal qui me le montrera? Le seul espoir que nous avions résidait dans la rapidité. Le retard joue pour l'Ennemi – et me voici : retardé. Est-ce la volonté de la Tour Sombre qui nous dirige? Tous mes choix se sont révélés mauvais. J'aurais dû quitter la Compagnie bien plus tôt et descendre du Nord, à l'est du Fleuve et de l'Emyn Muil et passer ainsi par la terre ferme de la Plaine de la Bataille aux Cols de Mordor. Mais maintenant il n'est plus possible pour toi et moi tout seuls de trouver un chemin de retour, et les Orques rôdent sur la rive orientale. Chaque jour qui passe est un précieux jour perdu. Je suis fatigué, Sam. Je ne sais ce qu'il faut faire. Que nous reste-t-il comme provisions?

– Seulement ces trucs, comment les appelez-vous? ces *lembas*, Monsieur Frodon. Une bonne quantité. Mais ça vaut mieux que rien, de beaucoup. Je n'aurais jamais cru, cependant, la première fois que j'y ai mis la dent, que j'en arriverais jamais à souhaiter un changement. Mais c'est le cas maintenant : une bouchée de pain ordinaire et un pot – oui, un demi-pot même – de bière descendraient bien. J'ai traîné mon matériel de cuisine tout le long du chemin depuis le dernier camp, et à quoi cela a-t-il servi? Rien pour faire du feu, pour commencer; et rien à cuire, pas même de l'herbe!

Ils tournèrent pour descendre dans un creux pierreux. Le soleil couchant fut pris dans les nuages, et la nuit tomba rapidement. Ils dormirent du mieux qu'ils purent par le froid, à tour de rôle, dans un renfoncement de grandes pointes déchiquetées de rocher désagrégé; au moins étaient-ils à l'abri du vent d'est.

– Les avez-vous revus, Monsieur Frodon? demanda Sam, tandis qu'ils étaient assis, raidis et glacés, à mâchonner des gaufrettes de *lembas* dans le gris froid de l'aube.

– Non, répondit Frodon. Je n'ai rien entendu et rien vu de deux nuits maintenant.

– Moi non plus, dit Sam. Brrr! Ces yeux m'ont tourné les sangs! Mais peut-être qu'on a fini par le semer, ce misérable fureteur. Gollum! Je vais lui en donner du *gollum* dans la gorge, si jamais je mets les mains à son cou.

– J'espère que tu n'en auras jamais besoin, dit Frodon. Je ne sais pas comment il nous a suivis; mais il se peut qu'il nous ait de nouveau perdus, comme tu dis. Dans cette terre sèche et déserte, on ne doit pas laisser beaucoup d'empreintes, ni d'odeur, même pour son nez renifleur.

– J'espère que c'est bien cela, dit Sam. Je voudrais bien qu'on soit débarrassés de lui pour de bon!

– Moi aussi, dit Frodon; mais il n'est pas mon souci principal. Je voudrais bien pouvoir sortir de ces collines! J'en ai horreur. J'ai l'impression d'être tout nu du côté est, coincé ici sans rien d'autre que les marécages morts entre moi et cette Ombre là-bas. Il y a dedans un Œil. Allons! Il faut arriver à descendre aujourd'hui, d'une manière ou d'une autre.

Mais cette journée s'écoula, et quand l'après-midi tourna au soir, ils jouaient toujours des pieds et des mains le long de la crête sans avoir trouvé aucune voie de dégagement.

Parfois, dans le silence de ce pays désert, ils croyaient entendre de faibles bruits derrière eux, la chute d'une pierre ou le pas imaginaire de pieds foulant le rocher. Mais s'ils s'arrêtaient pour écouter immobiles, ils n'entendaient plus rien d'autre que les soupirs du vent sur le bord des pierres – mais même cela leur rappelait un souffle, chuintant au travers de dents aiguës.

Toute cette journée, l'arête extérieure de l'Emyn Muil s'était graduellement infléchie vers le nord, tandis qu'ils avançaient péniblement. Le long du bord s'étendait à présent un large éboulis plat de roches striées et altérées, coupé à chaque instant de petits ravins en forme de tranchées qui descendaient en pente escarpée vers des profondes entailles dans la paroi de la montagne. Pour trouver un chemin parmi ces crevasses, qui devenaient de plus en plus profondes et fréquentes, Frodon et Sam furent amenés sur leur gauche, très loin du bord, et ils ne remarquèrent pas que, depuis plusieurs milles, ils avaient descendu de façon lente mais continue : le sommet de l'escarpement s'abaissait vers le niveau des terres basses.

Ils furent enfin obligés de s'arrêter. La crête tournait davantage vers le nord, et elle était coupée par un ravin plus profond. De l'autre côté, elle se redressait, par bonds de nombreuses brasses : un grand escarpement gris surgissait devant eux, tranché net comme par un coup de couteau. Ils ne pouvaient aller plus loin en avant, et il leur fallait maintenant tourner soit à l'ouest, soit à l'est.

Mais l'ouest ne les mènereait qu'à de nouvelles peines et de nouveaux délais, en retournant vers le cœur des collines; l'est les mènerait au précipice extérieur.

– Il n'y a qu'une chose à faire, c'est de descendre comme nous pourrons dans ce ravin, Sam, dit Frodon. Allons voir à quoi il mène!

– Une sacrée chute, j'en réponds, dit Sam.

La coupure était plus longue et plus profonde qu'elle ne le paraissait. A quelque distance, ils trouvèrent des arbres noueux et rabougris, les premiers depuis maints jours : c'étaient pour la plupart des bouleaux tordus, avec par-ci par-là un sapin. De nombreux étaient morts et décharnés, rongés jusqu'au cœur par les vents d'est. En des temps plus doux, ils devaient avoir formé un beau hallier dans le ravin; mais à présent, les arbres se terminaient après une cinquantaine de mètres, bien que des tronçons fussent encore disséminés presque jusqu'au bord de l'escarpement. Le fond du ravin, qui s'étendait le long d'une faille, était encombré de pierres brisées, et il descendait en pente raide. Quand ils arrivèrent finalement au bout, Frodon se baissa et se pencha au-dehors.

– Regarde! dit-il. Nous avons dû beaucoup descendre, ou bien l'escarpement s'est abaissé. On est beaucoup plus bas ici, et cela a l'air plus aisé.

Sam s'agenouilla à côté de lui et regarda sans enthousiasme par-dessus le bord. Puis il leva les yeux vers le grand escarpement qui s'élevait à leur gauche. – Plus aisé! grogna-t-il. Enfin, je suppose qu'il est toujours plus aisé de descendre que de monter. Qui ne peut voler peut toujours sauter!

– Ce serait encore un grand saut, dit Frodon. A peu près, voyons... Il se tint un moment debout, mesurant la hauteur du regard. Environ dix-huit brasses, semble-t-il. Pas plus.

– Et c'est bien assez! dit Sam. Brrr! Que j'ai horreur de regarder de haut dans le vide! Mais regarder vaut mieux que descendre.

– Tout de même, dit Frodon, je crois que nous pourrons descendre ici; et je pense qu'il va falloir essayer. Regarde – le roc est tout différent de ce qu'il était à quelques milles derrière. Il a glissé et craqué.

L'escarpement n'était de fait plus à pic, mais légèrement en pente vers l'extérieur. On aurait dit un grand rempart ou digue dont les fondations se seraient déplacées, de sorte que ses assises soient toutes tordues et désordonnées, laissant de grandes fissures et de longs bords en pente, en certains endroits presque aussi larges que des marches d'escalier.

– Et si on doit essayer de descendre, mieux vaut le faire tout de suite. L'obscurité tombe de bonne heure. Je crois qu'il va y avoir un orage.

Le brouillard de fumée des montagnes de l'Est se perdait dans une obscurité plus profonde, qui étendait déjà de longs bras vers l'ouest. Il y eut un lointain murmure de tonnerre porté par le vent qui se levait. Frodon huma l'air et regarda le ciel d'un air dubitatif. Il ceignit sa ceinture par-dessus son manteau et la serra; il assujettit son léger paquet sur son dos; puis il s'avança vers le bord. – Je vais essayer, dit-il.

– Bon! dit Sam, d'un air sombre. Mais j'y vais le premier.

– Toi! dit Frodon. Qu'est-ce qui t'a fait changer d'idée sur la descente?

– Je n'ai pas changé d'idée. Mais c'est le simple bon sens : mettre le plus bas celui qui risque le plus de glisser. Je ne veux pas vous tomber dessus et vous faire décrocher – il serait idiot de tuer deux personnes en une seule chute.

Avant que Frodon n'eût pu l'en empêcher, il s'était assis, avait balancé ses jambes par-dessus le bord et s'était retourné, jouant des pieds à la recherche d'une prise. Il est douteux qu'il eût jamais fait de sang-froid rien d'aussi courageux, ou de plus imprudent.

– Non, non! Sam, vieil idiot! s'écria Frodon. Tu vas te tuer pour sûr à passer ainsi par-dessus bord sans même regarder où aller. Remonte! Il saisit Sam sous les aisselles et le hissa. Attends un peu maintenant et prends patience! dit-il. Il s'allongea alors sur le sol et se pencha pour regarder en bas; mais la lumière s'évanouissait rapidement, bien que le soleil ne fût pas encore couché. Je crois qu'on pourrait y arriver, dit-il bientôt. Moi, en tout cas; et toi aussi, si tu gardais la tête froide et me suivais attentivement.

– Je ne sais pas comment vous pouvez avoir une telle

certitude, dit Sam. Vous ne pouvez même pas voir jusqu'au fond à cette lumière. Et si vous arrivez à un endroit où il n'y ait nulle part où mettre les pieds ou les mains?

– Je regrimperais, je suppose, répliqua Frodon.

– C'est facile à dire, objecta Sam. Mieux vaudrait attendre à demain matin qu'il y ait plus de lumière.

– Non! Pas si je peux l'éviter, dit Frodon avec une soudaine et étrange véhémence. Chaque heure, chaque minute m'est insupportable. Je descends pour voir. Ne suis pas avant que je revienne ou que j'appelle!

Agrippant le rebord de la pierre, il se laissa doucement descendre jusqu'à ce que, ses bras étant presque complètement tendus, ses pieds trouvèrent une saillie. – Un pas de fait dans la descente! dit-il. Et cette saillie s'élargit vers la droite. Je pourrais m'y tenir sans prise de main. Je vais... Sa phrase fut brusquement interrompue.

L'obscurité hâtive, prenant alors une grande rapidité, se précipita de l'est et engloutit le ciel. Il y eut un craquement de tonnerre sec et déchirant juste au-dessus des deux Hobbits. Des éclairs flétrissants frappèrent les collines. Puis vint une rafale de vent impétueux et, avec lui, mêlé à son rugissement, s'éleva un cri haut et strident. Ils en avaient déjà entendu un tout semblable très loin dans le Maresque quand ils s'étaient enfuis de Hobbitebourg, et même là-bas dans les forêts de la Comté il leur avait glacé le sang. Ici, dans le désert, la terreur qu'il provoquait était bien plus grande : elle les perçait des lames froides de l'horreur et du désespoir, arrêtant les battements du cœur et coupant le souffle. Sam tomba, le visage contre terre. Malgré lui, Frodon lâcha sa prise pour couvrir de ses mains sa tête et ses oreilles. Il vacilla, glissa, et dégringola avec un cri plaintif.

Sam l'entendit et il rampa avec effort vers le bord. – Maître, maître! cria-t-il. Maître!

Il n'entendit pas de réponse. Il se sentit trembler de tous ses membres, mais il rassembla son souffle et cria de nouveau : « Maître! » Le vent lui parut faire rentrer sa voix dans sa gorge, mais comme il passait en rugissant dans le ravin et s'éloignait par-dessus la montagne, un faible cri de réponse atteignit les oreilles de Sam :

– Tout va bien, tout va bien! Je suis ici. Mais je n'y vois rien.

Frodon appelait d'une voix faible. Il n'était en fait pas très loin. Il avait glissé, et avec un choc il était arrivé debout sur une saillie plus large, à peu de mètres en contrebas. Par chance, la face du rocher en cet endroit s'inclinait assez en arrière, et le vent l'avait collé contre la paroi, de sorte qu'il n'avait pas basculé dans le vide. Il se raffermit un peu, le visage appliqué contre la pierre froide et le cœur battant. Mais soit que l'obscurité fût devenue totale, soit qu'il eût perdu la vue, tout était noir autour de lui. Il se demandait s'il avait été frappé de cécité. Il fit une profonde inspiration.

– Revenez! revenez! Il entendait la voix de Sam descendre vers lui dans les ténèbres.

– Je ne peux pas, dit-il. Je n'y vois rien. Je ne peux pas trouver de prise. Je ne peux pas encore bouger.

– Que puis-je faire, Monsieur Frodon? Que puis-je faire? cria Sam, penché dangereusement loin. Pourquoi son maître ne voyait-il pas? Il ne faisait pas clair, évidemment, mais l'obscurité n'était pas si totale. Il pouvait voir Frodon en dessous de lui, forme grise et abandonnée, contre la paroi oblique. Mais il était tout à fait hors de portée d'une main secourable.

Il y eut un nouveau craquement de tonnerre; et la pluie se mit à tomber. En un rideau aveuglant, mêlée de grêle, glaciale, elle cingla l'escarpement.

– Je descends vous rejoindre, cria Sam, sans d'ailleurs savoir quel secours il espérait apporter par là.

– Non, non! Attends! cria Frodon en réponse, d'une voix plus forte à présent. Je serai mieux dans un moment. Je me sens déjà mieux. Attends! Tu ne peux rien faire sans corde.

– Une corde! s'écria Sam, se parlant frénétiquement dans son excitation et son soulagement. Ah ça! si je ne mérite pas de prendre au bout d'une corde moi-même en guise d'avertissement aux idiots! T'es qu'un benêt, Sam Gamegie : c'est ce que me disait assez souvent l'Ancien; c'était un mot à lui. Une corde!

– Assez de bavardage! cria Frodon, à présent suffisamment remis pour être en même temps amusé et impatienté. Peu importe ton Ancien! Serais-tu en train d'essayer de te dire que tu as de la corde dans ta poche? Si c'est cela, sors-là!

– Oui, Monsieur Frodon, dans mon paquet et tout ça. Je l'ai portée pendant des centaines de milles, et voilà que je l'avais tout à fait oubliée!

– Eh bien, au travail et laisse descendre une des extrémités!

Sam mit vivement son paquet à terre et commença d'y farfouiller. Et là, au fond, il y avait bien un rouleau de la corde gris de soie que fabriquaient ceux de Lorien. Il jeta une extrémité à son maître. Les ténèbres parurent se lever des yeux de Frodon ou bien sa vue revenait. Il distingua la ligne grise qui descendait en se balançant et il lui trouva un faible chatoiement d'argent. Avec un point dans l'obscurité sur lequel fixer les yeux, il se sentit moins de vertige. Portant son poids en avant, il assujettit l'extrémité autour de sa taille, puis saisit la ligne des deux mains.

Sam fit un pas en arrière et s'arc-bouta à une souche à un mètre ou deux du bord. Moitié halé, moitié grimpant, Frodon monta, et il se jeta sur le sol.

Le tonnerre grondait et roulait dans le lointain, et la pluie tombait toujours dru. Les Hobbits retournèrent en s'aidant des pieds et des mains dans le ravin; mais ils n'y trouvèrent guère d'abri. Des ruisseaux commençaient à dévaler, et ils ne tardèrent pas à grossir au point de rejaillir et d'écumer sur les pierres avant de s'écouler par-dessus l'escarpement comme des gouttières d'un vaste toit.

– J'aurais été à demi noyé là en bas, ou emporté purement et simplement, dit Frodon. Quelle chance que tu aies eu cette corde!

– La chance aurait été plus grande si j'y avais pensé plus tôt, dit Sam. Vous vous rappelez peut-être qu'ils ont mis les cordes dans les embarcations quand nous sommes partis : au pays elfique. Ça m'a plu, et j'en ai mis un rouleau dans mon paquet. Il y a des années, ce semble. « Ça peut servir dans bien des cas », qu'il a dit : Haldu ou un de ces types. Et il avait raison.

– Dommage que je n'aie pas pensé à en apporter un autre bout, dit Frodon; mais j'ai quitté la compagnie avec une telle hâte et dans une telle confusion... Si seulement nous en avions suffisamment, nous pourrions nous en servir pour descendre. De quelle longueur est ta corde, je me demande?

Sam la fila, la mesurant des bras : – Cinq, dix, vingt, trente aunes, à peu près, dit-il.

– Qui l'eût cru! s'écria Frodon.

– Ah, qui donc? dit Sam. Les Elfes sont des gens merveilleux. Ça a l'air un peu mince, mais c'est solide; et doux comme du lait à la main. Ça ne prend pas de place non plus, et c'est léger comme tout. Des types merveilleux, pour sûr!

– Trente aunes! dit Frodon, réfléchissant. Si l'orage passe avant la tombée de la nuit, j'essaierai.

– La pluie a déjà presque cessé, dit Sam; mais n'allez pas faire encore quelque chose de hasardeux dans la pénombre, Monsieur Frodon! Et je ne suis pas encore remis de ce cri dans le vent, si vous vous l'êtes. Ça sonnait comme un Cavalier Noir – mais dans l'air, s'ils peuvent voler. Je me dis qu'on ferait mieux de rester dans cette crevasse jusqu'à ce que la nuit soit passée.

– Et moi je me dis que je ne passerai pas un instant de plus qu'il n'est nécessaire, coincé sur ce rebord avec les yeux du Pays Ténébreux qui regardent par-dessus les marais, dit Frodon.

Là-dessus, il se leva et redescendit au fond du ravin. Il regarda à l'extérieur. Le ciel s'éclaircissait de nouveau à l'Est. La queue de l'orage se dispersait en lambeaux de pluie, et le gros de la bataille avait passé pour étendre ses grandes ailes sur l'Emyn Muil, où la sombre pensée de Sauron plana un moment. De là, il se détourna pour frapper de grêle et d'éclairs la Vallée de l'Anduin et jeter sur Minas Tirith l'ombre d'une menace de guerre. Puis, s'abaissant sur les montagnes et rassemblant ses grandes spires, il roula lentement au-dessus du Gondor et des lisières du Rohan, jusqu'à ce qu'au loin les Cavaliers dans la plaine virent ses tours noires se mouvoir derrière le soleil en direction de l'Ouest. Mais ici, au-dessus du désert et des marais fumants, le ciel d'un bleu profond s'ouvrait de nouveau et de pâles étoiles apparaissaient comme des petits trous blancs dans le dais surmontant le croissant de la lune.

– C'est bon de pouvoir voir de nouveau, dit Frodon,

respirant profondément. Sais-tu que j'ai cru un moment avoir perdu la vue? A cause de l'éclair ou de quelque chose de pire. Je ne voyais rien, rien du tout, jusqu'au moment où la corde grise est descendue. Elle paraissait luire en quelque sorte.

– Oui, elle a bien un air argenté dans le noir, dit Sam. Je ne l'avais jamais remarqué auparavant, encore que je ne me souvienne pas de l'avoir sortie depuis le moment où je l'avais serrée. Mais si vous êtes tellement déterminé à descendre, comment allez-vous l'utiliser? Trente aunes ou, mettons, environ dix-huit brasses : ce n'est là qu'une évaluation de votre part de la hauteur de l'escarpement.

Frodon réfléchit un moment. – Accroche-la à cette souche, Sam! dit-il. Après quoi, il en sera selon ton désir cette fois, et tu passeras le premier. Je te descendrai, et tu n'auras qu'à te servir de tes pieds et de tes mains pour te tenir à l'écart du rocher. Mais si tu reposes ton poids sur certaines des saillies pour me permettre un peu de repos, cela aidera. Quand tu seras arrivé en bas, je suivrai. Je me sens tout à fait rétabli, maintenant.

– Bon, dit Sam, comme à regret. S'il le faut, allons-y! Il ramassa la corde et l'assujettit à la souche la plus proche du bord; puis il attacha l'autre extrémité autour de sa taille. Il se retourna à contrecœur et s'apprêta à passer une seconde fois par-dessus le bord.

L'expédition ne se révéla toutefois pas, de loin, aussi mauvaise qu'il s'y attendait. La corde semblait lui donner confiance, bien qu'il fermât plus d'une fois les yeux quand son regard se portait entre ses pieds. Il y eut un passage difficile, où ne se présentait aucune saillie, le mur étant à pic et même creusé sur un court espace; là, il glissa et se balança au bout de la ligne argentée. Mais Frodon le descendit lentement et fermement, et c'en fut enfin terminé. Sa peur principale avait été que la longueur de la corde ne s'épuisât tandis qu'il serait encore haut, mais il y avait encore un bon ballant dans la main de Frodon quand Sam toucha le fond et cria : – Je suis arrivé! Sa voix monta claire d'en bas, mais Frodon ne put le voir : son manteau gris d'elfe s'était fondu dans le crépuscule.

Frodon mit un peu plus de temps à le suivre. Il avait asujetti la corde autour de sa taille et elle était bien fixée en haut; il l'avait raccourcie de façon qu'elle le tirât vers le haut avant qu'il n'atteignît le sol, mais il ne voulait pas risquer de chute et il n'avait pas tout à fait autant de confiance que Sam dans cette mince ligne grise. Il trouva toutefois deux endroits où il dut s'en remettre entièrement à elle : des endroits lisses où il n'y avait aucune prise même pour ses forts doigts de Hobbit, les saillies étant très espacées. Mais enfin lui aussi atteignit le bas.

– Eh bien! s'écria-t-il. Ça y est. Nous nous sommes échappés de l'Emyn Muil. Et maintenant, je me demande? Peut-être soupirerons-nous bientôt après un bon sol rocheux sous les pieds.

Mais Sam ne répondit pas : il regardait fixement le haut de l'escarpement derrière eux. – Benêts que nous sommes! Quelles andouilles! dit-il. Ma belle corde! La voilà attachée à une souche, et nous sommes en bas. Exactement le meilleur petit escalier que nous pouvions laisser à ce fureteur de Gollum. On pourrait aussi bien mettre un écriteau pour indiquer de quel côté nous sommes partis, tant qu'à faire! Ça me paraissait bien un peu trop facile!

– Si tu peux penser à une façon d'employer tous deux la corde et en même temps la descendre avec nous, tu pourras me repasser le « benêt » ou tout autre nom que te donnait l'Ancien, dit Frodon. Regrimpe, détache-la et laisse-toi, descendre, si tu veux!

Sam se gratta la tête. – Non, je ne vois pas de moyen, faites excuse, dit-il. Mais je n'aime pas la laisser là, c'est un fait. Il caressa de la main l'extrémité de la corde et la secoua légèrement. – C'est dur de me séparer de toute chose emportée du pays des Elfes. Et faite par Galadriel en personne, peut-être. Galadriel, murmura-t-il, hochant la tête avec mélancolie. Il leva la tête et tira une dernière fois la corde comme en manière d'adieu.

A la surprise totale des deux hobbits, elle se détacha. Sam tomba à la renverse, et les longs rouleaux gris glissèrent silencieusement sur lui. Frodon rit. – Qui a attaché la corde? dit-il. Il est heureux qu'elle ait tenu aussi longtemps! Dire que j'ai confié tout mon poids à ton nœud!

Sam ne rit pas. – Je ne suis peut-être pas très fort en escalade, Monsieur Frodon, dit-il d'un ton offensé, mais en cordes et en nœuds je m'y connais. Ça tient de famille, pour ainsi dire. Mon grand-père, et mon oncle Andy après lui, celui qui était le frère aîné de l'Ancien, ils avaient une corderie là-bas près de Champtoron, il y a bien longtemps. Et j'avais fait autour de la souche un nœud aussi serré que quiconque aurait pu le faire, dans la Comté ou en dehors.

– Dans ce cas, la corde a dû se rompre – limée par le bord du rocher, je pense, dit Frodon.

– Je parie bien que non! s'exclama Sam d'un ton encore plus offensé. Il se baissa pour examiner les extrémités. Et je ne me trompe pas. Pas un brin!

– Dans ce cas, je crains que ce n'ait été le nœud, dit Frodon.

Sam secoua la tête sans répondre. Il filait pensivement la corde entre ses doigts. – Comme vous voulez, Monsieur Frodon, finit-il par dire, mais je crois que la corde a dû se libérer d'elle-même quand j'ai crié. Il la roula et la rangea amoureusement dans son paquet.

– En tout cas, elle est venue, dit Frodon, et c'est le principal. Mais il nous faut à présent penser à ce que nous allons faire maintenant. La nuit sera bientôt sur nous. Que les étoiles sont belles, et la Lune!

– Oui, elles réjouissent le cœur, n'est-ce pas? dit Sam, levant les yeux. Elles sont elfiques, en quelque sorte. Et la Lune croît. On ne l'a pas vue depuis une nuit ou deux avec ce temps nuageux. Elle commence à donner vraiment de la clarté.

– Oui, dit Frodon, mais elle ne sera pas pleine avant plusieurs jours. Je ne crois pas qu'il faille tâter des marécages à la lumière d'une demi-lune.

Ils partirent pour leur étape suivante aux premières ombres de la nuit. Après un moment, Sam se retourna pour regarder le chemin par lequel ils étaient venus. L'entrée du ravin faisait une entaille noire dans l'escarpement pâle. – Je suis heureux que nous ayons la corde, dit-il. On a posé un petit problème pour ce détrousseur, en tout cas. Il peut toujours essayer de ses sales pieds clapotants sur ces saillies!

Ils s'éloignèrent avec précaution des bords de l'escarpement, parmi un désert de galets et de pierres inégales, que la lourde pluie avait rendus humides et glissants. Le sol descendait encore assez abruptement. Ils n'avaient pas encore été bien loin qu'ils tombèrent soudain sur une grande fissure, béante et noire devant leurs pieds. Elle n'était par large, mais tout de même impossible à franchir d'un bond dans la demi-obscurité. Ils crurent entendre gargouiller de l'eau dans les profondeurs. Elle s'infléchissait à gauche en direction du nord, vers les collines, et barrait ainsi la route de ce côté, tout au moins tant que dureraient les ténèbres.

– On ferait mieux de revenir chercher un chemin au sud le long de l'escarpement, il me semble, dit Sam. On pourrait trouver là un coin, ou même une grotte ou quelque chose comme ça.

– Oui, je suppose que tu as raison, dit Frodon. Je suis fatigué, et je ne crois pas pouvoir continuer à jouer des pieds et des mains parmi les pierres ce soir – bien que le délai ne me plaise pas. Je voudrais bien qu'il y ait un chemin libre devant nous – dans ce cas, je continuerais jusqu'à ce que mes jambes me lâchent.

Ils ne trouvèrent pas le chemin plus facile au pied écroulé de l'Emyn Muil. Et Sam ne trouva pas davantage un coin ou un creux où s'abriter : il n'y avait que des pentes nues et pierreuses, dominées de façon menaçante par l'escarpement qui s'élevait encore plus haut et plus vertical comme ils revenaient. Enfin, épuisés, ils se jetèrent simplement sur le sol à l'abri d'un gros bloc de pierre, non loin du pied du précipice. Ils restèrent là quelque temps, blottis mélancoliquement l'un contre l'autre dans la nuit froide, tandis que le sommeil les envahissait doucement en dépit de tous leurs efforts pour l'écarter. La lune était à présent haute et claire. Sa mince lueur blanche éclairait la face des rochers, et inondait les murs froids et menaçants de l'escarpement, muant toute la vastitude indistincte de l'obscurité en un gris pâle et glacial, strié d'ombres noires.

– Bon! dit Frodon, se levant et serrant de plus près son manteau autour de lui. Dors un peu, Sam, et prends ma couverture. Je vais aller et venir un peu en faction. Il se raidit soudain et, se baissant, il agrippa le bras de Sam. – Qu'est-ce que cela? murmura-t-il. Regarde là-bas, sur l'escarpement!

Sam regarda et aspira vivement entre ses dents. – Hhhou! fit-il. Ça y est. C'est ce Gollum! Par tous les serpents et vipères! Et dire que j'avais pensé qu'on le gênerait avec notre bout d'escalade! Regardez-le! On croirait une sale araignée rampant sur un mur!

Le long de la face d'un précipice à pic qui paraissait presque lisse au pâle clair de lune, une petite forme noire se mouvait, ses minces membres étalés. Peut-être ses mains et ses pieds mous et préhensiles trouvaient-ils des crevasses et des prises que nul Hobbit n'aurait jamais vues ou utilisées, mais on aurait dit qu'elle rampait simplement sur des pattes collantes, tel quelque grand insecte rôdeur. Et elle descendait, la tête la première, comme si elle flairait son chemin. De temps à autre, elle levait lentement cette tête et la tournait tout à fait en arrière sur son long cou maigre; et les Hobbits entr'apercevaient deux petites lueurs pâles, ses yeux qui clignaient un instant vers la lune et se cachaient vite de nouveau derrière les paupières.

– Croyez-vous qu'il puisse nous voir? demanda Sam.

– Je ne sais pas, dit doucement Frodon, mais je ne le pense pas. Ces manteaux d'Elfes sont difficiles à voir, même pour des yeux amis : je ne te vois pas dans l'ombre, fût-ce à quelques pas. Et j'ai entendu dire qu'il n'aime ni le Soleil ni la Lune.

– Alors pourquoi descend-il précisément ici? demanda Sam.

– Chut, Sam! dit Frodon. Il nous sent peut-être. Et il a l'ouïe aussi fine que les Elfes, je pense. Je crois qu'il a entendu quelque chose, maintenant : nos voix, sans doute. Nous avons probablement crié là-bas; et nous parlions beaucoup trop haut et il y a une minute encore.

– Eh bien, j'en ai assez de lui, dit Sam. Il est venu une fois de trop pour mon goût, et je vais lui toucher deux mots, si je le peux. Je ne pense pas qu'on puisse le semer de toute façon, à présent. Après avoir soigneusement tiré son capuchon sur son visage, Sam se dirigea furtivement vers l'escarpement.

– Attention! murmura Frodon, qui le suivait. Ne l'alarme pas! Il est beaucoup plus dangereux qu'il n'en a l'air.

La forme noire et rampante avait déjà accompli les trois quarts de la descente, et elle se trouvait à présent à quelque cinquante pieds au plus du pied de la falaise. Les Hobbits l'observaient, tapis dans une immobilité de statue à l'ombre d'une grosse pierre. Il semblait être arrivé à un passage difficile ou être troublé par quelque chose. Ils l'entendaient renifler, et de temps à autre s'élevait un sifflement rauque de respiration, qui sonnait comme un juron. Il leva la tête, et ils crurent l'entendre cracher. Puis il reprit sa descente. Ils pouvaient à présent entendre sa voix qui grinçait et sifflait.

– Ach, sss! Attention, mon trésor! Plus de hâte, moins de vitesse. On ne doit pas rissquer de se casser le cou, n'est-ce pas, mon trésor? Non, mon trésor – *gollum!* Il leva de nouveau la tête, cligna des yeux vers la lune et les referma vivement. On la détesste, siffla-t-il. Une ssale, ssale lumière grelottante, c'est – sss – elle nous esspionne, mon trésor – elle nous fait mal aux yeux.

Il était plus bas, et les sifflements se faisaient plus aigus et plus clairs. – Où est-ce où est-ce : mon Trésor, mon Trésor? Il est à nous, oui, et on le veut. Les voleurs, les voleurs, les sales petits voleurs. Où ssont-ils avec mon Trésor? Qu'ils soient maudits! On les hait.

– Il n'a pas l'air de savoir où nous sommes, hein? murmura Sam. Et qu'est-ce que c'est que son Trésor? Est-ce qu'il veut dire l'...

– Chut! dit Frodon dans un souffle. Il approche à présent; il est assez près pour entendre un murmure.

De fait, Gollum s'était soudain arrêté de nouveau, et sa grande tête se penchait de part et d'autre sur son cou maigre, comme pour écouter. Ses yeux pâles étaient à demi dévoilés. Sam se contint, bien qu'il eût les doigts crispés. Ses yeux, pleins de colère et de dégoût, étaient fixés sur la misérable créature, qui se remettait en mouvement, tout en se murmurant et se sifflant à elle-même.

Gollum ne se trouva enfin plus qu'à une douzaine de

pieds du sol, juste au-dessus de leurs têtes. De ce point, il y avait une chute franche, car la paroi était légèrement rentrante, et même lui ne pouvait trouver de prise d'aucune sorte. Il semblait essayer de se retourner de façon à aller les jambes les premières, quand soudain il tomba avec un cri strident. Dans sa chute, il enroula ses jambes et ses bras autour de lui, telle une araignée dont on a rompu le fil de descente.

Sam bondit de sa cachette comme un éclair et franchit en deux enjambées l'espace qui le séparait du pied de l'escarpement. Avant que Gollum n'eût pu se relever, il était sur lui. Mais celui-ci, même pris ainsi soudain au dépourvu après une chute, lui donna infiniment plus de fil à retordre qu'il ne s'y attendait. Sans même que Sam eût trouvé une prise, de longs membres l'enveloppèrent, lui immobilisant les bras, et une étreinte impitoyable, molle mais horriblement puissante, le garrottait comme des cordes lentement serrées; des doigts collants cherchaient sa gorge. Puis des dents aiguës lui mordirent l'épaule. Il ne put que lancer de côté sa dure tête ronde dans la figure de la créature. Gollum siffla et cracha, mais ne lâcha pas prise.

Les choses eussent mal tourné pour Sam s'il avait été seul. Mais Frodon se releva d'un bond et sortit Dard de sa gaine. De la main gauche, il tira la tête de Gollum en arrière par sa rare chevelure plate, allongeant encore son long cou et contraignant ses yeux pâles et venimeux à se fixer sur le ciel.

– Lâchez prise, Gollum, dit-il. Voici Dard. Vous l'avez déjà vu une fois. Lâchez prise, ou cette fois vous le sentirez! Je vous trancherai la gorge. Gollum s'effondra et se relâcha comme de la ficelle mouillée. Sam se releva, palpant son épaule. Ses yeux flambaient de colère, mais il ne pouvait se venger : son misérable ennemi gisait à plat ventre sur le sol, tout geignement.

– Ne nous faites pas de mal! Ne les laisse pas nous faire de mal, mon trésor! Ils ne vont pas nous faire de mal, n'est-ce pas, gentils petits Hobbits? On ne leur en voulait pas, mais voilà qu'ils nous ssautent dessus comme des chats sur de pauvres ssouris, qu'ils ont fait, mon trésor. Et on est ssi seuls, *gollum*. On sera gentils avec eux, très gentils, s'ils le sont avec nous, n'est-ce pas, oui, oui.

– Alors, qu'est-ce qu'on va en faire? dit Sam. Le ligoter, de façon qu'il ne puisse plus nous suivre furtivement, que je dis.

– Mais ça nous tuerait, nous tuerait, geignit Gollum. Cruels petits Hobbits. Nous ligoter dans les dures terres froides et nous laisser là, *gollum, gollum!* Les sanglots jaillirent dans sa gorge gargouillante.

– Non, dit Frodon. Si nous le tuons, il faut le faire d'un coup. Mais on ne peut faire cela, pas dans les circonstances actuelles. Pauvre malheureux! Il ne nous a fait aucun mal.

– Ah, non! dit Sam, se frottant l'épaule. En tout cas, il en avait l'intention, *et* il l'a toujours, je gage. Nous étrangler pendant notre sommeil, voilà ce qu'il projette!

– Peut-être bien, dit Frodon. Mais son intention est une autre affaire. Il se tut un moment, réfléchissant. Gollum restait étendu immobile, mais il cessa de geindre. Sam abaissait toujours sur lui des regards menaçants.

Frodon crut alors entendre, tout à fait distinctes mais très lointaines, des voix venues du passé :

Quelle pitié que Bilbon n'ait pas poignardé cette vile créature, quand il en avait une chance!

Pitié? C'est la Pitié qui a retenu sa main. La Pitié et la Miséricorde : ne pas frapper sans nécessité.

Je n'éprouve aucune pitié pour Gollum. Il mérite la mort.

Mérite la mort! Je crois bien. Nombreux sont ceux qui vivent et qui méritent la mort. Et d'aucuns meurent qui méritent la vie. Pouvez-vous la leur donner? Alors ne soyez pas trop ardents à donner la mort au nom de la justice, craignant pour votre propre sécurité. Même les sages ne peuvent voir toutes les fins.

– Bon, répondit-il à haute voix, abaissant son épée. Mais, tout de même, j'ai peur. Et pourtant, vous le voyez, je ne toucherai pas à ce misérable. Car, maintenant que je le vois, j'ai en effet pitié.

Sam ouvrit de grands yeux sur son maître, qui paraissait s'adresser à quelqu'un qui n'était pas là. Gollum releva la tête.

– Oui, misérables, nous le sommes, mon trésor, gémit-il. Misère, misère! Les Hobbits ne nous tueront pas, gentils hobbits.

– Non, nous ne vous tuerons pas, dit Frodon. Mais nous ne vous laisserons pas non plus partir. Vous êtes rempli de perversité et de malice, Gollum. Vous devrez venir avec nous, c'est tout, tandis que nous vous tiendrons à l'œil. Mais il faudra nous aider, si vous le pouvez. Un bienfait en vaut un autre.

– Oui, oui, assurément, dit Gollum, se redressant. Gentils hobbits! On dira avec eux. On leur trouvera des chemins sûrs dans l'obscurité, oui. Et où vont-ils dans ces terres froides et dures, on se le demande, oui, on se le demande. Il leva le regard vers eux, et une faible lueur de ruse et d'avidité papillota une seconde dans ses yeux pâles et clignotants.

Sam continua de lui jeter un regard menaçant et se suçota les dents; mais il sentait que quelque chose de curieux était intervenu dans l'humeur de son maître et qu'il n'y avait pas à discuter. Il n'en fut pas moins stupéfait de la réponse de Frodon.

Celui-ci regarda droit dans les yeux de Gollum, qui se dérobèrent.

– Vous le savez, ou le devinez assez bien, Sméagol, dit-il avec une sévère tranquillité. Nous allons en Mordor, évidemment. Et vous connaissez le chemin, je pense.

– Ach! Sss! fit Gollum; se bouchant les oreilles comme si une telle franchise et la mention toute crue des noms lui faisaient mal. On avait deviné, oui, on avait deviné, murmura-t-il; et on ne voulait pas qu'ils y aillent hein? Non, mon trésor, pas les gentils Hobbits. Des cendres, des cendres et de la poussière, et la soif, voilà ce qu'il y a; et des fosses, des fosses, des fosses, et des Orques, des Orques par milliers. Les gentils Hobbits ne doivent pas aller... sss... en ces lieux-là.

– Ainsi, vous y avez été? dit Frodon, insistant. Et vous y êtes de nouveau attiré, n'est-ce pas?

– Oui. Oui. Non! cria-t-il d'une voix aiguë. Ç'a été une fois, par accident, n'est-ce pas, mon trésor? Oui, par accident. Mais on ne veut pas y retourner, non, non! Puis, soudain, sa voix et son langage changèrent; il avait des sanglots dans la gorge, et il parla, mais pas à eux : Laissez-moi, *gollum!* Vous me faites mal. Ah, mes pauvres mains, *gollum!* Je, nous, je ne veux pas revenir. Je ne peux pas le trouver. Je suis fatigué. Je, on ne peut pas le trouver, *gollum, gollum,* non, nulle part. Ils sont toujours éveillés. Les Nains, les Hommes, et les Elfes, des Elfes terribles avec des yeux brillants. Je ne peux pas le trouver. Ach! Il se leva et serra sa longue main en un nœud d'os décharnés pour le brandir vers l'Est. On ne veut pas! cria-t-il. Pas pour vous. Puis il s'effondra de nouveau. *Gollum, gollum,* gémit-il, face contre terre. Ne nous regardez pas! Allez-vous-en! Dormez!

– Il ne s'en ira pas et ne s'endormira pas à votre commandement, Sméagol, dit Frodon. Mais si vous voulez vraiment vous libérer de lui, il faut m'aider. Et cela veut dire, je crains, nous trouver un chemin pour aller vers lui. Mais vous n'aurez pas besoin d'aller jusqu'au bout, pas au-delà des portes de son pays.

Gollum se remit sur son séant et le regarda de sous ses paupières. – Il est là-bas, dit-il, ricanant. Toujours là. Les Orques vous emmèneront tout le long du chemin. Il est facile de trouver des Orques à l'est du Fleuve. Ne demandez pas à Sméagol. Ce pauvre, pauvre Sméagol, il est parti il y a longtemps. Ils ont pris son Trésor, et il est perdu maintenant.

– Peut-être le retrouverons-nous, si vous venez avec nous, dit Frodon.

– Non, non, jamais! Il a perdu son Trésor, dit Gollum.

– Levez-vous! dit Frodon.

Gollum se releva et recula jusqu'à l'escarpement.

– Allons! dit Frodon. Vous est-il plus facile de trouver un chemin de jour ou de nuit? Nous sommes fatigués; mais si vous choisissez la nuit, nous partirons cette nuit même.

– Les grandes lumières nous blessent les yeux, oui, gémit Gollum. Pas sous la Face Blanche, pas encore. Elle va bientôt descendre derrière les montagnes, oui. Reposez-vous d'abord un peu, gentils hobbits!

– Eh bien, asseyez-vous, dit Frodon, et ne bougez pas.

Les Hobbits prirent place de part et d'autre de lui, le dos contre le mur pierreux, reposant leurs jambes. Il n'était aucun besoin d'un arrangement oral : ils savaient qu'ils ne devaient pas dormir pendant un moment. La lune passa lentement. Des ombres tombèrent des montagnes et tout se fit noir devant eux. Les étoiles devinrent serrées et brillantes dans le ciel. Personne ne bougeait. Gollum était assis les jambes relevées, les genoux sous le menton, ses mains et ses pieds plats écartés sur le sol, les yeux fermés; mais il avait un air tendu, comme s'il pensait ou écoutait.

Frodon jeta un regard à Sam. Leurs yeux se rencontrèrent, et ils se comprirent. Ils se relâchèrent, renversèrent la tête en arrière et fermèrent les yeux ou le feignirent. Bientôt se fit entendre leur douce respiration. Les mains de Gollum se crispèrent nerveusement. Presque imperceptiblement, sa tête se tourna à gauche et à droite et une fente s'ouvrit d'abord dans un œil, puis dans le second. Les Hobbits ne firent aucun signe.

Soudain, avec une agilité et une rapidité foudroyantes, Gollum bondit dans les ténèbres d'un seul saut, comme une sauterelle ou une grenouille. Mais c'était précisément à quoi Frodon et Sam s'attendaient. Sam fut sur lui avant qu'il n'eût ensuite pu faire deux pas. Frodon, qui suivait, l'accrocha par une jambe et le fit basculer.

– Ta corde sera peut-être de nouveau utile, Sam, dit-il.

Sam sortit la corde. – Et où alliez-vous dans ces terres dures et froides, Monsieur Gollum? grogna-t-il. On se le demande, oui, on se le demande. Trouver quelques-uns de vos amis orques, sans doute. Sale créature perfide. C'est autour du cou que devrait aller cette corde, et avec un nœud bien serré encore.

Gollum resta tranquille sans essayer d'autres tours. Il ne répondit pas à Sam, mais lui lança un rapide et venimeux regard.

– Tout ce que nous voulons, c'est garder une prise sur lui, dit Frodon. Nous voulons qu'il marche, il serait donc vain de lui lier les jambes – ou les bras, il semble s'en servir presque autant. Attache un bout à sa cheville, et tiens bon l'autre.

Il se tint au-dessus de Gollum pendant que Sam faisait le nœud. Le résultat les surprit tous deux. Gollum se mit à pousser des cris aigus – un son grêle et déchirant, horrible à entendre. Il se contorsionnait, essayant de porter la bouche à sa cheville et de mordre la corde. Il ne cessait de hurler.

Frodon finit par être convaincu qu'il souffrait réellement; mais la douleur ne pouvait provenir du nœud. Il l'examina et vit qu'il n'était pas trop serré; plutôt pas assez, en fait. Sam était plus doux que ses paroles. – Qu'est-ce qu'il y a? dit-il. Si vous voulez essayer de vous échapper, il faut bien vous attacher; mais on ne veut pas vous faire de mal.

– Ça nous fait mal, ça nous fait mal, siffla Gollum. Ça glace, ça mord! Ce sont les Elfes qui l'ont commise, malédiction! Sales cruels Hobbits! C'est pour ça qu'on essaie de s'échapper, naturellement, mon trésor! On avait deviné que c'étaient des Hobbits cruels. Ils visitent les Elfes, les féroces Elfes aux yeux brillants. Enlevez-la! Ça nous fait mal.

– Non, je ne l'enlèverai pas, dit Frodon, pas à moins (il s'arrêta un moment pour réfléchir)... pas à moins qu'il n'y ait quelque promesse que vous puissiez faire et à laquelle je puisse me fier.

– On jurera de faire ce qu'il veut, oui, oui, dit Gollum, sans cesser de se tortiller et de tâtonner après sa cheville. Ça fait mal.

– Juré? dit Frodon.

– Sméagol, dit soudain clairement Gollum, ouvrant ses yeux et regardant Frodon avec une étrange lumière. Sméagol jurera sur le Trésor.

Frodon se redressa, et Sam fut de nouveau saisi par ses paroles et sa voix dure. – Sur le Trésor? Comment osez-vous? dit-il. Réfléchissez!

Un anneau pour les gouverner tous et dans les Ténèbres les lier.

Engageriez-vous votre promesse là-dessus, Sméagol? Vous serez tenu. Mais c'est plus traître que vous ne l'êtes. Cela pourra dénaturer vos mots. Attention!

Gollum se fit tout petit. – Sur le Trésor, sur le Trésor! répéta-t-il.

– Et que jureriez-vous? demanda Frodon.

– De me conduire très bien, dit Gollum. Puis, rampant jusqu'aux pieds de Frodon, il s'aplatit devant lui, murmurant d'une voix rauque : un frisson le parcourait, comme si les mots même secouaient ses os de peur. – Sméagol jurera de ne jamais, jamais Le laisser l'avoir. Jamais! Sméagol le sauvera. Mais il doit jurer sur le Trésor.

– Non, non, pas dessus, dit Frodon, le regardant avec une sévère pitié. Tout ce que vous voulez, c'est le voir et le toucher, si vous le pouvez, tout en sachant que cela vous rendrait fou. Pas dessus. Jurez par lui, si vous voulez. Car vous savez où il est. Oui, vous le savez, Sméagol. Il est devant vous.

Il sembla un moment à Sam que son maître avait grandi et que Gollum s'était tassé : une grande ombre sévère, un puissant seigneur cachant son éclat dans un nuage gris, et à ses pieds, un petit chien geignant. Pourtant tous deux avaient une certaine parenté, ils n'étaient pas étrangers l'un à l'autre et ils pouvaient atteindre leur pensée réciproque. Gollum se redressa et se mit à tripatouiller Frodon, faisant mille platitudes devant lui.

– A bas! A bas! dit Frodon. Et maintenant, prononcez votre serment!

– On promet, oui, je promets! dit Gollum. Je servirai le maître du Trésor. Bon maître, bon Sméagol, *gollum, gollum!* Il se mit soudain à pleurer et à chercher de nouveau à se mordre la cheville.

– Retire la corde, Sam! dit Frodon.

Sam obéit à contrecœur. Gollum se releva aussitôt et commença à caracoler, tel un roquet fouetté que son maître a caressé. A partir de ce moment, un changement intervint, qui dura quelque temps. Il parla avec moins de sifflements et de geignements, et il s'adressait directement à ses compagnons, non pas à sa précieuse personne. Il se tassait sur lui-même et se dérobait s'ils s'avançaient vers lui ou faisaient quelque mouvement soudain, et il évitait le contact de leurs manteaux d'Elfes; mais il était amical et, en vérité, pitoyablement désireux de plaire. Il faisait entendre de petits rires et gambadait à la moindre plaisanterie, ou même si Frodon lui parlait avec bienveillance, et il pleurait quand Frodon le gourmandait. Sam lui disait peu de chose d'aucune sorte. Il le soupçonnait plus que jamais, et il aimait encore moins, si c'était possible, le nouveau Gollum, le Sméagol, que l'ancien.

– Alors, Gollum, ou quelque nom qu'il faille vous donner, dit-il, c'est le moment! La Lune a disparu, et la nuit s'en va. On ferait mieux de partir.

– Oui, oui, approuva Gollum, gambadant. En route! Il n'y a qu'un chemin pour traverser entre l'extrémité Nord et l'extrémité Sud. Je l'ai trouvé, moi. Les Orques ne l'utilisent pas, les Orques ne le connaissent pas. Les Orques ne traversent pas les Marais, ils les contournent sur des milles et des milles. Il est très heureux que vous soyez venus par ici. Très heureux que vous ayez trouvé Sméagol, oui. Suivez Sméagol!

Il s'éloigna de quelques pas et tourna la tête d'un air interrogateur, comme un chien les invitant à la promenade. – Attendez un peu, Gollum! cria Sam. Pas trop loin devant! Je vous suivrai de près, et la corde est toute prête.

– Non, non! dit Gollum. Sméagol a promis.

Ils se mirent en route, en pleine nuit sous les étoiles dures et claires. Gollum les emmena un moment vers le nord, le long du chemin par lequel ils étaient venus; puis il obliqua à droite, s'éloignant du bord escarpé de l'Emyn Muil, sur les pentes pierreuses et accidentées, vers les vastes marais en contrebas. Ils disparurent avec rapidité et douceur dans les ténèbres. Sur toutes les lieues de désert devant les portes de Mordor planait un noir silence.

CHAPITRE II

LA TRAVERSÉE DES MARAIS

Gollum avançait rapidement, la tête et le cou en avant, utilisant souvent ses mains autant que ses pieds. Frodon et Sam avaient peine à tenir la même allure; mais il semblait ne plus du tout penser à s'enfuir et, s'ils se laissaient distancer, il se tournait pour les attendre. Au bout d'un certain temps, il les amena au bord de l'étroit ravin auquel ils s'étaient heurtés auparavant; mais ils se trouvaient à présent plus loin des montagnes.

– Le voici! s'écria-t-il. Il y a un chemin au fond, oui. Maintenant, on le suit – pour sortir là-bas, là-bas. Il désignait le sud et l'est, vers les marais. Les exhalaisons leur venaient aux narines, lourdes et fétides même dans l'air frais de la nuit.

Gollum, qui allait et venait le long du bord, les appela enfin. – Voilà. On peut descendre ici. Sméagol est déjà passé par là : j'ai pris ce chemin pour me cacher des Orques.

Il passa devant, et les Hobbits descendirent à sa suite dans l'obscurité. Le chemin n'était pas difficile, car la profondeur de la crevasse n'était plus à cet endroit que de quinze pieds et sa largeur d'une douzaine. De l'eau courait au fond; c'était en fait le lit d'un des nombreux ruisseaux qui descendaient des collines pour alimenter au-delà les mares et les bourbiers. Gollum tourna à droite, plus ou moins en direction du Sud, et pataugea dans le ruisseau pierreux, peu profond. Le contact de l'eau semblait lui procurer le plus grand plaisir; et il poussait des gloussements, qui se muaient même parfois en une sorte de chanson.

« *Les terres froides et dures,*
elles nous mordent les doigts,
elles nous rongent les pieds.
Les rochers et les pierres
sont comme de vieux os
tout dénudés de chair.
Mais ruisseau et mare,
c'est humide et frais :
si bon aux pieds!
Et maintenant, on souhaiterait...

« Ha! ha! qu'est-ce qu'on souhaiterait? dit-il, jetant un regard de côté aux Hobbits. On va vous le dire, fit-il en ricanant. Il l'a deviné il y a longtemps, Sacquet l'a deviné. Une lueur parut dans ses yeux, et Sam, apercevant le reflet dans les ténèbres, le jugea rien moins que plaisant.

« *Vivant sans souffle;*
froid comme la mort;
jamais assoiffé, toujours buvant;
en cotte de mailles, jamais cliquetant,
se noie sur la terre sèche;
Prend une île pour une montagne;
Prend une source pour un souffle d'air;
Si lisse, si beau!
Quelle joie de le rencontrer!
On souhaiterait seulement
attraper un poisson,
si bon, si juteux! »

Ces mots ne firent que rendre plus pressant pour Sam un problème qui le troublait depuis le moment où il avait compris que son maître allait adopter Gollum pour guide : le problème de la nourriture. Il ne lui venait pas à l'esprit que son maître avait pu y penser aussi, mais il supposait que Gollum lui y avait songé. En fait, comment celui-ci avait-il subvenu à ses besoins au cours de son vagabondage solitaire? – Pas trop bien, se dit Sam. Il a l'air assez famélique. Il ne serait pas trop délicat pour goûter des Hobbits, en l'absence de poisson, m'est avis – en admettant qu'il puisse nous prendre à l'improviste. Eh bien, il ne le fera pas : pas Sam Gamegie, en tout cas.

Ils descendirent en trébuchant le sombre et sinueux ravin pendant un temps qui parut très long aux pieds fatigués de Frodon et de Sam. Le couloir, après un tournant à gauche, s'élargit et devint graduellement moins profond. Enfin le ciel s'éclaircit à l'approche de l'aube grise. Gollum n'avait montré aucun signe de fatigue; mais alors, il leva la tête et s'arrêta.

– Le jour est proche, dit-il à voix basse, comme si le jour pût l'entendre et lui bondir dessus. Sméagol restera ici : je vais rester ici, et la Face Jaune ne me verra pas.

– Nous serions heureux de voir le Soleil, dit Frodon, mais nous resterons ici : nous sommes trop fatigués pour aller plus loin à présent.

– Il n'est pas sage d'être heureux de la Face Jaune, dit Gollum. Elle vous révèle. Les gentils Hobbits raisonnables restent avec Sméagol. Des Orques et autres vilaines choses rôdent autour. Ils peuvent voir au loin. Restez cachés avec moi!

Les trois s'installèrent pour se reposer au pied du mur rocheux du ravin. Il ne dépassait plus guère maintenant la hauteur d'un homme, et il y avait au pied de larges plaques de pierre sèche; l'eau coulait dans une rigole de l'autre côté. Frodon et Sam s'assirent sur une des pierres plates et reposèrent leur dos. Gollum barbotait et jouait des pieds et des mains dans le ruisseau.

– Il nous faut prendre un peu de nourriture, dit Frodon. Avez-vous faim, Sméagol? Nous n'avons que très peu de chose à partager, mais nous vous donnerons ce que nous pourrons.

Au mot de *faim*, une lueur verdâtre s'alluma dans les pâles yeux de Gollum, et ils parurent sortir plus que jamais de sa maigre et terreuse face. Il retomba un moment dans son ancienne manière de Gollum. – On est affamé, oui affamé que nous sommes, mon trésor, dit-il. Quoi c'est qu'ils mangent? Ont-ils de bons poissons? Sa langue pendit entre ses dents jaunes et aiguës, léchant ses lèvres décolorées.

– Non, nous n'avons pas de poisson, dit Frodon. Nous n'avons que ceci (il présenta une gaufrette de *lembas*) et de l'eau, si l'eau d'ici est consommable.

– Oui, oui, c'est de la bonne eau, dit Gollum. Buvez-en, buvez-en, pendant qu'on peut! Mais qu'est-ce que c'est qu'ils ont, mon trésor? Est-ce broyable? Est-ce bon?

Frodon détacha un morceau de gaufrette, qu'il lui tendit sur son enveloppe de feuille. Gollum renifla la feuille, et sa figure changea : un spasme de dégoût y apparut en même temps qu'un reflet de son ancienne malice. – Sméagol le sent! dit-il. Des feuilles du pays des Elfes, pouah! Elles puent. Il a grimpé à ces arbres, et il n'a pu en laver l'odeur de ses mains, mes jolies mains. Laissant tomber la feuille, il détacha un coin du *lembas*, qu'il mordilla. Il cracha et fut pris d'une quinte de toux.

– Ach! Non! s'écria-t-il, tout postillonnant. Vous voulez étouffer le pauvre Sméagol. Par la poussière et les cendres; il ne peut pas manger ça. Il doit jeûner. Mais ça ne fait rien. Gentils Hobbits! Sméagol a promis. Il jeûnera. Il ne peut pas manger la nourriture des Hobbits. Il jeûnera. Pauvre Sméagol étique!

– Je le regrette, dit Frodon; mais je ne puis vous aider, je le crains. Je crois que cette nourriture vous ferait du bien si vous vouliez en faire l'essai. Mais peut-être ne pouvez-vous même essayer, pas encore en tout cas.

Les Hobbits mâchonnèrent leurs *lembas* en silence. Sam lui trouvait bien meilleur goût, en quelque sorte, que depuis longtemps; le comportement de Gollum lui en faisait de nouveau goûter la saveur. Mais il ne se sentait pas à l'aise. Gollum observait chaque morceau de la main à la bouche, tel un chien expectant près de la chaise d'un dîneur. Ce ne fut que lorsqu'ils eurent terminé et qu'ils s'apprêtèrent au repos qu'il parut convaincu qu'ils n'avaient aucune friandise cachée dont il pût avoir sa part. Il alla alors s'asseoir à quelques pas et geignit un peu.

– Dites! murmura Sam à Frodon, pas trop bas (il lui était à peu près égal que Gollum entendît ou non). Il faut qu'on dorme; mais pas tous deux en même temps, avec ce scélérat affamé à côté, qu'il ait promis ou pas, Sméagol ou

Gollum, il ne va pas changer ses habitudes en un rien de temps, je gage. Dormez, Monsieur Frodon, et je vous appellerai quand je ne pourrai plus tenir les yeux ouverts. A tour de rôle, comme avant, tant qu'il est en liberté.

– Tu as peut-être raison, Sam, dit Frodon, parlant ouvertement. Il y a bien eu un changement en lui, mais quel genre de changement et à quel point, je n'en suis pas encore très assuré. Mais, sérieusement, je crois qu'il n'y a pas de crainte à avoir – pour le moment. Enfin... veille, si tu le désires. Donne-moi à peu près deux heures, pas plus, puis réveille-moi.

Frodon était tellement fatigué que sa tête tomba sur sa poitrine et qu'il s'endormit aussitôt ces mots prononcés. Gollum semblait ne plus avoir de craintes. Il se roula en boule et s'assoupit rapidement avec une totale indifférence. Son souffle ne tarda pas à siffler doucement entre ses dents serrées, mais son immobilité était celle d'une statue. Au bout d'un moment, Sam, craignant de s'endormir lui aussi s'il restait assis à écouter la respiration de ses deux compagnons, se leva, et il poussa doucement Gollum. Les mains de celui-ci se desserrèrent et eurent une légèrement crispation nerveuse, mais il ne fit pas d'autre mouvement. Sam se pencha et dit, *poisson* à son oreille, mais il n'y eut pas de réaction, pas même un soubresaut dans la respiration de Gollum.

Sam se gratta la tête. – Il doit vraiment dormir, murmura-t-il. Et si j'étais comme lui, il ne se réveillerait plus jamais. Il chassa de son esprit la pensée de son épée et de la corde, et il alla s'asseoir près de son maître.

Quand il se réveilla, le ciel était obscur, non pas plus clair, mais plus sombre que lors de leur petit déjeuner. Sam sauta sur ses pieds. Sa vigueur ressuscitée et une sensation de faim lui firent tout d'un coup comprendre que son sommeil avait duré tout le temps du jour, neuf heures au moins. Frodon dormait encore profondément, couché maintenant sur le côté. Gollum avait disparu. Divers qualificatifs réprobateurs à sa propre adresse, tirés du vaste répertoire paternel de l'Ancien, surgirent dans la tête de Sam; puis il lui apparut aussi que son maître avait eu raison : il n'y avait pas à se garder pour le moment. En tout cas, ils étaient tous deux vivants, personne ne les avait étranglés.

– Le pauvre être! se dit-il, non sans remords. Je me demande où il est allé!

– Pas loin, pas loin! dit une voix au-dessus de lui. Il leva la tête et vit se détacher sur le ciel vespéral la grosse tête et les vastes oreilles de Gollum.

– Hé là, qu'est-ce que vous faites? cria Sam, dont les soupçons reparurent aussitôt qu'il vit cette forme.

– Sméagol a faim, dit Gollum. Reviendra bientôt.

– Revenez tout de suite! cria Sam. Hé! Revenez! Mais Gollum avait disparu.

Frodon se réveilla au cri de Sam, et il s'assit, se frottant les yeux. – Ohé! fit-il. Quelque chose qui ne va pas? Quelle heure est-il?

– Sais pas, dit Sam. Le soleil est couché, je pense. Et il est parti. Il a faim, qu'il dit.

– Ne t'en fais pas! dit Frodon. On n'y peut rien. Mais il reviendra, tu verras. La promesse tiendra encore un bout de temps. Et il ne quittera pas son Trésor, de toute façon.

Frodon ne fit pas une affaire en apprenant qu'ils avaient dormi profondément durant des heures alors que Gollum – et un Gollum fort affamé – était en liberté à côté d'eux. – Ne va pas penser à quelqu'un des durs noms de ton Ancien, dit-il. Tu étais épuisé et cela a eu un bon résultat : nous sommes à présent tous deux reposés. Et nous avons un chemin pénible à faire, le pire de tous.

– A propos de la nourriture, dit Sam. Combien de temps ça va-t-il prendre pour accomplir le boulot? Et quand il sera accompli, que fera-t-on? Ce pain de route vous tient merveilleusement sur vos jambes, bien qu'il ne satisfasse pas convenablement le ventre, comme qui dirait : pas à mon sentiment, en tout cas, soit dit sans irrespect pour ceux qui l'ont fabriqué. Mais il faut en manger tous les jours, et ça ne pousse pas. Je calcule qu'on en a assez pour, mettons, trois semaines, en se serrant la ceinture et en ayant la dent légère, notez. On n'y a pas trop regardé jusqu'à présent.

– Je ne sais pas combien de temps il nous faudra pour... pour achever, dit Frodon. Nous avons été malheureusement retenus dans les montagnes. Mais Samsagace Gamegie, mon cher Hobbit – en vérité, Sam, le plus cher des Hobbits, l'ami par excellence – je ne crois pas qu'il y ait lieu de penser à ce qui arrivera après. *Accomplir le boulot,* comme tu dis – quel espoir y a-t-il de jamais le faire? Et si nous le faisons, qui sait ce qu'il en résultera? Si l'Unique va dans le Feu, et que nous soyons à côté? Je te le demande, Sam, y a-t-il la moindre probabilité que nous ayons encore besoin de pain? Je ne pense pas. Soigner nos membres pour qu'ils nous amènent jusqu'à la Montagne du Destin, voilà tout ce que nous pouvons faire. Plus que moi je ne peux faire, commencé-je à sentir.

Sam hocha la tête en silence. Il prit la main de son maître et se pencha dessus. Il ne la baisa pas, malgré les larmes qui y tombèrent. Puis il se détourna et passa sa manche sur son nez; après quoi, il se leva et piétina, essayant de siffler et disant entre ses efforts : – Où est cette sacrée créature?

Gollum ne tarda pas à revenir, en fait; mais ce fut si doucement qu'ils ne l'entendirent pas avant qu'il ne se trouvât devant eux. Il avait les doigts et le visage barbouillés de boue noire. Il mâchait encore et bavait. Ils ne demandèrent pas, non plus qu'ils ne cherchèrent à se représenter ce qu'il mâchait.

« Des vers, des scarabées ou quelque chose de visqueux sorti de trous, se dit Sam. Brrr! La sale créature; le pauvre malheureux! »

Gollum ne leur dit rien avant d'avoir bu un bon coup et s'être lavé dans le ruisseau. Après quoi, il vint vers eux, se léchant les lèvres. « Ça va mieux, maintenant, dit-il. Sommes-nous reposés? Prêts à repartir? Gentils Hobbits, ils dorment magnifiquement. Vous faites confiance à Sméagol, à présent? Très, très bien. »

L'étape suivante de leur voyage ressembla fort à la précédente. A mesure qu'ils poursuivaient leur route, le ravin devenait toujours moins profond et la pente du sol plus douce. Le fond était moins pierreux et plus terreux, et lentement les bords se réduisirent à de simples talus. Il commença à serpenter et à vaguer. La nuit tirait à sa fin, mais des nuages couvraient à présent la lune et les étoiles, et ils ne connurent la venue du jour que par le lent développement de la rare et grise lumière.

Au bout d'une froide heure, ils parvinrent à la fin du cours de l'eau. Les rives se muèrent en tertres couverts de mousse. Le ruisseau gargouillait sur le dernier rebord de pierre pourrissante et tombait dans une fondrière, où il se perdait. Des roseaux desséchés bruissaient et crépitaient, bien qu'on ne sentît aucun vent.

De part et d'autre et en face d'eux, de vastes marais et bourbiers s'étendaient à présent dans le terne demi-jour vers le sud et l'est. Des brumes s'élevaient de mares fumantes, sombres et méphitiques. Leur exhalaison planait, suffocante, dans l'air immobile. Dans le lointain, presque en plein sud à présent, se dessinaient les murs montagneux de Mordor, telle une noire barrière de nuages déchiquetés flottant au-dessus d'une mer dangereuse, prise dans le brouillard.

Les Hobbits étaient à présent entièrement entre les mains de Gollum. Ils ignoraient et ne pouvaient deviner dans cette lumière brumeuse qu'ils ne se trouvaient en fait que juste à l'intérieur des limites septentrionales des marais, qui s'étendaient principalement au sud. Ils avaient, pour peu qu'ils eussent connu le pays, la possibilité, moyennant quelque délai, de revenir un peu sur leurs pas, puis, tournant vers l'est, d'arriver par des routes fermes à la plaine nue de Dagorlad : le champ de la bataille de jadis devant les portes du Mordor. Non qu'il y eût grand espoir dans pareil itinéraire. Sur cette plaine pierreuse, il n'y avait aucun couvert, et elle était traversée par les grands chemins des Orques et des soldats de l'Ennemi. Les manteaux de la Lorien mêmes ne les y auraient pas dissimulés.

– Où dirigeons-nous nos pas, maintenant, Sméagol? demanda Frodon. Faut-il traverser ces marécages puants?

« Inutile, tout à fait inutile, répondit Gollum. Pas si les Hobbits veulent atteindre les montagnes sombres et aller Le voir très rapidement. En arrière un peu, tourner un peu (son bras maigre s'agita en direction du nord et de l'est) et vous pouvez arriver sur des routes dures et froides aux portes mêmes de Son pays. Des tas de Ses sujets seront là pour accueillir des hôtes, très heureux de les Lui amener tout droit, oh oui. Son Œil observe sans cesse ce côté. Il a attrapé là Sméagol, il y a longtemps (Gollum frissonna). Mais Sméagol s'est servi de ses yeux depuis lors, oui, oui : je me suis servi de mes yeux, de mes pieds et de mon nez depuis lors. Je connais d'autres voies. Plus difficiles, moins rapides; mais meilleures, si on ne veut pas qu'Il vous voie. Suivez Sméagol! Il peut vous emmener à travers les marais, à travers les brumes, les bonnes brumes épaisses. Suivez Sméagol avec grand soin, et vous pourrez aller loin, très loin, avant qu'Il ne vous attrape, oui, peut-être.

Il faisait déjà jour, un matin morne et sans vent, et les vapeurs des marais s'étendaient en lourdes couches. Nul soleil ne perçait le ciel bas et nuageux, et Gollum semblait impatient de continuer le voyage aussitôt. Ils se mirent donc en route après un bref repos, et ils furent bientôt perdus dans un monde indistinct et silencieux, coupé de toute vue des terres environnantes, collines qu'ils avaient quittées ou montagnes qu'ils cherchaient. Ils allaient lentement à la file, Gollum, Sam, Frodon.

Frodon semblait être le plus fatigué des trois, et il traînait souvent en arrière, malgré la lenteur de leur progression. Les Hobbits ne tardèrent pas à constater que ce qui leur avait paru un vaste marécage était en réalité un interminable enchevêtrement de mares, de bourbiers mous et de cours d'eau sinueux et à demi étranglés. Parmi tout cela, un œil et un pied expérimentés pouvaient découvrir un sentier vagabond. Gollum possédait certainement cette expérience, et elle lui était tout entière nécessaire. Sa tête ne tournait jamais d'un côté ni de l'autre au bout de son long cou, tandis qu'il reniflait tout en se murmurant sans cesse à lui-même. De temps à autre, il levait la main pour les arrêter; il partait un peu en avant et s'accroupissait pour tâter le terrain des doigts ou des orteils, ou simplement écouter, une oreille pressée contre la terre.

C'était morne et fastidieux. L'hiver froid et humide régnait toujours sur ce pays abandonné. La seule note verte était la mousse d'algues livides à la surface sombre et grasse des lugubres eaux. Des herbes mortes et des roseaux pourrissants apparaissaient dans les brumes comme des ombres déguenillées d'êtres depuis longtemps oubliés. Comme le jour s'écoulait, la lumière s'accrut légèrement et les brumes se levèrent, devenant plus minces et plus transparentes. Dominant de haut la pourriture et les vapeurs du monde, le Soleil planait haut et doré à présent dans une région sereine aux sols d'écume éblouissante, mais on n'en voyait en bas qu'un spectre passager, indistinct, pâle, ne donnant ni couleur ni chaleur. Cependant, même à ce faible mémento de sa présence, Gollum se renfrogna et fléchit. Il arrêta le voyage, et ils se reposèrent, à croupetons comme de petits animaux chassés, dans les lisières d'une grande jonchaie brune. Le silence était profond, égratigné seulement par le faible tremblement de pappes vides et de brins d'herbe brisés frémissant dans de légers mouvements d'air qu'ils ne pouvaient sentir.

– Pas un oiseau! dit Sam avec mélancolie.

– Non, pas d'oiseaux, dit Gollum. Bons oiseaux (il se passa la langue sur les dents). Pas d'oiseaux ici. Il y a des serpents, des vers, des choses dans les mares. Des tas de choses, des tas de vilaines choses. Pas d'oiseaux, termina-t-il tristement. Sam lui lança un regard de dégoût.

Ainsi passa le troisième jour de leur voyage avec Gollum. Avant que les ombres du soir ne soient plus longues en des terres plus heureuses, ils repartirent, poursuivant toujours leur route avec seulement de brèves haltes. Celles-ci n'étaient pas tant destinées au repos qu'à aider Gollum; car à présent, même lui devait avancer avec grand soin, et il était parfois désorienté pendant un moment. Ils étaient parvenus en plein milieu des Marais des Morts, et il faisait sombre.

Ils marchaient lentement, courbés, en file serrée, suivant avec attention chaque mouvement de Gollum. Les marais se faisaient plus humides et donnaient souvent dans de larges étangs, parmi lesquels il devenait de plus en plus difficile de trouver les endroits les plus fermes où les pieds pouvaient se poser sans enfoncer dans une boue gargouillante. Les voyageurs étaient légers, sans quoi peut-être aucun d'eux n'aurait-il jamais pu passer.

Ce fut bientôt l'obscurité totale : l'air même semblait noir et lourd à respirer. Quand des lumières apparurent,

Sam se frotta les yeux : il pensait que sa tête lui jouait des tours. Il en vit d'abord une du coin de l'œil gauche, une traînée de pâle luminosité; puis d'autres s'élevèrent peu après : les unes semblables à de la fumée aux ternes reflets, d'autres à des flammes embrumées papillotant lentement au-dessus de chandelles invisibles; par-ci par-là, elles formaient des volutes comme de fantomatiques voiles déployés par des mains cachées. Mais aucun de ses compagnons ne dit mot.

Enfin, Sam n'y put plus tenir. – Qu'est-ce que tout cela, Gollum? murmura-t-il. Ces lumières? Il y en a tout autour de nous, à présent. Sommes-nous pris au piège? Qui sont-elles?

Gollum leva la tête. Une eau sombre était devant lui, et il rampait de droite et de gauche, hésitant sur le chemin à suivre. – Oui, il y en a tout autour, murmura-t-il. Les chandelles de cadavres, oui, oui. N'y faites pas attention! Ne regardez pas! Ne les suivez pas! Où est le maître?

Sam regarda en arrière, et il s'aperçut que Frodon s'était encore laissé distancer. Il ne le voyait plus. Il retourna de quelques pas dans les ténèbres, sans oser trop s'éloigner ni appeler plus fort que par un murmure rauque. Il buta soudain dans Frodon, qui se tenait perdu dans ses pensées, le regard fixé sur les lumières pâles. Ses mains pendaient, raides, à ses côtés; de l'eau et de la vase en dégouttaient.

– Venez, Monsieur Frodon! dit Sam. Ne les regardez pas! Gollum dit qu'il ne faut pas. Restons avec lui et sortons de ce damné endroit aussi vite que nous le pourrons – si nous le pouvons!

– Bon, dit Frodon, comme revenant d'un rêve. Je viens. Va devant!

Dans sa hâte, Sam se prit le pied dans quelque racine ou touffe d'herbe et trébucha. Il tomba lourdement sur ses mains, qui s'enfoncèrent profondément dans une bourbe gluante, de sorte que son visage arriva tout contre la surface de l'eau sombre. Il y eut un faible sifflement, une odeur fétide s'éleva, les lumières clignotèrent, dansèrent, tournoyèrent. Un moment, l'eau, sous lui, parut être la vitre encrassée d'une fenêtre par laquelle il regardait. Arrachant ses mains de la fondrière, il se rejeta en arrière en criant. – Il y a dans l'eau des choses mortes, des faces mortes, dit-il avec horreur. Des faces mortes!

Gollum rit. – Les Marais des Morts, oui, oui : c'est comme ça qu'ils s'appellent, dit-il avec un ricanement. Il vaut mieux ne pas regarder dedans quand les chandelles sont allumées.

– Qui est-ce? Qu'est-ce? demanda Sam frissonnant et se tournant vers Frodon, qui se trouvait alors derrière lui.

– Je ne sais pas, dit Frodon, d'une voix de rêve. Mais je les ai vus aussi. Dans les mares, quand les chandelles sont allumées. Elles gisent dans toutes les mares, ces faces pâles au plus profond de ces eaux sombres. De fiers et beaux visages en grand nombre, avec des algues dans leur chevelure d'argent. Mais tous immondes, pourrissants, tous morts. Une redoutable lumière est en eux (Frodon se cacha les yeux dans ses mains). Je ne sais qui ils sont; mais j'ai cru voir là des Hommes et des Elfes, et de nombreux Orques à côté.

– Oui, oui, dit Gollum. Tous morts, tous pourris. Des Elfes, des Hommes et des Orques. Les Marais des Morts. Il y a eu une grande bataille au temps jadis, oui, c'est ce qu'on racontait quand Sméagol était jeune, quand j'étais jeune avant la venue du Trésor. Ce fut une grande bataille. Des Hommes de haute taille, avec de longues épées, et des Elfes terribles, et des Orques qui hurlaient. Ils se sont battus dans la plaine pendant des jours et des mois aux Portes Noires. Mais les Marais se sont étendus là depuis lors, ils ont avalé les tombes; ils rampent toujours davantage.

– Mais cela, c'était il y a des éternités, dit Sam. Les Morts ne peuvent être réellement là! C'est quelque sorcellerie tramée en Terre Ténébreuse?

– Qui sait? Sméagol ne le sait pas, répondit Gollum. On ne peut pas les atteindre, on ne peut les toucher. On a essayé une fois, oui, mon trésor. Rien que des ombres à voir, peut-être, pas à toucher. Non, mon trésor! Tous morts.

Sam lui jeta un regard sombre et frissonna de nouveau, pensant deviner pourquoi Sméagol avait tenté de les toucher. – Eh bien, je ne veux pas les voir, dit-il. Plus jamais! Ne peut-on continuer et sortir d'ici?

– Oui, oui, dit Gollum. Mais lentement, très lentement. En faisant très attention! Ou les Hobbits descendront rejoindre les Morts et allumeront de petites chandelles. Suivez Sméagol! Ne regardez pas les lumières!

Il partit à quatre pattes vers la droite, à la recherche d'un chemin pour contourner l'étang. Ils le suivirent de près, courbés et usant souvent de leurs mains comme lui. « On ne tardera pas à devenir trois petits trésors de gollums, si ça continue un peu longtemps », pensa Sam.

Ils finirent par atteindre l'extrémité de l'étang noir, et ils le traversèrent, périlleusement, en rampant ou en sautant d'une touffe d'herbe formant un îlot traître à un autre. Il leur arrivait souvent de barboter, mettant le pied ou tombant, mains en avant, dans des eaux d'une fétidité de cloaque, au point qu'ils furent bientôt couverts de vase et de souillures jusqu'au cou, puant aux narines l'un de l'autre.

La nuit était déjà fort avancée quand ils finirent par atteindre de nouveau un sol plus ferme. Gollum sifflait et murmurait pour lui-même, mais il était apparemment content : de quelque façon mystérieuse, par un mélange de toucher, de flair et d'une mémoire mystérieuse des formes dans l'obscurité, il semblait savoir exactement où il se retrouvait et être sûr de la route qu'il fallait suivre.

– Et maintenant, allons-y! dit-il. Gentils Hobbits! Braves Hobbits! Très, très fatigués, naturellement; nous aussi, mon trésor, on l'est tous. Mais il faut emmener le maître loin des vilaines lumières, oui, oui, il faut. Sur ces mots, il repartit, presque au trot, le long d'un apparent chemin entre de hauts roseaux, et ils le suivirent en trébuchant, aussi vite qu'ils le pouvaient. Mais un petit moment après, il s'arrêta soudain et huma l'air avec hésitation, sifflant comme s'il fût de nouveau troublé ou mécontent.

– Qu'est-ce que c'est? grogna Sam, interprétant faussement ces signes. Quel besoin y a-t-il de humer? La puanteur me renverse presque en me bouchant les narines. Vous puez et le maître pue; tout pue, ici.

– Oui, oui, et Sam pue! répliqua Gollum. Le pauvre

Sméagol le sent, mais le bon Sméagol le supporte. Il aide le gentil maître. Mais ce n'est pas cela. L'air bouge, un changement vient. Sméagol se demande, il n'est pas heureux.

Il reprit sa route, mais son inquiétude grandissait et à chaque instant il se redressait de toute sa taille et tendait le cou vers l'est et le sud. Pendant quelque temps, les Hobbits ne purent ni entendre ni sentir ce qui le troublait. Puis, tout à coup, tous trois s'arrêtèrent et se raidirent, écoutant. Il sembla à Frodon et à Sam entendre, très loin, un long cri plaintif, aigu et cruel. Ils frissonnèrent. Au même moment, l'agitation de l'air leur devint perceptible; et il commença de faire très froid. Comme ils se tenaient là, l'oreille tendue, ils entendirent comme un son de vent approchant au loin. Les lueurs vaporeuses vacillèrent, s'affaiblirent et disparurent.

Gollum ne voulait pas bouger. Il se tint là tremblant et baragouinant pour lui-même jusqu'au moment où le vent fut sur eux, sifflant et grondant au-dessus des marais. La nuit se fit moins profonde, assez claire pour qu'ils pussent voir, ou entrevoir, tandis qu'il déferlait sur eux et les dépassait, d'informes traînées de brouillard, ondulant ou en volutes. Levant la tête, ils virent les nuages se disperser et partir en lambeaux; et puis, haute dans le ciel au sud, la lune jeta une faible lueur, flottant parmi les nues en fuite.

Cette vue réjouit un moment le cœur des Hobbits; mais Gollum se tapit, marmonnant des malédictions à l'encontre de la Face Blanche. Puis, Frodon et Sam, qui observaient le ciel, respirant profondément l'air plus frais, le virent approcher : un petit nuage qui venait des montagnes maudites; une ombre noire de Mordor; une grande forme ailée et menaçante. Elle passa vivement devant la lune et, avec un cri sinistre, s'en fut vers l'ouest, dépassant le vent dans sa course sauvage.

Ils tombèrent en avant, s'aplatissant sans souci de la terre froide. Mais l'ombre horrible vira et revint, passant plus bas cette fois-ci au-dessus d'eux et balayant de ses ailes affreuses les relents marécageux. Et elle repartit pour le Mordor, à la vitesse de la colère de Sauron; et le vent la suivit en rugissant, abandonnant les Marais des

Morts, nus et froids. Le désert, aussi loin que l'œil pouvait percer l'obscurité, jusque même à la menace lointaine des montagnes, était pommelé par la lueur capricieuse de la lune.

Frodon et Sam se relevèrent en se frottant les yeux, tels des enfants tirés d'un cauchemar pour trouver la nuit familière encore étendue sur le monde. Mais Gollum gisait sur le sol, comme étourdi. Ils eurent peine à le ranimer; durant un moment, il refusa de lever le visage, et il resta appuyé sur les coudes, le dos de la tête couvert de ses vastes mains plates.

– Des esprits! gémit-il. Des esprits sur des ailes! Le Trésor est leur maître. Ils voient tout, tout. Rien ne peut se cacher d'eux. Maudite soit la Face Blanche! Et ils Lui disent tout. Il voit, Il sait. Ach, *gollum, gollum, gollum!* Ce ne fut que lorsque la lune se fut couchée très loin au-delà de Tol Brandir qu'il consentit à se lever et à partir.

De ce moment, Sam crut discerner un nouveau changement chez Gollum. Il était plus servile, affectant davantage l'amitié; mais Sam surprenait parfois dans ses yeux d'étranges regards, particulièrement envers Frodon; et il retombait de plus en plus dans son ancienne manière de s'exprimer. Sam eut aussi un autre sujet croissant d'anxiété : Frodon semblait fatigué, fatigué jusqu'à l'épuisement. Il n'en disait rien, en fait il parlait à peine; et il ne se plaignait pas, mais il marchait comme une personne chargée d'un poids qui s'alourdit sans cesse; il se traînait de plus en plus lentement, de sorte que Sam devait souvent prier Gollum d'attendre pour ne pas laisser leur maître en arrière.

En vérité, à chaque pas en direction des portes de Mordor, Frodon sentait l'Anneau se faire plus encombrant au bout de la chaîne qu'il portait au cou. Il commençait à sentir en lui un véritable poids qui le tirait vers le sol. Mais il était encore bien davantage troublé par l'Œil : c'est ainsi qu'il l'appelait en lui-même. C'était cela, plus que le boulet de l'Anneau, qui le faisait se tasser et se courber dans sa marche. L'Œil : cette horrible et croissante sensation d'une volonté hostile qui s'efforçait avec grande puissance de percer toutes les ombres des nuages, de la terre et de la chair pour voir : vous épingler sous son mortel regard, nu, immuable. Si minces, si fragiles et minces, étaient devenus les voiles qui l'écartaient! Frodon savait exactement où se trouvaient à présent l'habitacle et le cœur de cette volonté : avec autant de certitude qu'un homme peut indiquer la direction du soleil les yeux fermés. Il y faisait face et son pouvoir lui heurtait le front.

Gollum ressentait sans doute quelque chose d'assez semblable. Mais les Hobbits ne pouvaient deviner ce qui se passait dans son misérable cœur pris entre la pression de l'Œil, le désir de l'Anneau si proche et sa vile promesse faite à moitié par crainte du fer froid. Frodon n'y accordait aucune pensée. Sam avait l'esprit occupé principalement de son maître, remarquant à peine le nuage sombre qui avait envahi son propre cœur. Il plaça alors Frodon devant lui, et il gardait un œil attentif sur tous ses mouvements, le soutenant s'il trébuchait et s'efforçant de l'encourager par des paroles maladroites.

Quand le jour se leva enfin, les Hobbits furent étonnés de voir à quel point les inquiétantes montagnes s'étaient déjà rapprochées. L'air était à présent plus pur et plus froid, et, quoique encore lointains, les murs de Mordor n'étaient plus une menace ennuagée à l'horizon, mais se dressaient comme de sinistres tours noires au-dessus d'une morne lande. C'était la fin des marais, qui se résolvaient en tourbe morte et en larges plaques de boue sèche et craquelée. Le terrain s'élevait devant eux en longues pentes maigres, nues et impitoyables, vers le désert qui s'étendait à la porte de Sauron.

Tant que dura la lumière grise, ils se tapirent comme des vers sous une pierre grise, tremblants de la crainte que la terreur ailée ne passe et ne les repère de ses yeux cruels. Le reste de cette journée fut une ombre de peur croissante dans laquelle la mémoire ne trouvait aucun point sur lequel se poser. Durant deux nuits encore, ils avancèrent péniblement sur cette terre fatigante et dépourvue de tout chemin battu. L'air devenait aigre, leur sembla-t-il, empli d'une exhalaison piquante qui les suffoquait et leur desséchait la bouche.

Enfin, le cinquième matin depuis qu'ils avaient pris la route avec Gollum, ils s'arrêtèrent une fois de plus.

Devant eux, noires dans l'aube, les grandes montagnes rejoignaient des voûtes de fumée et de nuages. De leur pied s'élançaient d'énormes contreforts et des collines anfractueuses, dont les plus proches se trouvaient à présent à une douzaine de milles au plus. Frodon jeta alentour un regard horrifié. Tout affreux qu'avaient été les Marais des Morts et les landes arides, bien plus repoussant encore était le pays que le jour rampant dévoilait à ses yeux contractés. Même à l'Etang des Visages Morts paraissait un certain spectre de printemps vert; mais ici ni printemps ni été ne viendraient jamais plus. Ici, rien ne vivait, pas même les végétations lépreuses qui se nourrissent de pourriture. Les mares haletantes étaient suffoquées par la cendre et les boues rampantes, d'un blanc et d'un gris morbides, comme si les montagnes avaient vomi les immondices de leurs entrailles sur les terres environnantes. De hauts monticules de roc écrasé et pulvérisé, de grands cônes de terre calcinée et souillée de poison se dressaient comme dans un répugnant cimetière en rangées sans fin, lentement révélées dans la lumière avare.

Ils étaient parvenus à la désolation qui s'étendait devant le Mordor : monument permanent au sombre travail de ses esclaves, qui durerait encore quand tous leurs desseins seraient vidés de leur substance; une terre polluée, atteinte au-delà de toute possibilité de guérison – à moins que la Grande Mer ne la vînt laver dans l'oubli.

– J'ai le cœur barbouillé, dit Sam. Frodon ne dit rien.

Ils se tinrent là un moment, tels des hommes au bord d'un sommeil où le cauchemar les guette, s'efforçant de l'écarter tout en sachant qu'ils ne pourront arriver au matin qu'en passant par les ombres. La lumière crût et s'affirma. Les trous étouffés et les monticules empoisonnés prirent une hideuse netteté. Le soleil était levé et cheminait parmi les nuages et de longues traînées de fumée, mais même sa lumière était souillée. Les Hobbits l'accueillirent sans enthousiasme; elle leur paraissait hostile, les révélant dans toute leur impuissance – petits spectres vagissants qui erraient parmi les tas de cendres du Seigneur Ténébreux. .

Trop fatigués pour aller plus loin, ils cherchèrent un endroit où se reposer. Ils s'assirent un moment sans parler à l'ombre d'un monticule de scories; mais il en filtrait des vapeurs nauséabondes, qui les prenaient à la gorge et les suffoquaient. Gollum fut le premier à se lever. Il se dressa, bredouillant des jurons, et sans dire un mot ni jeter un regard aux Hobbits, il s'éloigna à quatre pattes. Frodon et Sam le suivirent en rampant jusqu'au moment où ils arrivèrent à une large fosse presque circulaire, avec un haut remblai du côté de l'ouest. C'était froid et mort, et il y avait au fond un dépôt fétide d'une bourbe huileuse à reflets multicolores. Ils se blottirent dans ce vilain trou, espérant échapper dans son ombre à l'attention de l'Œil.

Le jour s'écoula avec lenteur. Une grande soif les tourmentait, mais ils ne burent que quelques gouttes de leurs flacons – remplis pour la dernière fois dans le ravin, qui, en y repensant, leur paraissait à présent un lieu de paix et de beauté. Les Hobbits établirent un tour de veille. Ils étaient tellement fatigués qu'au début aucun des deux ne put dormir; mais comme le soleil descendait au loin dans les nuages au mouvement lent, Sam s'assoupit. C'était le tour de garde de Frodon. Il s'adossa à la pente de la fosse, mais cela n'allégea pas l'impression de fardeau qu'il ressentait. Levant les yeux vers le ciel strié de fumée, il vit d'étranges fantômes, des formes sombres chevauchant, et des visages du passé. Il perdit la notion du temps, oscillant entre le sommeil et la veille, jusqu'à ce que l'oubli s'emparât de lui.

Sam se réveilla soudain, croyant avoir entendu un appel de son maître. C'était le soir. Frodon ne pouvait avoir appelé, car il s'était endormi et il avait glissé presque jusqu'au fond de la fosse. Gollum était auprès de lui. Sam crut un moment qu'il essayait de réveiller Frodon, mais il vit que ce n'était pas le cas. Gollum se parlait à lui-même. Sméagol discutait avec quelque autre pensée qui utilisait la même voix, mais en la faisant crisser et siffler. Tandis qu'il parlait, une lueur pâle et une lueur verte alternaient dans ses yeux.

– Sméagol a promis, disait la première pensée.

– Oui, oui, mon trésor, répondait la seconde, on a promis : pour sauver notre Trésor, pour ne pas Le laisser l'avoir – jamais. Mais il va à Lui, oui, il s'en approche à chaque pas. Ce que le Hobbit va en faire, on se le demande, oui, on se le demande.

– Je ne sais pas. Je n'y peux rien. Le maître l'a. Sméagol a promis d'aider le maître.

– Oui, oui, d'aider le maître : le maître du Trésor. Mais si on était le maître, alors on pourrait s'aider soi-même, oui, et tenir encore sa promesse.

– Mais Sméagol a dit qu'il serait très, très sage. Gentil Hobbit ! Il a enlevé la corde cruelle de la jambe de Sméagol. Il me parle gentiment.

– Très, très sage, hé, mon trésor ? Soyons bon, bon comme le poisson, doux ami, mais pour nous-même. Sans faire de mal au gentil hobbit, bien sûr, non, non.

– Mais le Trésor tient la promesse, objecta la voix de Sméagol.

– Eh bien, prends-le, dit l'autre, et tenons-le nous-même ! Alors, on sera le maître, *gollum !* On fera ramper l'autre Hobbit, le méchant méfiant de Hobbit, on le fera ramper, oui, *gollum !*

– Mais pas le gentil Hobbit ?

– Oh non, pas si ça ne nous plaît pas. C'est pourtant un Sacquet, mon trésor, oui, un Sacquet. C'est un Sacquet qui l'a volé. Il l'a trouvé, et il n'a rien dit, rien. On déteste les Sacquet.

– Non, pas ce Sacquet-ci.

– Si, tous les Sacquet. Tous les gens qui gardent le Trésor. Il faut qu'on l'ait !

– Mais Il verra, Il saura. Il nous le prendra !

– Il voit, Il sait. Il nous a entendu faire de stupides promesses – contre Ses ordres, oui. Il faut le prendre. Les Esprits cherchent. Il faut le prendre.

– Pas pour Lui !

– Non, doux ami. Non, mon trésor : si on l'a, on pourra s'échapper, même de Lui, hé ? Peut-être qu'on deviendra très fort, plus fort que les Esprits. Le Seigneur Sméagol ? Gollum le Grand ? *Le* Gollum ! Manger du poisson tous les jours, trois fois par jour, juste pêché dans la mer. Très précieux Trésor de Gollum ! Il faut l'avoir. On le veut, on le veut, on le veut !

– Mais ils sont deux. Ils se réveilleront trop vite et ils nous tueront, gémit Sméagol en un ultime effort. Pas maintenant. Pas encore.

– On le veut! Mais... (il y eut à ce moment une longue pause, comme si une nouvelle pensée avait surgi.) Pas encore, hé? Peut-être pas. Elle pourrait aider. Elle pourrait, oui.

– Non, non! Pas comme ça! gémit Sméagol.

– Si! On le veut! On le veut!

Chaque fois que la seconde pensée parlait, la longue main de Gollum s'avançait lentement vers Frodon, puis se retirait vivement avec un sursaut au moment où Sméagol reparlait. Finalement, les deux bras, armés de longs doigts pliés et crispés, s'approchèrent de son cou.

Sam était resté étendu immobile, fasciné par ce débat, mais il observait chaque mouvement de Gollum d'entre ses paupières mi-closes. Pour son esprit simple, le principal danger chez Gollum avait paru être la faim ordinaire, le désir de manger des Hobbits. Il se rendit alors compte qu'il n'en était pas ainsi : Gollum ressentait le terrible appel de l'Anneau. *Lui,* c'était évidemment le Seigneur Ténébreux; mais Sam se demanda qui était *Elle.* L'une des vilaines amies que le petit misérable s'était faites au cours de ses vagabondages, supposait-il. Puis il oublia la question, les choses étant manifestement allées assez loin et devenant dangereuses. Une grande lourdeur pesait sur tous ses membres, mais il se redressa avec effort et se mit sur son séant. Quelque chose l'avertit de faire attention et de ne pas révéler qu'il avait entendu le débat. Il poussa un grand soupir et eut un énorme bâillement.

– Quelle heure est-il? demanda-t-il d'un air somnolent.

Gollum émit un long sifflement entre ses dents. Il se redressa un moment, tendu et menaçant, puis il s'effondra et remonta à quatre pattes le talus de la fosse. – Gentils Hobbits! Gentil Sam! dit-il. Têtes somnolentes, oui, têtes somnolentes! Laissez veiller le bon Sméagol! Mais c'est le soir. Le crépuscule tombe. Il est temps de partir.

– Grand temps! pensa Sam. Et temps aussi de se séparer. Mais l'idée lui passa en même temps par l'esprit de se demander si, en fait, Gollum n'était pas aussi dangereux lâché que gardé avec eux. – La peste soit de lui! Je voudrais le voir étouffé! Il déboula le talus et réveilla son maître.

Assez curieusement, Frodon se sentit rafraîchi. Il avait rêvé. L'ombre noire avait passé, et une belle vision lui était apparue dans cette terre inquiétante. Il n'en restait rien dans son souvenir, mais, à cause d'elle, il se sentait bien et le cœur plus léger. Son fardeau lui pesait moins. Gollum l'accueillit avec la joie d'un chien. Il gloussait et babillait, faisant craquer ses longs doigts et tripotant les genoux de Frodon. Frodon lui sourit.

– Allons! dit-il. Vous nous avez bien guidés et avec fidélité. C'est la dernière étape. Amenez-nous à la Porte, et je ne vous demanderai pas de venir plus loin. Amenez-nous à la Porte, et vous pourrez aller où vous voudrez – hormis chez nos ennemis.

– A la Porte, hé? fit Gollum d'une voix aiguë, avec un air de surprise et de peur. A la Porte, le maître a dit! Oui, c'est ce qu'il dit. Et le bon Sméagol fait ce qu'il demande, oh oui. Mais quand il approchera, on verra peut-être, on verra alors. Ça ne sera pas du tout plaisant. Oh non! Oh non!

– Assez! dit Sam. Finissons-en!

Dans le crépuscule tombant, ils sortirent à quatre pattes de la fosse et se faufilèrent lentement par la terre morte. Ils n'avaient guère parcouru de chemin qu'ils ressentirent de nouveau la peur qui les avait assaillis lorsque la forme ailée avait survolé les marais. Ils s'arrêtèrent et se tapirent sur le sol nauséabond; mais ils ne virent rien dans le sombre ciel vespéral, et la menace passa bientôt, très haut, peut-être en mission rapide de Barad-dûr. Gollum se leva après un moment et il repartit à quatre pattes, marmottant et tremblant.

Vers une heure après minuit, la peur passa sur eux une troisième fois, mais cette fois-ci plus éloignée, semblait-il, comme si elle était bien au-dessus des nuages, se précipitant à une vitesse terrible vers l'Ouest. Gollum fut toutefois éperdu de terreur, convaincu qu'ils étaient recherchés, que leur approche était connue.

– Trois fois! gémit-il. Trois fois, c'est une menace. Ils

sentent notre présence, ils sentent le Trésor. Le Trésor est leur maître. On ne peut aller plus loin par là, non. C'est inutile, inutile!

Plaidoyers et paroles bienveillantes ne servaient plus de rien. Ce ne fut que quand Frodon commanda avec colère et porta la main à la garde de son épée que Gollum accepta de se relever. Ce qu'il fit enfin avec un grognement, et il passa devant eux comme un chien battu.

Ils poursuivirent donc leur route en trébuchant pendant le restant d'une nuit fastidieuse; ils marchèrent ainsi en silence, tête basse, sans rien voir, sans rien entendre que le vent qui leur sifflait aux oreilles, jusqu'à la venue d'un nouveau jour de peur.

CHAPITRE III

LA PORTE NOIRE EST FERMÉE

Leur voyage vers le Mordor fut achevé avant l'aube du lendemain. Les marais et le désert étaient derrière eux. Devant, se détachant noires sur un ciel blafard, les grandes montagnes dressaient leurs têtes menaçantes.

A l'ouest du Mordor s'étendait la chaîne sombre de l'Ephel Duath, les Montagnes de l'Ombre, et au Nord, les cimes déchiquetées et les crêtes désolées de l'Ered Lithui, d'un gris de cendre. Mais comme ces chaînes se rapprochaient l'une de l'autre (car elles n'étaient en fait que des parties d'un grand mur entourant les tristes plaines de Lithlad et de Gorgoroth et, tout au centre, la mer intérieure de Nurnen), elles projetaient de longs bras vers le nord; et entre ceux-ci, se trouvait une gorge profonde. C'était Cirith Gorgor, le Pas Hanté, l'entrée du pays de l'Ennemi. De hauts escarpements s'abaissaient de part et d'autre et, de sa bouche, sortaient deux collines nues, à l'ossature noire, qui descendaient perpendiculairement. Au sommet, se dressaient les Dents du Mordor; deux hautes et fortes tours. Elles avaient été construites en un temps très ancien par les Hommes de Gondor dans leur orgueil et leur puissance, après la chute et la fuite de Sauron, de peur qu'il ne revînt à son royaume d'autrefois. Mais la force du Gondor déclina, les hommes dormirent et durant de longues années les tours restèrent vides. Alors, Sauron revint. A présent, les tours de guet, qui s'étaient délabrées, avaient été remises en état, emplies d'armes et garnies d'hommes avec une constante vigilance. Elles avaient un aspect des plus rébarbatifs avec leurs meurtrières noires ouvertes sur le nord, l'est et l'ouest, et toujours pleines d'yeux en éveil.

Au travers de l'entrée du pas, de paroi à paroi, le Seigneur Ténébreux avait élevé un rempart de pierre. Il comportait une seule grille de fer, et des sentinelles faisaient constamment les cent pas sur le chemin de ronde. Sous les collines de part et d'autre, le rocher était creusé de cent grottes et trous de vers; là, restait tapie une armée d'Orques, prêts à sortir au premier signal telles des fourmis partant en guerre. Nul ne pouvait passer par les Dents du Mordor sans ressentir leur morsure, à moins d'y être appelé par Sauron ou de connaître les mots de passe secrets qui ouvraient le Morannon, la porte noire de son territoire.

Les deux Hobbits observèrent les tours et le mur avec accablement. Même de loin, ils pouvaient voir dans la terne lumière le mouvement des gardes noirs sur le mur et les patrouilles devant la porte. Ils étaient alors allongés sur le sol pour regarder par-dessus le bord d'un creux rocheux dans l'ombre étendue du contrefort le plus septentrional de l'Ephel Duath. Un corbeau, par exemple, volant droit dans l'air lourd n'aurait eu à parcourir qu'un furlong (1) de leur cachette au sommet noir de la tour la plus proche. Une légère fumée s'en élevait, comme si le feu couvait dans la colline d'en dessous.

Le jour vint, et le soleil fauve vacilla au-dessus des crêtes sans vie de l'Ered Lithui. Et soudain résonna le cri des trompettes à la gorge d'airain : elles sonnèrent des tours de guet, et au loin, de redoutes et d'avant-postes cachés dans les collines, montèrent des sonneries de réponse; et plus loin encore, reculés, mais profonds et sinistres, retentirent dans le pays plat les puissants cors et tambours de Barad-dûr. Un nouveau jour redoutable de peur et de peine était venu pour le Mordor; les gardes de nuit étaient appelés à leurs cachots et à leurs salles profondes, et les féroces gardes de jour, aux yeux néfastes, se rendaient à leurs postes. L'acier luisait indistinctement sur le rempart.

(1) 201 mètres.

– Eh bien, nous y voici! dit Sam. Voici la Porte, et il me semble que ce soit le plus loin que nous irons jamais. Ma foi, l'Ancien aurait une ou deux choses à dire, s'il me voyait à l'heure qu'il est! Il disait souvent que je finirais mal, si je ne prenais pas garde, qu'il disait. Mais à présent, je suppose que je ne verrai plus jamais le vieux. Il ratera l'occasion de dire *Je te l'avais bien dit, Sam;* tant pis. Il pourrait continuer à me le dire tant qu'il lui resterait du souffle, si seulement je pouvais revoir sa vieille figure. Mais il faudrait que je commence par me laver, sans quoi il ne me reconnaîtrait pas.

– Je pense qu'il est inutile de demander « de quel côté allons-nous, maintenant? » On ne peut aller plus loin – à moins qu'on ne veuille demander à être portés par les Orques.

– Non, non! dit Gollum. Inutile. On ne peut pas aller plus loin. Sméagol l'avait dit. Il a dit : on ira à la Porte, et là, on verra. Et on voit. Oh oui, mon trésor, on voit. Sméagol savait que les Hobbits ne pouvaient pas passer par là. Oh oui, Sméagol le savait.

– Alors, pourquoi par la malepeste nous avoir amenés ici? s'écria Sam, ne se sentant pas d'humeur à être juste ou raisonnable.

– Le maître l'a dit. Le maître a dit : Amenez-nous à la Porte. Alors le bon Sméagol le fait. Le maître l'a dit, le sage maître.

– C'est vrai, dit Frodon. Son visage était dur et tendu, mais résolu. Il était dégoûtant, défait, et il avait les traits tirés par la fatigue, mais il ne tremblait plus, et ses yeux étaient assurés. – Je l'ai dit, parce que j'ai l'intention d'entrer en Mordor, et que je ne connais pas d'autre chemin. Je prendrai donc celui-ci. Je ne demande à personne de m'accompagner.

– Non, non, maître! gémit Gollum, le caressant et paraissant dans la plus grande désolation. C'est inutile de ce côté! Inutile! Ne Lui apportez pas le Trésor! Il nous mangera tous s'Il l'a, Il mangera tout le monde. Gardez-le, gentil maître, et soyez bon pour Sméagol. Ne Le laissez pas l'avoir. Ou partez, allez à des endroits agréables et rendez-le au petit Sméagol. Oui, oui, maître : rendez-le, dites? Sméagol le gardera en sûreté; il fera beaucoup de bien, surtout aux gentils Hobbits. Que les Hobbits rentrent chez eux. N'allez pas à la Porte!

– J'ai l'ordre d'aller au pays de Mordor, et par conséquent j'irai, dit Frodon. S'il n'y a qu'un seul chemin, il me faut l'emprunter. Advienne que pourra.

Sam ne dit rien. L'expression de Frodon lui suffisait, il savait que tout ce qu'il pourrait dire serait inutile. Et, après tout, il n'avait jamais eu réellement d'espoir dans cette affaire; mais, allègre Hobbit, il n'avait pas eu besoin d'espoir, tant que le désespoir pouvait être ajourné. A présent, ils étaient parvenus au bout du rouleau. Mais il n'avait pas lâché son maître de tout le voyage; c'était la principale raison pour laquelle il était venu, et il n'allait pas le lâcher encore. Son maître n'irait pas seul en Mordor. Sam l'accompagnerait – et en tout cas ils se débarrasseraient de Gollum.

Gollum, toutefois, ne tenait aucunement à ce que l'on se débarrassât de lui, pour le moment. Il s'agenouilla aux pieds de Frodon, se tordant les mains et piaulant. – Pas par ici, maître! supplia-t-il. Il y a un autre chemin. Oh oui, vraiment, il y en a un autre. Un autre chemin, plus sombre, plus difficile à trouver, plus secret. Mais Sméagol le connaît. Laissez Sméagol vous le montrer!

– Un autre chemin! dit Frodon d'un air dubitatif, scrutant Gollum.

– Oui! Oui, vraiment! Il y *avait* un autre chemin. Sméagol l'a découvert. Allons voir s'il est encore là!

– Vous n'en aviez pas parlé auparavant.

– Non. Le maître ne l'a pas demandé. Le maître n'a pas dit ce qu'il voulait faire. Il ne dit rien au pauvre Sméagol. Il dit : Emmenez-moi à la Porte, Sméagol – et puis au revoir! Sméagol peut s'en aller et se bien conduire. Mais maintenant, il dit : Je me propose d'entrer en Mordor par ici. Alors Sméagol a grand-peur. Il ne veut pas perdre le gentil maître. Et il a promis, le maître l'a fait promettre, de sauver le trésor. Mais si le maître veut aller par ici il va le Lui apporter, tout droit à la Main Noire. Alors Sméagol doit les sauver tous les deux, et il pense à un autre chemin qu'il y avait, autrefois. Gentil maître. Sméagol très bon, aide toujours.

Sam fronça les sourcils. S'il eût pu percer Gollum de trous avec ses yeux, il n'y aurait pas manqué. Il avait l'esprit empli de doute. Selon toute apparence, Gollum était véritablement affligé et désireux d'aider Frodon. Mais Sam, se rappelant le débat qu'il avait entendu, avait peine à croire que le Sméagol longtemps submergé était remonté à la surface; cette voix-là, en tout cas, n'avait pas eu le dernier mot dans la discussion. Son hypothèse était que les moitiés Sméagol et Gollum (qu'il nommait en lui-même le Sournois et le Puant) avaient conclu une trêve et une alliance provisoire : aucun des deux ne voulait que l'Ennemi obtînt l'Anneau; tous deux souhaitaient éviter la capture de Frodon et le garder sous leurs yeux aussi longtemps que possible – en tout cas tant que le Puant aurait une chance de remettre la main sur son « Trésor ». Sam doutait qu'il y eût réellement une autre voie d'accès au Mordor.

« Et c'est une bonne chose qu'aucune des deux moitiés de ce vieux gredin ne connaisse les intentions du maître, pensa-t-il. S'il savait que Monsieur Frodon essaie de mettre fin une fois pour toutes à son Trésor, il y aurait vite du grabuge, je parie. En tout cas, le vieux Puant a tellement peur de l'Ennemi – et il est soumis à certains ordres venus de lui, ou l'a été – qu'il nous livrerait plutôt que d'être pris à nous aider; et aussi peut-être plutôt que de laisser fondre son Trésor. Du moins, c'est mon idée. Et j'espère que le maître réfléchira avec soin. Il est aussi sagace que quiconque, mais il a trop bon cœur, voilà ce qu'il y a. Ça dépasse la clairvoyance de tous les Gamegie du monde de deviner ce qu'il va faire! »

Frodon ne répondit pas tout de suite à Gollum. Tandis que ces doutes passaient par la cervelle lente mais perspicace de Sam, il restait le regard fixé sur le noir escarpement de Cirith Gorgor. L'anfractuosité dans laquelle ils s'étaient abrités était creusée dans le flanc d'une colline basse, peu au-dessus d'une longue vallée en forme de tranchée percée entre elle et les contreforts extérieurs des montagnes. Au milieu de la vallée s'élevaient les noires fondations de la tour de guet occidentale. A la lumière du matin, on pouvait clairement voir à présent les routes qui convergeaient, pâles et poussiéreuses, sur la Porte de Mordor; l'une serpentait en direction du nord; une autre se perdait à l'est dans les brumes qui s'accrochaient au pied de l'Ered Lithui; et une troisième se dirigeait vers lui. Virant brusquement autour de la tour, elle pénétrait dans un étroit défilé pour passer ensuite peu en dessous du creux où il se tenait. Sur sa droite, elle tournait vers l'ouest, suivant les épaulements des montagnes et disparaissant au sud dans les ombres profondes qui enveloppaient tous les côtés ouest de l'Ephel Duath; elle partait, hors de sa vue, dans l'étroite bande de terre qui séparait les montagnes du Grand Fleuve.

Tandis qu'il regardait, Frodon s'aperçut d'une grande agitation et d'un important mouvement dans la plaine. On eût dit que des armées entières étaient en marche, quoiqu'en grande partie cachées par les exhalaisons et les fumées qui dérivaient des marais et des déserts d'au-delà. Mais il apercevait par-ci par-là le reflet de lances et de casques; et on pouvait voir, par-dessus les terrains de niveau traversés par la route, des cavaliers chevauchant en nombreuses compagnies. Il se rappela la vision qu'il avait eue de loin sur l'Amon Hen, si peu de jours auparavant, encore que cela lui parût faire des années. Il vit alors la vanité de l'espoir qui, durant un instant fantasque, s'était fait jour dans son cœur. Les trompettes n'avaient pas sonné en manière de défi, mais d'accueil. Ce n'était pas là un assaut livré au Seigneur Ténébreux par les hommes de Gondor, levés en spectres vengeurs des tombes valeureuses depuis longtemps disparues. Ceux-ci étaient des Hommes d'une autre race, sortis des vastes terres de l'Est, qui se rassemblaient à l'appel de leur Suzerain; des armées qui, après avoir campé la nuit devant sa Porte, entraient à présent pour grossir sa puissance montante. Comme soudain rendu pleinement conscient du danger de leur position, seuls, dans la lumière croissante du jour, si près de cette vaste menace, Frodon rabattit vivement sur sa tête son fragile capuchon gris et descendit dans le vallon. Puis il se tourna vers Gollum.

– Je vais vous faire confiance une fois de plus, Sméagol, dit-il. Il semble en fait que je le doive et que ce soit mon destin de recevoir de l'aide de vous quand je la cherche le moins, et le vôtre de m'aider, moi que vous avez longtemps poursuivi de mauvais desseins. Jusqu'à maintenant, vous avez bien mérité de moi et vous avez fidèlement tenu votre promesse. Fidèlement, je le dis et je le pense, ajouta-t-il en jetant un regard à Sam, car deux fois nous avons été en votre pouvoir et vous ne nous avez fait aucun mal. Vous n'avez pas non plus tenté de me prendre ce que vous cherchiez autrefois. Puisse la troisième fois être la meilleure! Mais je vous en avertis, Sméagol, vous êtes en danger.

– Oui, oui, maître! dit Gollum. Un danger terrible! Les os de Sméagol tremblent d'y penser, mais il ne s'enfuit pas. Il doit aider le gentil maître.

– Je n'entendais pas le danger que nous partageons tous, dit Frodon. Je veux dire un danger pour vous seul. Vous avez prononcé un serment sur ce que vous appelez le Trésor. Souvenez-vous-en! Il vous liera à lui; mais il cherchera à le tourner à votre propre destruction. Vous êtes déjà soumis à cette perversion. Vous vous êtes révélé à moi, à l'instant, étourdiment. *Rendez-le à Sméagol,* avez-vous dit. Ne le répétez pas! Ne laissez pas cette pensée se développer en vous! Vous ne le récupérerez jamais. Mais le désir que vous en avez peut vous entraîner à une fin amère. Vous ne le récupérerez jamais. En dernier recours, Sméagol, je mettrais le Trésor à mon doigt; et le Trésor vous a maîtrisé il y a longtemps. Si, le portant, je vous commandais, vous obéiriez, l'ordre fût-il de sauter du haut d'un précipice ou de vous jeter dans le feu. Et tel il serait. Attention donc, Sméagol!

Sam lança à son maître un regard d'approbation, non exempte de surprise : il y avait sur son visage une expression et dans sa voix un ton que Sam n'avait pas connus jusque-là. Il avait toujours considéré que la bonté de ce cher Monsieur Frodon était telle qu'elle ne pouvait qu'impliquer une bonne dose de cécité. Bien sûr, il conservait la ferme et incompatible assurance que Monsieur Frodon était la personne la plus sagace du monde (à l'exception peut-être du Vieux Monsieur Bilbon et de Gandalf). Gollum pouvait avoir, à sa façon (mais avec beaucoup plus d'excuses, la connaissance qu'il avait de lui étant plus récente), commis une erreur semblable, confondant bonté et cécité. Quoi qu'il en soit, ce discours le confondit et le terrifia. Il s'aplatit sur le sol et ne put plus prononcer d'autre parole intelligible que *gentil maître.*

Fredon attendit avec patience durant un moment, puis il reprit la parole avec moins de sévérité. – Allons, Gollum ou Sméagol si vous préférez, parlez-moi de cet autre chemin et montrez-moi, si vous le pouvez, quel espoir on peut y placer et s'il est suffisant pour me détourner de ma direction évidente. Je suis pressé.

Mais Gollum était dans un état pitoyable, et la menace de Frodon l'avait complètement démonté. Il n'était pas facile de tirer de lui une explication claire au milieu de ses marmottages et de ses vagissements ou de ses fréquentes interruptions, pendant lesquelles il se traînait sur le sol et les suppliait tous deux d'être bons pour « le pauvre petit Sméagol ». Il se calma un peu au bout d'un moment, et Frodon comprit bribe par bribe qu'en suivant la route qui tournait à l'ouest de l'Ephel Duath, un voyageur finirait par arriver à un carrefour dans un cercle d'arbres sombres. A droite, une route descendait à Orgiliath et aux ponts de l'Anduin; au milieu, la route continuait en direction du sud.

– Elle continue, continue, continue, dit Gollum. On n'est jamais allé par là, mais il paraît qu'elle va ainsi à une centaine de lieues jusqu'à ce qu'on voie la Grande Eau qui n'est jamais immobile. Il y a des tas de poissons là-bas, et de grands oiseaux mangent le poisson : de gentils oiseaux; mais on n'y est jamais allé, hélas, non! on n'en a jamais eu une chance. Et plus loin encore, il y a d'autres terres, à ce qu'on dit; mais la Face Jaune y est très chaude et il y a rarement des nuages, et les hommes sont féroces, et ils ont la figure noire. On ne veut pas voir ce pays-là.

– Non! dit Frodon. Mais ne vous écartez pas de votre route. Et le troisième tournant?

– Ah oui, oui, il y a un troisième chemin, dit Gollum. C'est la route de gauche. Elle commence tout de suite à grimper, grimper; elle serpente et revient vers les hauts plateaux maigres. Quand elle contourne le rocher noir, vous le verrez, vous la verrez tout à coup au-dessus de vous, et vous aurez envie de vous cacher.

– Vous la verrez, vous la verrez... Qu'est-ce qu'on verra?

– La vieille forteresse, très vieille, très horrible aujourd'hui. On entendait des histoires du Sud, quand Sméagol était jeune, il y a longtemps. Oh oui, on racontait des tas d'histoires le soir, assis près des rives du Grand Fleuve, dans les saulaies, quand le Fleuve était jeune aussi, *gollum, gollum*. Il se mit à pleurer et à marmonner. Les Hobbits attendirent avec patience.

– Des histoires du Sud, reprit Gollum, sur les Hommes de haute taille aux yeux brillants, leurs maisons semblables à des collines de pierre, la couronne d'argent de leur Roi et son Arbre Blanc : des histoires merveilleuses. Ils construisaient de très hautes tours; l'une était d'un blanc d'argent; dedans, il y avait une pierre semblable à la Lune et autour, de grands murs blancs. Oh oui, il y avait de nombreuses histoires sur la Tour de la Lune.

– Ce devait être Minas Ithil, que bâtit Isildur le fils d'Elendil, dit Frodon. Ce fut Isildur qui coupa le doigt de l'Ennemi.

– Oui. Il n'en a que quatre sur la Main Noire, mais cela suffit, dit Gollum, frissonnant. Et Il haïssait la cité d'Isildur.

– Que ne hait-il pas? dit Frodon. Mais qu'avons-nous à voir avec la Tour de la Lune?

– Eh bien, maître, elle était là, et elle y est encore : la haute tour, et les maisons blanches et le mur; mais pas agréables maintenant, pas beaux. Il les a conquis il y a longtemps. C'est un endroit très affreux, maintenant. Les voyageurs frissonnent en le voyant, ils se glissent hors de vue, ils évitent son ombre. Mais il faudra que le maître aille de ce côté. C'est le seul autre chemin. Car les montagnes sont là plus basses, et la vieille route monte, monte jusqu'à ce qu'elle atteigne un sombre col au sommet, et puis elle redescend, redescend – sur le Golgoroth. Sa voix se réduisait à un chuchotement, et il frissonna.

– Mais en quoi cela nous servira-t-il? demanda Sam. L'Ennemi sait assurément tout de ses propres montagnes, et cette route sera aussi bien gardée que celle-ci? La tour n'est pas vide, je pense?

– Oh non, pas vide! murmura Gollum. Elle paraît vide,

mais elle ne l'est pas, oh non! De terribles choses y vivent. Des Orques, oui toujours des Orques; mais des choses pires, des choses pires y vivent aussi. La route grimpe juste à l'ombre, des murs et passe par la porte. Rien ne bouge sur la route, qu'ils ne le sachent. Les choses qui sont dedans le savent : ce sont les Veilleurs Silencieux.

– Ainsi voilà votre conseil, dit Sam : que nous partions de nouveau pour une grande marche vers le sud, à seule fin de nous retrouver dans le même pétrin ou pis en arrivant là-bas, en admettant qu'on y arrive?

– Non, non certes, dit Gollum. Les Hobbits doivent voir, il faut qu'ils essaient de comprendre. Il ne s'attend pas à une attaque de ce côté. Son Œil est tout autour, mais il s'occupe davantage de certains endroits que d'autres. Il ne peut tout voir à la fois, pas encore. Vous comprenez, Il a conquis tout le pays à l'ouest des Montagnes de l'Ombre jusqu'au Fleuve, et il tient maintenant les ponts. Il pense que personne ne peut arriver à la Tour de la Lune sans livrer un grand combat aux ponts ou se procurer des quantités d'embarcations qu'on ne pourra cacher et dont Il sera averti.

– Vous semblez savoir beaucoup de choses sur ce qu'Il fait et pense, dit Sam. Lui avez-vous parlé récemment? Ou vous seriez-vous simplement acoquiné avec des Orques?

– Pas gentil Hobbit, pas sensé, dit Gollum, se tournant vers Frodon après avoir jeté un regard irrité à Sam. Sméagol a parlé avec des Orques, oui, bien sûr, avant d'avoir rencontré le maître, et à beaucoup de gens : il a marché très loin. Et ce qu'il dit maintenant, bien des gens le disent. C'est ici dans le Nord que le grand danger Le menace, et nous aussi. Il sortira un jour de la Porte Noire, un jour prochain. C'est la seule voie par laquelle des grandes armées peuvent venir. Mais là-bas dans l'Ouest, Il ne craint rien, et il y a les Veilleurs Silencieux.

– Tout juste! dit Sam, n'acceptant pas la rebuffade. Ainsi, on doit aller frapper à leur porte et demander si on est sur la bonne route pour le Mordor? Ou sont-ils trop silencieux pour répondre? Ça n'a pas le sens commun. On pourrait aussi bien le faire ici et s'éviter une longue marche.

– Ne plaisantez pas là-dessus, siffla Gollum. Ce n'est

pas drôle, oh non! Pas amusant. Ça n'a pas le sens commun d'essayer d'entrer dans le Mordor de toute façon. Mais si le maître dit *je dois y aller* ou *j'irai*, il faut bien qu'il essaie d'une façon ou d'une autre. Mais il ne doit pas aller à la terrible cité, oh non, bien sûr que non. C'est là que Sméagol aide, le gentil Sméagol, bien que personne ne lui dise de quoi il s'agit dans tout cela. Sméagol aide encore. Il l'a trouvé. Il le connaît.

– Qu'avez-vous trouvé? demanda Frodon.

Gollum se tassa sur lui-même et sa voix ne fut encore une fois qu'un murmure. – Un petit sentier qui mène dans les montagnes; et puis un escalier, un escalier étroit, oh oui, très long et étroit. Et puis encore des marches. Et puis (sa voix baissa encore) un tunnel, un tunnel sombre; et enfin une petite crevasse, et un sentier bien au-dessus du pas principal. C'est par là que Sméagol est sorti des ténèbres. Mais c'était il y a bien des années. Le sentier a pu disparaître depuis; mais peut-être pas, peut-être pas.

– Cela ne me dit rien qui vaille, dit Sam. Ça paraît beaucoup trop facile, en tout cas en paroles. Si ce sentier est toujours là, il sera gardé aussi. Il n'était pas gardé, Gollum? Sur ces mots, il saisit ou crut saisir une lueur verte dans l'œil de Gollum. Gollum marmotta, mais sans répondre.

– Il n'est pas gardé? demanda Frodon, d'un ton sévère. Et vous êtes-vous *échappé* des ténèbres, Sméagol? Ne vous a-t-on pas plutôt permis de partir, avec une mission? C'est en tout cas ce que pensait Aragorn, qui vous a trouvé près des Marais des Morts, il y a quelques années.

– C'est un mensonge! siffla Gollum, et une lueur mauvaise parut dans ses yeux à la mention d'Aragorn. Il a menti à mon sujet, oui. Je me suis vraiment échappé, tout seul, pauvre de moi. Evidemment on m'a dit de chercher le Trésor; et j'ai cherché, cherché, bien sûr. Mais pas pour le Noir. Le Trésor était à nous, il était à moi, je vous dis. Je me suis vraiment échappé.

Frodon éprouva une étrange certitude que Gollum, pour une fois, n'était pas aussi loin de la vérité qu'on aurait pu le soupçonner; qu'il avait, de quelque façon, trouvé le moyen de sortir de Mordor et qu'il croyait tout au moins sa réussite due à sa propre ruse. Il remarqua en tout cas que Gollum avait usé du *je,* ce qui était généralement un bon signe, dans sa rareté, que quelques restes d'une ancienne véracité et d'une ancienne sincérité prédominaient pour le moment. Mais, même si on pouvait faire confiance à Gollum sur ce point, Frodon n'oubliait pas les artifices de l'Ennemi. L' « évasion » pouvait avoir été permise ou arrangée, et bien connue dans la Tour Sombre. Et, en tout cas, Gollum taisait manifestement bien des choses.

– Je répète ma question, dit-il : ce chemin secret n'est-il pas gardé ?

Mais le nom d'Aragorn avait renfrogné Gollum. Il avait tout l'air blessé d'un menteur soupçonné alors que pour une fois il a dit la vérité ou une partie de la vérité. Il ne répondit pas.

– N'est-il pas gardé? répéta Frodon.

– Oui, oui, peut-être. Aucun endroit n'est sûr dans ce pays, dit Gollum d'un ton boudeur. Aucun endroit sûr. Mais le maître doit faire l'essai ou rentrer chez lui. Pas d'autre chemin. Ils ne purent rien tirer de plus. Il ne pouvait ou ne voulut pas dire le nom du dangereux endroit et du haut passage.

C'était Cirith Ungol, de sinistre réputation. Aragorn aurait peut-être pu leur dire ce nom et sa signification; Gandalf les aurait mis en garde. Mais ils étaient seuls, Aragorn était loin et Gandalf se trouvait parmi les ruines de l'Isengard, aux prises avec Saroumane, retenu par trahison. Mais, tandis même qu'il prononçait ses derniers mots à l'adresse de Saroumane et que le *palantir* s'abattait en feu sur les marches d'Orthanc, sa pensée était sans cesse tournée vers Frodon et Samsagace; par-dessus les longues lieues, son esprit les cherchait avec espoir et compassion.

Peut-être Frodon le sentait-il à son insu, comme il l'avait senti sur l'Amon Hen, bien qu'il crût Gandalf parti, parti à jamais dans l'ombre de la Moria lointaine. Il resta un long moment assis sur le sol, silencieux, la tête courbée, s'efforçant de se rappeler tout ce que Gandalf lui avait dit. Mais sur son choix, il ne pouvait se rappeler aucun avis. En vérité, la direction de Gandalf leur avait été retirée trop tôt, trop tôt, alors que la Terre Ténébreuse était encore très loin. Comment ils devaient y pénétrer finalement, Gandalf ne l'avait pas dit. Peut-être ne le pouvait-il pas. Il s'était aventuré une fois dans la place forte de l'Ennemi dans le Nord, dans Dol Guldur. Mais en Mordor, à la Montagne de Feu et à Barad-dûr depuis que le Seigneur Ténébreux avait recouvré son pouvoir, y avait-il jamais voyagé? Frodon ne le pensait pas. Et le voici, petit semi-homme de la Comté, simple Hobbit de la tranquille campagne, censé trouver un chemin là où les grands ne pouvaient ou n'osaient pas aller! Fâcheux destin. Mais il l'avait assumé dans son propre petit salon au lointain printemps d'une autre année, si reculé à présent que c'était comme un chapitre d'une histoire de la jeunesse du monde, du temps que les Arbres d'Argent et d'Or étaient encore en fleur. C'était un choix néfaste. Quel chemin choisirait-il? Et si tous deux menaient à la terreur et à la mort, à quoi rimait le choix?

La journée s'avançait. Un profond silence tomba sur le petit creux gris où ils se tenaient, si près des lisières du pays de la peur : un silence qu'ils ressentaient comme un voile épais les coupant de tout le monde environnant. Au-dessus d'eux s'étendait une voûte de ciel pâle barrée d'une fumée fugitive; mais elle paraissait très élevée et lointaine, comme vue à travers de grandes profondeurs d'un air lourd de pensées en suspens.

Pas même un aigle planant à contre-soleil n'aurait remarqué les Hobbits, assis là, sous le poids du destin, silencieux, immobiles, enveloppés de leurs minces manteaux gris. Il aurait peut-être suspendu un moment son vol pour considérer Gollum, petite forme étalée sur le sol : c'eût pu être le squelette décharné de quelque enfant des Hommes, ses vêtements en haillons encore accrochés à lui, ses longs membres presque d'un blanc d'os et presque réduits à l'état d'os : aucune chair digne d'un coup de bec.

La tête de Frodon était inclinée sur ses genoux, mais Sam, adossé, les mains derrière la tête, contemplait de sous son capuchon le ciel vide. Du moins resta-t-il vide pendant un long moment. Et puis, bientôt, Sam crut voir une sombre forme d'oiseau venir tournoyer dans le champ de sa vision, planer et repartir. Deux autres suivirent, et ensuite une quatrième. A la vue, elles étaient très petites, mais il sentait qu'en réalité elles étaient énormes, avec de vastes ailes, et qu'elles volaient très haut. Il se couvrit les yeux et se pencha en avant, se faisant tout petit. Il éprouvait la même peur prémonitoire qu'il avait ressentie en présence des Cavaliers Noirs, l'horreur impuissante qui était venue avec le cri dans le vent et l'ombre sur la lune, encore que maintenant elle ne fût pas aussi écrasante ni compulsive. Mais c'était une menace. Frodon la ressentit aussi. Sa pensée fut rompue. Il remua, frissonna, mais sans lever les yeux. Gollum se ramassa sur lui-même comme une araignée acculée. Les formes ailées virèrent et fondirent en une descente rapide vers le Mordor.

Sam fit une profonde inspiration. – Les Cavaliers sont de nouveau en mouvement, dans l'air, dit-il en un murmure rauque. Je les ai vus. Croyez-vous qu'ils aient pu nous apercevoir? Ils étaient très haut. Et si ce sont des Cavaliers Noirs, pareils à ceux d'avant, ils ne voient pas grand-chose à la lumière du jour, n'est-ce pas?

– Non, peut-être pas, répondit Frodon. Mais leurs coursiers pouvaient voir. Et ces créatures ailées qu'ils montent à présent, elles voient sans doute mieux qu'aucune autre. Elles ressemblent à de grands oiseaux charognards. Elles sont à la recherche de quelque chose : l'Ennemi est sur ses gardes, j'en ai peur.

Le sentiment de crainte passa, mais le silence environnant était rompu. Ils avaient été pendant quelque temps coupés du monde, comme dans une île invisible; à présent, ils étaient de nouveau mis à nu, le péril était revenu. Mais Frodon ne parlait toujours pas à Gollum, et il n'avait pas encore fait son choix. Il avait les yeux fermés, comme s'il rêvait ou regardait en son cœur ou sa mémoire. Enfin, il remua, se leva, et il sembla qu'il allait parler et décider. Mais : – Ecoutez! dit-il. Qu'est-ce que cela?

Une nouvelle peur les assaillit. Ils entendaient des chants et des cris rauques. Cela parut en début venir de loin, mais le bruit se rapprocha : il venait vers eux. L'idée les saisit tous que les Ailes Noires les avaient repérés et avaient envoyé des soldats armés les prendre; aucune vitesse n'était trop grande pour ces terribles serviteurs de Sauron. Ils se tapirent, l'oreille tendue. Les voix et le cliquetis des armées et des harnais étaient très proches. Frodon et Sam dégagèrent leurs petites épées dans leur fourreau. Toute fuite était impossible.

Gollum se leva lentement et rampa comme un insecte jusqu'au rebord du creux. Il se leva très précautionneusement, pouce par pouce, jusqu'à ce qu'il pût regarder par-dessus entre deux pointes de pierre. Il resta là un moment sans bouger, sans émettre aucun son. Bientôt, les voix commencèrent à régresser de nouveau, et elles s'évanouirent lentement. Un cor sonna au loin sur les remparts du Morannon. Alors, Gollum se retira sans bruit et se laissa glisser dans le creux.

– D'autres Hommes rejoignent le Mordor, dit-il à voix basse. Des visages noirs. On n'a pas vu d'Hommes comme ceux-là jusqu'à maintenant, non, Sméagol n'en a pas vu. Ils ont un aspect féroce. Ils ont les yeux noirs, de longs cheveux noirs, et des boucles d'or aux oreilles; oui, des tas de bel or. Et certains ont de la peinture rouge aux joues, et des manteaux rouges; et leurs étendards sont rouges, comme l'est aussi la pointe de leurs lances; et ils ont des boucliers ronds, jaunes et noirs avec de grandes pointes. Pas bon; de mauvais Hommes très cruels, ils ont l'air. Presque aussi mauvais que des Orques, et beaucoup plus grands. Sméagol pense qu'ils viennent du Sud au-delà du bout du Grand Fleuve : ils arrivaient par cette route. Ils sont passés, en direction de la Porte Noire; mais d'autres peuvent suivre. Toujours plus de gens qui arrivent en Mordor. Un jour, tous seront dedans.

– Y avait-il des oliphants? demanda Sam, oubliant sa crainte dans son avidité de nouvelles sur les endroits étranges.

– Non, pas d'oliphants. Qu'est-ce que c'est, les oliphants? dit Gollum.

Sam se leva, mettant ses mains derrière son dos (comme toujours quand il « disait de la poésie »), et se mit à déclamer :

« Gris comme une souris,
Grand comme une maison,
Le nez comme un serpent;
Je fais trembler la terre,
Quand je piétine dans l'herbe;
Les arbres craquent à mon passage.
Cornes dans la bouche,
Je marche vers le Sud,
Battant de mes grandes oreilles.
Au-delà de tout compte d'années,
Je marche lourdement, toujours, toujours.
Sans jamais me coucher sur la terre,
Pas même pour mourir.
Je suis l'oliphant,
Le plus grand de tous,
Enorme, vieux et haut.
Si jamais tu me rencontrais,
Plus tu ne m'oublierais.
Si tu me vois jamais.
Tu ne me croiras pas réel;
Mais je suis le vieil oliphant,
Et je ne me couche jamais.

– Ça, dit Sam en terminant sa récitation, c'est une poésie qu'on a dans la Comté. Une fantaisie, peut-être, mais peut-être pas. Nous avons toutefois nos récits aussi, et des nouvelles venues du Sud, vous savez. Dans l'ancien temps, les Hobbits voyageaient parfois. Non qu'il en revînt jamais beaucoup et que l'on crût tout ce qu'ils racontaient : *des nouvelles de Bree,* et non *sûr comme les dires de la Comté,* comme on dit. Mais j'ai entendu des récits sur les grandes gens de là-bas, dans les Pays du Soleil. Les Moricauds, qu'ils s'appellent dans nos histoires; et ils montent des oliphants quand ils se battent, à ce qu'on dit. Ils mettent des maisons et des tours sur le dos des oliphants et tout ça, et les oliphants se jettent des rochers et des arbres les uns aux autres. Alors, quand vous avez parlé d' « Hommes du Sud, tout en rouge et en or », j'ai dit « Y avait-il des oliphants? » Parce que s'il y en avait, j'irais jeter un coup d'œil, danger ou pas. Mais maintenant je ne suppose pas que je verrai jamais d'oliphant. Peut-être que cet animal n'existe pas. Il soupira.

– Non, pas d'oliphants, répéta Gollum, Sméagol n'en a pas entendu parler. Il ne veut pas les voir. Sméagol veut partir d'ici et se cacher en un endroit plus sûr. Sméagol veut que le maître s'en aille. Gentil maître, ne viendra-t-il pas avec Sméagol?

Frodon se leva. Il avait ri, malgré tous ses soucis, quand Sam avait sorti la vieille poésie de coin du feu qu'était *l'Oliphant,* et ce rire l'avait tiré de son hésitation. – Je voudrais bien qu'on ait un millier d'oliphants, avec Gandalf en tête, sur un oliphant blanc, dit-il. Nous pourrions peut-être alors nous frayer un chemin dans ce pays de malédiction. Mais nous n'en avons pas; nous n'avons que nos pauvres jambes fatiguées. Eh bien, Sméagol, le troisième changement de direction se révélera peut-être le meilleur. J'irai avec vous.

– Bon maître, sage maître, gentil maître! s'écria Gollum ravi, caressant les genoux de Frodon. Bon maître! Alors, reposez-vous, maintenant, gentils Hobbits, à l'ombre des pierres, tout contre les pierres! Reposez-vous et restez couchés en silence, jusqu'à ce que la Face Jaune s'en aille. Alors, nous partirons vivement comme des ombres, aux pas rapides et feutrés!

CHAPITRE IV

HERBES ET RAGOÛT DE LAPIN

Ils se reposèrent durant les quelques heures du jour restantes, se déplaçant pour suivre l'ombre à mesure que le soleil tournait, jusqu'à ce qu'enfin celle du bord ouest de leur combe s'allongeât et que l'obscurité emplît tout le creux. Ils mangèrent alors un peu et burent avec ménagement. Gollum ne mangea rien, mais il accepta de l'eau avec plaisir.

– On en aura d'autre bientôt, dit-il, se léchant les lèvres. De la bonne eau court dans des ruisseaux vers le Grand Fleuve, de la bonne eau dans les terres où nous allons. Sméagol y trouvera peut-être aussi de la nourriture. Il a très faim, oui, *gollum!* Il porta ses deux grandes mains plates à son ventre rétréci et une pâle lueur verte parut dans ses yeux.

Le crépuscule était sombre quand ils finirent par partir, se glissant par-dessus le bord de la combe et s'évanouissant comme des spectres dans le pays accidenté qui s'étendait aux environs de la route. La lune était maintenant à trois nuits de son plein, mais elle ne monta pas au-dessus de la montagne avant la minuit, et le début de la nuit fut très noir. Une seule lumière rouge brûlait très haut dans les Tours des Dents, mais autrement ne se voyait ou ne s'entendait aucun signe du guet sans cesse en éveil sur le Morannon.

Durant maints milles, il leur sembla que l'œil rouge les observait dans leur fuite trébuchante dans un pays rocailleux et dénudé. N'osant emprunter la route, ils la gardaient sur leur gauche, en suivant tant bien que mal la ligne à une petite distance. Enfin, alors que la nuit était déjà avancée et qu'ils n'avaient fait qu'une seule courte halte, l'œil se réduisit à un petit point de feu, puis disparut : ils avaient contourné le sombre épaulement nord des montagnes inférieures, et ils allaient en direction du sud.

Le cœur singulièrement allégé, ils se reposèrent de nouveau, mais pas longtemps. Ils n'allaient pas assez vite pour Gollum. A son estime, il y avait près de trente lieues du Morannon au carrefour au-dessus d'Osgiliath, et il espérait couvrir cette distance en quatre étapes. Ils reprirent donc bientôt leur course pénible jusqu'à ce que l'aube commençât de s'étendre lentement dans la vaste solitude grise. Ils avaient déjà parcouru presque huit lieues, et les Hobbits n'auraient guère pu aller plus loin, l'eussent-ils osé.

La lumière croissante leur révéla une terre déjà moins dénudée et délabrée. Les montagnes s'élevaient toujours menaçantes sur leur gauche, mais ils voyaient, toute proche, la route du sud, qui s'éloignait alors des racines noires des collines et des déclivités occidentales. Au-delà, il y avait des pentes couvertes d'arbres foncés semblables à de sombres nuages, mais tout autour d'eux s'étendait une brande rocailleuse, couverte de bruyère, de genêt, de plantain et d'autres buissons qu'ils ne connaissaient pas. Par-ci par-là, ils voyaient des bouquets de hauts pins. Le moral des Hobbits remonta un peu malgré leur fatigue : l'air, frais et odorant, leur rappelait les hautes terres du lointain Quartier du Nord. Il leur paraissait bon d'être en sursis, de marcher dans une région qui, n'étant que depuis quelques années sous la domination du Seigneur Ténébreux, n'avait pas encore entièrement dépéri. Mais ils n'oubliaient pas le danger où ils étaient, ni la Porte Noire encore trop proche, toute cachée qu'elle était derrière les sombres hauteurs. Ils cherchèrent du regard une cachette où se mettre à l'abri des yeux néfastes tant que durerait la lumière.

Le jour passa dans l'inquiétude. Etendus dans l'épaisseur des fougères, ils comptaient les lentes heures dans lesquelles ils voyaient peu de changement; car ils se trouvaient encore sous les ombres de l'Ephel Duath, et le soleil était voilé. Frodon dormit par moments, profondément et paisiblement, soit qu'il fît confiance à Gollum, soit qu'il fût trop fatigué pour se soucier de lui; mais Sam trouva difficile d'aller plus loin que la simple somnolence, même quand Gollum dormait manifestement à poings fermés, soufflant et se contractant dans ses rêves secrets. Peut-être la faim plus que la méfiance le tenait-elle éveillé : il commençait à soupirer après un bon et simple repas, après « quelque chose tout chaud sorti de la marmite ».

Ils se remirent en route dès que la terre se perdit dans un gris sans formes à l'approche de la nuit. Gollum les fit descendre au bout d'un moment vers la route du sud; et après, ils allèrent plus vite, bien que le danger fût plus grand. Leurs oreilles tendues guettaient le son de sabots ou de pieds devant ou derrière eux sur la route; mais la nuit passa sans qu'ils entendissent aucun écho de piétons ou de cavaliers.

La route, faite en un temps lointain, avait été nouvellement réparée sur une trentaine de milles sous le Morannon; mais dans la suite de sa course vers le sud, l'état sauvage l'emportait. On pouvait encore voir l'œuvre des Hommes d'autrefois dans la rectitude et la sûreté de son parcours et l'uniformité de son niveau : de temps à autre, elle coupait au travers des flancs des collines ou franchissait une rivière sur une large et belle arche de pierre durable; mais enfin tous les signes de maçonnerie disparurent, hormis de temps à autre un pilier brisé sortant des buissons du bord ou quelques vieux pavés cachés parmi les herbes et la mousse. La bruyère, des arbres et des fougères arborescentes envahissaient et surplombaient les talus ou s'étalaient à la surface. La route finissait par se réduire à un chemin de charroi peu usité; mais elle ne serpentait pas; elle conservait son trajet sûr et les menait par la voie la plus rapide.

Ils passèrent ainsi dans les marais septentrionaux de ce pays que les Hommes appelaient autrefois Ithilien, belle région de forêts et de torrents rapides. La nuit était devenue pure sous les étoiles et la lune ronde, et les Hobbits eurent l'impression que la fragrance de l'air augmentait à mesure qu'ils avançaient; à en juger par ses sifflements et ses marmottages, Gollum l'avait également remarqué, et il ne goûtait pas cela. Aux premiers signes du jour, ils firent halte de nouveau. Ils étaient parvenus à une longue tranchée, profonde, aux parois abruptes au milieu, par laquelle la route se taillait un passage dans une croupe rocailleuse. Ils gravirent alors le talus ouest pour regarder au loin.

Le jour s'étendait dans le ciel, et ils virent que les montagnes étaient à présent beaucoup plus distantes, se retirant vers l'est en une longue courbe qui se perdait dans le lointain. Devant eux, comme ils se tournaient vers l'ouest, des pentes douces descendaient dans des brumes légères très en contrebas. Tout autour se voyaient de petits bois d'arbres résineux, sapins, cèdres et cyprès, et d'autres espèces inconnues dans la Comté, séparés par de larges clairières; et partout il y avait une abondance d'herbes et de buissons odorants. Le long voyage depuis Fondcombe les avait amenés très au sud de leur propre pays, mais ce n'était qu'à présent, dans cette région plus abritée, que les Hobbits sentirent le changement de climat. Ici, le Printemps était déjà à l'œuvre : des frondes perçaient la mousse et l'humus, les mélèzes avaient des pousses vertes, des fleurettes s'ouvraient dans l'herbe, des oiseaux chantaient. Ithilien, le jardin du Gondor, maintenant désolé, conservait encore une beauté de dryade échevelée.

Au sud et à l'ouest, il donnait sur les chaudes vallées inférieures de l'Anduin, abritées de l'est par l'Ephel Duath, mais non encore sous l'ombre de la montagne, protégées du nord par l'Emyn Muil, ouvertes aux brises méridionales et aux vents humides de la Mer lointaine. De nombreux arbres poussaient là, plantés longtemps auparavant et ayant atteint un grand âge dépourvu de soins parmi un fouillis de descendants insouciants; les bosquets et halliers étaient là de tamaris, de térébinthes épineux, d'oliviers et de lauriers; il y avait aussi des genévriers et des myrtes; le thym y croissait en buissons ou ses tiges ligneuses et rampantes enveloppaient d'épaisses tapisseries les pierres cachées; des sauges de diverses sortes montraient des fleurs bleues, rouges ou vert pâle; on voyait encore de l'origan et du persil nouvellement germé, et de nombreuses herbes dont les formes et les senteurs étaient étrangères aux connaissances potagères de Sam. Les grottes et les murs rocheux étaient déjà étoilés de saxifrage et de joubarbe. Des primeroles et des anémones s'éveillaient dans les fourrés d'aveliniers; et l'asphodèle et les lis en grand nombre dodelinaient de leur tête à demi ouverte dans l'herbe : une herbe verte et épaisse à côté des mares où les ruisseaux dégoulinants suspendaient dans les creux frais leur course vers l'Anduin.

Tournant le dos à la route, les voyageurs descendirent la pente. Tandis qu'ils marchaient, balayant au passage les buissons et les herbes, de douces odeurs s'élevaient autour d'eux. Gollum toussait et avait des haut-le-cœur; mais les Hobbits respiraient profondément, et Sam rit soudain, de satisfaction, non d'une plaisanterie. Ils suivirent un ruisseau qui dévalait vivement devant eux, et qui les amena bientôt à un petit lac clair dans une combe profonde : il remplissait les ruines d'un ancien bassin de pierre, dont le bord sculpté était presque entièrement recouvert de mousses et d'églantines; des tiges d'iris s'y alignaient et des feuilles de nénuphars flottaient sur sa surface sombre et doucement ridée; mais l'eau était profonde et fraîche et elle se déversait constamment à l'autre bout par un bec de pierre.

Là, ils se lavèrent et burent tout leur content de l'eau qui tombait dans le bassin. Puis ils cherchèrent un endroit où se reposer, et se cacher, car ce pays, à l'aspect encore riant, n'en était pas moins maintenant territoire de l'Ennemi. Ils n'étaient pas encore très loin de la route, mais, même en un espace aussi restreint, ils avaient vu des cicatrices des anciennes guerres et les blessures plus récentes infligées par les Orques et d'autres odieux serviteurs du Seigneur Ténébreux : une fosse d'immondices et de détritus non recouverte; des arbres abattus sans motif et laissés là à mourir, avec de sinistres runes ou le funeste signe de l'œil taillés à coups grossiers dans l'écorce.

Sam, qui vagabondait à quatre pattes sous le déversoir du lac, sentant et touchant les plantes et les arbres inconnus et oublieux un moment du Mordor, reçut soudain un rappel du danger toujours présent. Il tomba sur un cercle encore roussi par le feu et, au milieu, il trouva un amas d'os et de crânes noircis et brisés. La végétation sauvage, rapide, tirait déjà sur ce lieu de massacre et d'horrible festin un voile de bruyère, d'églantines et de clématite rampante, mais les faits n'étaient pas anciens. Il se hâta de revenir auprès de ses compagnons, mais il ne dit rien de sa découverte : mieux valait laisser les os en paix et ne pas les livrer au tripotage et à la fouille de Gollum.

– Trouvons un endroit où nous installer, dit-il. Pas plus bas. Plus haut, pour moi.

Un peu au-dessus du lac, ils trouvèrent un profond lit brun de fougères de l'année précédente. Au-delà se trouvait un fourré de lauriers au feuillage sombre, qui grimpait le long d'un talus escarpé, couronné de vieux cèdres. Ils décidèrent de se reposer là et d'y passer la journée, qui promettait déjà d'être claire et chaude. Une bonne journée pour se promener en chemin dans les bocages et les éclaircies de l'Ithilien; mais, bien que les Orques puissent craindre la lumière du soleil, il y avait là trop d'endroits leur permettant de rester cachés et de guetter; et d'autres yeux néfastes étaient répandus dans la nature : Sauron avait de nombreux serviteurs. Gollum, en tout cas, ne voulait pas bouger sous la Face Jaune. Elle ne tarderait pas à paraître au-dessus des crêtes sombres de l'Ephel Duath, et il défaillirait, tremblant, dans la lumière et la chaleur.

Durant leur marche, Sam avait sérieusement réfléchi à la nourriture. Maintenant que l'accablement offert par la Porte infranchissable était passé, il ne se sentait pas aussi enclin que son maître à ne pas penser à leurs moyens d'existence après la fin de leur mission; et de toute façon, il lui paraissait plus sage d'épargner le pain de voyage des Elfes pour des temps pires à venir. Six jours ou plus s'étaient écoulés depuis qu'il avait calculé qu'ils avaient tout juste des provisions pour trois semaines.

– Ce sera de la veine si nous atteignons le Feu avant cela, au train où nous allons! pensait-il. Et on pourrait vouloir revenir. Ça se pourrait bien!

De plus, à la fin d'une longue nuit de marche et après s'être baigné et avoir bu, il ressentait une faim encore plus grande que d'ordinaire. Un souper ou un petit déjeuner au coin du feu dans la vieille cuisine du Chemin des Trous du Talus était ce qui lui manquait vraiment. Une idée lui vint, et il se tourna vers Gollum. Celui-ci, qui commençait à partir en catimini pour son propre compte, s'éloignait à quatre pattes parmi les fougères.

– Hé, Gollum! dit Sam. Où allez-vous? Chasser? Eh bien, dites donc, vieux fouineur, vous n'aimez pas notre nourriture, et un changement me dirait assez à moi aussi. Votre nouvelle devise est *toujours prêt à aider*. Ne pourriez-vous trouver quelque chose qui convienne à un Hobbit qui a faim?

– Oui, peut-être, oui, dit Gollum. Sméagol aide toujours, si on le demande – si on le demande gentiment.

– Bon! dit Sam. Je le demande. Et si ce n'est pas assez gentil, je vous en prie.

Gollum disparut. Il resta absent un certain temps; Frodon, après avoir pris quelques bouchées de *lembas*, s'installa au plus profond de la fougère brune et s'endormit. Sam le regardait. La première lueur du jour commençait seulement à pénétrer dans les ombres de sous les arbres, mais il voyait très clairement le visage de son maître, ainsi que ses mains, posées au repos sur le sol à côté de lui. Il se rappela soudain Frodon tel qu'il était étendu, endormi dans la maison d'Elrond, après sa redoutable blessure. Alors, tandis qu'il le veillait, Sam avait remarqué que par moments une lueur semblait briller faiblement à l'intérieur; mais à présent, la lumière était même plus claire et plus forte. Le visage de Frodon était paisible, les marques de la peur et du souci l'avaient quitté; mais il paraissait vieux, vieux et beau, comme si le ciselage des années formatrices était maintenant révélé en nombreuses petites rides jusqu'alors cachées, bien que l'identité du visage n'eût pas changé. Non que Gamegie se fût formulé la chose ainsi. Il hocha la tête, comme s'il trouvait les mots inutiles, et il murmura : « Je l'aime. Il est comme cela, et parfois la lumière transparaît d'une façon ou d'une autre. Mais je l'aime, qu'il en soit ainsi ou non. »

Gollum revint sans bruit et jeta un coup d'œil pardessus l'épaule de Sam. Regardant Frodon, il ferma les yeux et s'en fut en silence. Sam le rejoignit un moment après, et il le trouva en train de mâchonner quelque chose en se murmurant à lui-même. Sur le sol à côté de lui gisaient deux petits lapins, qu'il commençait à lorgner avec avidité.

– Sméagol aide toujours, dit-il. Il a rapporté des lapins, de bons lapins. Mais le maître s'est endormi, et peut-être Sam veut-il dormir. Il ne veut pas de lapins maintenant? Sméagol essaie d'aider, mais il ne peut pas attraper les choses toutes en une minute.

Sam, toutefois, n'avait aucune objection contre le lapin, et il le dit. Du moins comme le lapin cuit. Tous les Hobbits savent faire la cuisine, car ils commencent à apprendre cet art avant leur alphabet (que beaucoup n'apprennent jamais); mais Sam était bon cuisinier, même selon la norme hobbite, et il avait fait une bonne partie de la cuisine du camp au cours de leurs voyages, quand il y en avait la chance. Il portait toujours avec espoir une partie de son matériel dans son paquet : un petit briquet, deux petites casseroles peu profondes s'emboîtant l'une dans l'autre; à l'intérieur une cuiller de bois, une courte fourchette à deux dents et quelques brochettes; et, caché au fond du paquet dans une boîte de bois plate, un trésor qui se raréfiait : du sel. Mais il lui fallait du feu et aussi d'autres choses. Il réfléchit un moment, tout en sortant son couteau, qu'il nettoya et aiguisa; puis il se mit en devoir d'apprêter les lapins. Il n'allait pas laisser Frodon dormir seul même pour cinq minutes.

– Ah, Gollum, dit-il, j'ai une autre tâche pour vous. Allez donc remplir ces casseroles d'eau et rapportez-les moi!

– Sméagol ira chercher de l'eau, oui, dit Gollum. Mais pourquoi le Hobbit veut-il toute cette eau? Il a bu, il s'est lavé.

– Ne vous occupez pas de cela, dit Sam. Si vous ne pouvez pas le deviner, vous ne tarderez pas à le découvrir. Et plus vite vous irez chercher l'eau, plus vite vous l'apprendrez. N'allez pas abîmer une de mes casseroles, ou je vous réduis en chair à pâté.

Pendant l'absence de Gollum, Sam regarda de nouveau Frodon. Il dormait toujours tranquillement, mais Sam fut alors frappé surtout par la maigreur de son visage et de ses mains. « Trop mince et tiré qu'il est, murmura-t-il. Ça ne convient pas à un Hobbit. Si je peux faire cuire ces lapins, je vais le réveiller. »

Sam rassembla un tas de la fougère la plus sèche, puis grimpa le long du talus pour récolter un fagot de brindilles et de bois mort; une branche tombée d'un cèdre au sommet lui fournit un bon approvisionnement. Il coupa quelques blocs de tourbe au pied du talus juste au-delà de la fougeraie, creusa un trou peu profond et y mit son combustible. Habile à manier son silex et sa mèche, il obtint vite une petite flambée. Elle ne produisait que peu ou pas de fumée, mais répandait une senteur aromatique. Il se penchait juste sur son feu, l'abritant et le garnissant de bois plus lourd, quand Gollum revint, portant avec précaution les casseroles et grommelant.

Il posa les objets, puis vit soudain à quoi Sam était occupé. Il poussa un cri sifflant et parut pris en même temps d'effroi et de colère. – Ach! Sss – non! cria-t-il. Stupides Hobbits, fous, oui, fous! Ils ne doivent pas faire ça!

– Faire quoi? demanda Sam, surpris.

– Pas faire les vilaines langues rouges, siffla Gollum. Du feu, du feu! C'est dangereux, oui, c'est dangereux. Ça brûle, ça tue. Et ça amènera des ennemis, oui.

– Je ne pense pas, dit Sam. Je ne vois pas pourquoi ça le ferait, si on ne met rien d'humide dessus qui produirait une fumée épaisse. Mais si ça le faisait, ça le ferait. Je vais courir le risque, de toute façon. Je vais faire un ragoût de ces lapins.

– Cuire les lapins! s'écria Gollum, consterné. Abîmer la belle viande que Sméagol vous a gardée, le pauvre Sméagol affamé! Pour quoi faire? Pour quoi faire, stupide Hobbit? Ils sont jeunes, ils sont tendres, ils sont bons. Mangez-les, mangez-les! Il saisit le plus proche des lapins, déjà dépouillé et posé près du feu.

– Allons, allons! dit Sam. A chacun sa façon. Notre pain

vous étouffe, et le lapin cru m'étouffe, moi. Si vous m'en donnez un, il est à moi, vous comprenez, et je peux le cuire si j'en ai envie. Et je l'ai. Vous n'avez pas besoin de regarder. Allez en attraper un autre et mangez-le à votre fantaisie – dans un endroit écarté et hors de ma vue. Ainsi, vous ne verrez pas le feu, je ne vous verrai pas, et nous serons tous les deux contents. Je veillerai à ce que le feu ne fume pas, si cela peut vous réconforter.

Gollum se retira en grommelant et se perdit dans les fougères. Sam s'affaira sur ses casseroles. « Ce qu'il faut à un Hobbit avec le lapin, se dit-il, ce sont des herbes et des racines, surtout des patates – sans parler du pain. Les herbes, on peut en trouver, apparemment. »

– Gollum! appela-t-il doucement. La troisième fois rachète tout. J'ai besoin d'herbes. La tête de Gollum sortit des fougères, mais il n'avait l'air ni serviable ni amical. – Quelques feuilles de laurier, du thym et de la sauge feront l'affaire – avant que l'eau ne bouille, dit Sam.

– Non! répondit Gollum. Sméagol n'est pas content. Et Sméagol n'aime pas les feuilles malodorantes. Il ne mange pas d'herbes ou de racines, non mon trésor, pas tant qu'il n'est pas affamé ou très malade, pauvre Sméagol.

– S'il ne fait pas ce qu'on lui demande, Sméagol va aller dans de la vraie eau chaude, quand celle-ci va bouillir, gronda Sam. Sam lui fourrera la tête dedans, oui mon trésor. Et je lui ferais aussi chercher des navets et des carottes, et des patates aussi, si c'était la saison. Je parie qu'il y a des tas de bonnes choses qui poussent à l'état sauvage dans ce pays. Je paierais cher pour une demi-douzaine de patates.

– Sméagol n'ira pas, oh non mon trésor, pas cette fois-ci, siffla Gollum. Il a peur, et il est très fatigué, et ce Hobbit n'est pas gentil, pas gentil du tout. Qu'est-ce que des patates, mon trésor, hein, qu'est-ce que des patates?

– Des pom-mes-de-terre, dit Sam. Les délices de l'Ancien, et un rudement bon lest pour une panse vide. Mais vous n'en trouverez pas, alors ce n'est pas la peine de chercher. Mais soyez le bon Sméagol : allez chercher les herbes, et je penserai plus de bien de vous. Qui plus est, si vous changez de conduite et que vous vous y teniez, je vous ferai cuire des patates un de ces jours. Oui : du poisson frit et des frites servies par S. Gamegie. Vous ne pouvez pas refuser ça.

– Si, on peut. Abîmer du bon poisson en le roussissant. Donnez-moi du poisson *maintenant,* et gardez les ssales frites!

– Oh, vous êtes désespérant, dit Sam. Allez dormir!

Il dut finalement chercher lui-même ce qu'il lui fallait; mais il n'eut pas à aller loin, il ne fut pas obligé de perdre de vue l'endroit où se trouvait son maître, toujours endormi. Sam resta un moment assis à rêvasser, tout en s'occupant du feu jusqu'à ce que l'eau bouille. La lumière du jour crût, et l'air devint chaud; la rosée disparut du gazon et des feuilles. Bientôt les lapins découpés mijotèrent dans leurs casseroles avec les herbes en bouquet. Sam s'assoupit presque à mesure que le temps passait. Il les laissa mijoter près d'une demi-heure, les tâtant de temps à autre de la fourchette et goûtant la sauce.

Quand il jugea que tout était prêt, il retira les casseroles du feu et s'avança à pas de loup vers Frodon. Celui-ci ouvrit les yeux tandis que Sam se trouvait au-dessus de lui, puis il sortit de son rêve : encore un doux et irrécouvrable rêve de paix.

– Salut, Sam! dit-il. Tu ne te reposes pas? Y a-t-il quelque chose qui cloche? Quelle heure est-il?

– Environ deux heures après le lever du jour, dit Sam, et bien près de huit heures et demie aux pendules de la Comté, peut-être. Mais rien ne cloche. Bien que ça n'aille pas tout à fait comme je voudrais : pas de provisions, pas d'oignons, pas de patates. J'ai un peu de ragoût pour vous, et du brouet, Monsieur Frodon. Ça vous fera du bien. Il faudra le prendre dans votre gobelet; ou directement dans la casserole, quand il sera un peu refroidi. Je n'ai pas apporté de bols, ni rien de convenable.

Frodon bâilla et s'étira. – Tu aurais dû te reposer, Sam, dit-il. Et il était dangereux d'allumer du feu dans ces parages. Mais j'ai vraiment faim. Hmm! Le sens-je d'ici? Qu'as-tu fait cuire?

– Un cadeau de Sméagol, dit Sam : une couple de jeunes lapins; mais j'ai l'impression qu'il les regrette maintenant. Il n'y a toutefois rien d'autre pour aller avec que quelques herbes.

Sam et son maître s'assirent juste à l'intérieur de la fougeraie et mangèrent leur ragoût dans les casseroles, partageant la vieille fourchette et la vieille cuiller. Ils se permirent chacun un demi-morceau du pain de voyage des Elfes. Ce repas leur parut un festin.

– Hui-phu! Gollum! appela Sam, et il siffla doucement. Venez donc. Il est encore temps de changer d'avis. Il en reste, si vous voulez goûter du ragoût de lapin. Il n'y eut pas de réponse.

– Oh, bon! je suppose qu'il a dû aller à la recherche de quelque chose pour lui-même. On va finir ça, dit Sam.

– Et après, il te faudra dormir un peu, dit Frodon.

– Ne vous assoupissez pas pendant que je sommeillerai, Monsieur Frodon. Je ne suis pas trop sûr de lui. Il y a encore en lui une bonne dose du Puant – le mauvais Gollum, si vous me comprenez – et elle reprend du poil de la bête. Je ne sais pas s'il n'essaierait pas de m'étrangler le premier, à présent. On n'est pas d'accord, et il n'est pas content de Sam, oh non, mon trésor, pas content du tout.

Ils achevèrent le plat, et Sam s'en fut au ruisseau pour rincer son matériel. Comme il se levait pour revenir, il tourna la tête vers la pente. Il vit à ce moment le soleil se lever au-dessus de la fumée, de la brume ou de l'ombre noire, il ne savait trop, qui s'étendait toujours à l'est, et l'astre lança ses rais d'or sur les arbres et les éclaircies environnants. Il remarqua alors au-dessus une mince spirale de fumée gris-bleu, qui s'élevait d'un fourré, très visible dans la lumière du soleil. Il se rendit compte avec un choc que c'était celle de son petit feu qu'il avait négligé d'éteindre.

– Ça ne va pas, ça! Je n'aurais jamais cru que ça se verrait autant! murmura-t-il, et il se hâta de revenir. Soudain, il s'arrêta pour écouter. Avait-il entendu un sifflement ou pas? Ou était-ce le cri de quelque oiseau étrange? Si c'était un sifflement, il ne provenait pas de la direction de Frodon. Et le voilà qui repartait d'un autre endroit! Sam se mit à courir tant bien que mal dans la montée.

Il vit qu'un petit brandon, brûlant jusqu'à son extrémité extérieure, avait enflammé des fougères au bout du feu, et la fougère, s'étant embrasée, avait communiqué le feu à la tourbe qui se consumait sans flamme. Il piétina vivement ce qui restait du feu, dispersa les cendres et déposa la tourbe dans le trou. Puis il se glissa auprès de Frodon.

– Avez-vous entendu un sifflement et quelque chose qui semblait une réponse? demanda-t-il. Il y a quelques minutes. J'espère que ce n'était qu'un oiseau, mais ça ne sonnait pas tout à fait comme ça : on dirait quelqu'un qui imitait un cri d'oiseau, que je me suis dit. Et j'ai peur que mon petit bout de feu n'ait fumé. Si j'ai été créer des ennuis, je ne me le pardonnerai jamais. Je n'en aurai peut-être pas la chance, d'ailleurs!

– Chut! dit Frodon à voix basse. J'ai cru entendre des voix.

Les deux Hobbits lièrent leurs petits paquets, les mirent sur leur dos en prévision de la fuite, et s'enfoncèrent plus profondément dans la fougère. Ils se tapirent là, l'oreille tendue.

Il n'y avait aucun doute au sujet des voix. Elles parlaient bas et furtivement, mais elles n'étaient pas loin, et elles approchaient. Puis soudain, l'une parla clairement, tout près.

– Voici! Voici d'où venait la fumée! disait-elle. Ce ne doit pas être loin. Dans les fougères, sans doute. On va le prendre comme un lapin au piège. On apprendra alors quel genre d'être c'est.

– Oui, et ce qu'il sait! dit une seconde voix.

Aussitôt, quatre hommes s'avancèrent à grands pas dans la fougère de diverses directions. La fuite et la dissimulation n'étant plus possibles, Frodon et Sam bondirent sur leurs pieds et, se mettant dos à dos, ils dégainèrent leurs petites épées.

S'ils furent étonnés de ce qu'ils virent, leurs assaillants le furent encore davantage. Quatre Hommes de haute taille étaient là. Deux avaient à la main des lances à larges fers brillants. Deux avaient de grands arcs, presque aussi hauts qu'eux, et de grands carquois de longues flèches empennées de vert. Tous portaient des épées au côté et étaient vêtus de vert et de brun de divers tons, comme pour mieux marcher sans être vus dans les clairières d'Ithilien. Des gants verts couvraient leurs mains, et leurs visages étaient encapuchonnés et masqués de vert, sauf pour les yeux, qu'ils avaient vifs et brillants. Frodon pensa aussitôt à Boromir, car ces hommes lui ressemblaient en stature et en maintien, comme aussi dans leur manière de parler.

– Nous n'avons pas trouvé ce que nous cherchions, dit l'un. Mais qu'avons-nous trouvé?

– Pas des Orques, dit un autre, lâchant la garde de son épée qu'il avait saisie en voyant l'étincellement de Dard à la main de Frodon.

– Des Elfes? dit un troisième, d'un ton dubitatif.

– Non! pas des Elfes, dit le quatrième, le plus grand et apparemment le chef. Les Elfes ne se promènent pas dans l'Ithilien de nos jours. Et les Elfes sont merveilleusement beaux, du moins c'est ce qu'on dit.

– Ce qui signifie que nous ne le sommes pas, si je comprends bien, dit Sam. Merci bien. Et quand vous aurez fini de discuter à notre sujet, peut-être nous direz-vous qui *vous* êtes et pourquoi vous ne pouvez pas laisser deux voyageurs fatigués se reposer.

L'homme vert de haute taille eut un rire menaçant. – Je suis Faramir, Capitaine de Gondor, dit-il. Mais il n'y a pas de voyageurs dans cette région : seulement les serviteurs de la Tour Sombre ou de la Blanche.

– Mais nous ne sommes ni l'un ni l'autre, dit Frodon. Et voyageurs, nous le sommes, quoi qu'en puisse dire le Capitaine Faramir.

– Alors, dépêchez-vous de vous faire connaître, vous et votre but, dit Faramir. Nous avons une tâche à accomplir, et ce n'est ni le moment ni le lieu de parler par énigmes ou de parlementer. Allons! Où est le troisième de votre groupe?

– Le troisième?

– Oui, le fouineur que nous avons vu le nez dans le bassin là-bas. Il ne payait pas de mine. Quelque espèce d'Orque espion, je suppose, ou une créature à eux. Mais il s'est esquivé par quelque ruse de renard.

– Je ne sais pas où il est, dit Frodon. Ce n'est qu'un compagnon de hasard, rencontré sur notre route, et je ne suis pas responsable de lui. Si vous le voyez, épargnez-le. Amenez-le ou envoyez-le-nous. Ce n'est qu'une malheureuse créature vagabonde, mais je l'ai à ma charge pour quelque temps. Quant à nous, nous sommes des Hobbits de la Comté, loin dans le Nord et dans l'Ouest, au-delà de maintes rivières. Je m'appelle Frodon fils de Drogon, et avec moi se trouve Samsagace fils de Hamfast, un digne Hobbit que j'ai à mon service. Nous sommes venus par de longs chemins – de Fondcombe, ou Imladris comme d'aucuns l'appellent. (Faramir tressaillit à ce nom et devint très attentif.) Nous avions sept compagnons : nous en perdîmes un à la Moria; les autres, nous les avons laissés à Parth Galen au-dessus du Rauros : deux de ma race; il y avait aussi un Nain, un Elfe et deux Hommes. C'étaient Aragorn, et Boromir, qui a dit qu'il venait de Minas Tirith, une ville du Sud.

– Boromir! s'écrièrent les quatre hommes.

– Boromir fils du Seigneur Denethor? demanda Faramir, et une expression étrange et sévère parut sur son visage. Vous êtes venus avec lui? Voilà une nouvelle assurément, si c'était vrai. Sachez, petits étrangers, que Boromir fils de Denethor était Grand Gardien de la Tour Blanche et notre Capitaine Général : il nous manque cruellement. Qui êtes-vous donc, et qu'avez-vous à faire avec lui? Dites vite, car le Soleil monte!

– Connaissez-vous les mots énigmatiques que Boromir apporta à Fondcombe? répondit Frodon.

« *Cherchez l'Epée qui fut Brisée,*
A Imladris, elle demeure. »

– Ces mots sont connus, certes, dit Faramir, étonné. C'est un signe de votre véracité que vous les connaissiez aussi.

– Aragorn, que j'ai nommé, est le porteur de l'Epée qui fut Brisée, dit Frodon. Et nous sommes les Semi-Hommes dont parlait le poème.

– Cela, je le vois, dit Faramir d'un ton pensif; ou je vois qu'il en pourrait être ainsi. Et quel est le Fléau d'Isildur?

– Cela est caché, répondit Frodon. Ce sera sans doute dévoilé en temps utile.

– Nous devons en apprendre plus long, dit Faramir, et savoir ce qui vous amène si loin à l'est, sous l'ombre de... (il tendit le doigt sans prononcer de nom). Mais pas maintenant. Nous avons à faire. Vous êtes en danger, et vous n'auriez pas été loin par la route ou à travers champs aujourd'hui. Il y aura de durs coups tout près avant la fin du jour. Puis la mort, ou un retour par une fuite rapide à l'Anduin. Je vais laisser deux hommes pour vous garder, pour votre bien et pour le mien. Un sage ne se fie pas à une rencontre par hasard dans ce pays. Si je reviens, je m'entretiendrai davantage avec vous.

– Adieu! dit Frodon, s'inclinant très bas. Pensez ce que vous voulez, je suis un ami de tous les ennemis de l'Ennemi Unique. Nous irions avec vous si nous, Semi-Hommes, pouvions espérer vous être utiles, à vous qui paraissez être des hommes si vaillants et si forts, et si ma mission me le permettait. Que la lumière brille sur vos épées!

– Les semi-Hommes sont gens courtois, quoi qu'ils puissent être d'autre, dit Faramir. Adieu!

Les Hobbits se rassirent, mais ils ne se dirent rien l'un à l'autre de leurs pensées et de leurs doutes. Deux hommes restaient de garde tout à côté, juste dans l'ombre tachetée des sombres lauriers. Ils retiraient de temps à autre leurs masques pour se rafraîchir, la chaleur de la journée croissant, et Frodon vit que c'étaient de beaux hommes, à la peau pâle et aux cheveux sombres, avec des yeux gris et un visage triste et fier. Ils se parlaient d'une voix douce, usant au début du Langage Commun, mais à la façon d'autrefois, puis passant à une autre langue qui leur était particulière. A sa stupéfaction, Frodon s'aperçut en les écoutant que c'était de l'elfique ou un idiome approchant, et il les regarda avec étonnement, car il savait que ce devaient être des Dunedains, hommes de la lignée des Seigneurs de l'Ouistrenesse.

Après un moment, il leur parla; mais ils se montrèrent lents et prudents dans leurs réponses. Ils se nommaient Mablung et Damrod, soldats de Gondor, et ils étaient des Rôdeurs de L'Ithilien; car ils descendaient de gens qui y vivaient autrefois, avant l'invasion. Le seigneur Denethor choisissait parmi ces hommes les fourrageurs qui traversaient secrètement l'Anduin (ils ne voulurent pas dire où ni comment) pour harceler les Orques et autres ennemis qui rôdaient entre l'Ephel Duath et le Fleuve.

– Il y a près de dix lieues d'ici à la rive orientale de l'Anduin, dit Mablung, et nous venons rarement aussi loin en expédition. Mais nous avons une nouvelle mission, cette fois-ci : nous venons tendre une embûche aux Hommes de Harad. Maudits soient-ils!

– Oui, maudits soient les Suderons! dit Damrod. On raconte qu'il y eut dans le temps des tractations entre le Gondor et les royaumes de Harad dans le Grand Sud; mais il n'y a jamais eu d'amitié. A cette époque-là, nos limites se trouvaient dans le sud au-delà des bouches de l'Anduin, et Umbar, le plus proche de leurs royaumes, reconnaissait notre influence. Mais c'était il y a longtemps. Bien des vies d'Hommes se sont écoulées depuis qu'il n'y a plus d'échanges entre nous. Et nous avons appris récemment que l'Ennemi a été parmi eux et qu'ils ont passé ou sont retournés à Lui – ils étaient toujours soumis à Sa volonté – comme tant d'autres aussi dans l'Est. Je ne doute pas que les jours du Gondor ne soient comptés et que les murs de Minas Tirith ne soient condamnés, tant Sa force et Sa malice sont grandes.

– Mais nous ne restons toutefois pas inactifs, Le laissant tout faire à Sa guise, dit Mablung. Ces maudits Suderons sont maintenant en marche sur les anciennes routes pour grossir les armées de la Tour Sombre. Oui, ces routes mêmes que créa l'art de Gondor. Et ils vont avec toujours plus d'insouciance, apprenons-nous, car ils pensent la puissance de leur nouveau maître assez grande pour que la seule ombre de Ses collines les protège. Nous venons leur enseigner une autre leçon. On nous a signalé il y a quelques jours qu'une grande force marchait vers le nord. Un de leurs régiments doit, d'après nos calculs, venir par ici un peu avant midi – sur la route d'en haut, là où elle passe par la percée. La route passe peut-être, mais eux ne passeront pas! Pas tant que Faramir sera Capitaine. Il mène maintenant toutes les entreprises périlleuses. Mais sa vie est sous un charme ou le destin l'épargne à quelque autre fin.

Leur conversation s'éteignit pour faire place à un silence attentif. Tout semblait immobile et vigilant. Sam, tapi au bord de la fougeraie, jeta un coup d'œil au-dehors. De ses yeux perçants de Hobbit, il vit la présence de nombreux autres Hommes. Il les voyait monter furtivement les pentes, isolément ou en longues files, se tenant toujours dans l'ombre des bosquets ou des fourrés, ou rampant, à peine visibles avec leur habillement brun et vert, à travers l'herbe et les broussailles. Tous étaient encapuchonnés et masqués, et portaient des gants, et ils étaient armés comme Faramir et ses compagnons. Ils furent bientôt tous passés et disparus. Le soleil s'éleva jusqu'à être près du Sud. Les ombres rétrécirent.

« Je me demande où est ce sacré Gollum, pensa Sam en revenant à quatre pattes vers une ombre plus profonde. Il a une bonne chance d'être embroché comme Orque ou d'être rôti par la Face Jaune. Mais j'ai idée qu'il veillera sur lui-même. » Il s'étendit près de Frodon et commença à somnoler.

Il se réveilla, croyant avoir entendu sonner les cors. Il se mit sur son séant. C'était le plein midi. Les gardes se tenaient vigilants et tendus dans l'ombre des arbres. Soudain, les cors sonnèrent plus forts et, sans aucun doute possible, d'en haut, par-dessus le sommet de la pente. Sam crut entendre des cris et aussi des clameurs sauvages, mais le son était faible, comme venu de quelques caverne éloignée. Puis, bientôt, un bruit de combat éclata tout près, juste au-dessus de leur cachette. Il entendait clairement le crissement tintant de l'acier contre l'acier, le choc métallique des épées sur les casques de fer, le battement mat des lames sur les boucliers; des hommes beuglaient et hurlaient, et une voix claire et forte criait *Gondor! Gondor!*

– On dirait une centaine de forgerons en train de forger tous ensemble, dit Sam à Frodon. Je n'ai aucune envie qu'ils viennent plus près maintenant.

Mais le bruit se rapprocha. – Ils viennent! s'écria Damrod. Voyez! Certains des Suderons se sont échappés du piège et s'enfuient de la route. Les voilà! Nos hommes les pourchassent, le Capitaine en tête.

Sam, avide d'en voir davantage, alla alors rejoindre les gardes. Il grimpa un peu jusqu'à l'un des plus gros lauriers. Il eut un moment la vision d'hommes basanés, vêtus de rouge, qui descendaient la pente en courant à quelque distance, et de guerriers en vert qui bondissaient après eux et les abattaient dans leur fuite. Des flèches volaient dru. Puis, soudain, un homme tomba juste au-dessus du bord de leur talus protecteur, et il déboula, fracassant les frêles arbustes, presque jusque sur eux. Sa course s'arrêta dans les fougères à quelques pieds; il resta face contre terre, des plumes de flèches vertes saillant de son cou sous un col doré. Ses vêtements écarlates étaient en lambeaux, son corselet de plaques d'airain imbriquées était arraché et tailladé, ses cheveux noirs tressés d'or étaient trempés de sang. Sa main brune étreignait encore la garde d'une épée brisée.

Ce fut la première vision que Sam eut de la bataille des Hommes contre les Hommes, et elle ne lui plut guère. Il fut heureux de ne pas voir le visage mort. Il se demanda comment s'appelait l'homme et d'où il venait; s'il avait vraiment le cœur mauvais ou quelles menaces ou mensonges l'avaient entraîné dans la longue marche hors de son pays; et s'il n'aurait pas vraiment préféré y rester en paix – tout cela en un éclair de pensée qui fut vite chassé de son esprit. Car, au moment où Mablung s'avançait vers le corps, un nouveau bruit retentit. De grands cris et clameurs. Au milieu, Sam entendit un rugissement ou un barrissement aigu. Et puis de grands chocs sourds, comme d'énormes béliers retentissant sur le sol.

– Gare! Gare! cria Damrod à son compagnon. Puisse le Valar le détourner! Mûmak! Mûmak!

Ebahi et terrifié, mais pour sa joie durable, Sam vit une vaste forme sortir des arbres fracassés et se précipiter sur la pente. Elle lui parut grande comme une maison, bien plus grande qu'une maison : une colline grise en mouvement. La peur et l'étonnement la magnifiaient peut-être aux yeux du Hobbit, mais le Mûmak de Harad était en vérité une bête de vaste volume, et il ne s'en promène plus de semblable à présent en Terre du Milieu; ceux de son espèce qui vivent encore de nos jours n'offrent plus qu'un souvenir de sa corpulence et de sa majesté. Il avança droit sur les guetteurs, et puis il se détourna au dernier moment pour passer seulement à quelques mètres, faisant trembler la terre sous leurs pieds : ses grandes pattes étaient semblables à des arbres, ses oreilles énormes étaient étendues comme des voiles, son long mufle était levé comme un serpent sur le point de foncer, ses petits yeux rouges étaient emplis de fureur. Des cercles d'or ceignaient ses défenses en forme de cornes relevées, dégouttantes de sang. Son caparaçon d'écarlate et d'or voltigeait autour de lui en lambeaux désordonnés. Il portait sur son dos bondissant des ruines qui paraissaient celles d'une tour de guerre, fracassée dans sa furieuse traversée des bois; et, haut sur son cou, s'accrochait encore désespérément une minuscule forme – le corps d'un puissant guerrier, un géant parmi les Moricauds.

La grande bête aveuglée de colère poursuivit sa route dans un bruit de tonnerre à travers l'eau et les fourrés. Les flèches sautaient et se brisaient sans faire aucun mal sur le triple cuir de ses flancs. Les hommes des deux côtés fuyaient devant elle, mais elle en rattrapait de nombreux, qu'elle écrasait au sol. Elle fut bientôt hors de vue, barrissant et piétinant toujours dans le lointain. Sam ne sut jamais ce qu'elle était devenue : s'était-elle échappée pour parcourir pendant quelque temps les terres sauvages jusqu'à sa mort loin de chez elle ou une prise au piège de quelque fosse profonde, ou avait-elle poursuivi sa furie jusqu'à plonger dans le Grand Fleuve et y être engloutie?

Sam respira profondément. – C'était un Oliphant! dit-il. Il y a donc des Oliphants, et j'en ai vu un. Quelle vie! Mais personne au pays ne me croira jamais. Enfin, si c'est terminé, je vais faire un petit somme.

– Dormez pendant que vous le pouvez, dit Mablung. Mais le Capitaine va revenir, s'il est sain et sauf; et quand il arrivera, nous partirons rapidement. Nous serons poursuivis aussitôt que la nouvelle de notre action parviendra à l'Ennemi, et ce ne sera pas long.

– Partez sans bruit quand il le faudra! dit Sam. Inutile

de me déranger dans mon sommeil. J'ai déjà marché toute la nuit.

Mablung rit. – Je ne pense pas que le Capitaine vous laisse ici, Maître Samsagace, dit-il. Mais vous verrez bien.

CHAPITRE V

LA FENÊTRE SUR L'OUEST

Sam avait l'impression de n'avoir somnolé qu'une douzaine de minutes quand, au réveil, il s'aperçut que c'était la fin de l'après-midi et que Faramir était revenu. Il avait ramené avec lui un grand nombre d'hommes; en fait, tous les survivants de l'incursion, c'est-à-dire deux ou trois cents, étaient à présent rassemblés sur la pente voisine. Ils étaient assis en un large demi-cercle, entre les branches duquel se trouvait Faramir, tandis que Frodon se tenait debout devant lui. Cela ressemblait étrangement au jugement d'un prisonnier.

Sam se glissa hors des fougères, et il se plaça au bout des rangs, d'où il pouvait voir et entendre tout ce qui se passait. Il regardait et écoutait avec vigilance, prêt à se ruer au secours de son maître en cas de besoin. Il voyait le visage de Faramir, à présent démasqué : il était sévère et imposant; une intelligence aiguë paraissait dans son regard scrutateur. Le doute était dans ses yeux gris, fixés sur Frodon.

Sam se rendit compte que le Capitaine n'était pas satisfait des explications de Frodon sur plusieurs points : son rôle dans la Compagnie qui était partie de Fondcombe; les raisons de sa séparation d'avec Boromir; le but de son voyage actuel. Il revenait souvent, en particulier, sur le Fléau d'Isildur. Il voyait clairement que Frodon lui cachait quelque chose d'une grande importance.

– Mais c'était à la venue du Semi-Homme que le Fléau

d'Isildur devait s'éveiller; en tout cas, c'est ce qui ressort des paroles, dit-il avec insistance. Si donc vous êtes le Semi-Homme, vous avez sans nul doute apporté cette chose, quelle qu'elle soit, au Conseil dont vous parlez, et Boromir l'a alors vue. Le niez-vous?

Frodon ne répondit rien. – Bien! dit Faramir. Je désire donc en apprendre plus long de vous là-dessus; car ce qui intéresse Boromir m'intéresse. Isildur fut tué par une flèche d'Orque, à ce que disent les histoires de jadis. Mais les flèches d'Orques ne manquent pas, et Boromir de Gondor n'en prendrait pas la vue pour un signe du Destin. Aviez-vous cet objet en garde? Il est caché, dites-vous; mais n'est-ce pas parce que vous avez choisi de le cacher?

– Non, pas parce que je choisis, répondit Frodon. Il ne m'appartient pas. Il n'appartient à aucun mortel, grand ou petit; encore que, si quelqu'un pouvait le revendiquer, ce serait Aragorn fils d'Arathorn, que j'ai nommé, et qui fut le chef de notre Compagnie de la Moria au Rauros.

– Pourquoi lui, et non Boromir, prince de la Cité que fondèrent les fils d'Elendil?

– Parce qu'Aragorn descend en ligne directe par les mâles du fils d'Isildur Elendil lui-même. Et l'épée qu'il porte fut celle d'Elendil.

Un murmure d'étonnement parcourut le cercle des hommes. Certains crièrent à voix haute : – L'épée d'Elendil! L'épée d'Elendil vient à Minas Tirith! Grande nouvelle! Mais le visage de Faramir resta impassible.

– Peut-être, dit-il. Mais une aussi grande revendication exige d'être établie, et des preuves claires seront exigées, si cet Aragorn vient jamais à Minas Tirith. Il n'était pas venu, non plus que quiconque de votre Compagnie, lors de mon départ, il y a six jours.

– Boromir était convaincu du bien-fondé de ses titres, dit Frodon. En vérité, s'il était ici, il répondrait à toutes vos questions. Et puisqu'il était déjà au Rauros il y a maints jours et qu'il avait pour intention d'aller droit à votre cité, si vous y retournez, vous y apprendrez peut-être bientôt les réponses. Mon rôle dans la Compagnie lui était connu, comme à tous les autres, car j'en fus chargé par Elrond d'Imladris lui-même devant tout le Conseil. Je suis venu dans ce pays pour cette mission, mais il ne m'appartient pas de la révéler à quiconque d'extérieur à la Compagnie. Cependant, ceux qui prétendent s'opposer à l'Ennemi feront bien de ne pas l'entraver.

Le ton de Frodon était fier, quels que fussent ses sentiments, et Sam l'approuva; mais il n'apaisa pas Faramir.

– Bien! dit-il. Vous me priez de me mêler de mes propres affaires, de rentrer et de vous laisser aller. Boromir dira tout, quand il viendra. Quand il viendra, dites-vous! Etiez-vous de ses amis?

Le souvenir de l'agression de Boromir se présenta vivement à l'esprit de Frodon, et il hésita un moment. Les yeux de Faramir, qui l'observait, se durcirent. – Boromir était un vaillant membre de notre Compagnie, finit par dire Frodon. Oui, j'étais son ami, pour ma part.

Faramir eut un sourire sardonique. – Vous serez donc attristé d'apprendre la mort de Boromir?

– J'en serais certes affligé, dit Frodon. Puis, apercevant l'expression des yeux de Faramir, il se troubla. – Voulez-vous dire qu'il *est* mort et que vous le saviez? Vous avez voulu me piéger dans mes paroles, vous jouer de moi? Ou essayez-vous maintenant de m'attraper grâce à un mensonge?

– Je n'attraperais pas même un Orque grâce à un mensonge! dit Faramir.

– Comment, alors, est-il mort, et comment êtes-vous au courant? Puisque vous dites qu'aucun membre de la Compagnie n'avait atteint la cité avant votre départ?

– Quant aux circonstances de sa mort, j'avais espéré que son ami et compagnon me les apprendrait.

– Mais il était vivant et fort, quand nous nous sommes séparés. Et il vit toujours pour autant que je sache. Quoiqu'il y ait assurément beaucoup de danger dans le monde.

– Beaucoup, certes, dit Faramir, et la traîtrise n'est pas le moindre.

L'impatience et la colère de Sam avaient grandi au fur et à mesure de la conversation. Il ne put supporter les derniers mots, et, bondissant au milieu du cercle, il alla se placer à côté de son maître.

– Sauf votre respect, Monsieur Frodon, dit-il, tout ceci

a assez duré. Il n'a pas le droit de vous parler comme ça. Après tout ce que vous avez enduré, autant pour son bien et pour celui de ces grands Hommes que pour quiconque!

– Faudrait voir, Capitaine! Il se planta carrément devant Faramir, les mains sur les hanches et, dans le visage, l'expression qu'il aurait eue pour apostropher un jeune Hobbit qui aurait fait preuve de ce qu'il appelait du « culot » à propos de questions sur certaines visites au verger. Il y eut des murmures, mais aussi des rictus sur les visages des hommes qui observaient : la vue de leur Capitaine assis sur le sol, les yeux dans les yeux d'un jeune Hobbit debout devant lui, les jambes bien écartées et tout hérissé de colère, dépassait leur expérience.

– Dites donc? repartit Sam. A quoi voulez-vous en venir? Venons-en au sujet avant que tous les Orques de Mordor ne nous tombent dessus! Si vous croyez que mon maître a assassiné ce Boromir et puis s'est enfui, vous n'avez aucun sens commun; mais dites-le et finissez-en! Et puis faites-nous savoir vos intentions là-dessus. Mais il est bien dommage que des gens qui parlent de combattre l'Ennemi ne puissent laisser les autres faire leur part à leur façon sans se mettre en travers. Il serait rudement content, s'il vous voyait en ce moment. Il penserait avoir un nouvel ami, pour sûr.

– Patience! dit Faramir, mais sans colère. Ne parlez pas devant votre maître, qui est plus intelligent que vous. Et je n'ai aucun besoin que l'on m'apprenne le péril qui nous menace. Même ainsi, je m'accorde un bref moment pour juger justement en une affaire difficile. Si j'étais aussi irréfléchi que vous, j'aurais pu vous tuer depuis longtemps. Car j'ai mission de tuer tous ceux que je trouve dans ce pays sans l'autorisation du Seigneur de Gondor. Mais je n'abats ni homme ni bête sans nécessité, et je ne le fais pas de gaieté de cœur quand je le dois. Et je ne parle pas en vain. Rassurez-vous donc. Asseyez-vous près de votre maître, et gardez le silence!

Sam s'assit lourdement, la figure empourprée. Faramir se tourna de nouveau vers Frodon. – Vous m'avez demandé comment je savais que le fils de Denethor était mort. Les nouvelles de mort ont bien des ailes. *Souvent la nuit apporte des nouvelles aux proches,* dit-on. Boromir était mon frère.

Une ombre de tristesse passa sur son visage. – Avez-vous souvenir de quelque chose de particulier que le Seigneur Boromir portait dans son équipement?

Frodon réfléchit un moment, craignant quelque nouveau piège et se demandant comment ce débat se terminerait en fin de compte. Il avait sauvé de justesse l'Anneau de la fière poigne de Boromir, et il ne savait pas comment il se débrouillerait parmi tant d'hommes, guerroyeurs et forts. Il sentait cependant au fond de lui-même que Faramir, quoique d'apparence semblable à son frère, avait moins d'amour-propre, qu'il était en même temps plus rigide et plus sage. – Je me rappelle que Boromir portait un cor, dit-il enfin.

– Vos souvenirs sont exacts et sont ceux de quelqu'un qui l'a réellement vu, dit Faramir. Peut-être alors reverrez-vous le cor en pensée : un grand cor fait d'une corne de bœuf sauvage de l'Est, montée en argent et gravée de caractères anciens. Ce cor, l'aîné de notre maison l'a porté pendant des générations; et il est dit que, sonné en cas de besoin n'importe où dans les limites du Gondor, tel que le royaume était jadis, il sera répondu à sa voix.

– Cinq jours avant mon départ pour cette entreprise risquée, il y a onze jours vers l'heure où nous sommes, j'ai entendu la sonnerie de ce cor; elle semblait venir du nord, mais sourde, comme si ce ne fût qu'un écho de la pensée. Nous la prîmes pour un présage de malheur, mon père et moi, car nous n'avions eu aucune nouvelle de Boromir depuis son départ, et aucun guetteur de nos frontières ne l'avait vu passer. Et la troisième nuit après cela, m'arriva une autre chose, plus étrange.

« Assis la nuit près des eaux de l'Anduin, dans l'obscurité grise sous la jeune et pâle lune, je contemplais le cours éternel du fleuve; et les tristes roseaux bruissaient. C'est ainsi que nous observons toujours les rives près d'Osgiliath, que nos ennemis tiennent maintenant en partie et d'où ils partent pour harceler notre territoire. Mais cette nuit-là, tout le monde dormait à la minuit. Alors, je vis, ou il me sembla voir, une embarcation qui flottait sur l'eau, d'un gris légèrement lumineux, une petite embarcation d'une étrange façon avec une haute proue, et il n'y avait personne pour ramer ou pour la guider.

« Une crainte mystérieuse me saisit, car elle était environnée d'une pâle lumière. Mais je me levai, me dirigeai vers la rive et entrai dans le fleuve, car j'étais attiré vers la nacelle. Elle se tourna alors vers moi, suspendit sa course et flotta lentement à portée de ma main; mais je n'osai pas y toucher. Elle enfonçait profondément dans l'eau, comme lourdement chargée, et il me sembla, comme elle passait sous mes yeux, qu'elle était presque entièrement remplie d'une eau claire, d'où provenait la lumière; et, clapotant dedans, dormait un guerrier.

« Une épée brisée était sur ses genoux. Je vis qu'il portait maintes blessures. C'était Boromir, mon frère, mort. Une seule chose manquait à ma vue : son cor, et il y avait une seule chose que je ne connaissais pas : à sa taille, une belle ceinture, faite comme de feuilles d'or rattachées. *Boromir!* criai-je. *Où est ton cor? Où vas-tu? O Boromir!* Mais il était parti. L'embarcation retourna dans le fleuve et passa lumineuse, dans la nuit. C'était comme un rêve et n'en était pourtant pas un, car il n'y eut pas de réveil. Et je ne doute pas qu'il soit mort et qu'il ait passé le long du Fleuve jusqu'à la Mer.

– Hélas! dit Frodon. C'était bien Boromir tel que je l'ai connu. Car la ceinture d'or lui fut donnée en Lothlorien par la Dame Galadriel. Ce fut elle qui le vêtit comme vous nous voyez, en gris elfique. Cette broche est du même travail. Il toucha la feuille vert et argent qui attachait son manteau sous sa gorge.

Faramir l'examina de près. – Elle est très belle, dit-il. Oui, c'est une œuvre du même travail. Ainsi, vous êtes passé par le Pays de Lorien? On l'appelait Laurelindorenan au temps jadis, mais il y a longtemps que les Hommes n'en ont plus connaissance, ajouta-t-il doucement, regardant Frodon avec un étonnement renouvelé. Je commence à comprendre une bonne partie de ce qui me paraissait étrange en vous. Ne voulez-vous pas en dire davantage? Car la pensée de la mort de Boromir en vue de sa terre natale est amère.

– Je ne puis en dire plus que ce que j'ai dit, répondit Frodon. Encore que votre récit m'emplisse de mauvais pressentiments. C'est une vision que vous avez eue, je pense, et rien de plus, quelque ombre d'une mauvaise fortune passée ou à venir. A moins que ce ne soit, en vérité, une supercherie de l'Ennemi. J'ai vu les visages de beaux guerriers de jadis gisant endormis sous les eaux des Marais des Morts, ou qui le paraissaient grâce à ses perfides artifices.

– Non, il n'en était pas ainsi, dit Faramir. Car ses œuvres emplissent le cœur de répugnance; mais le mien n'éprouvait que chagrin et compassion.

– Et pourtant, comment pareille chose aurait-elle pu se produire en réalité? demanda Frodon. Car nulle embarcation n'aurait pu être portée par-dessus les collines pierreuses depuis Tol Brandir; et Boromir se proposait de rentrer en traversant l'Entalluve et les champs de Rohan. Et comment aucun bateau pourrait-il chevaucher l'écume des grandes chutes sans sombrer dans les trous bouillonnants, quoique lesté d'eau? »

– Je n'en sais rien, dit Faramir. Mais d'où venait l'embarcation?

– De la Lorien, dit Frodon. C'est dans trois nacelles semblables que nous avons descendu l'Anduin jusqu'aux Chutes. Elles aussi étaient de fabrication elfique.

– Vous êtes passés par la Terre Cachée, dit Faramir, mais il semble que vous n'en ayez guère compris le pouvoir. Si les Hommes ont des rapports avec la Maîtresse de la Magie qui réside dans la Forêt d'Or, ils doivent s'attendre à voir d'étranges choses par la suite. Car il est dangereux pour un mortel de sortir du monde de ce Soleil, et peu de ceux de l'ancien temps en sont revenus inchangés, à ce qu'on dit.

– *Boromir, ô Boromir!* s'écria-t-il. *Que t'a-t-elle dit, la Dame qui ne meurt point? Que s'éveilla-t-il alors dans ton cœur? Pourquoi allas-tu jamais en Laurelindorenan et ne vins-tu pas par notre propre route, sur les chevaux de Rohan rentrant au matin?*

Puis, se retournant vers Frodon, il parla de nouveau d'une voix calme. – A ces questions, je pense que vous pourriez donner quelque réponse, Frodon fils de Drogon. Mais pas ici et maintenant, peut-être. Afin, toutefois, que vous ne continuiez pas à considérer mon histoire comme une vision, je vous dirai ceci : le cor de Boromir au moins est revenu en réalité et non en apparence. Le cor est revenu, mais fendu en deux, comme par un coup de hache ou d'épée. Les morceaux arrivèrent séparément à la rive : l'un fut découvert parmi les roseaux où se trouvaient des guetteurs de Gondor, vers le nord, sous l'endroit où se jettent les bras de l'Entalluve; l'autre fut trouvé tournoyant dans le courant par un homme qui avait une mission sur l'eau. Etranges hasards, mais le meurtre se révèle de lui-même, à ce qu'on dit.

« Et maintenant le cor du fils aîné gît en deux morceaux sur les genoux de Denethor, haut assis et attendant des nouvelles. Et vous ne pouvez rien me dire sur la manière dont le cor a été fendu?

– Non, je n'en connais rien, dit Frodon. Mais le jour où vous l'avez entendu sonner, si votre calcul est exact, fut celui où nous nous séparâmes, quand je quittai la Compagnie avec mon serviteur. Et maintenant, votre récit m'emplit de peur. Car si Boromir était en péril et fut tué alors, je dois craindre que tous mes compagnons n'aient également péri. Et c'étaient mes parents ou mes amis.

« Ne voulez-vous pas écarter vos doutes à mon sujet et me laisser aller? Je suis las, chargé de chagrin, et j'ai peur. Mais j'ai une action à accomplir ou à tenter, avant d'être tué, moi aussi. Et la hâte est d'autant plus nécessaire si nous deux, Semi-Hommes, sommes tout ce qui reste de notre communauté.

« Rentrez chez vous, Faramir, vaillant Capitaine de Gondor; défendez votre cité tant que vous le pourrez, et laissez-moi aller où mon destin me conduit.

– Pour moi, il n'est aucun réconfort dans notre entretien, dit Faramir, mais vous en tirez certainement plus de crainte qu'il n'est nécessaire. A moins que ceux de Lorien ne soient venus eux-mêmes à lui, qui aurait paré Boromir comme pour des funérailles? Pas des Orques ou des serviteurs de l'Innommable. Certains membres de votre Compagnie sont toujours vivants, je présume.

« Mais, quoi qu'il me soit arrivé sur la Marche du Nord, je ne doute plus de vous, Frodon. Si des jours difficiles m'ont rendu quelque peu juge des paroles et des visages des Hommes, je puis hasarder une conjecture sur les Semi-Hommes! Encore que (il sourit alors) il y ait quelque chose d'étrange chez vous, Frodon, une sorte d'air elfique, peut-être. Mais il dépend plus de choses de nos entretiens que je ne le pensais au début. Je devrais à présent vous ramener à Minas Tirith afin que vous répondiez là à Denethor, et je paierais justement de ma vie un choix qui se révélerait mauvais pour ma cité. Je ne déciderai donc pas à la hâte de ce que je dois faire. Et il nous faut pourtant partir d'ici sans délai.

Il se leva vivement et donna quelques ordres. Aussitôt, les hommes qui étaient rassemblés autour de lui se répartirent en petits groupes; ils s'en furent de côté et d'autre et disparurent rapidement dans les ombres des rochers et des arbres. Il ne resta bientôt plus que Mablung et Damrod.

– Vous, Frodon et Samsagace, vous viendrez avec moi et mes gardes, dit Faramir. Vous ne pouvez aller sur la route du sud, si telle était votre intention. Elle sera dangereuse pendant quelques jours, et toujours plus étroitement surveillée après cette échauffourée qu'elle ne l'était jusqu'à présent. Et vous ne pouvez, je pense, aller loin aujourd'hui, car vous êtes fatigués. Et nous aussi. Nous allons maintenant à un endroit secret, à moins de dix milles d'ici. Les Orques et les espions de l'Ennemi ne l'ont pas encore découvert et, s'ils le faisaient, nous pourrions le tenir longtemps, même contre un grand nombre d'hommes. Nous pourrons y demeurer et nous reposer un moment, et vous-mêmes avec nous. Demain matin, je déciderai de la meilleure conduite à suivre pour moi, et pour vous.

Frodon ne pouvait que se conformer à cette demande, ou cet ordre. Ce semblait en tout cas un parti sage pour le moment, puisque l'incursion des hommes de Gondor avait rendu un voyage dans l'Ithilien plus dangereux que jamais.

Ils partirent aussitôt : Mablung et Damrod un peu en avant et Faramir avec Frodon et Sam derrière. Contournant le côté opposé de la mare où les Hobbits s'étaient baignés, ils traversèrent la rivière, gravirent un long talus et passèrent dans des bois aux ombres vertes qui descendaient de façon continue vers l'ouest. Tout en marchant, aussi rapidement que le pouvaient les Hobbits, ils parlèrent à voix étouffée.

– Si j'ai interrompu notre entretien, dit Faramir, ce n'était pas simplement parce que le temps nous pressait, comme me l'a rappelé Maître Samsagace, mais aussi parce que nous approchions de questions dont il valait mieux ne pas débattre devant de nombreux hommes. C'est la raison pour laquelle j'ai préféré me tourner vers le sujet de mon frère et laisser là le *Fléau d'Isildur*. Vous n'avez pas été totalement franc avec moi, Frodon.

– Je n'ai dit aucun mensonge, et la vérité, j'en ai dit tout ce que je pouvais, répliqua Frodon.

– Je ne vous blâme pas, dit Faramir. Vous avez parlé avec habileté en une conjoncture difficile, et sagement, m'a-t-il paru. Mais j'ai appris de vous, ou deviné, plus que n'en énonçaient vos paroles. Vous n'étiez pas en bons termes avec Boromir, ou vous ne vous êtes pas séparés amis. Vous, et Maître Samsagace aussi, aviez quelque grief, je le devine. Or, je l'aimais tendrement, et je serais heureux de venger sa mort, pourtant je le connaissais bien. Le *Fléau d'Isildur* – je hasarderais que le *Fléau d'Isildur* était entre vous, et que ce fut une cause de dissension au sein de votre Compagnie. C'est clairement un bien de famille de grande importance, et pareilles choses n'engendrent pas la paix parmi des confédérés, si on tire la leçon des histoires anciennes. Ne suis-je pas près de la vérité?

– Pas très loin, dit Frodon, mais pas exactement dedans. Il n'y avait aucune dissension dans notre Compagnie, encore qu'il y existât un doute : celui de la direction à prendre à partir de l'Emyn Muil. Quoi qu'il en soit, les histoires anciennes nous enseignent aussi le danger des paroles inconsidérées au sujet de telles choses que les... biens de famille.

– Ah, c'est donc ce que je pensais : votre différend était bien avec Boromir seul. Il désirait que l'objet fût apporté à Minas Tirith. C'est, hélas! un destin tortueux qui scelle les lèvres de celui qui l'a vu en dernier, me privant de la connaissance de ce que je voudrais tant savoir : ce qu'il avait dans le cœur et dans la pensée pendant ses derniéres heures. Qu'il se soit trompé ou non, je suis sûr d'une chose : c'est qu'il est mort en beauté, dans l'accomplissement d'une bonne action. Son visage était encore plus beau que dans la vie.

« Mais, Frodon, je vous ai durement pressé au début à propos du *Fléau d'Isildur*. Pardonnez-moi! Ce n'était pas sage à pareille heure et en pareil lieu. Je n'avais pas eu le temps de réfléchir. Nous avions mené un dur combat, et j'avais plus qu'il ne m'en fallait pour remplir mon esprit. Mais, tandis même que je parlais avec vous, je m'approchais de la vérité et je cherchai donc délibérément plus loin. Car, il faut que vous le sachiez, on conserve encore parmi les Gouvernants de cette cité une partie importante de l'ancien savoir, qui n'est pas répandu au-dehors. Ceux de ma maison ne sont pas de la lignée d'Elendil, bien que le sang de Numenor coule dans nos veines. Car la nôtre remonte à Mardil, le bon intendant, qui régnait à la place du roi quand celui-ci partait en guerre. C'était le Roi Earnur, dernier de la lignée d'Anarion, qui n'avait pas d'enfants et qui ne revint jamais. Et les intendants ont gouverné la cité depuis ce jour-là, bien que ce fût il y a maintes générations d'Hommes.

« Et je me rappelle une chose au sujet de Boromir lorsqu'il était un jeune garçon et que nous apprenions ensemble la légende de nos aïeux et l'histoire de notre cité, c'est qu'il lui déplaisait toujours que son père ne fût pas roi. « Combien faut-il de centaines d'années pour faire d'un intendant un roi, quand celui-ci ne revient pas? » demandait-il. « Quelques années peut-être en d'autres lieux de royauté moindre, répondait mon père. En Gondor, dix mille ans ne suffiraient pas. » Hélas! pauvre Boromir. Cela ne vous éclaire-t-il pas à son sujet?

– Si, dit Frodon. Il a pourtant toujours traité Aragorn avec honneur.

– Je n'en doute pas, dit Faramir. S'il était convaincu, comme vous le dites, du bien-fondé des prétentions d'Aragorn, il le révérerait grandement. Mais le moment décisif n'était pas encore venu. Ils n'avaient pas encore atteint Minas Tirith, et ils n'étaient pas encore devenus rivaux dans ses guerres.

« Mais je m'écarte du sujet. Nous autres, de la maison de Denethor, nous avons par tradition une grande connaissance de l'ancien savoir, et nous avons en outre conservé bien des choses dans nos trésors : livres et tablettes écrits en caractères divers sur des parchemins desséchés, oui, et sur la pierre ou sur des feuilles d'argent et d'or. Il en est que plus personne ne peut lire; quant aux autres, peu de gens en révèlent jamais le sens. Je peux y lire un peu, car j'ai reçu de l'instruction. Ce sont des archives que nous apporta le Pèlerin Gris. Je le vis pour la première fois quand j'étais enfant, et il est revenu à deux ou trois reprises depuis lors.

– Le Pèlerin Gris? dit Frodon. Avait-il un nom?

– On l'appelait Mithrandir selon la manière elfique, dit Faramir, et il s'en contentait. *Mes noms sont nombreux dans de nombreux pays,* disait-il. *Mithrandir chez les Elfes, Tharkûn pour les Nains; j'étais Olorin dans ma jeunesse dans l'Ouest, qui est oubliée, Incanus dans le Sud, dans le Nord Gandalf; dans l'Est, je n'y vais pas.*

– Gandalf! dit Frodon. Je pensais bien que c'était lui. Gandalf le Gris, le plus cher de nos conseillers. Le guide de notre Compagnie. Nous l'avons perdu dans la Moria.

– Mithrandir perdu! s'écria Faramir. Il semble qu'un sort funeste se soit acharné sur votre communauté. Il est dur, certes, de penser qu'un homme d'une si grande sagesse, et de tant de capacités – car il a fait maintes choses merveilleuses parmi nous – pût périr, et que tant de savoir fût enlevé au monde. En êtes-vous sûr? Ne vous aurait-il pas simplement quittés pour aller où il l'entendait?

– J'en suis sûr, hélas! dit Frodon. Je l'ai vu tomber dans l'abîme.

– Je vois qu'il y a là quelque grande et terrible histoire, dit Faramir; peut-être pourrez-vous me la raconter dans la soirée. Ce Mithrandir était, je le conjecture à présent, plus qu'un simple maître du savoir : un grand moteur de tous les exploits accomplis dans notre temps. S'il eût été parmi nous pour délibérer sur les dures paroles de notre rêve, il nous les aurait rendues claires sans besoin d'un messager. Mais peut-être ne l'aurait-il point fait et le voyage de Boromir était-il arrêté. Mithrandir ne nous a jamais parlé de ce qui devait se passer, et il ne nous a jamais révélé ses desseins. Il reçut de Denethor, je ne sais comment, l'autorisation de prendre connaissance des secrets de notre trésor, et j'ai un peu appris de lui, quand il voulait bien m'enseigner (mais cela était rare). Il cherchait toujours, et il nous interrogeait principalement sur la Grande Bataille qui se déroula sur le Dagorlad dans les débuts du Gondor, quand Celui que nous ne nommons pas fut défait. Et il était avide d'entendre les histoires sur Isildur, bien que nous ayons moins à en dire; car nous n'avons jamais rien su de certain sur sa fin.

La voix de Faramir devint alors un simple murmure. – Mais j'ai du moins appris ou deviné une chose, que j'ai toujours gardée secrète dans mon cœur : c'est qu'Isildur prit quelque chose de la main de l'Innomé avant de partir de Gondor, pour ne jamais être revu d'aucun mortel. Là se trouvait la réponse aux questions de Mithrandir, pensai-je. Mais cela semblait alors n'être qu'une affaire concernant les seuls curieux des connaissances anciennes. Et quand furent débattues entre nous les paroles énigmatiques de notre rêve, il ne me vint pas à l'esprit que le Fléau d'Isildur fût ce même objet. Car Isildur tomba dans une embûche et fut tué par des flèches d'Orques, selon la seule légende que nous connaissions, et Mithrandir ne m'en avait jamais dit plus long.

« Ce qu'est en réalité cet Objet, je ne puis encore le deviner; mais ce doit être quelque objet de famille donnant en même temps le pouvoir et le danger. Une arme redoutable, peut-être, imaginée par le Seigneur Ténébreux. Si c'était quelque chose qui donne l'avantage dans une bataille, je croirais aisément que Boromir, le fier et intrépide Boromir, souvent inconsidéré, toujours avide de la victoire de Minas Tirith (et par là de sa propre gloire), pût désirer la possession de pareil objet et être attiré par lui. Quel malheur qu'il soit jamais parti pour cette mission! J'aurais été choisi par mon père et les anciens, mais il se mit en avant, comme étant l'aîné et le plus intrépide (ce qui n'était que vérité), et il n'accepta pas d'être retenu.

« Mais ne craignez plus rien! Je ne prendrais pas cet objet, traînât-il sur le bord de la route. Minas Tirith tombât-elle en ruine et fussé-je moi seul en état de la sauver, ainsi, en usant de l'arme du Seigneur Ténébreux pour son bien et pour ma gloire. Non, je ne souhaite pas de tels triomphes, Frodon fils de Drogon.

– Non plus que ne les a souhaités le Conseil, dit Frodon. Ni moi-même. J'aimerais n'avoir rien à voir avec pareilles affaires.

– Pour ma part, dit Faramir, j'aimerais voir l'Arbre Blanc fleurir de nouveau dans les cours des rois, revenir la Couronne d'Argent et Minas Tirith en paix; Minas Anor de nouveau telle qu'autrefois, emplie de lumière, haute et belle, comme une reine au milieu d'autres reines; non la maîtresse de nombreux esclaves, non, fût-ce même la maîtresse bienveillante d'esclaves volontaires. La guerre doit être, tant que nous défendons nos vies contre un destructeur qui nous dévorerait tous; mais je n'aime pas le glaive luisant pour son acuité, ni la flèche pour sa rapidité, ni le guerrier pour sa gloire. J'aime seulement ce qu'ils défendent : la cité des Hommes de Numénor, et je voudrais qu'on l'aime pour ses souvenirs, pour son ancienneté, pour sa beauté et pour sa présente sagesse. Non crainte, sinon comme les hommes respectent la dignité d'un homme âgé et sage.

« Ainsi, ne me craignez point! Je ne vous demande pas de m'en dire davantage. Je ne vous demande pas même de me dire si je suis maintenant plus près de la vérité. Mais si vous voulez me faire confiance, il se peut que je puisse vous conseiller dans votre présente quête, quelle qu'elle soit – oui, et même vous aider.

Frodon ne répondit rien. Il faillit céder au désir d'aide et de conseil et confier à ce grave jeune homme, dont les paroles semblaient si sages et si courtoises, tout ce qu'il avait dans l'esprit. Mais quelque chose le retint. Son cœur était lourd de crainte et de chagrin : si lui et Sam étaient en vérité, comme il semblait probable, tout ce qui restait maintenant des Neuf Marcheurs, il avait seul l'entière responsabilité du secret de leur mission. Mieux valait se défier des paroles injustes que des paroles inconsidérées. Et le souvenir de Boromir, de l'affreux changement qu'avait produit en lui l'appât de l'Anneau, était très présent à son esprit quand il regardait Faramir et écoutait sa voix : ils étaient différents, mais cependant aussi très proches parents.

Ils continuèrent à marcher un moment en silence, passant comme des ombres grises et vertes sous les vieux arbres, leurs pieds ne faisant aucun bruit; de nombreux oiseaux chantaient au-dessus d'eux, et le soleil reluisait sur la voûte polie des feuilles sombres dans les bois toujours verts de l'Ithilien.

Sam n'avait pris aucune part à la conversation, mais il avait écouté, tout en prêtant attention, de ses oreilles fines de Hobbit, à tous les bruits étouffés de la forêt environnante. Il avait remarqué que le nom de Gollum ne s'était pas présenté une seule fois dans toute la conversation. Il en était heureux, quoique sans se bercer de l'espoir de ne plus jamais l'entendre. Il se rendit bientôt compte aussi que, s'ils marchaient seuls, il y avait de nombreux hommes tout proches : non seulement Damrod et Mablung, qui apparaissaient et disparaissaient dans les ombres devant eux, mais aussi d'autres de chaque côté, qui se rendaient secrètement et avec rapidité à quelque lieu désigné.

A un moment, tournant brusquement la tête, comme averti par certain picotement de la peau qu'il était observé de derrière, il crut avoir entr'aperçu une petite forme noire qui se glissait derrière un tronc d'arbre. Il ouvrit la bouche pour parler et la referma. – Je n'en suis pas sûr, se dit-il, et pourquoi leur rappeler le vieux scélérat, s'ils ont préféré l'oublier? Je voudrais bien pouvoir en faire autant!

Ils continuèrent donc leur chemin jusqu'au moment où les bois s'éclaircirent et où le terrain commença de descendre en pente plus raide. Ils tournèrent alors vers la droite, et ils ne tardèrent pas à atteindre une petite rivière, qui coulait dans une gorge étroite : c'était le même ruisseau qui sortait, bien plus haut, du bassin rond et qui, devenu maintenant torrent rapide, bondissait sur de nombreuses pierres dans un lit profondément creusé que surplombaient des chênes verts et de sombres buis. En regardant vers l'ouest, ils pouvaient voir en contrebas, dans une brume lumineuse, des plaines basses et de vastes prairies, et, étincelant au loin dans le soleil couchant, les larges eaux de l'Anduin.

– Ici, je dois hélas! vous faire une discourtoisie, dit Faramir. J'espère que vous la pardonnerez à un homme qui a fait à tel point céder ses ordres à la courtoisie qu'il ne vous a ni tués ni liés. Mais c'est un commandement rigoureux que nul étranger, fût-il du Rohan qui combat à nos côtés, ne voie le chemin que nous suivons maintenant, les yeux ouverts. Je dois vous les bander.

– Comme vous voulez, dit Frodon. Même les Elfes en font autant quand cela est nécessaire, et c'est les yeux bandés que nous avons traversé les frontières de la belle Lothlorien. Le Nain Gimli prit mal la chose, mais les Hobbits l'ont supportée.

– Ce n'est pas en un lieu aussi beau que je vais vous mener, dit Faramir. Mais je suis heureux que vous l'acceptiez de bon gré et non de force.

Il appela doucement, et Mablung et Damrod sortirent aussitôt des arbres et revinrent à lui. – Bandez les yeux de ces hôtes, dit Faramir. De façon sûre, mais qui ne les incommode pas. Ne leur liez pas les mains. Ils donneront leur parole de ne pas essayer de voir. Je pourrais me fier à eux pour fermer les yeux de leur propre gré, mais les yeux sont sujets à ciller si les pieds trébuchent. Menez-les de sorte qu'ils ne chancellent point.

Les deux gardes bandèrent alors les yeux des Hobbits au moyen d'écharpes vertes et abaissèrent leurs capuchons presque jusque sur la bouche; puis, les ayant vivement pris chacun par la main, ils poursuivirent leur route. Tout ce que Frodon et Sam connurent de ce dernier mille, ce ne fut que par conjecture dans le noir. Après un petit moment, ils sentirent qu'ils suivaient un chemin en pente rapide; il ne tarda pas à devenir si étroit qu'ils marchèrent à la queue leu leu, frôlant de part et d'autre un mur pierreux; leurs gardiens les dirigeaient de derrière, les mains fermement posées sur leurs épaules. De temps à autre, comme ils passaient par des endroits inégaux, on les soulevait un moment pour les reposer un peu plus loin. Le bruit de l'eau courante restait toujours sur leur droite, et il se fit plus proche et plus fort. Enfin, on les arrêta. Mablung et Damrod les firent tourner plusieurs fois sur eux-mêmes, et ils perdirent tout sens de l'orientation. Ils grimpèrent un peu : il faisait froid, et le bruit de l'eau s'était affaibli. Puis on les souleva pour leur faire descendre de nombreuses marches et tourner autour d'un coin. Ils entendirent soudain l'eau de nouveau, sonore à présent dans sa course précipitée et jaillissante. Ils avaient l'impression qu'elle était tout autour d'eux, et ils sentaient une bruine sur leurs mains et leurs joues. Enfin, on les reposa une fois de plus sur leurs pieds. Ils restèrent un moment ainsi, dans une demi-crainte, les yeux bandés, sans savoir où ils se trouvaient; et personne ne parlait.

Puis la voix de Faramir se fit entendre juste derrière eux. – Laissez-les voir! dit-il. Les écharpes furent retirées et les capuchons relevés; ils battirent des paupières et eurent un sursaut de surprise.

Ils se tenaient sur un sol de pierre polie, seuil, pour ainsi dire, d'une porte de roc grossièrement taillée qui s'ouvrait, noire, derrière eux. Mais devant était tendu un fin voile d'eau, si proche que Frodon aurait pu y passer son bras tendu. Il faisait face à l'ouest. De l'autre côté du rideau, les rayons horizontaux du soleil couchant donnaient dessus, et la lumière rouge se brisait en mille traits clignotants aux couleurs toujours changeantes. Il leur semblait se tenir à la fenêtre de quelque tour elfique, aux rideaux tissés de joyaux d'argent et d'or, de rubis, de saphirs et d'améthystes, le tout embrasé d'un feu qui ne consumerait point.

– Au moins, la bonne fortune nous a-t-elle permis d'arriver au meilleur moment pour vous récompenser de votre patience, dit Faramir. C'est ici la Fenêtre du Soleil Couchant, Henneth Annûn, la plus belle des chutes de l'Ithilien, terre des nombreuses fontaines. Peu d'étrangers l'ont jamais vue. Mais il n'est pas de salle royale qui puisse rivaliser avec celle qui se trouve derrière. Entrez maintenant et voyez!

Tandis qu'il parlait, le soleil se coucha et le feu s'évanouit dans l'eau courante. Ils se trouvèrent et passèrent sous l'arche basse et menaçante. Ils se trouvèrent aussitôt dans une salle de roc, grande et raboteuse, sous une voûte inégale. Quelques torches allumées projetaient une faible lumière sur les murs luisants. Il y avait déjà là de nombreux hommes. D'autres y pénétraient encore en groupes de deux ou trois par une porte sombre et étroite, ouverte sur un côté. A mesure que leurs yeux s'habituaient à l'obscurité, les Hobbits virent que la grotte était plus vaste qu'ils ne l'avaient supposé et qu'elle était remplie de grandes réserves d'armes et de vivres.

– Eh bien, voici notre refuge, dit Faramir. Ce n'est pas un endroit très confortable, mais vous pourrez y passer la nuit en paix. Au moins est-ce sec, et il y a de la nourriture, sinon du feu. Il fut un temps où l'eau coulait à travers cette grotte et se déversait par l'arche, mais des ouvriers de jadis en détournèrent le cours plus haut dans la gorge pour l'envoyer dans une chute deux fois plus élevée par-dessus les rochers de là-haut. Toutes les entrées de la caverne furent alors obturées pour interdire la pénétration de l'eau et de toute autre chose – toutes sauf une. Il n'y a maintenant que deux issues : le passage là-bas par lequel vous êtes entrés les yeux bandés, et à travers le Rideau de la Fenêtre dans une profonde cuvette emplie de pierres tranchantes. Reposez-vous un peu maintenant, jusqu'à ce que soit servi le repas du soir.

On emmena les Hobbits dans un coin et on leur donna un lit bas où s'étendre s'ils le désiraient. Pendant ce temps, des hommes s'affairaient dans la cave en silence et avec une prestesse méthodique. Des tables légères furent retirées du mur, disposées sur des tréteaux et chargées d'ustensiles. Ceux-ci étaient pour la plupart simples et sans ornements, mais de belle et bonne fabrication : écuelles rondes, bols et plats de terre brune vernissée ou de buis tourné, lisse et net. Ici et là se trouvait une coupe ou une jatte de bronze poli; et un gobelet d'argent uni était posé près de la place du Capitaine, au milieu de la table située le plus au fond.

Faramir allait d'un homme à l'autre, interrogeant d'une voix douce chaque nouvel arrivant. Certains revenaient de la poursuite des Suderons; d'autres, laissés comme éclaireurs près de la route, parurent en dernier. Tous les Suderons avaient été exterminés, à l'exception du grand mûmak : personne ne put dire ce qui lui était arrivé. On ne voyait aucun mouvement de l'ennemi; il n'y avait pas même un espion orque dans les parages.

– Vous n'avez rien vu ni entendu, Anborn? demanda Faramir au dernier arrivant.

– Non, Seigneur, dit l'homme. Pas d'Orque en tout cas. Mais j'ai vu ou cru voir quelque chose d'un peu étrange. Il commençait à faire très sombre; à ce moment, les yeux font paraître les choses plus grandes qu'elles ne le devraient. Peut-être n'était-ce donc qu'un écureuil (Sam dressa l'oreille à ces mots). Pourtant, dans ce cas, c'était un écureuil noir, et je ne lui ai pas vu de queue. On aurait dit une ombre sur le sol; elle a filé derrière un tronc d'arbre quand je me suis approché, et elle a grimpé aussi vite que l'aurait pu n'importe quel écureuil. Vous interdisiez de tuer aucune bête sauvage sans raison, et ça n'avait pas l'air d'autre chose; alors je n'ai pas décoché de flèche. Il faisait d'ailleurs trop sombre pour un tir sûr, et la créature avait disparu en une seconde dans l'obscurité des feuilles. Mais je suis resté un moment, car ça semblait étrange, et puis je me suis hâté de revenir. J'ai cru entendre la chose siffler d'en haut à mon adresse au moment où je suis parti. Un gros écureuil, peut-être. Il se peut qu'à l'ombre de l'Innomé quelques bêtes de la Forêt Noire se promènent jusqu'ici dans nos bois. Ils ont des écureuils noirs, là-bas, à ce qu'on dit.

– Peut-être, dit Faramir. Mais ce serait un mauvais présage. Nous ne voulons pas d'échappés de la Forêt Noire en Ithilien. Sam eut l'impression qu'en disant ces mots, il jetait un regard rapide vers les Hobbits, mais il ne dit rien. Pendant un moment, lui et Frodon restèrent allongés, observant la lumière des torches et les hommes qui allaient et venaient en parlant à mi-voix. Puis, Frodon s'endormit soudain.

Sam menait un débat intérieur, argumentant tantôt d'une façon, tantôt d'une autre. « Il peut avoir raison, pensait-il, mais peut-être pas. De belles paroles peuvent cacher un cœur infâme. (Il bâilla.) Je pourrais dormir une semaine entière, et ça me ferait du bien. Mais que puis-je, même si je reste éveillé, moi seul au milieu de tous ces grands Hommes? Rien, Sam Gamegie; mais tu dois rester éveillé tout de même. » Et il y parvint de façon ou d'autre. La lumière disparut de la porte de la caverne, et le voile gris de l'eau tombante devint indistinct et se perdit dans l'ombre croissante. Le son de l'eau continua, sans jamais changer de note, matin, soir ou nuit. Son murmure poussait au sommeil. Sam s'enfonça les poings dans les yeux.

D'autres torches furent alors allumées. Un fût de vin fut mis en perce. On ouvrait des barils de réserves. Des hommes allaient chercher de l'eau à la chute. D'autres se lavaient les mains dans des cuvettes. On apporta à Faramir un grand bassin de cuivre et une serviette blanche, et il fit de même.

– Réveillez nos hôtes, dit-il, et apportez-leur de l'eau. Il est temps de souper.

Frodon se redressa et s'étira en bâillant. Sam, qui n'était pas habitué à être servi, regarda avec quelque surprise l'homme de haute taille qui s'inclinait en tenant une cuvette d'eau devant lui.

– Posez-la par terre, maître, s'il vous plaît! dit-il. Ce sera plus facile pour vous comme pour moi. Alors, à l'étonnement amusé des Hommes, il plongea la tête dans l'eau froide et s'aspergea le cou et les oreilles.

– Est-ce la coutume dans votre pays de se laver la tête avant le souper? demanda l'homme qui servait les Hobbits.

– Non, avant le petit déjeuner, dit Sam. Mais quand on manque de sommeil, l'eau froide sur le cou fait le même effet que la pluie sur une laitue flétrie. Voilà! A présent, je puis rester éveillé assez longtemps pour manger un morceau.

On les mena à des sièges aux côtés de Faramir : des barils recouverts de fourrures et assez élevés au-dessus des bancs des Hommes pour leur commodité. Avant de commencer le repas, Faramir et tous ses hommes se tournèrent face à l'ouest et observèrent un moment de silence. Faramir fit signe à Frodon et à Sam de les imiter.

– Nous le faisons toujours, dit-il, tandis qu'ils prenaient place; nous regardons vers ce qui fut Numénor et au-delà vers ce qui est et sera toujours le Pays des Elfes. N'avez-vous point de coutume semblable aux repas?

– Non, dit Frodon, se sentant étrangement rustre et dépourvu d'éducation. Mais, comme invités, nous saluons notre hôte et, après le repas, nous nous levons pour le remercier.

– Cela, nous le faisons aussi, dit Faramir.

Après tant de voyages, de campements et de jours passés dans les terres sauvages et solitaires, le repas du soir sembla un festin aux Hobbits : boire du vin doré pâle, frais et bouqueté, manger du pain beurré, des viandes salées, des fruits secs et du bon fromage rouge, les mains propres, et avec des couteaux et des assiettes propres! Ni Frodon ni Sam ne refusèrent rien de ce qui leur était offert, non plus qu'une seconde portion, ni même une troisième. Le vin coulait dans leurs veines et leurs membres fatigués, et ils se sentaient heureux et le cœur léger comme il ne leur était pas arrivé depuis leur départ du pays de Lorien.

Quand tout fut terminé, Faramir les mena à un renfoncement à l'arrière de la caverne, voilé en partie par des rideaux; et un fauteuil et deux tabourets y furent apportés. Une petite lampe d'argile était allumée dans une niche.

– Vous pourrez bientôt avoir envie de dormir, dit-il, particulièrement le bon Samsagace, qui n'a pas voulu fermer l'œil avant d'avoir mangé – que ce soit par crainte d'émousser le tranchant d'une noble faim, ou que ce soit par crainte de moi-même, je n'en sais rien. Mais il n'est pas bon de dormir aussitôt après le repas, surtout après une période de jeûne. Parlons donc un moment. Vous devez avoir des choses intéressantes à raconter sur votre voyage à partir de Fondcombe. Et, de votre côté, vous aimeriez peut-être apprendre quelques choses sur nous et sur le pays où vous êtes maintenant. Parlez-moi de mon frère Boromir, du vieux Mithrandir et des belles gens de la Lothlorien.

Frodon ne ressentait plus de somnolence, et il était tout disposé à la conversation. Mais, si la nourriture et le vin l'avaient mis à l'aise, il ne perdait pas pour autant sa circonspection. Sam était radieux et il se chantonnait à lui-même; mais, quand Frodon parla, il se contenta au début d'écouter, ne se hasardant qu'à quelque exclamation approbative.

Frodon fit maints récits, mais en se gardant toujours d'aborder la question de la quête de la Compagnie et celle de l'Anneau, développant plutôt le vaillant rôle joué par Boromir dans toutes leurs aventures, avec les loups des terres sauvages, dans les neiges sous le Caradhras, et dans les mines de la Moria, où était tombé Gandalf. Faramir fut très ému du récit du combat sur le pont.

– Il dut en coûter à Boromir de fuir devant des Orques, dit-il, ou même devant la féroce créature dont vous parlez, ce Balrog – tout dernier qu'il fut à partir.

– Oui, il fut le dernier, dit Frodon, mais Aragorn dut prendre notre tête. Il était le seul à connaître le chemin après la chute de Gandalf. Mais, sans le souci de nous autres petites personnes, je ne pense pas que lui-même ou Boromir auraient fui.

– Peut-être eût-il mieux valu que Boromir fût tombé là avec Mithrandir, dit Faramir, et qu'il ne fût pas allé vers le destin qui l'attendait au-dessus des chutes du Rauros.

– C'est possible. Mais parlez-moi maintenant de ce qui vous concerne, dit Frodon, détournant une fois de plus le sujet. Car j'aimerais en apprendre davantage sur Minas Ithil et Osgiliath, et sur Minas Tirith la perdurable. Quel espoir avez-vous pour cette cité dans votre longue guerre?

– Quel espoir? répéta Faramir. Il y a longtemps que nous n'en avions plus. L'épée d'Elendil, si elle revient vraiment, pourra le ranimer; mais je ne pense pas qu'elle fasse plus qu'ajourner le jour néfaste, à moins que ne vienne aussi quelque aide imprévue des Elfes ou des Hommes. Car l'Ennemi accroît sa puissance, tandis que la nôtre diminue. Nous sommes un peuple en décadence, un automne sans printemps.

« Les Hommes de Numénor étaient établis partout sur les rivages et dans les régions maritimes des Grandes Terres, mais ils s'abandonnèrent pour la plupart aux choses mauvaises et folles. Un grand nombre s'éprirent des Ténèbres et des arts noirs; certains s'adonnèrent entièrement à la paresse et à la facilité, et d'autres se battirent entre eux, jusqu'au moment où leur faiblesse les livra à la conquête des hommes sauvages.

« On ne dit pas que les mauvais arts aient été pratiqués en Gondor ou que le nom de l'Innomé y ait jamais été honoré; et la sagesse et la beauté du temps jadis, amenées de l'Ouest, demeurèrent longtemps dans le royaume des Fils d'Elendil le Beau, et elles s'y attardent encore. Mais, même ainsi, ce fut le Gondor qui amena sa propre décadence, tombant petit à petit dans le gâtisme et croyant au sommeil de l'Ennemi, qui n'était que banni et non détruit.

« La mort était toujours présente, du fait que les Numénoriens, comme dans leur ancien royaume qu'ils avaient ainsi perdu, étaient toujours assoiffés d'une vie éternellement invariable. Les rois édifiaient des tombeaux plus splendides que les maisons des vivants, et ils attachaient plus de prix aux vieux noms de leur lignée qu'à ceux de leurs propres fils. Des seigneurs sans enfants se tenaient dans d'antiques châteaux, à ne penser qu'à l'héraldique; dans des cabinets secrets, des hommes desséchés composaient des élixirs puissants ou, dans de hautes et froides tours, ils interrogeaient les étoiles. Et le dernier roi de la lignée d'Anarion n'avait pas d'héritier.

« Mais les intendants furent plus sages et plus heureux. Plus sages, car ils recrutèrent les forces de notre peuple parmi la population robuste de la côte et parmi les montagnards endurcis de l'Ered Nimrais. Et ils conclurent une trêve avec les fières gens du Nord, qui nous avaient souvent attaqués, hommes d'une ardente vaillance, mais qui avaient avec nous une lointaine parenté, contrairement aux sauvages Orientaux ou aux cruels Haradrim.

« Il se trouva donc qu'au temps de Cirion, le Douzième Intendant (et mon père est le vingt-sixième), ils accoururent à notre aide et que, dans le grand Champ du Celebrant, ils détruisirent nos ennemis qui s'étaient emparés de nos provinces septentrionales. Ce sont les Rohirrim, comme nous les nommons, maîtres des chevaux, et nous leur cédâmes les terres de Calenardhon, qui ont pris depuis lors le nom de Rohan; car cette province n'avait depuis longtemps qu'une population clairsemée. Ils devinrent nos alliés et ils se sont toujours montrés fidèles, nous aidant en cas de besoin et gardant nos marches septentrionales et la Trouée de Rohan.

« De nos traditions et de nos manières, ils ont appris ce qu'ils voulaient, et leurs seigneurs parlent au besoin notre langue; mais ils conservent pour la plupart les coutumes de leurs propres ancêtres et leurs propres souvenirs, et ils usent entre eux de leur langue nordique. Et nous les aimons : ce sont des hommes de haute taille et les femmes sont belles, vaillants les uns comme les autres; ils ont des cheveux d'or et les yeux brillants, et ils sont forts; ils nous rappellent la jeunesse des Hommes, tels qu'ils étaient aux Jours Anciens. Nos maîtres en tradition disent qu'en fait ils ont avec nous cette affinité qu'ils viennent des mêmes Trois Maisons d'Hommes qu'étaient les Numénoriens au début; peut-être pas de Hador aux Cheveux d'Or, l'ami des Elfes, mais de ceux de ses fils et sujets qui, refusant l'appel, ne traversèrent pas la Mer vers l'Ouest.

« Car nous rangeons les Hommes dans notre tradition sous l'appellation de Hommes du Haut, ou Hommes de l'Ouest, qui étaient les Numénoriens; Hommes du Milieu ou Hommes du Crépuscule – tels sont les Rohirrim et leurs semblables qui résident encore loin dans le Nord; et les Sauvages, les Hommes des Ténèbres.

« Mais à présent, si les Rohirrim nous sont devenus plus semblables par certains côtés, ayant développé leurs arts et leur douceur, nous aussi nous sommes devenus plus semblables à eux, et nous ne pouvons plus guère revendiquer le titre d'Hommes du Haut. Nous sommes devenus des Hommes du Milieu, du Crépuscule, mais avec le souvenir d'autres choses. Car, comme les Rohirrim, nous aimons à présent la guerre et la valeur en tant que choses bonnes en soi, en même temps jeu et fin; et quoique nous considérions toujours qu'un guerrier doit avoir d'autres talents que la seule adresse à manier les armes et à tuer, nous ne l'en plaçons pas moins dans notre estime au-dessus des hommes des autres professions. Ainsi le veut la nécessité de nos jours. Tel était même mon frère, Boromir, homme très vaillant, considéré à ce titre comme le meilleur de Gondor. Et, pour valeureux, il l'était certes : nul héritier de Minas Tirith ne fut, depuis maintes années, aussi courageux à la peine; il était toujours le premier au combat, et nul n'a sonné plus puissamment du Grand Cor. Faramir soupira, puis resta un moment silencieux.

– Vous ne parlez pas beaucoup des Elfes dans toutes vos histoires, Monsieur, dit Sam, s'enhardissant. Faramir semblait considérer les Elfes avec révérence, il l'avait remarqué, et cela, encore bien plus que sa courtoisie, sa nourriture et son vin, lui avait gagné le respect de Sam et avait calmé les soupçons de celui-ci.

– Non, c'est vrai, Maître Samsagace, dit Faramir, car je ne suis pas versé dans la connaissance des Elfes. Mais là, vous touchez un autre point sur lequel nous avons changé dans notre déclin de Numénor à la Terre du Milieu. Car, vous le savez peut-être, si Mithrandir a été votre compagnon et si vous vous êtes entretenu avec Elrond, les Edain, Pères des Numénoriens, combattirent aux côtés des Elfes dans les premières guerres et ils reçurent en récompense le royaume au sein de la Mer, en vue du Pays des Elfes. Mais en Terre du Milieu, les Hommes et les Elfes devinrent étrangers les uns aux autres au temps de l'obscurité, par les artifices de l'Ennemi, et par les lentes modifications du temps au cours duquel chaque espèce s'écarta davantage sur une route divergente. Les Hommes craignent à présent les Elfes dont ils doutent sans pourtant en connaître grand-chose. Et nous, de Gondor, nous devenons comme les autres Hommes, comme ceux de Rohan; car même eux, qui sont les ennemis du Seigneur Ténébreux, évitent les Elfes et parlent de la Forêt d'Or avec crainte.

« Il en est pourtant encore parmi nous qui entretiennent des rapports avec les Elfes quand ils le peuvent, et de temps à autres certains vont en secret en Lorien, d'où il est rare qu'ils reviennent. Pas moi. Car je considère qu'il est à présent dangereux pour un mortel de rechercher volontairement les Anciennes Gens. Mais je vous envie d'avoir parlé avec la Dame Blanche.

– La Dame de Lorien! Galadriel! s'écria Sam. Vous devriez la voir, oui certes, vous devriez la voir, Monsieur. Je ne suis qu'un Hobbit, et le jardinage est mon métier, chez nous, Monsieur, si vous me comprenez, et je ne suis pas fort en poésie – pas pour la composition : un peu de poésie comique de temps en temps, peut-être, vous voyez ça, mais pas de vraie poésie – alors, je ne peux pas vous expliquer ce que je veux dire. Il faudrait le chanter. Pour cela, c'est Grands-Pas, enfin Aragorn, ou le vieux Monsieur Bilbon, qu'il vous faudrait. Mais je voudrais bien pouvoir composer une chanson sur elle. Elle est belle, Monsieur! Ah, qu'elle est belle! Parfois comme un grand arbre en fleur, parfois comme un bois-gentil, mince et menu. Dure comme le diamant, douce comme le clair de lune. Chaude comme le soleil, froide comme la gelée sous les étoiles. Fière et distante comme la montagne neigeuse, et aussi joyeuse que toutes les filles que j'ai vues avec des pâquerettes dans les cheveux au printemps. Mais tout cela n'est que niaiseries, bien éloignées de ce que je voudrais exprimer.

– Elle doit donc être bien belle, en effet, dit Faramir. Dangereusement belle.

– Je ne sais pas trop ce qui est du danger, dit Sam. J'ai idée que les gens apportent leur danger avec eux en Lorien et qu'ils l'y trouvent parce qu'ils l'y ont apporté. Mais peut-être pourrait-on l'appeler dangereuse parce qu'elle est si forte en elle-même. Vous, vous pourriez vous briser en miettes contre elle, comme un navire sur un rocher, ou vous noyer, comme un Hobbit dans une rivière. Mais ni le rocher ni la rivière ne seraient à blâmer. Or, Boro... Il s'arrêta et devint tout rouge.

– Oui? *Or Boromir*, disiez-vous? reprit Faramir. Qu'alliez-vous dire? Il a amené son danger avec lui?

– Oui, Monsieur, sauf votre respect, et un bel homme comme était votre frère, si vous me permettez de donner mon avis. Mais vous avez été près de la vérité tout du long. J'ai observé Boromir et je l'ai écouté tout le long de la route depuis Fondcombe – pour veiller sur mon maître, vous comprenez, et sans vouloir aucun mal à Boromir – et j'ai idée que c'est en Lorien qu'il vit clairement ce que j'avais deviné dès avant cela : ce qu'il voulait. Du moment même où il le vit, il voulut posséder l'Anneau de l'Ennemi!

– Sam! s'écria Frodon, consterné. Il était depuis un moment plongé dans ses propres pensées, et il en sortait brusquement, mais trop tard.

– Oh là là! dit Sam, blêmissant, puis passant à l'écarlate. M'y voilà encore! *Chaque fois que tu ouvres ta grande gueule, tu mets les pieds dans le plat*, me disait l'Ancien, et il avait bien raison. Ah pauvre de moi!

« Ecoutez, Monsieur! (Il se tournait face à Faramir avec tout le courage qu'il pouvait rassembler.) N'allez pas tirer avantage de mon maître parce que son serviteur n'est qu'un imbécile. Vous nous avez bercés de belles paroles tout du long, vous avez endormi ma vigilance en parlant des Elfes et tout ça. Mais *beau est qui bien fait,* comme on dit chez nous. Voilà l'occasion de montrer votre qualité.

– C'est ce qu'il semble, dit Faramir, lentement et d'une voix très douce, avec un étrange sourire. Voilà donc la réponse à vos énigmes! L'Anneau Unique que l'on croyait disparu du monde. Et Boromir a tenté de le prendre de force? Et vous vous êtes échappés? Et vous vous êtes encourus, sur toute cette distance, ... à moi! Et je vous ai ici, dans des régions désertes : deux Semi-Hommes, et une armée d'hommes à mon service, et l'Anneau des Anneaux. Beau coup de la fortune! Une chance pour Faramir, Capitaine de Gondor, de montrer sa qualité! Ha, ha! Il se tenait tout droit, très grand et rigide, ses yeux gris étincelant.

Frodon et Sam bondirent de leurs tabourets et se mirent côte à côte le dos au mur, cherchant de la main la garde de leurs épées. Il y eut un silence. Tous les hommes présents dans la caverne cessèrent de parler et regardèrent vers eux avec étonnement. Mais Faramir se rassit et se mit à rire doucement; puis il reprit soudain sa gravité.

– Hélas pour Boromir! L'épreuve était trop forte! dit-il. Combien vous avez accru mon chagrin, vous deux étranges errants d'un lointain pays, porteurs du péril des Hommes! Mais vous êtes moins bons juges des Hommes que je ne le suis des Semi-Hommes. Nous disons la vérité, nous autres hommes de Gondor. Nous nous vantons rarement, et puis nous agissons ou mourons dans la tentative. *Le trouverais-je sur la grand-route, que je ne le prendrais pas,* ai-je dit. Quand bien même je serais homme à désirer cet objet et même ne sachant pas clairement ce qu'il était quand je parlais, je considérerais ces mots comme un vœu, et je serais tenu par eux.

« Mais je ne suis pas un homme de cette sorte, ou je suis assez sage pour savoir qu'il est certains dangers que l'on doit fuir. Restez en paix! Et soyez rassuré, Samsagace. Si vous paraissez avoir trébuché, dites-vous que c'était écrit qu'il devait en être ainsi. Vous avez le cœur aussi perspicace que fidèle, et vous avez vu plus clair que vos yeux. Car, si étrange que cela puisse sembler, il n'y avait aucun danger à me l'avouer. Cela peut même aider le maître que vous aimez, et cela tournera à son avantage, s'il est en mon pouvoir. Soyez donc rassuré. Mais ne nommez jamais plus cette chose à voix haute. Une fois suffit.

Les Hobbits revinrent à leurs sièges et s'assirent en silence. Les hommes retournèrent à leur boisson et à leur conversation, se rendant compte que leur capitaine avait exercé quelque badinage aux dépens des petits hôtes et que c'était terminé.

– Eh bien, Frodon, nous vous comprenons enfin, dit Faramir. Si vous avez assumé la chose malgré vous, à la prière d'autrui, vous avez ma compassion, et je vous rends honneur. Et je vous admire de la tenir cachée et de ne pas vous en servir. Vous représentez pour moi des gens et un monde nouveaux. Tous ceux de votre race sont-ils ainsi? Votre pays doit être un royaume de paix et de contentement, et les jardiniers doivent y être tenus en grand honneur.

– Tout n'y est pas parfait, dit Frodon, mais on y honore certainement les jardiniers.

– Mais on doit s'y fatiguer, même dans les jardins, comme toutes choses sous le Soleil en ce monde. Vous êtes loin de chez vous et vous avez beaucoup voyagé. Assez pour ce soir. Dormez, tous les deux – en paix, si vous le pouvez. Ne craignez rien! Je ne désire ni le voir, ni le toucher, ni en apprendre davantage à son sujet (ce que j'en sais suffit amplement), de peur que le péril ne puisse m'attirer et que je ne succombe plus en cette épreuve que Frodon fils de Drogon. Allez maintenant vous reposer – mais dites-moi seulement auparavant, si vous le voulez bien, où vous désirez aller et ce que vous voulez faire. Car je dois veiller, attendre et réfléchir. Le temps passe. Au matin, nous devons les uns et les autres partir vivement sur les routes qui nous sont assignées.

Frodon était resté tremblant, le premier choc de la peur passé. Une grande lassitude s'appesantit sur lui comme un nuage. Incapable de dissimuler plus longtemps, il ne pouvait y résister.

– J'allais chercher une voie pour entrer en Mordor, dit-il d'une voix faible. J'allais à Gorgoroth. Il me faut trouver la Montagne de Feu et jeter l'objet dans le gouffre du Destin. Gandalf l'a dit. Je ne pense pas y arriver jamais.

Faramir le contempla un moment avec une gravité étonnée. Puis il le rattrapa soudain alors qu'il vacillait et, le soulevant avec douceur, il le porta jusqu'au lit, où il l'étendit et le couvrit chaudement. Frodon tomba aussitôt dans un profond sommeil.

Un autre lit fut installé à côté pour son serviteur. Sam hésita un moment, puis, s'inclinant très bas : – Bonne nuit, Capitaine, mon seigneur, dit-il. Vous avez pris le risque, Monsieur.

– Vraiment? dit Faramir.

– Oui, Monsieur, et vous avez montré votre qualité : la plus haute.

Faramir sourit. – Vous êtes un serviteur hardi, Maître Samsagace. Mais allons : la louange de ceux qui sont dignes de louange est au-dessus de toute récompense. Il n'y avait toutefois là aucune matière à louange. Il n'y avait aucun appât, et je n'avais nul désir d'agir autrement.

– Ah, bien, Monsieur, dit Sam, vous avez dit que mon maître avait un certain air elfique; c'était bien et vrai. Mais je puis dire ceci : vous avez un air aussi, Monsieur, qui me fait penser à... à... enfin à Gandalf, aux magiciens.

– Peut-être, dit Faramir. Peut-être discernez-vous de très loin l'air de Numénor. Bonne nuit!

CHAPITRE VI

LE LAC INTERDIT

A son réveil, Frodon vit Faramir penché sur lui. Durant une seconde, les anciennes craintes le saisirent; il se redressa et eut un mouvement de recul.

– Il n'y a rien à craindre, lui dit Faramir.

– Est-ce déjà le matin? demanda Frodon, bâillant.

– Non, pas encore, mais la nuit tire à sa fin et la pleine lune se couche. Voulez-vous venir la voir? Il y a aussi une question sur laquelle j'aimerais avoir votre avis. Je regrette de vous tirer du sommeil, mais voulez-vous venir?

– Oui, dit Frodon, se levant, et il eut un léger frisson en quittant la couverture et les fourrures chaudes. Il faisait froid dans la caverne sans feu. Le bruit de l'eau retentissait dans le silence. Il mit son manteau et suivit Faramir.

Sam, s'éveillant soudain par quelque instinct de vigilance, vit d'abord le lit de son maître vide et il bondit sur ses pieds. Puis il aperçut deux silhouettes, celles de Frodon et d'un homme, qui se détachaient dans l'arche, à présent remplie d'une pâle lueur blanche. Il se hâta d'aller les rejoindre, en passant devant des rangées d'hommes endormis sur des matelas le long de la paroi. Comme il approchait de l'entrée de la caverne, il vit que le Rideau était devenu un éblouissant voile de soie, de perles et de fils d'argent : des glaçons de lumière lunaire en train de fondre. Mais il ne s'arrêta pas pour l'admirer et, se détournant, il suivit son maître par l'étroite porte ménagée dans le mur de la grotte.

Ils commencèrent par suivre un couloir noir, puis ils gravirent de nombreuses marches mouillées, et ils arrivèrent ainsi à un petit palier taillé dans la pierre et éclairé par le ciel pâle qui rayonnait loin au-dessus d'eux par une longue et profonde cheminée. De là partaient deux escaliers : l'une continuait, semblait-il, jusque sur la haute rive de la rivière; l'autre tournait à gauche. Ils prirent celui-ci. Il montait en tournant comme un escalier hors d'œuvre.

Ils finirent par sortir des ténèbres rocheuses et regardèrent alentour. Ils se trouvaient sur un large rocher plat sans garde-fou ni parapet. Sur la droite, à l'est, le torrent tombait en éclaboussant sur maintes plates-formes; puis, se déversant dans une course rapide, il emplissait d'une grande force d'eau sombre tachetée d'écume un lit aplani; enfin, tourbillonnant et se ruant presque à leurs pieds, il plongeait à pic par-dessus le rebord qui béait à leur gauche. Un homme se tenait là, près de l'arête, silencieux, le regard fixé sur le bas.

Frodon se retourna pour observer les étranglements luisants de l'eau dans leurs courbes jusqu'au plongeon. Puis il leva les yeux et regarda au loin. Le monde était silencieux et froid, comme à l'approche de l'aube. La pleine lune sombrait au loin à l'ouest, ronde et blanche. Des brumes pâles chatoyaient dans la grande vallée en contrebas : vaste chasme de vapeur argentée sous laquelle roulaient les fraîches eaux nocturnes de l'Anduin. Une noire obscurité s'élevait au-delà, dans laquelle entreluisaient par-ci par là, froides, aiguës, lointaines, blanches comme des dents de spectres, les cimes de l'Ered Nimrais, les Montagnes Blanches du Royaume de Gondor, couronnées de neiges éternelles.

Frodon se tint un moment sur la haute pierre, et il fut parcouru d'un frisson en se demandant si, quelque part dans la vastitude des terres nocturnes, ses vieux compagnons marchaient ou dormaient, ou bien gisaient morts dans un suaire de brume. Pourquoi l'avait-on tiré d'un sommeil oublieux pour l'amener là?

Sam aurait bien voulu une réponse à la même question, et il ne put se retenir de murmurer, pour la seule oreille de son maître, pensait-il : – C'est une belle vue, il n'y a pas de doute, Monsieur Frodon, mais elle glace le cœur, sans compter les os! Qu'est-ce qui se passe?

Faramir l'entendit et répondit : – Le coucher de la lune sur le Gondor. Le bel Ithil, quittant la Terre du Milieu, jette un coup d'œil sur les boucles blanches du vieux Mindolluin. Cela vaut bien quelques frissons. Mais ce n'est pas ce que je vous ai amenés voir – encore que pour vous, Samsagace, on ne vous ait pas amené et que vous ne fassiez que payer la rançon de votre vigilance. Une lampée de vin réparera cela. Allons, regardez, maintenant!

Il s'approcha de la sentinelle silencieuse sur le bord sombre, et Frodon le suivit. Sam resta en arrière. Il avait déjà un sentiment d'insécurité suffisant sur cette haute plate-forme mouillée. Faramir et Frodon regardèrent en bas. Loin en contrebas, ils virent les eaux blanches se déverser dans une cuvette écumante, puis tournoyer sombrement autour d'un profond bassin ovale parmi les rochers, jusqu'à la découverte d'une issue par une porte étroite; elles s'en allaient alors, fumantes et jacassantes, dans des étendues droites plus calmes et plus égales. Le clair de lune envoyait encore ses rayons obliques au pied de la cascade et miroitait sur les rides du bassin. Bientôt, Frodon s'aperçut de la présence d'une petite chose noire sur la rive la plus proche; mais, au moment même où il regardait, elle plongea et disparut juste au-delà du bouillonnement tournoyant de la chute, fendant l'eau noire avec la netteté d'une flèche ou d'une pierre de champ.

Faramir se tourna vers l'homme qui était à son côté : – Que diriez-vous que c'est là, Anborn? Un écureuil, ou un martin-pêcheur? Ou y a-t-il des martins-pêcheurs noirs dans les trous d'eau nocturnes de la Forêt Noire?

– Ce n'est pas un oiseau, en tout cas, répondit Anborn. Ça a quatre membres et ça plonge comme un homme; et ça y montre une belle maîtrise aussi. Qu'est-ce que ça cherche? Un chemin derrière le Rideau vers nos cachettes? Il semble que nous soyons enfin découverts. J'ai là mon arc, et j'ai posté sur les deux rives d'autres archers, presque aussi bons tireurs que moi-même. On n'attend que votre ordre pour tirer, Capitaine.

– Tirerons-nous? demanda Faramir, se tournant vivement vers Frodon.

Celui-ci ne répondit pas tout de suite. Puis il dit :
– Non! Non! Je vous supplie de n'en rien faire. Si Sam l'avait osé, il aurait répondu « Oui » plus vite et plus fort. Il ne pouvait voir; mais il devinait assez bien d'après leurs paroles ce qu'ils regardaient.

– Vous savez donc ce qu'est cette chose? dit Faramir. Allons, maintenant que vous avez vu, dites-moi pourquoi il faut l'épargner. Dans tous nos entretiens, vous n'avez pas parlé une seule fois de votre vagabond de compagnon, et je l'ai laissé tranquille pour l'instant. Cela pouvait attendre jusqu'au moment où il serait pris et amené devant moi. J'ai envoyé mes meilleurs chasseurs à sa recherche, mais il leur a échappé, et ils ne l'ont jamais vu jusqu'à maintenant, sauf Anborn, ici présent, qui l'a aperçu une fois hier soir au crépuscule. Mais à présent il a commis pire abus que la simple prise de lapins dans les hautes terres : il a osé venir à Henneth Annûn, et il le paiera de sa vie. Cette créature m'étonne : secrète et rusée comme elle est, venir jouer dans le lac juste sous notre fenêtre! S'imagine-t-elle donc que les hommes dorment sans garde toute la nuit? Pourquoi fait-elle cela?

– Je pense qu'il y a deux réponses, dit Frodon. D'une part, cet être connaît peu les Hommes et, tout rusé qu'il est, votre refuge est si bien caché qu'il ignore peut-être que des Hommes y sont dissimulés. D'autre part, je crois qu'il est attiré ici par un désir irrésistible, plus fort que la prudence.

– Il est attiré ici, dites-vous? demanda Faramir d'une voix basse. Peut-il... Connaît-il donc votre fardeau?

– Oui, assurément. Il l'a lui-même porté pendant de nombreuses années.

– *Lui?* dit Faramir, et l'étonnement lui fit prendre une brusque inspiration. Cette affaire se complique toujours de nouvelles énigmes. Alors il nous poursuit?

– Peut-être. L'objet lui est précieux. Mais je ne parlais pas de cela.

– Que cherche donc cette créature?

– Du poisson, dit Frodon. Regardez!

Ils observèrent le lac sombre. Une petite tête noire apparaissait à l'autre extrémité du bassin, sortant juste de l'ombre profonde des rochers. Il y eut un éclair d'argent et un remous de toutes petites rides. Il se dirigea vers le bord, puis une forme semblable à une grenouille sortit de l'eau et grimpa sur la rive avec une remarquable agilité. Elle s'assit aussitôt et se mit à ronger la petite chose argentée, qui scintilla en tournant : les derniers rayons de la lune tombaient à présent derrière le mur de pierre à l'extrémité du lac.

Faramir rit doucement. – Du poisson! dit-il. C'est une faim moins dangereuse. Ou peut-être pas : le poisson du lac d'Henneth Annûn pourrait lui coûter tout ce qu'il a à donner.

– Je l'ai maintenant à la pointe de ma flèche, dit Anborn. Ne dois-je pas tirer, Capitaine? Pour être venu en ce lieu sans y être invité, la mort est notre loi.

– Attendez, Anborn, dit Faramir. Cette affaire est plus délicate qu'elle ne le paraît. Qu'avez-vous à dire à présent, Frodon? Pourquoi l'épargnerions-nous?

– Cet être est misérable et il a faim, dit Frodon, et il n'a pas conscience du danger qui le menace. Et Gandalf, votre Mithrandir, vous aurait demandé de ne pas le tuer pour cette raison, et pour d'autres. Il l'a interdit aux Elfes. Je ne sais pas clairement pourquoi, et ce que je devine, je ne puis en parler ouvertement ici. Mais cette créature est en quelque façon liée à ma mission. Jusqu'au moment où vous nous avez trouvés et pris, elle était mon guide.

– Votre guide! dit Faramir. L'affaire devient de plus en plus étrange. Je ferais beaucoup pour vous, Frodon, mais ceci je ne puis vous l'accorder : laisser ce sournois vagabond partir librement d'ici à son gré pour vous rejoindre plus tard ou pour être attrapé par les Orques et leur raconter tout ce qu'il sait sous la menace de la souffrance. Il faut qu'il soit tué ou pris. Tué, si on ne peut le prendre très rapidement. Mais comment peut-on attraper cette chose glissante aux nombreuses apparences, autrement qu'avec un trait empenné?

– Laissez-moi descendre doucement vers lui, dit Frodon. Vous pourrez garder vos arcs bandés et me tuer, moi au moins, si j'échoue. Je ne m'enfuirai pas.

– Allez alors, et faites vite! dit Faramir. S'il en ressort vivant, il devrait être votre serviteur fidèle pour le restant de ses malheureux jours. Menez Frodon en bas de la rive,

Anborn, et allez doucement. Cette créature a un nez et des oreilles. Donnez-moi votre arc.

Anborn grogna et passa devant le long de l'escalier en colimaçon jusqu'au palier; ils remontèrent l'autre escalier pour arriver enfin à une étroite ouverture, cachée par d'épais buissons. L'ayant silencieusement franchie, Frodon se trouva au haut de la rive sud, au-dessus du lac. Il faisait maintenant sombre et les chutes étaient pâles et grises, ne réfléchissant que la lueur de la lune attardée dans le ciel à l'ouest. Il ne voyait pas Gollum. Il s'avança un peu, et Anborn vint doucement derrière lui.

– Continuez! murmura-t-il à l'oreille de Frodon. Attention à droite. Si vous tombez dans le lac, personne d'autre que votre ami pêcheur ne pourra vous secourir. Et n'oubliez pas qu'il y a des archers à proximité, bien que vous ne les voyiez peut-être pas.

Frodon avança avec précaution, se servant de ses mains à la manière de Gollum pour tâter le chemin et assurer son équilibre. Les rochers étaient pour la plupart plats et unis, mais glissants. Il s'arrêta pour écouter. Il n'entendit d'abord que la chute continue de la cascade derrière lui. Mais bientôt il perçut, non loin devant lui, un murmure sifflant.

– Du poisson, du bon poisson. La Face Blanche a disparu, mon trésor, enfin, oui. Maintenant, on peut manger du poisson en paix. Non, pas en paix, mon trésor. Car le Trésor est perdu; oui, perdu. Sales Hobbits, vilains Hobbits. Ils sont partis et nous ont abandonné, *gollum*; et le Trésor est parti. Seulement le pauvre Sméagol, tout seul. Pas de Trésor. Les vilains Hommes; ils vont le prendre, voler mon Trésor. Des voleurs. On les déteste. Du poissson, du bon poissson, ça nous fortifie. Ça fait les yeux brillants, les doigts serrés, oui. Etrangle-les, mon trésor. Etrangle-les tous, oui, si on en a l'occasion. Bon poissson. Bon poissson!

Cela se poursuivait ainsi, presque aussi continûment que la chute de l'eau, la seule interruption étant un faible bruit de salivation et de gargouillement. Frodon frissonna, écoutant avec pitié et dégoût. Il souhaitait que cela s'arrêtât et qu'il n'eût plus jamais à entendre cette voix. Anborn n'était pas loin derrière. Frodon pouvait revenir furtivement vers lui et lui demander de faire tirer les chasseurs. Ils pourraient sans doute approcher suffisamment, tandis que Gollum se gavait et n'était pas sur ses gardes. Un seul trait bien ajusté, et Frodon serait débarrassé à jamais de la misérable voix. Mais non, Gollum avait des droits sur lui, à présent. Le serviteur a des droits sur son maître en échange de son service, fût-il motivé par la peur. Sans Gollum, ils se seraient enfoncés dans les Marais des Morts. Frodon avait aussi l'impression tout à fait nette que Gandalf ne l'aurait pas souhaité.

– Sméagol! dit-il doucement.

– Poissson, bon poissson, dit la voix.

– Sméagol! dit-il un peu plus fort. La voix se tut.

– Sméagol, le Maître est venu vous chercher. Le Maître est ici. Venez, Sméagol! Il n'y eut pas de réponse, mais un léger sifflement, comme d'une prise de souffle.

– Venez, Sméagol! dit Frodon. Nous sommes en danger. Les Hommes vous tueront, s'ils vous trouvent ici. Venez vite, si vous voulez échapper à la mort. Venez au Maître!

– Non! répondit la voix. Maître pas gentil. Abandonne le pauvre Sméagol et va avec nouveaux amis. Maître peut attendre. Sméagol n'a pas fini.

– Il n'y a pas le temps, dit Frodon. Emportez le poisson. Venez!

– Non! Faut finir le poisson.

– Sméagol! dit désespérément Frodon. Le Trésor sera mécontent. Je prendrai le Trésor et je lui dirai : fais-lui avaler les arêtes et s'étouffer. Plus jamais goûter le poisson. Venez, le Trésor attend!

Il y eut un sifflement aigu. Bientôt, Gollum sortit des ténèbres à quatre pattes, comme un chien à l'appel. Il avait à la bouche un poisson à demi mangé, et un autre à la main. Il vint tout près de Frodon, presque nez à nez, et le renifla. Ses yeux pâles brillaient. Puis il retira le poisson de sa bouche et se redressa.

– Gentil Maître! murmura-t-il. Gentil Hobbit, revenu auprès du pauvre Sméagol. Le bon Sméagol vient. Maintenant, partons, partons vite, oui. A travers les arbres, pendant que les Faces sont noires. Oui, allons, partons!

– Oui, nous partirons bientôt, dit Frodon. Mais pas tout de suite. J'irai avec vous, comme je l'ai promis. Je réitère ma promesse. Mais pas maintenant. Vous n'êtes pas encore en sécurité. Je vous sauverai, mais il faut me faire confiance.

– On doit faire confiance au Maître? dit Gollum d'un air de doute. Pourquoi? Pourquoi ne pas partir tout de suite? Où est l'autre, le hobbit mécontent et grossier? Où est-il?

– Là-haut, dit Frodon, montrant la chute d'eau. Je ne pars pas sans lui. Nous devons aller le retrouver. Son cœur se serra. Cela ressemblait trop à une tromperie. Il ne craignait pas vraiment que Faramir permît de tuer Gollum, mais il le ferait sans doute prisonnier et le lierait; et assurément ce que Frodon faisait paraîtrait une déloyauté à la pauvre créature déloyale. Il serait probablement impossible de jamais lui faire comprendre ou croire que Frodon lui avait sauvé la vie de la seule façon possible. Que pouvait-il faire d'autre? – tenir parole, autant que faire se pouvait, d'un côté comme de l'autre. Venez! dit-il. Sans quoi, le Trésor sera mécontent. Nous retournons maintenant le long de la rivière. Allez, allez, passez devant!

Gollum rampa un peu le long du bord, reniflant et soupçonneux. Il s'arrêta bientôt et releva la tête. – Il y a quelque chose là! dit-il. Pas un Hobbit. Il se retourna soudain. Une lueur verte clignota dans ses yeux protubérants. Maître, maître! s'écria-t-il. Mauvais! Rusé! Faux! Il cracha et tendit ses longs bras en faisant claquer ses doigts blancs.

A ce moment, la grande forme noire d'Anborn se leva par derrière et descendit sur lui. Une grande et forte main s'abattit sur sa nuque et l'immobilisa. Il se débattit aussitôt, tout mouillé et vaseux, se tortillant comme une anguille, mordant et écorchant comme un chat. Mais deux hommes encore sortirent des ombres.

– Restez tranquille! dit l'un. Ou on vous lardera de piquants comme un porc-épic. Restez tranquille!

Gollum devint flasque et se mit à geindre et à pleurer. Ils le lièrent sans grande douceur.

– Tout doux, tout doux! dit Frodon. Il n'a pas votre force. Ne lui faites pas de mal, si vous pouvez l'éviter. Il sera plus calme si vous ne lui en faites pas. Sméagol! Ils ne vous feront pas de mal. Je vous accompagnerai, et il ne vous arrivera rien. Pas à moins qu'ils ne me tuent aussi. Faites confiance au Maître!

Gollum se retourna et cracha vers lui. Les hommes le soulevèrent, lui mirent un capuchon sur les yeux et l'emportèrent.

Frodon les suivit, très malheureux. Ils passèrent par l'ouverture derrière les buissons et revinrent, par les escaliers et les passages, dans la caverne. Deux ou trois torches avaient été allumées. Des hommes bougeaient. Sam était là et il jeta un curieux regard sur le paquet flasque que les hommes portaient. – Vous l'avez attrapé? dit-il à Frodon.

– Oui. Enfin non, je ne l'ai pas attrapé. Il est venu vers moi parce qu'il m'avait fait confiance au début, je crains. Je ne voulais pas qu'on le ligote comme cela. J'espère que ça ira bien; mais j'ai horreur de toute cette affaire.

– Moi aussi, dit Sam. Et jamais rien n'ira bien où se trouve ce misérable spécimen.

Un homme vint faire signe aux Hobbits, et il les emmena dans un recoin au fond de la caverne. Faramir y était assis dans son fauteuil, et la lampe avait été rallumée dans la niche au-dessus de sa tête. Il les invita à prendre place sur les tabourets à côté de lui. – Qu'on apporte du vin pour les hôtes, dit-il. Et amenez-moi le prisonnier.

Le vin fut apporté, puis Anborn arriva, portant Gollum. Il retira le capuchon de la tête de Gollum et le remit sur ses pieds, restant debout derrière lui pour le soutenir. Gollum ferma à demi les yeux, cachant leur malice derrière ses lourdes et pâles paupières. Il avait l'air d'une très misérable créature, ruisselante et froide, sentant le poisson (il en étreignait encore un dans sa main); ses rares cheveux pendaient comme des algues fétides sur ses sourcils osseux; son nez coulait.

– Lâchez-nous! Lâchez-nous! dit-il. La corde nous fait mal, oui, elle nous fait mal et on n'a rien fait.

– Rien? dit Faramir, jetant un regard pénétrant à la misérable créature, mais sans aucune expression de colère, de pitié ou d'étonnement sur le visage. Rien? N'avez-vous jamais rien fait qui vous mérite des liens ou un châtiment pire? Il ne m'appartient toutefois pas de juger, heureusement. Mais ce soir, vous êtes venu en un lieu où la venue signifie la mort. Les poissons de ce lac se paient cher.

Gollum laissa tomber le poisson de sa main. – Voulons pas le poisson, dit-il.

– Le prix n'est pas attaché au poisson, dit Faramir. Le fait seul de venir ici et de contempler le lac entraîne la peine de mort. Je vous ai épargné jusqu'à maintenant à la prière de Frodon ici présent, qui dit que de lui au moins vous méritez quelques remerciements. Mais il faut aussi me satisfaire, moi. Comment vous appelez-vous? D'où venez-vous? Et où allez-vous? Quelle est votre occupation?

– On est perdus, perdus, dit Gollum. Pas de nom, pas d'occupation, pas de Trésor, rien. Seulement vide. Seulement affamé; oui, on a faim. Quelques petits poissons, de sales petits poissons pleins d'arêtes, pour une pauvre créature, et ils disent la mort. Ils sont si sages; si justes, si vraiment justes!

– Pas très sages, dit Faramir. Mais justes; oui, peut-être aussi justes que le permet notre petite sagesse. Déliez-le, Frodon! Faramir prit dans sa ceinture un petit couteau, qu'il tendit à Frodon. Gollum, se méprenant sur le geste, poussa un cri aigu et tomba à terre.

– Allons, Sméagol! dit Frodon. Il faut me faire confiance. Je ne vous abandonnerai pas. Répondez véridiquement, si vous le pouvez. Cela vous fera du bien, non du mal. Il coupa les cordes qui enserraient les poignets et les chevilles de Gollum, et il le remit sur ses pieds.

– Venez ici! dit Faramir. Regardez-moi! Connaissez-vous le nom de cet endroit? Etes-vous déjà venu ici?

Gollum leva lentement les yeux et regarda à contre-cœur dans ceux de Faramir. Toute lueur en disparut, et ils se fixèrent, mornes et pâles, dans les yeux clairs et fermes de l'homme de Gondor. Il y eut un moment de silence et d'immobilité. Puis Gollum baissa la tête et se tassa sur lui-même; il fut bientôt accroupi, frissonnant, sur le sol. – On ne sait pas, et on ne veut pas savoir, geignit-il. Jamais venu ici; jamais revenir.

– Il y a dans votre esprit des portes verrouillées et des fenêtres fermées, et des pièces sombres par-derrière, dit Faramir. Mais en ceci, je juge que vous dites la vérité. C'est bon pour vous. Sur quoi jurerez-vous de ne jamais revenir; et de ne jamais conduire ici par la parole ou par signe aucun être vivant?

– Le Maître le sait, dit Gollum, jetant un regard de côté à Frodon. Oui, il le sait. On promettra au Maître, s'il nous sauve. Nous le promettrons à l'Objet, oui. (Il rampa jusqu'aux pieds de Frodon.) Sauvez-nous, gentil Maître! gémit-il. Sméagol promet au Trésor; il promet loyalement. Jamais revenir, jamais parler, non, jamais! Non, mon trésor, non!

– Etes-vous satisfait? demanda Faramir.

– Oui, dit Frodon. Du moins, vous devez ou accepter cette promesse, ou appliquer votre loi. Vous n'en tirerez rien de plus. Mais j'ai promis que, s'il venait à moi, il ne lui serait fait aucun mal. Et je n'aimerais pas être contraint à la déloyauté.

Faramir resta un moment pensif. – Bon, dit-il enfin. Je vous remets à votre maître, à Frodon fils de Drogon. Qu'il déclare ce qu'il veut faire de vous!

– Mais, Seigneur Faramir, dit Frodon, s'inclinant, vous n'avez pas encore déclaré votre volonté en ce qui concerne le dit Frodon, et il ne peut former de plans pour lui-même ou ses compagnons tant qu'elle ne sera pas connue. Vous avez ajourné votre jugement jusqu'au matin; mais celui-ci est maintenant tout proche.

– Eh bien, je vais déclarer ma sentence, dit Faramir. Quant à vous, Frodon, dans la mesure des pouvoirs qui me sont conférés par une plus haute autorité, je vous déclare libre dans le royaume de Gondor jusqu'à la limite de ses anciennes frontières; à seule condition que ni vous ni aucun de ceux qui vous accompagnent ne seront autorisés à venir en cet endroit sans y être priés. Cette sentence sera valable un an et un jour, après quoi, elle prendra fin à moins que vous ne veniez avant ce terme à Minas Tirith vous présenter au Seigneur et Intendant de la Cité. Je lui demanderai alors de confirmer ce que j'ai fait et de le prolonger à vie. D'ici là, toute personne que vous prendrez sous votre protection sera sous la mienne et sous le bouclier de Gondor. Cette réponse vous satisfait-elle?

Frodon s'inclina profondément. – Elle me satisfait, dit-il, et je me mets à votre service, si cela a la moindre valeur pour quelqu'un d'aussi puissant et d'aussi honorable.

– Votre concours a une grande valeur, dit Faramir. Et Maintenant, prenez-vous cette créature, ce Sméagol, sous votre protection?

– Oui, je prends Sméagol sous ma protection, dit Frodon. Sam poussa un soupir perceptible; et pas à propos des civilités, qu'il approuvait entièrement comme tout Hobbit l'aurait fait. En vérité, dans la Comté, pareille affaire aurait exigé beaucoup plus de paroles et de révérences.

– Dans ce cas, dit Faramir, se tournant vers Gollum, je vous dis que vous êtes sous une sentence de mort; mais, tant que vous marcherez avec Frodon, vous serez en sécurité pour ce qui me concerne. Mais si jamais un homme de Gondor vous trouve égaré sans lui, la sentence sera exécutée. Et puisse la mort vous trouver rapidement, en Gondor ou au-dehors, si vous ne le servez pas bien. Et maintenant, répondez-moi : où vouliez-vous aller? Vous étiez son guide, a-t-il dit. Où le meniez-vous? Gollum ne répondit rien.

– Je ne veux pas de secret là-dessus, dit Faramir. Répondez, ou je révoquerai mon jugement! Gollum ne dit toujours rien.

– Je vais répondre pour lui, dit Frodon. Il m'a amené à la Porte Noire, comme je le lui avais demandé; mais elle était infranchissable.

– Il n'y a aucune porte ouverte sur la Terre sans Nom, dit Faramir.

– Voyant cela, nous nous sommes détournés et nous sommes venus par la route du Sud, poursuivit Frodon; car il m'a dit qu'il y a, ou qu'il peut y avoir, un chemin près de Minas Ithil.

– Minas Morgul, dit Faramir.

– Je ne sais pas exactement, dit Frodon; mais le chemin grimpe, à ce que je crois, dans les montagnes du côté nord de la vallée où se trouve l'ancienne cité. Il monte jusqu'à une haute crevasse pour redescendre sur... ce qui est au-delà.

– Connaissez-vous le nom de ce haut col? demanda Faramir.

– Non, répondit Frodon.

– Il s'appelle Cirith Ungol. Gollum émit un sifflement

aigu et se mit à marmonner. N'est-ce pas là son nom? dit Faramir, se tournant vers lui.

– Non! dit Gollum, et il piaula comme sous l'effet d'un coup de poignard. Si, si, on a entendu ce nom une fois. Mais que nous importe le nom? Le Maître dit qu'il faut qu'il entre. Il faut donc qu'on essaie quelque chemin. Il n'y en a pas d'autre à essayer, non.

– Pas d'autre chemin? dit Faramir. Comment le savez-vous? Et qui a exploré tous les confins de ce sombre royaume? Il regarda longuement Gollum, d'un air pensif. Il reprit bientôt la parole : Emmenez cette créature, Anborn. Traitez-la avec douceur, mais surveillez-la. Et vous, Sméagol, n'essayez pas de plonger dans les chutes. Les rochers y ont de telles dents qu'ils vous tueraient avant l'heure. Laissez-nous maintenant, et prenez votre poisson!

Anborn sortit et Gollum passa devant lui, courbant l'échine. Le rideau fut tiré devant le renfoncement.

– Je crois que vous agissez fort peu sagement en cette affaire, Frodon, dit Faramir. Je ne pense pas que vous devriez aller avec cette créature. Elle est mauvaise.

– Non, pas entièrement, dit Frodon.

– Pas entièrement, peut-être, répliqua Faramir; mais la malice le ronge comme un chancre, et le mal grandit. Il ne vous mènera à rien de bon. Si vous voulez vous séparer de lui, je lui donnerai un sauf-conduit et je le ferai guider à tout point de la frontière du Gondor qu'il lui plaira de nommer.

– Il ne l'accepterait pas, dit Frodon. Il me suivrait, comme il le fait depuis longtemps. Et j'ai maintes fois promis de le prendre sous ma protection et d'aller où il me conduirait. Vous ne me demanderiez pas de manquer à ma parole envers lui?

– Non, dit Faramir. Mais mon cœur le ferait. Car il semble moins mauvais de conseiller à un autre de manquer à sa foi que de le faire soi-même, surtout quand on voit un ami inconsciemment lié avec son propre danger. Mais non – s'il veut aller avec vous, il vous faut maintenant le supporter. Mais je ne crois pas que vous soyez tenu d'aller à Cirith Ungol, dont il ne vous a dit qu'une partie de ce qu'il connaît. Cela, au moins, je l'ai vu clairement dans sa pensée. N'allez pas à Cirith Ungol!

– Où irai-je donc? dit Frodon. Retournerai-je à la Porte Noire pour me rendre à la garde? Que savez-vous à l'encontre de cet endroit qui en rende le nom si redoutable?

– Rien de certain, répondit Faramir. Nous autres de Gondor nous ne passons jamais à l'est de la Route, de nos jours, et aucun des plus jeunes hommes ne l'a jamais fait, non plus qu'aucun de nous n'a jamais mis le pied sur les Montagnes de l'Ombre. Nous n'en connaissons que les anciens récits et les on-dit du temps passé. Mais une sombre terreur demeure dans les cols qui dominent Minas Morgul. A la mention de Cirith Ungol, les vieillards et les maîtres du savoir blêmissent et observent le silence.

– La vallée de Minas Morgul a passé au mal il y a très longtemps, et c'était une menace et un lieu redoutable alors que l'Ennemi banni était encore très loin et que l'Ithilien était en majeure partie sous notre garde. Comme vous le savez, cette cité était autrefois une place forte, belle et fière, Minas Ithil, jumelle de notre propre cité. Mais elle fut prise par des hommes sauvages que l'Ennemi avait dominés dans sa première force, et qui erraient sans demeure et sans maître après sa chute. On dit que leurs seigneurs étaient des hommes de Numénor, tombés dans une sombre méchanceté; l'Ennemi leur avait donné des anneaux de puissance, et il les avait dévorés : ils étaient devenus des spectres vivants, terribles et pernicieux. Après son départ, ils prirent Minas Ithil et y résidèrent, et ils l'emplirent de pourriture, comme toute la vallée environnante : elle paraissait vide, mais ne l'était pas, car une crainte sans forme vivait à l'intérieur des murs en ruines. Il y avait Neuf Seigneurs, et après le retour de leur Maître, qu'ils aidèrent et préparèrent en secret, ils redevinrent puissants. Et puis les Neuf Seigneurs sortirent des portes de l'horreur, et nous ne pûmes leur résister. N'approchez pas de leur citadelle. Vous seriez découvert. C'est un lieu de malice sans cesse en éveil, plein d'yeux sans paupières. N'allez pas par là!

– Mais vers où me dirigeriez-vous? demanda Frodon. Vous ne pouvez me guider vous-même vers les montagnes, ni me les faire franchir, me dites-vous. Mais je suis tenu, par un engagement solennel devant le Conseil, de les passer; je dois trouver un chemin ou périr dans la recherche. Et si je retourne en arrière, refusant la route au bout du compte, où irai-je parmi les Elfes ou les Hommes? Voudriez-vous donc que je vienne en Gondor avec cet Objet, l'Objet qui rendit votre frère fou de désir? Quel sortilège exercerait-il à Minas Tirith? Y aura-t-il deux cités de Minas Morgul, se contemplant par-dessus une terre morte, emplie de pourriture?

– Je ne voudrais pas qu'il en fût ainsi, dit Faramir.

– Alors, que voudriez-vous que je fasse?

– Je ne sais pas. Mais je ne voudrais pas que vous alliez à la mort ou au supplice. Et je ne crois pas que Mithrandir aurait choisi ce chemin.

– Mais, depuis qu'il est parti, il me faut bien prendre ceux que je trouve. Et il n'y a pas le temps de chercher longtemps, dit Frodon.

– C'est un dur destin et une mission désespérée, dit Faramir. Mais rappelez-vous au moins mon avertissement : méfiez-vous de ce guide, Sméagol. Il a déjà commis un meurtre. Je l'ai lu en lui. Il soupira.

– Eh bien, ainsi donc nous nous sommes rencontrés et nous nous séparons, Frodon fils de Drogon. Il n'est pas besoin de vous bercer de douces paroles : je n'espère pas vous revoir aucun autre jour sous ce Soleil. Mais vous partirez maintenant avec ma bénédiction, sur vous et sur tous les vôtres. Reposez-vous un peu pendant que l'on vous préparera de la nourriture.

– J'aimerais bien apprendre comment ce rampant Sméagol devint possesseur de l'Objet dont nous parlons et comment il le perdit, mais je ne vous ennuierai pas maintenant. Si jamais, contre tout espoir, vous reveniez aux terres des vivants et que nous reprenions nos récits, assis près d'un mur au soleil et riant des tristesses passées, vous me le direz alors. Jusqu'à ce moment ou quelque autre au-delà de la vision des Pierres Voyantes de Numénor, adieu!

Il se leva et s'inclina profondément devant Frodon; puis il tira le rideau et passa dans la caverne.

CHAPITRE VII

VOYAGE À LA CROISÉE DES CHEMINS

Frodon et Sam retournèrent à leurs lits et s'étendirent en silence pour se reposer un peu, tandis que les hommes se remuaient et que les occupations de la journée commençaient. Après un moment, on leur apporta de l'eau, puis on les conduisit à une table où le couvert était mis pour trois. Faramir déjeuna avec eux. Il n'avait pas dormi depuis le combat de la veille, mais il ne paraissait pas fatigué.

Le repas terminé, ils se levèrent. – Puisse nulle faim ne vous tourmenter en route, dit Faramir. Vous avez peu de vivres, mais j'ai fait placer dans vos paquets une petite réserve de nourriture qui convienne à des voyageurs. Vous ne manquerez pas d'eau tant que vous marcherez dans l'Ithilien, mais ne buvez à aucun ruisseau descendant de l'Imlad Morgul, la Vallée de la Mort Vive. Il faut aussi que je vous dise ceci : mes éclaireurs et mes guetteurs sont tous rentrés, même certains qui s'étaient glissés jusqu'en vue du Morannon. Ils trouvent tous une chose étrange. Le pays est vide. Il n'y a rien sur la route; on n'entend nulle part le son de pas, de cors ni de cordes d'arcs. Un silence d'attente plane sur la Terre sans Nom. J'ignore ce que cela présage. Mais le moment approche rapidement de quelque grande conclusion. La tempête vient. Hâtez-vous tant que vous le pouvez! Si vous êtes prêts, partons. Le Soleil s'élèvera bientôt au-dessus de l'ombre.

On apporta aux Hobbits leurs paquets (un peu plus

lourds qu'auparavant), et aussi deux solides bâtons de bois poli, ferrés, à tête sculptée par laquelle passait une lanière de cuir tressé.

– Je n'ai pas de cadeaux convenables à vous offrir au moment de notre séparation, dit Faramir, mais prenez ces bâtons. Ils pourront être utiles à ceux qui marchent ou grimpent en terre sauvage. Les hommes des Montagnes Blanches les utilisent; encore que ceux-ci aient été coupés pour votre taille et nouvellement ferrés. Ils sont faits du bel arbre *lebethron*, cher aux charpentiers de Gondor, et la vertu leur a été donnée de trouver et de revenir. Puisse cette vertu ne pas faire entièrement défaut sous l'Ombre dans laquelle vous allez!

Les Hobbits s'inclinèrent très bas.

– Très gracieux hôte, dit Frodon, il m'avait été dit par Elrond le Semi-Elfe que je trouverais en chemin de l'amitié, secrète et imprévue. Je n'en cherchais certes pas de la qualité de celle que vous m'avez montrée. L'avoir trouvée tourne le mal en un grand bien.

Ils s'apprêtèrent alors au départ. Gollum fut tiré de quelque coin ou de quelque cachette, et il paraissait plus satisfait de lui-même qu'auparavant, bien qu'il se tînt tout près de Frodon et évitât le regard de Faramir.

– Votre guide doit avoir les yeux bandés, dit Faramir, mais pour vous et votre serviteur Samsagace, je vous en dispense, si vous le désirez.

Gollum poussa un cri aigu, se tortilla et s'agrippa à Frodon quand on vint lui bander les yeux; et Frodon dit :
– Bandez nous les yeux à tous trois et couvrez les miens en premier; il verra peut-être ainsi qu'on ne lui veut aucun mal. Il fut ainsi fait, et on les mena hors de la caverne d'Henneth Annûn. Quand ils eurent passé par les couloirs et par les escaliers, ils sentirent autour d'eux l'air frais, pur et doux, du matin. Ils poursuivirent un peu leur chemin ainsi aveuglés, montant et puis descendant doucement. Enfin la voix de Faramir ordonna de les débarrasser de leurs bandeaux.

Ils se trouvaient de nouveau sous les branches des arbres. On n'entendait aucun son des chutes d'eau, car une longue pente s'étendait à présent en direction du sud entre eux et le ravin dans lequel coulait la rivière. Ils virent à l'ouest de la lumière à travers les arbres, comme si le monde se terminait brusquement là à un bord qui ne donnait que sur le ciel.

– Ici se séparent définitivement nos chemins, dit Faramir. Si vous suivez mon conseil, vous ne tournerez pas encore vers l'est. Continuez tout droit, car vous aurez ainsi l'abri de la forêt sur de nombreux milles. A l'ouest, il y a une arête, et le sol descend dans de grandes vallées, tantôt brusquement et à pic et tantôt en longues pentes. Suivez cette arête et les lisières de la forêt. Au début de votre voyage, vous pourrez marcher de jour, je pense. Le pays est endormi dans une fausse paix, et pour un temps tout mal a été retiré. Profitez-en tant que vous le pouvez!

Il étreignit les Hobbits, à la manière de son peuple, se baissant, les mains sur leurs épaules, pour leur baiser le front. – Allez avec la bonne volonté de tous les hommes de bien! dit-il.

Ils s'inclinèrent jusqu'à terre. Puis, se détournant, il les quitta sans jeter un regard en arrière et rejoignit ses deux gardes, restés à une petite distance. Ils s'émerveillèrent de voir avec quelle rapidité ces hommes vêtus de vert se murent alors, disparaissant presque en un clin d'œil. La forêt où Faramir s'était tenu parut vide et triste, comme si un rêve eût passé.

Frodon soupira et se retourna vers le sud. Comme pour marquer son dédain de pareille courtoisie, Gollum grattait la terre au pied d'un arbre. – Il a déjà faim, de nouveau? se dit Sam. Allons, reprenons le collier!

– Ils sont enfin partis? demanda Gollum. Ssales méchants Hommes! Le cou de Sméagol lui fait encore mal, oui. Partons!

– Oui, partons, dit Frodon. Mais si vous ne savez dire que du mal de ceux qui vous ont fait miséricorde, taisez-vous!

– Gentil Maître! dit Gollum. Sméagol plaisantait seulement. Il pardonne toujours, il pardonne, oui, oui, même les petits tours du gentil Maître. Oh oui, gentil Maître, gentil Sméagol!

Frodon et Sam ne répondirent rien. Ayant hissé leurs

paquets sur leur dos et pris en main leurs bâtons, ils passèrent dans le bois de l'Ithilien.

Ils se reposèrent deux fois ce jour-là et prirent un peu de la nourriture fournie par Faramir : fruits secs et viande salée en quantité suffisante pour bon nombre de jours; et assez de pain pour le temps qu'il resterait frais. Gollum ne mangea rien.

Le soleil se leva et passa invisible au-dessus de leurs têtes, puis il commença de descendre, et la lumière au travers des arbres devint dorée; et ils marchaient toujours dans une ombre verte et fraîche, tandis que tout autour d'eux était silence. Les oiseaux semblaient s'être tous envolés ou être devenus muets.

L'obscurité tomba tôt sur la forêt silencieuse et ils s'arrêtèrent avant la nuit, fatigués par une marche de sept lieues ou davantage depuis l'Hennet Annûn. Frodon dormit toute la nuit sur l'humus épais sous un vieil arbre. Sam, à côté de lui, était moins tranquille; il se réveilla souvent, mais il ne voyait jamais aucun signe de Gollum, qui s'était esquivé aussitôt que les autres s'étaient installés pour le repos. Qu'il eût lui-même dormi ou qu'il eût rodé toute la nuit en quête de quelque proie, il ne le dit pas; mais il revint à la première lueur de l'aube et réveilla ses compagnons.

– Faut se lever, oui, ils doivent! dit-il. Loin à aller encore, au sud et à l'est. Les Hobbits doivent se hâter!

Ce jour-là s'écoula assez semblablement au précédent, sauf que le silence parut plus profond; l'atmosphère devint lourde, et il commença à faire étouffant sous les arbres. On avait l'impression que le tonnerre couvait. Gollum s'arrêtait souvent, reniflant l'air, puis il marmonnait pour lui-même et les pressait d'aller plus vite.

Comme la troisième étape de leur marche se poursuivait et que l'après-midi déclinait, la forêt s'aéra, les arbres devenant plus grands et plus espacés. De hautes yeuses d'une circonférence énorme se dressaient sombres et solennelles dans de vastes clairières, avec ici et là parmi elles des frênes séculaires et des chênes géants qui montraient juste leurs bourgeons brun-vert. Alentour s'étendaient de longues parcelles d'herbe verte, mouchetée de chélidoines et d'anémones, blanches et bleues, pour lors refermées pour le sommeil; et il y avait des prés tout peuplés de feuilles de jacinthes; les luisantes tiges des clochettes perçaient déjà la terre. Nul être vivant, bête ou oiseau, n'était visible; mais dans les espaces découverts, Gollum prit peur, et ils avancèrent alors avec circonspection, passant d'une ombre allongée à une autre.

La lumière s'évanouissait rapidement quand ils atteignirent l'orée de la forêt. Ils s'assirent là sous un vieux chêne noueux qui jetait ses racines tordues comme des serpents le long d'un talus escarpé et effrité. Une vallée profonde et obscure s'étendait devant eux. De l'autre côté, la forêt reprenait, bleue et grise dans le soir assombri, et s'en allait en direction du sud. A droite, dans l'est lointain et sous un ciel pommelé de feu, rougeoyaient les Montagnes de Gondor. A gauche, c'étaient les ténèbres : les hauts murs de Mordor, et de ces ténèbres sortait la longue vallée, descendant abruptement vers l'Anduin en un creux qui allait toujours s'élargissant. Au fond, courait un torrent rapide; Frodon entendait monter dans le silence sa voix rocailleuse; et du côté le plus proche, une route descendait en serpentant comme un ruban pâle dans des brumes grises et froides que n'effleurait nul rayon du soleil couchant. Là, Frodon crut discerner très loin, flottant pour ainsi dire sur un océan d'ombre, les hauts sommets indistincts et les pinacles irréguliers d'anciennes tours sombres et solitaires.

Il se tourna vers Gollum. – Savez-vous où nous sommes? demanda-t-il.

– Oui, Maître. Des endroits dangereux. C'est la route de la Tour de la Lune à la cité ruinée près des rives du Fleuve, Maître. La cité ruinée, oui, très sale endroit, plein d'ennemis. On n'aurait pas dû suivre le conseil des Hommes. Les Hobbits se sont beaucoup éloignés de leur chemin. Faut aller vers l'est, maintenant, par là-haut. (Il agita son bras maigre vers les montagnes sombres.) Et on ne peut pas prendre cette route. Oh non! Des gens cruels viennent de ce côté; ils descendent de la Tour.

Frodon abaissa son regard vers la route. Rien n'y bougeait, pour le moment, en tout cas. Elle semblait solitaire et abandonnée, descendant vers des ruines vides dans la brume. Mais il y avait une impression sinistre dans l'atmosphère, comme si, en effet, des choses allaient et venaient, que les yeux ne pouvaient voir. Frodon frissonna en regardant de nouveau les pinacles lointains qui disparaissaient à présent dans la nuit, et le son de l'eau lui parut froid et cruel : la voix du Morgulduin, la rivière polluée qui descendait de la Vallée des Esprits.

– Qu'allons-nous faire? dit-il. Nous avons marché longtemps et parcouru beaucoup de chemin. Chercherons-nous un endroit dans la forêt où nous pourrons rester cachés?

– Inutile de se cacher dans le noir, dit Gollum. C'est le jour que les Hobbits doivent se cacher, maintenant. Oui, le jour.

– Oh, allons! dit Sam. Il faut se reposer un peu, même si nous nous relevons au milieu de la nuit. Il y aura encore alors assez de ténèbres pour que vous nous emmeniez pour une longue marche, si vous connaissez le chemin.

Gollum acquiesça à contrecœur et il retourna vers les arbres, en direction de l'est pendant un moment, le long de l'orée peu dense de la forêt. Il ne voulait pas se reposer par terre aussi près de la route malfaisante, et après quelque discussion, ils grimpèrent tous dans la fourche d'une grande yeuse, dont les branches épaisses qui jaillissaient ensemble du tronc offraient une bonne cachette et un refuge assez confortable. La nuit tomba, et les ténèbres furent totales sous la voûte de l'arbre. Frodon et Sam burent un peu d'eau et mangèrent du pain et des fruits secs, mais Gollum se mit en boule et s'endormit aussitôt. Les Hobbits ne fermèrent pas les yeux.

Il devait être un peu plus de minuit quand Gollum se réveilla : ils prirent soudain conscience de la lueur de ses yeux pâles qui les regardaient. Il écouta et renifla, ce qui semblait être, ils l'avaient déjà remarqué, sa méthode habituelle pour découvrir l'heure de la nuit.

– Est-on reposés? A-t-on eu un bon sommeil? dit-il. Partons!

« Non, nous ne sommes pas reposés et nous n'avons pas eu un bon sommeil, grommela Sam. Mais on partira s'il le faut.

Gollum se laissa aussitôt tomber de l'arbre à quatre pattes, et les Hobbits le suivirent avec plus de lenteur.

Aussitôt à terre, ils reprirent leur marche dans l'obscurité sous la conduite de Gollum, montant en direction de l'est sur un terrain en pente. Ils ne voyaient pas grand-chose, car la nuit était à présent si profonde qu'ils n'avaient guère conscience des troncs d'arbres avant de s'y heurter. Le sol devint plus irrégulier et la marche plus difficile, mais Gollum ne semblait aucunement s'en soucier. Il les menait à travers des fourrés et des ronceraies; contournant parfois le bord d'une profonde crevasse ou d'un trou sombre, ou descendant dans des creux noirs, tapissés de buissons, pour en ressortir de l'autre côté; mais chaque fois qu'ils descendaient un peu, la pente suivante était plus longue et plus raide. Ils grimpaient de façon continue. A leur première halte, ils regardèrent en arrière et ils aperçurent vaguement les faîtes de la forêt qu'ils avaient quittée, comme une vaste et dense ombre, une nuit plus profonde sous le ciel sombre et vide. Il semblait qu'une grande noirceur s'élevait lentement de l'Est et dévorait les faibles étoiles estompées. Plus tard, la lune descendante échappa au nuage qui la poursuivait, mais elle était entourée d'un halo pâle et jaunâtre. Gollum se tourna enfin vers les Hobbits. – Bientôt le jour, dit-il. Les Hobbits doivent se presser. Pas sûr de rester à découvert dans ces endroits. Dépêchez-vous!

Il pressa le pas, et ils le suivirent avec lassitude. Ils commencèrent bientôt de gravir une vaste croupe. Elle était couverte en majeure partie d'une grande épaisseur d'ajoncs, d'airelles et autres épineux bas et durs, encore que s'ouvrissent par-ci par-là des éclaircies, cicatrices de feux récents. Les buissons d'ajoncs se firent plus fréquents à l'approche du sommet : ils étaient très vieux et hauts, maigres et dégingandés dans le bas, mais touffus du haut, et ils montraient déjà des fleurs jaunes qui entreluisaient dans l'obscurité et répandaient une faible et douce senteur. Les fourrés d'épines étaient si hauts que les Hobbits pouvaient marcher dessous sans se baisser, passant par de longs couloirs secs sur un épais tapis de terre et de piquants.

Ils arrêtèrent leur marche au bord de la crête de cette colline et se glissèrent pour se cacher sous un bouquet d'épines emmêlées. Leurs branches tordues, qui retombaient jusqu'à terre, étaient chevauchées par un enchevêtrement de vieux églantiers. Au plus profond de cet amas se trouvait une sorte de salle creuse chevronnée de branches mortes avec pour plafond les premières feuilles et les pousses printanières. Ils s'étendirent là un moment, encore trop fatigués pour manger; et ils guettèrent par les ouvertures du fourré la lente venue du jour.

Aucun jour ne vint toutefois, mais seulement un crépuscule brun mat. A l'Est, il y avait une lueur rouge terne sous l'amoncellement de nuages : ce n'était pas le rouge de l'aurore. Par-dessus les terres éboulées, les montagnes de l'Ephel Duath dressaient leur masse sinistre, noires et informes dans le bas, où la nuit demeurait épaisse et ne se dissipait pas, avec au-dessus des cimes déchiquetées et des arêtes menaçantes et durement profilées sur la lueur rougeoyante. Au loin à droite, un grand épaulement des montagnes s'avançaient vers l'ouest, sombre et noir parmi les ombres.

– De quel côté allons-nous à partir d'ici? demanda Frodon. Est-ce l'entrée de... de la Vallée de Morgul, là-bas, au-delà de cette masse noire?

– Faut-il y penser déjà? demanda Sam. On ne va sûrement plus bouger aujourd'hui, si on peut dire que c'est le jour?

– Peut-être pas, peut-être pas, dit Gollum. Mais il faudra partir bientôt, vers la Croisée des Chemins. Oui, la Croisée des Chemins. C'est la route par là, oui, Maître.

Le rayonnement rouge s'évanouit au-dessus du Mordor. Le crépuscule s'épaissit, tandis que de grandes vapeurs s'élevaient à l'Est et roulaient au-dessus d'eux. Frodon et Sam prirent un peu de nourriture, puis s'allongèrent; mais Gollum était agité. Il ne voulut manger aucun de leurs aliments, mais il but un peu d'eau; après quoi, il rampa de-ci de-là sous les buissons, reniflant et marmonnant. Puis il disparut soudain.

– Parti chasser, je suppose, dit Sam, qui bâilla. C'était son tour de dormir en premier, et il ne tarda pas à être plongé dans un rêve. Il se croyait revenu dans le jardin de Cul-de-Sac en train de chercher quelque chose; mais il avait sur le dos un lourd paquet, qui le faisait tenir courbé. Tout paraissait envahi par des herbes drues; des épines et des fougères emplissaient les parterres près de la haie du bas.

– Un sacré boulot pour moi, à ce que je vois; mais je suis si fatigué! répétait-il sans cesse. Il se rappela soudain ce qu'il cherchait. Ma pipe! s'écria-t-il, et il se réveilla.

« Idiot! se dit-il, en ouvrant les yeux et se demandant pourquoi il était couché sous la haie. Elle se trouvait dans ton paquet tout du long! » Puis il se rendit compte, d'abord que la pipe pouvait bien être dans son paquet, mais qu'il n'avait pas de feuille, et ensuite qu'il était à des centaines de milles de Cul-de-Sac. Il se redressa. Il faisait presque noir. Pourquoi son maître l'avait-il laissé dormir au-delà de son tour, jusqu'au soir?

– Vous n'avez pas dormi, Monsieur Frodon? Quelle heure est-il? Il semble qu'il se fasse tard!

– Non, dit Frodon. Mais le jour s'assombrit au lieu de s'éclaircir : il fait de plus en plus sombre. Pour autant que je puisse dire, il n'est pas encore midi, et tu n'as dormi que trois heures environ.

– Je me demande ce qui se passe, dit Sam. Est-ce un orage qui vient? Dans ce cas, ce sera le pire qui fut jamais. Nous souhaiterons nous trouver dans un trou profond et ne pas être simplement fourrés sous une haie. (Il écouta.) Qu'est-ce que c'est que ça? Le tonnerre, ou des tambours, ou quoi?

– Je n'en sais rien, dit Frodon. Ça fait un bon moment que cela dure. On a tantôt l'impression que la terre tremble et tantôt que l'air lourd vous bat dans les oreilles.

Sam regarda alentour. – Où est Gollum? demanda-t-il. Il n'est pas encore revenu?

– Non, répondit Frodon. Je ne l'ai ni vu ni entendu.

– Oh, je ne peux pas le sentir, dit Sam. En fait, je n'ai jamais rien ramassé en voyage que j'aie moins regretté de perdre en cours de route. Mais ce serait bien de lui, après nous avoir suivis pendant tous ces milles, de se faire perdre au moment même où nous aurons le plus besoin de lui – enfin, s'il doit jamais nous servir à quelque chose, ce dont je doute.

– Tu oublies les Marais, répliqua Frodon. J'espère qu'il ne lui est rien arrivé.

– Et moi, j'espère qu'il ne prépare pas quelque tour de sa façon. Et je souhaite en tout cas qu'il ne tombe pas entre d'autres mains, pour ainsi dire. Parce que, dans ce cas, on aura vite des ennuis.

A ce moment, un bref grondement roulant se fit entendre de nouveau, plus fort et plus profond cette fois-ci. Le sol trembla sous leurs pieds. – Je crois qu'on va avoir des ennuis de toute façon, dit Frodon. Je crains que notre voyage ne touche à sa fin.

– Peut-être, dit Sam; mais *tant qu'il y a de la vie, il y a de l'espoir,* comme disait mon Ancien; et *le besoin de se sustenter,* ajoutait-il la plupart du temps. Mangez un morceau, Monsieur Frodon, et puis prenez un peu de repos.

L'après-midi (il fallait bien l'appeler ainsi, pensa Sam) s'écoula lentement. Quand il regardait au-dehors de l'abri, il ne voyait qu'un monde sombre, sans ombres, qui s'estompait peu à peu dans une obscurité sans traits et sans couleur. On étouffait, mais il ne faisait pas chaud. Frodon dormit d'un sommeil inquiet; il se tournait et se retournait sans cesse, murmurant parfois. A deux reprises, Sam crut l'entendre prononcer le nom de Gandalf. Le temps lui semblait se traîner interminablement. Soudain, il entendit un sifflement derrière lui, et il vit Gollum à quatre pattes, qui le regardait, une lueur dans les yeux.

– Réveillez-vous, réveillez-vous! Réveillez-vous, somnolents! dit-il à voix basse. Réveillez-vous! Pas de temps à perdre. Il faut partir, oui, partir tout de suite. Pas de temps à perdre!

Sam le regarda d'un air soupçonneux : il paraissait effrayé ou excité. – Partir maintenant? Qu'est-ce que vous manigancez? Il n'est pas encore temps. Il ne peut même pas être l'heure du thé, tout au moins dans les endroits convenables où il y a une heure du thé.

– Ssot! siffla Gollum. On n'est pas dans des endroits convenables. Le temps manque, oui, il file rapidement. Pas de temps à perdre. Il faut partir. Réveillez-vous, Maître, réveillez-vous! Il agrippa Frodon; et celui-ci, réveillé en sursaut, se redressa soudain et lui saisit le bras. Gollum se dégagea et recula.

– Faut pas être sots, siffla-t-il. Faut partir. Pas de temps à perdre! Et ils ne purent rien en tirer de plus. Il ne voulut pas dire d'où il venait ni ce qui, d'après lui, se préparait qui motivât une telle hâte. Sam était empli d'une grande suspicion, et il le montra; mais Frodon ne laissa voir aucun signe de ce qui se passait dans sa tête. Il soupira, et, prenant son paquet, il s'apprêta à sortir dans l'obscurité toujours croissante.

Gollum leur fit descendre très furtivement le flanc de la colline, profitant de toutes les occasions de rester à l'abri et courant, courbé presque jusqu'à terre, à travers tout espace découvert; mais la lumière était à présent si faible que même une bête sauvage à la vue perçante n'aurait guère aperçu les Hobbits, encapuchonnés, dans leurs manteaux gris, et elle ne les aurait pas davantage entendus dans la marche précautionneuse que savent si bien adopter les petites personnes. Ils passèrent et disparurent sans le moindre craquement de brindille ou bruissement de feuille.

Ils poursuivirent leur route en silence, à la queue leu leu, durant une heure environ; ils étaient oppressés par l'obscurité et par le silence absolu du pays, que rompait seulement de temps à autre le faible roulement ressemblant à un tonnerre lointain ou au battement de tambours dans quelque creux des collines. Descendus de leur cachette, ils tournèrent en direction du sud pour suivre le chemin le plus rectiligne que Gollum pouvait trouver en travers d'une longue pente accidentée qui montait vers les montagnes. Bientôt, ils virent, dressés non loin devant eux comme un mur noir, une ceinture d'arbres. En approchant, ils s'aperçurent que ceux-ci étaient de très grande taille et en apparence très vieux; ils s'élevaient fort haut, quoique leurs têtes fussent décharnées et brisées, comme si la tempête et la foudre les avaient balayés sans les tuer ni en ébranler les racines insondables.

– La Croisée des Chemins, oui, murmura Gollum. C'étaient les premiers mots prononcés depuis qu'ils avaient quitté leur cachette. Il faut aller de ce côté-là. Tournant alors vers l'est, il leur fit gravir la pente; et soudain se révéla devant eux la Route du Sud, qui serpentait au pied des montagnes pour plonger bientôt dans le grand anneau d'arbres.

– C'est la seule voie, murmura Gollum. Aucun autre chemin que cette route. Pas de sentiers. Il faut aller à la Croisée des Chemins. Mais hâtez-vous! Taisez-vous!

Aussi furtivement que des éclaireurs parmi les avant-gardes ennemies, ils se glissèrent jusqu'à la route, dont ils suivirent le bord ouest sous le talus pierreux, gris comme la pierre même et d'un pas aussi feutré que celui d'un chat à la chasse. Ils finirent par atteindre les arbres et se virent dans un grand cercle ouvert au centre sur le ciel sombre; et les espaces entre les immenses fûts ressemblaient aux arches noires de quelque salle en ruine. Au centre même, quatre voies se rencontraient. Derrière eux, s'étendait la route du Morannon; devant eux, elle repartait pour son long trajet vers le sud; à droite, montait la route de l'ancienne Osgiliath, qui, après le croisement, se perdait à l'est dans les ténèbres : la quatrième était celle qu'ils devaient prendre.

Arrêté un moment à ce carrefour, empli de crainte, Frodon s'aperçut qu'une lumière brillait; il la vit se refléter sur le visage de Sam, à côté de lui. Se retournant vers sa source, il vit, au-delà d'une voûte de branches, la route d'Osgiliath qui descendait, descendait, presque aussi rectiligne qu'un ruban tendu, vers l'Ouest. Là, dans le lointain, au-delà du triste Gondor à présent submergé par l'ombre, le Soleil se couchait, ayant enfin trouvé le bord du grand drap funéraire des nuages roulants, et tombant dans un flamboiement sinistre vers la Mer encore immaculée. La brève lueur se répandit sur une énorme figure assise, immobile et solennelle comme les grands rois de pierre d'Argonath. Les ans l'avaient rongée et des mains violentes l'avaient mutilée. Sa tête était partie et, à sa place, avait été installée par dérision une pierre à peine dégrossie et maladroitement peinte par des mains barbares à l'image d'une figure grimaçante, avec un seul grand œil rouge au milieu du front. Sur les genoux et le majestueux siège et tout autour du piédestal se voyaient de futiles gribouillages entremêlés de symboles immondes en usage chez les fantasques habitants de Mordor.

Frodon aperçut soudain la tête de l'antique roi, accrochée par les rayons horizontaux : elle gisait, repoussée près du bord de la route. – Regarde, Sam! cria-t-il, mû par le saisissement. Regarde! Le roi a retrouvé une couronne!

Les yeux étaient creux et la barbe sculptée était brisée, mais autour du haut et sévère front, il y avait une couronne d'argent et d'or. Une plante grimpante aux fleurs semblables à de petites étoiles blanches s'était enroulée autour des sourcils comme en hommage au roi tombé, et dans les fissures de sa chevelure de pierre luisaient des orpins dorés.

– Ils ne peuvent vaincre éternellement! dit Frodon. Et puis, soudain, la brève vision disparut. Le Soleil plongea et s'évanouit, et, comme à la fermeture des volets devant une lampe, la nuit noire tomba.

CHAPITRE VIII

LES ESCALIERS DE CIRITH UNGOL

Gollum tirait sur le manteau de Frodon et sifflait de peur et d'impatience. – Il faut partir, dit-il. Il ne faut pas rester ici. Dépêchez-vous!

Frodon tourna avec regret le dos à l'ouest et suivit le guide là où il le menait, dans les ténèbres de l'est. Ils quittèrent l'anneau d'arbres et se glissèrent le long de la route vers les montagnes. Cette route, elle aussi, allait tout droit pendant un moment, mais elle commença bientôt à tourner vers le sud et elle longea le grand épaulement de rocher qu'ils avaient vu de loin. Il s'élevait au-dessus d'eux, noir et menaçant, plus sombre que le sombre ciel derrière lui. La route se poursuivait, rampant dans son ombre; après l'avoir contourné, elle s'élança de nouveau vers l'est et se mit à monter fortement.

Frodon et Sam marchaient péniblement, le cœur lourd, incapables de se soucier encore beaucoup du danger où ils étaient. Frodon avait la tête baissée; son fardeau le tirait de nouveau vers le bas. Aussitôt la grande Croisée des Chemins passée, le poids, presque oublié dans l'Ithilien, avait recommencé à croître. A présent, sentant le chemin devenir escarpé devant ses pieds, il leva la tête avec lassitude; et alors il la vit, tout comme Gollum le lui avait dit : la Cité des Esprits servants de l'Anneau. Il se tapit contre le talus pierreux.

Une vallée en longue pente, un profond chasme d'ombre, montait loin dans les montagnes. Sur le côté opposé, à quelque distance dans les bras de la vallée, haut perchés sur une assise rocheuse des courbes noires de l'Ephel Duath, se dressaient les murs et la tour de Minas Morgul. Tout était noir alentour, terre et ciel, mais elle était éclairée. Ce n'était pas le clair de lune emprisonné qui jaillissait au travers des murs de marbre de Minas Ithil au temps jadis, de la Tour de la Lune, belle et radieuse au creux des collines. Plus pâle en vérité que la lune souffrant de quelque lente éclipse était sa lumière présente, qui vacillait et soufflait comme une exhalaison fétide de pourriture, une lumière-cadavre, une lumière qui n'éclairait rien. Dans les murs et la tour se voyaient des fenêtres, trous noirs innombrables donnant à l'intérieur sur le vide; mais l'assise supérieure de la tour pivotait lentement, d'abord d'un côté, puis d'un autre, énorme tête spectrale lorgnant dans la nuit. Les trois compagnons restèrent un moment là, craintifs, regardant à contrecœur.

Gollum fut le premier à se ressaisir. Il tira de nouveau de façon pressante sur leurs manteaux, mais sans dire un mot. Il les tirait presque en avant. Chaque pas leur coûtait, et le temps semblait ralentir son cours, de sorte qu'entre le moment où le pied se levait et celui où il se reposait s'écoulaient des minutes de répugnance.

Ils arrivèrent ainsi au pont blanc. A cet endroit, la route, qui répandait une légère lueur, passait au-dessus de la rivière au milieu de la vallée pour s'en aller en serpentant dans des détours jusqu'à la porte de la cité : bouche noire ouverte dans le cercle extérieur des murs nord. De larges terrains plats s'étendaient de chaque côté, sombres prairies emplies de pâles fleurs blanches. Elles étaient lumineuses, elles aussi, belles et pourtant de configuration horrible comme les formes démentes d'un cauchemar; et elles émettaient une faible et écœurante odeur de charnier; une senteur de pourriture emplissait l'air. Le pont s'élançait d'une prairie à l'autre. Il y avait à sa tête des statues habilement sculptées en formes humaines et animales, mais toutes corrompues et repoussantes. L'eau qui coulait en dessous était silencieuse, et elle fumait; mais la vapeur qui s'en élevait en spirales et en volutes autour du pont était mortellement froide. Frodon eut l'impression que sa raison l'abandonnait et que son esprit s'obscurcissait. Et soudain, comme mû par une force étrangère à sa volonté, il pressa le pas, chancelant en avant, les mains tâtonnantes, la tête ballottant de droite et de gauche. Sam et Gollum coururent tous deux après lui. Sam saisit son maître dans ses bras au moment où celui-ci, trébuchant, manquait tomber à l'entrée même du pont.

– Pas par là! Pas par là! murmura Gollum, mais le souffle entre ses dents sembla déchirer le lourd silence comme un sifflet, et il se recroquevilla de terreur sur le sol.

– Redressez-vous, Monsieur Frodon! dit Sam à l'oreille de Frodon. Revenez! Pas par là, Gollum dit de ne pas y aller, et pour une fois je suis d'accord avec lui.

Frodon se passa la main sur le front et arracha son regard de la cité sur la colline. La tour lumineuse le fascinait, et il lutta contre le désir dont il était saisi de courir sur la route luisante vers la porte. Enfin, par un grand effort, il se retourna et, ce faisant, il sentit que l'Anneau lui résistait, tirant sur la chaîne qu'il avait au cou; et aussi ses yeux, tandis qu'il les détournait, semblèrent aveuglés pour le moment. Les ténèbres étaient, devant lui, impénétrables.

Gollum, rampant comme un animal effrayé, s'évanouissait déjà dans l'obscurité. Sam le suivit aussi vite qu'il le pouvait en supportant son maître qui chancelait. Non loin du bord de la rivière, il y avait une ouverture dans le mur de pierre qui longeait la route. Ils passèrent par là, et Sam vit qu'ils se trouvaient sur un étroit sentier qui, au début vaguement lumineux comme la route, s'éteignait et devenait sombre en grimpant au-dessus des prairies de fleurs mortelles pour monter en serpentant aux flancs nord de la vallée.

Les Hobbits clopinèrent côte à côte sur ce sentier, incapables de voir Gollum devant eux, sauf quand il se retournait pour leur faire signe d'avancer. Ses yeux brillaient alors d'une lumière blanc-vert, reflet peut-être de l'infecte luminosité de Morgul, ou résultat de quelque humeur correspondante chez lui. Frodon et Sam avaient toujours conscience de cette mortelle lueur et des noires orbites, ils jetaient sans cesse des regards craintifs pardessus leur épaule et devaient se forcer pour ramener les yeux sur le sentier qui allait s'assombrissant. Ils poursuivirent péniblement leur marche. Comme ils s'élevaient au-dessus de la puanteur et des vapeurs de la rivière empoisonnée, leur respiration devint plus aisée et leurs têtes plus claires; mais ils avaient à présent les membres terriblement las, comme s'ils avaient marché toute la nuit sous un fardeau ou nagé longtemps contre un courant puissant. Ils finirent par ne pouvoir aller plus loin sans une halte.

Frodon s'arrêta et s'assit sur une pierre. Ils avaient alors grimpé jusqu'au sommet d'une grande bosse de rocher nu. Devant eux, il y avait un enfoncement dans le bord de la vallée et le sentier en contournait le fond, comme une simple corniche assez large avec un chasme à droite; il grimpait à travers la paroi escarpée du sud de la montagne et finissait par disparaître dans les ténèbres du haut.

– Il faut que je me repose un moment, Sam, dit Frodon à voix basse. Il me pèse lourdement, Sam mon gars, très lourdement. Je me demande jusqu'où je pourrai le porter. En tout cas, il faut que je me repose avant de nous aventurer là-dedans. Il désignait l'étroit chemin devant eux.

– Sssh! ssh! siffla Gollum, revenant en hâte vers eux. Sssh! Ses doigts étaient posés sur ses lèvres, et il hochait la tête avec insistance. Tirant sur la manche de Frodon, il montrait le sentier; mais Frodon refusa de bouger.

– Pas encore, dit-il, pas encore. La fatigue et autre chose aussi l'oppressaient; il lui semblait qu'un lourd sortilège pesait sur son esprit et sur son corps. – Il faut que je me repose, murmura-t-il.

A ces mots, la peur et l'agitation de Gollum devinrent si grandes qu'il parla derechef, sifflant derrière sa main comme pour cacher le son de sa voix à des auditeurs invisibles dans l'air. – Pas ici, non. Pas se reposer ici. Fous! Des yeux peuvent nous voir. En arrivant au pont, ils nous verront. Venez! Grimpez, grimpez! Venez!

– Venez, Monsieur Frodon, dit Sam. Il a encore raison. On ne peut pas rester ici.

– Bon, répondit Frodon d'une voix faible, comme quelqu'un qui parlerait dans un demi-sommeil. Je vais essayer. Il se remit péniblement debout.

Mais il était trop tard. A ce moment, le rocher frémit et trembla sous eux. Le grand grondement, plus fort que jamais, roula dans le sol et se répercuta dans les montagnes. Et, avec une brûlante soudaineté, vint un grand éclair rouge. Il bondit dans le ciel bien au-delà des montagnes de l'est et éclaboussa de pourpre les sombres nuages. Dans cette vallée d'ombre et la lueur froide, il parut d'une violence et d'une impétuosité insupportables. Des dents de pierre et des arêtes semblables à des couteaux ébréchés jaillirent, tranchant d'un noir brutal la flamme montant du Gorgoroth. Puis vint un grand coup de tonnerre.

Et Minas Morgul répondit. Il y eut un flamboiement d'éclairs livides : des zigzags de flamme bleue jaillissant de la tour et des collines environnantes jusque dans les sombres nuages. La terre gémit; et de la cité vint une clameur. Mêlé à des voix rauques et stridentes comme d'oiseaux de proie et au hennissement perçant de chevaux fous de rage et de peur, retentit un cri déchirant, frissonnant, qui s'éleva rapidement à un degré perçant, dépassant le champ de l'audition. Les Hobbits se retournèrent de ce côté et se jetèrent à terre, les mains sur les oreilles.

Comme le terrible cri se terminait par un long gémissement, Frodon leva lentement la tête. De l'autre côté de l'étroite vallée, à présent presque au niveau de ses yeux, se voyaient les murs de la cité funeste, et sa porte caverneuse, en forme de bouche ouverte sur des dents luisantes, était béante. Et par cette porte, une armée s'avançait.

Tous les hommes étaient vêtus de noir, sombre comme la nuit. Frodon les voyait se détacher sur les murs pâles et le pavage lumineux, petites formes noires en rangs innombrables, marchant d'un pas rapide et silencieux et se déversant comme un fleuve interminable. Devant eux venaient un grand nombre de cavaliers qui se mouvaient comme des ombres en bon ordre, et à leur tête en était un plus grand que tous : un Cavalier, tout noir, sauf qu'il avait sur sa tête encapuchonnée un heaume semblable à une couronne, qui scintillait d'une inquiétante lumière. Il s'approchait alors du pont en contrebas, et Frodon le suivit de ses yeux grands ouverts, incapables de ciller ou de se détourner. C'était assurément là le Seigneur des Neuf Cavaliers, revenu sur terre pour mener son horrible armée au combat. Là, oui, là était le roi décharné dont la main froide avait abattu le Porteur de l'Anneau d'un coup de son mortel poignard. L'ancienne blessure palpita de douleur et un grand froid s'étendit vers le cœur de Frodon.

Tandis que ces pensées le transperçaient de peur et le tenaient lié comme par un sortilège, le Cavalier s'arrêta soudain juste à l'entrée du pont, et toute la troupe s'immobilisa derrière lui. Il y eut une pause, un silence de mort. Peut-être était-ce l'Anneau qui appelait le Seigneur des Esprits et avait-il un moment de trouble, sentant quelque autre pouvoir dans sa vallée. La tête casquée et couronnée se tournait avec crainte de côté et d'autre, balayant les ombres de ses yeux invisibles. Frodon attendait, incapable de bouger, tel un oiseau à l'approche d'un serpent. Et, dans cette attente, il sentit, plus pressant que jamais auparavant, l'ordre de mettre l'Anneau à son doigt. Mais, si grande que fût l'impulsion, il n'était pas enclin à y céder à ce moment. Il savait que l'Anneau ne ferait que le trahir et que, même en le mettant, il n'avait pas le pouvoir d'affronter le Roi de Morgul – pas encore. Il n'y avait plus aucune réponse à cet ordre dans sa propre volonté, tout épouvantée qu'elle était, et il ne sentait que battre sur lui un grand pouvoir extérieur. Celui-ci lui prenait la main, et tandis que Frodon observait avec son esprit, non consentant mais dans l'attente (comme en présence de quelque vieille histoire lointaine), la force la tirait pouce par pouce vers la chaîne à son cou. Et puis sa propre volonté se mit en branle; lentement, il contraignit la main à revenir en place, et il la mit à la recherche d'un autre objet caché près de sa poitrine. Comme elle se refermait dessus, l'objet lui parut dur et froid : c'était la fiole, si longtemps gardée précieusement et presque oubliée jusqu'à cette heure. A ce contact, toute pensée au sujet de l'Anneau fut bannie de son esprit pendant un moment. Il soupira et baissa la tête.

Au même instant, le Roi des Esprits se retourna, éperonna son cheval et franchit le pont; toute sa sombre armée le suivit. Peut-être les capuchons elfiques avaient-ils résisté à ses yeux invisibles, et l'esprit de son petit ennemi, étant fortifié, avait-il détourné sa propre pensée. Mais il était pressé. L'heure avait déjà sonné et, à l'appel de son grand Maître, il devait porter la guerre dans l'Ouest.

Il eut bientôt passé, ombre dans l'ombre, le long de la route en lacets et, derrière lui, les rangs-noirs continuaient à défiler sur le pont. Jamais une aussi grande armée n'était sortie de cette vallée depuis le temps de la puissance d'Isildur; aucun ennemi aussi cruel et aussi fortement armé n'avait encore assailli les gués de l'Anduin; et pourtant ce n'était que l'une, et non la plus grande, des armées que le Mordor lançait à présent.

Frodon se secoua. Et soudain son cœur se tourna vers Faramir. – L'orage a finalement éclaté, se dit-il. Ce grand arroi de lances et d'épées va à l'Osgiliath. Faramir passera-t-il à temps? Il le devinait, mais connaissait-il l'heure? Et qui pourra tenir les gués, à présent que vient le Roi des Neuf Cavaliers? Et d'autres armées le rejoindront. J'arrive trop tard. Tout est perdu. J'ai traîné en route. Tout est perdu. Même si ma mission s'accomplissait, personne n'en saurait rien. Il n'y aura personne à qui en faire part. Ce sera vain. Accablé par sa faiblesse, il se mit à pleurer. Et l'armée de Morgul continuait de traverser le pont.

Puis, très loin, comme sortie des souvenirs de la Comté, en quelque aurore ensoleillée, alors que les fenêtres s'ouvraient à la venue du jour, il entendit la voix de Sam. – Réveillez-vous, Monsieur Frodon! Réveillez-vous! La voix eût-elle ajouté : « Votre petit déjeuner est servi » qu'il eût été à peine surpris. Sam était certes pressant. – Réveillez-vous, Monsieur Frodon! Ils sont partis, disait-il.

Il y eut un son métallique sourd. Les portes de Minas Morgul s'étaient refermées. Le dernier rang de lances avait disparu sur la route. La tour se dressait toujours, sinistre de l'autre côté de la vallée, mais la lumière s'affaiblissait à l'intérieur. Toute la cité retombait dans une ombre noire et dans le silence. Elle restait pourtant emplie de vigilance.

– Réveillez-vous, Monsieur Frodon! Ils sont partis, et

on ferait bien d'en faire autant. Il y a quelque chose qui vit encore là-dedans, une chose qui a des yeux ou un esprit doué de vision, si vous voyez ce que je veux dire; et plus nous restons au même endroit, plus vite elle nous tombera dessus. Venez, Monsieur Frodon!

Frodon releva la tête, puis se mit debout. Le désespoir ne l'avait pas quitté, mais la faiblesse avait passé. Il eut même un sourire sardonique, sentant à présent aussi clairement que le moment précédent il sentait le contraire, que ce qu'il avait à accomplir, il fallait l'accomplir dans la mesure du possible, et qu'il importait peu que Faramir, Aragorn, Elrond, Galadriel, Gandalf ou quiconque le sût jamais. Il saisit son bâton d'une main et la fiole de l'autre. Quand il vit que la claire lumière jaillissait à travers ses doigts, il la fourra dans son sein et la tint contre son cœur. Puis, se détournant de la cité de Morgul, qui n'était plus à présent qu'une lueur grise au-delà d'un gouffre sombre, il s'apprêta à prendre la route ascendante.

Gollum, semblait-il, était parti en rampant le long de l'arête dans les ténèbres d'au-delà, laissant les Hobbits où ils étaient étendus, quand les portes de Minas Morgul s'étaient ouvertes. Il revint alors en catimini, claquant des dents et faisant sonner ses doigts. – Fous! Sots! siffla-t-il. Dépêchez-vous! Ils ne doivent pas croire que le danger est passé. Il ne l'est pas. Dépêchez-vous!

Ils ne répondirent pas, mais le suivirent jusqu'à la corniche montante. Elle ne leur plaisait guère ni à l'un ni à l'autre, même après tous les dangers affrontés; mais cette impression ne dura pas longtemps. Le sentier atteignit bientôt un angle arrondi, où le flanc de la montagne se bombait de nouveau, et là il pénétra soudain dans une étroite ouverture du rocher. Ils étaient parvenus au premier escalier dont Gollum avait parlé. L'obscurité était presque totale, et ils ne voyaient guère plus loin que leurs mains tendues; mais les yeux de Gollum brillaient d'une lueur pâle, à plusieurs pieds au-dessus d'eux, quand il se retourna vers eux.

– Attention! murmura-t-il. Des marches. Un tas de marches. Faut faire attention!

L'attention était assurément nécessaire. Frodon et Sam se sentirent au début plus assurés, avec un mur de part et d'autre; mais l'escalier était presque aussi raide qu'une échelle, et, à mesure qu'ils grimpaient, ils prirent de plus en plus conscience du long et noir vide derrière eux. Et les marches, étroites, étaient inégalement espacées et souvent traîtresses : elles étaient usées et lisses au bord, parfois brisées, ou craquant sous le pied. Les Hobbits poursuivirent leur pénible ascension; ils durent finalement s'agripper de leurs doigts crispés aux marches d'en dessus et forcer leurs genoux douloureux à se plier et se redresser; et à mesure que l'escalier se taillait plus profondément un chemin dans la montagne à pic, les murs rocheux s'élevaient toujours plus haut au-dessus de leurs têtes.

Enfin, juste au moment où ils se sentaient totalement incapables d'en endurer davantage, ils virent les yeux de Gollum se tourner encore vers eux d'en dessus. – Nous sommes arrivés en haut, murmura-t-il. Le premier escalier est passé. Habiles Hobbits d'avoir grimpé si haut, très habiles Hobbits. Plus que quelques petites marches, et c'est tout, oui.

La tête leur tournant de fatigue, Sam et Frodon à sa suite gravirent tant bien que mal la dernière marche et s'assirent pour se frotter les jambes et les genoux. Ils se trouvaient dans un profond et sombre passage qui semblait continuer à monter devant eux, encore qu'en pente plus douce et sans marches. Gollum ne les laissa pas se reposer longtemps.

– Il y a encore un autre escalier, leur dit-il. Un escalier beaucoup plus long. Vous vous reposerez en arrivant en haut du prochain escalier. Pas encore.

Sam gémit. – Plus long, vous avez dit? demanda-t-il.

– Oui, oui, plus long, répondit Gollum. Mais pas aussi difficile. Les Hobbits ont gravi l'Escalier Droit. Après, il y a l'Escalier en Lacets.

– Et quoi après? demanda Sam.

– On verra, dit doucement Gollum. Oh oui, on verra!

– Vous aviez dit qu'il y avait un tunnel, je croyais, reprit Sam. N'y a-t-il pas un tunnel ou quelque chose à traverser?

– Oh oui, il y a un tunnel, dit Gollum. Mais les Hobbits pourront se reposer avant de s'y attaquer. S'ils le franchissent, ils seront presque au haut. Très près, s'ils le passent. Oh oui!

Frodon frissonna. La grimpée l'avait mis en sueur, mais il avait à présent une sensation de froid et de moiteur, et un courant d'air glacial, descendu des hauteurs invisibles d'en dessus, balayait le passage sombre. Il se leva et se secoua. – Eh bien, allons-y! dit-il. Ce n'est pas un endroit où s'asseoir.

Le passage semblait se poursuivre sur des milles, et l'air froid les balayait toujours, tournant peu à peu à un vent aigre. On aurait dit que les montagnes tentaient par leur souffle mortel de les décourager, de les détourner des secrets des hauts lieux ou de les repousser dans les ténèbres. Ils ne surent qu'ils étaient arrivés à la fin qu'en ne sentant plus de mur à droite. Ils n'y voyaient guère. De grandes masses informes et de profondes ombres grises se dressaient devant eux et alentour, mais une lumière rouge clignotante montait par intermittence sous les nuages sombres, et ils distinguèrent un moment de hautes cimes en face et de part et d'autre d'eux, comme des piliers supportant une vaste voûte affaissée. Il leur semblait avoir grimpé à une large corniche à de nombreuses centaines de pieds. Ils avaient à gauche une paroi à pic et à droite un abîme.

Gollum les mena tout contre le mur. Ils ne montaient plus pour le moment, mais le sol était plus accidenté et plus dangereux dans le noir; et il y avait sur leur chemin des blocs et des masses de pierre écroulée. Leur progression était lente et précautionneuse. Ni Frodon ni Sam ne pouvaient plus juger combien d'heures s'étaient écoulées depuis qu'ils avaient pénétré dans la Vallée de Morgul. La nuit paraissait interminable.

Enfin, ils eurent conscience que de nouveau un mur surgissait, et, de nouveau, un escalier s'ouvrit devant eux. Ils s'arrêtèrent encore une fois, et encore une fois ils se mirent à grimper. C'était une ascension longue et fatigante; mais cet escalier-là ne pénétrait pas dans le flanc de la montagne. Ici, l'énorme face était en pente, et le sentier montait en zigzag. En un point, il rampait de côté jusqu'au bord même du sombre précipice, et Frodon, jetant un coup d'œil en contrebas, vit sous lui comme une vaste et profonde fosse le grand ravin à l'entrée de la Vallée de Morgul. Dans ses profondeurs scintillait comme une chaîne de vers luisants la route des esprits menant de la cité morte au Col sans Nom. Il se détourna vivement.

Toujours plus loin, toujours plus haut, l'escalier tournait et grimpait, jusqu'à ce qu'enfin, après une dernière volée, courte et raide, il déboucha sur une autre surface de niveau. Le sentier s'était détourné du passage principal dans le grand ravin pour suivre à présent son propre cours périlleux au fond d'une crevasse moins importante parmi les régions les plus élevées de l'Ephel Duath. Les Hobbits pouvaient vaguement discerner de part et d'autre de hauts piliers et des arêtes déchiquetées, entre lesquels se creusaient de grandes crevasses et fissures plus noires que la nuit, là où des hivers oubliés avaient rongé et sculpté la pierre privée de soleil. Et maintenant la lumière rouge semblait plus forte dans le ciel; encore qu'ils ne pussent dire si un terrible matin venait réellement en ce lieu d'ombre ou s'ils ne voyaient que la flamme de quelque violence de Sauron dans les tourments de Gorgoroth, au-delà. Regardant en l'air, Frodon vit, encore loin devant eux et encore plus haut, ce qu'il supposa être le sommet même de ce dur chemin. Sur la lugubre pourpre du ciel à l'est, une crevasse se dessinait dans la plus haute crête, étroite, profondément encaissée entre deux épaulements noirs; et sur chacun de ceux-ci se dressait une corne de pierre.

Il s'arrêta et regarda plus attentivement. La corne de gauche était plus haute et plus élancée; et il y brûlait une lumière rouge ou la lumière rouge de la terre au-delà brillait au travers d'un trou. Il voyait à présent : c'était une tour noire dominant le passage de sortie. Il toucha le bras de Sam et lui montra la tour.

– Je n'aime pas l'aspect de ça! dit Sam. Ainsi votre chemin secret est gardé après tout, grogna-t-il à l'adresse de Gollum. Et vous le saviez dès le départ, je suppose?

– Tous les abords sont surveillés, oui, répondit Gollum. Bien sûr qu'ils le sont. Mais il faut bien que les Hobbits essaient d'un côté. Il se peut que celui-ci soit moins surveillé. Peut-être tout le monde est-il parti pour la grande bataille, peut-être!

– Peut-être, grogna Sam. Enfin, ça paraît loin et haut pour y arriver. Et il y a encore le tunnel. Je crois que vous devriez vous reposer à présent, Monsieur Frodon. Je ne sais pas quelle heure de la journée ou de la nuit il peut bien être, mais on n'a pas cessé de marcher pendant des heures et des heures.

– Oui, il faut se reposer, dit Frodon. Trouvons un coin à l'abri du vent et rassemblons nos forces – pour le dernier bout. Car telle était son impression. Les terreurs de la région au-delà et l'exploit à y accomplir lui paraissaient alors éloignés, encore trop reculés pour l'inquiéter. Toute sa pensée se concentrait sur le passage au travers et au-dessus de ce mur impénétrable et de cette défense. S'il parvenait à accomplir cette chose impossible, alors la mission serait en quelque sorte accomplie, ou c'était ce qu'il lui semblait en cette sombre heure de fatigue, alors qu'il peinait encore dans les ombres pierreuses sous Cirith Ungol.

Ils s'assirent dans une sombre crevasse entre deux grandes piles de roc : Frodon et Sam un peu à l'intérieur, et Gollum accroupi sur le sol près de l'ouverture. Les Hobbits prirent là ce qu'ils pensaient être leur dernier repas avant la descente dans le Pays sans Nom, peut-être même le dernier repas qu'ils mangeraient jamais ensemble. Ils consommèrent un peu de la nourriture de Gondor et des gaufrettes du pain de voyage des Elfes, et ils burent un peu. Mais ils économisèrent leur eau et n'en prirent que de quoi humecter leurs bouches asséchées.

– Je me demande quand on retrouvera de l'eau, dit Sam. Mais je suppose que, même là-bas, ils boivent. Les Orques boivent, non?

– Oui, ils boivent, répondit Frodon. Mais ne parlons pas de cela. Pareille boisson n'est pas pour nous.

– Alors, il n'en est que plus nécessaire de remplir nos flacons, dit Sam. Mais il n'y a pas d'eau ici : je n'en ai pas entendu le moindre son, pas le moindre dégouttement. Et de toute façon, Faramir a dit qu'il ne fallait boire aucune eau de Morgul.

– Aucune eau coulant de l'Imlad Morgul, voilà ses

propres mots, dit Frodon. Nous ne sommes pas encore dans cette vallée, et si nous rencontrons une source, elle se jetterait dedans et n'en sortirait pas.

– Je ne m'y fierais pas, répliqua Sam; pas avant de mourir de soif. Il y a une impression de perversité ici. (Il renifla.) Et aussi une odeur, il me semble. Vous la remarquez? Une sorte d'odeur bizarre, de renfermé. Je n'aime pas ça.

– Je n'aime rien du tout, ici, dit Frodon. Terre, air et eau semblent tous détestables de même. Mais c'est ainsi qu'est tracé notre chemin.

– Oui, c'est vrai, dit Sam. Et nous ne serions aucunement ici, si on en avait su plus long avant de partir. Mais je pense qu'il en va souvent ainsi. Les vaillantes choses dans les vieilles histoires et les vieilles chansons, Monsieur Frodon : les aventures, comme j'appelais ça. Je pensais que les merveilleux personnages des contes partaient à la recherche de ces choses parce qu'ils les désiraient, parce qu'elles étaient excitantes et que la vie était un peu terne – que c'était une sorte de jeu, pour ainsi dire. Mais ce n'était pas comme ça avec les histoires qui importaient vraiment ou celles qui restent en mémoire. Il semble que les gens y aient été tout simplement embarqués, d'ordinaire – leur chemin était ainsi tracé, comme vous dites. Mais je pense qu'ils avaient trente-six occasions, comme nous, de s'en retourner, mais ils ne le faisaient pas. Et s'ils l'avaient fait, on n'en saurait rien parce qu'ils seraient oubliés. On entend parler de ceux qui continuaient tout simplement – et pas toujours vers une bonne fin, notez; du moins pas à ce que les gens qui sont dans l'histoire et pas en dehors appellent une bonne fin. Vous savez : rentrer chez soi et tout trouver en bon état, quoique pas tout à fait pareil – comme le vieux Monsieur Bilbon. Mais ce ne sont pas toujours les meilleures histoires à entendre, si elles peuvent être les meilleures dans lesquelles être embarqué! Je me demande dans quel genre d'histoire nous sommes tombés.

– Je me le demande, répondit Frodon. Mais je n'en sais rien. Et c'est la manière d'une histoire véritable. Prends n'importe laquelle de celles que tu aimes bien. Tu peux savoir ou deviner quel genre d'histoire c'est, si elle aura une heureuse ou une triste fin, mais ceux qui sont dedans n'en savent rien. Et on ne voudrait pas qu'ils le sachent.

– Non, Monsieur, bien sûr. Beren, par exemple, il n'aurait jamais pensé qu'il allait acquérir ce Silmaril de la Couronne de Fer en Thangorodrim, et pourtant il l'eut, et c'était un endroit pire et un danger plus noir que ceux où nous sommes. Mais c'est une longue histoire, naturellement, qui dépasse le bonheur pour passer dans l'affliction et au-delà – et le Silmaril poursuivit sa course pour venir à Eärendil. Et pourquoi, Monsieur, je n'avais jamais pensé à ça! Nous avons... vous avez une parcelle de sa lumière dans ce cristal d'étoile que la Dame vous a donné! Mais, quand on y pense, nous sommes toujours dans la même histoire! Elle se continue. Les grandes histoires ne se terminent-elles jamais?

– Non, elles ne se terminent jamais en tant qu'histoires, dit Frodon. Mais les gens qui y figurent viennent, et disparaissent quand leur rôle est terminé. Le nôtre se terminera tôt ou tard... et plutôt tôt.

– Et alors, on pourra se reposer et dormir un peu, dit Sam. (Il eut un rire sardonique.) Et c'est exactement ce que je veux dire, Monsieur Frodon. J'entends un simple repos ordinaire, et du sommeil, et un réveil pour le travail matinal dans le jardin. Je crains que ce ne soit tout mon espoir pour le moment. Tous les grands plans importants ne sont pas pour mon espèce. Je me demande toutefois si nous figurerons jamais dans les chansons ou les histoires. On est engagés dans une histoire à présent, naturellement; mais je veux dire : mise en paroles, vous savez, pour être racontée au coin du feu ou lue dans un gros livre avec des lettres rouges et noires, bien des années plus tard. Et les gens diront : « Ecoutons l'histoire de Frodon et de l'Anneau! » Et ils diront : « Oui, c'est une de mes histoires favorites. Frodon était très brave, n'est-ce pas, papa? – Oui, mon garçon, c'était le plus fameux des Hobbits, et ce n'est pas peu dire. »

– C'est dire beaucoup trop, répliqua Frodon, qui partit d'un long rire clair, venu du cœur. Pareil son ne s'était pas fait entendre en ces lieux depuis que Sauron vint en Terre du Milieu. Il parut soudain à Sam que toutes les pierres écoutaient et que les hauts rochers se penchaient vers eux. Mais Frodon ne s'en souciait pas : il rit derechef. – Ah, Sam, dit-il, t'entendre me rend je ne sais pourquoi aussi joyeux que si l'histoire était déjà écrite. Mais tu as oublié l'un des personnages principaux, Samsagace l'Intrépide. « Je veux en entendre davantage sur Sam, papa. Pourquoi n'a-t-on pas mis davantage de ses discours, papa? C'est ça que j'aime, ça me fait rire. Et Frodon ne serait pas allé bien loin sans lui, n'est-ce pas, papa? »

– Ah, Monsieur Frodon, dit Sam, vous ne devriez pas plaisanter. Je parlais sérieusement.

– Moi aussi, dit Frodon et je le fais encore. On va un peu trop vite. Nous sommes encore, toi et moi, Sam, coincés dans les pires endroits de l'histoire, et il est plus que probable que d'aucuns diront à ce point : « Referme le livre maintenant, papa; on n'a pas envie de lire plus loin. »

– Peut-être, dit Sam, mais je ne suis pas de ceux qui diraient ça. Les choses faites, terminées, et transformées en partie des grandes histoires sont différentes. Même Gollum pourrait être bon dans une histoire, meilleur qu'il n'est à avoir auprès de vous, en tout cas. Et il aimait lui-même en entendre, à ce qu'il nous a dit. Je me demande s'il se considère comme le héros ou comme le traître?

– Gollum! appela-t-il. Aimeriez-vous être le héros... Où est-il parti encore?

On ne le voyait plus ni à l'entrée de l'abri ni dans les ombres voisines. Il avait refusé leur nourriture, bien qu'il eût accepté comme d'ordinaire une gorgée d'eau; après quoi, il avait paru se pelotonner pour dormir. Ils avaient supposé que l'un au moins des objets de sa longue absence du jour précédent avait été la quête d'une nourriture à son goût; et maintenant, il s'était évidemment éclipsé de nouveau tandis qu'ils parlaient. Mais pourquoi, cette fois-ci?

– Je n'aime pas ces départs en tapinois sans rien dire, reprit Sam. Et bien moins encore à présent. Il ne peut être à la recherche de nourriture aussi haut, à moins qu'il n'ait du goût pour quelque rocher. Il n'y a même pas un brin de mousse!

– Il ne sert à rien de s'en faire à son sujet à présent, dit

Frodon. Nous n'aurions pu arriver aussi loin, pas même en vue du col, sans lui; il nous faudra donc bien nous accommoder de ses façons. S'il est perfide, il est perfide, et voilà tout.

– J'aimerais tout de même mieux l'avoir sous les yeux, répliqua Sam. Et d'autant plus s'il est perfide. Vous rappelez-vous qu'il n'a jamais voulu dire si ce col était gardé ou non? Et maintenant, on voit là une tour – et elle peut être abandonnée comme elle peut ne l'être pas. Croyez-vous qu'il soit allé chercher des Orques ou je ne sais quoi?

– Non, je ne pense pas, répondit Frodon. Même s'il a quelque perfidie en tête, ce qui ne m'étonnerait pas autrement. Je ne crois pas que ce soit cela : il ne doit pas être allé chercher des Orques ou aucun serviteur de l'Ennemi. Pourquoi aurait-il attendu jusqu'à présent, pourquoi se serait-il donné toute la peine de l'ascension et serait-il venu si près de la région qu'il redoute? Il aurait sans doute eu maintes occasions de nous livrer aux Orques depuis que nous l'avons rencontré. Non, s'il y a quelque chose, ce sera quelque petit tour de sa façon qu'il pense tout à fait secret.

– Enfin, je suppose que vous avez raison, Monsieur Frodon, dit Sam. Mais ça ne me réconforte pas beaucoup. Je ne me trompe pas : je ne doute pas qu'il aurait grande joie à me remettre, moi, aux Orques. Mais j'oubliais... son Trésor. Non, je pense que tout du long ç'a été *le Trésor pour le pauvre Sméagol* – c'est le seul mobile dans tous ses petits plans, s'il en a. Mais en quoi nous amener jusqu'ici peut-il lui servir, c'est plus que je ne peux deviner.

– Il est bien probable qu'il ne peut le deviner non plus, dit Frodon. Et je ne pense pas qu'il ait un seul plan bien clair dans sa tête brouillée. Je crois qu'il essaie réellement en partie de sauver le Trésor de l'Ennemi aussi longtemps qu'il le peut. Car ce serait l'ultime désastre pour lui aussi que l'Ennemi s'en emparât. Et d'autre part peut-être attend-il simplement sa chance.

– Oui, le Sournois et le Puant, comme je l'ai déjà dit, répliqua Sam. Mais plus ils approcheront du pays de l'Ennemi, plus le Sournois deviendra le Puant. Notez bien mes paroles : si jamais nous atteignons le col, il ne nous laissera pas vraiment emporter le Trésor au-delà de la frontière sans susciter quelque sorte de difficulté.

– Nous n'y sommes pas encore, répliqua Frodon.

– Non, mais on ferait bien d'ouvrir l'œil jusque-là. Si on se laisse aller à dormir, le Puant aura vite fait de prendre le dessus. Non pas qu'il ne serait pas sûr pour vous de faire un petit somme maintenant, maître. Ce serait sûr, si vous restez près de moi. J'aimerais rudement vous voir prendre un peu de sommeil. Je veillerais sur vous; et de toute façon, si vous vous couchez tout près, avec mon bras passé autour de vous, personne ne pourrait venir vous tripoter à l'insu de Sam.

– Dormir! dit Frodon, qui soupira comme si, dans un désert, il voyait un mirage de fraîche verdure. Oui, même ici, je pourrais bien dormir.

– Eh bien, faites-le, maître! Posez votre tête sur mes genoux.

Et c'est ainsi que Gollum les trouva, quand il revint plusieurs heures après, rampant et se faufilant le long du sentier hors de l'obscurité d'en dessus. Sam était assis, le dos appuyé contre la pierre, la tête penchée sur le côté et la respiration lourde. Sur ses genoux reposait la tête de Frodon, plongé dans un profond sommeil; une des mains brunes de Sam était posée sur le front blanc et l'autre portait doucement sur sa poitrine. Leurs deux visages reflétaient la paix.

Gollum les regarda. Une expression bizarre parut sur sa face maigre et famélique. La lueur s'évanouit de ses yeux, qui devinrent ternes et gris, vieux et las. Un accès douloureux sembla le tordre, et il se détourna pour regarder en arrière vers le col, hochant la tête comme s'il était engagé dans quelque débat intérieur. Puis il revint et, tendant lentement une main tremblante, il toucha avec grande précaution le genou de Frodon – mais ce toucher était presque une caresse. Pendant un instant fugitif, si l'un des dormeurs l'avait observé, il aurait cru voir un vieux Hobbit fatigué, tassé par les années qui l'avaient porté bien au-delà de son temps, au-delà de ses amis et de ceux de sa race, comme des champs et des ruisseaux de sa jeunesse, vieille chose pitoyable et affamée.

Mais, au contact, Frodon remua et cria doucement dans son sommeil; et Sam fut aussitôt tout éveillé. La première chose qu'il vit fut Gollum – en train de « tripoter le maître », pensa-t-il.

– Hé, vous là! dit-il rudement. Qu'est-ce que vous fabriquez?

– Rien, rien, répondit doucement Gollum. Gentil Maître!

– Sans doute, dit Sam. Mais où avez-vous été – vous éclipsant et revenant ainsi furtivement, vieux sournois?

Gollum recula, et une lueur verte, clignota sous ses lourdes paupières. Il avait presque l'air d'une araignée, à présent, ramassé en arrière sur ses jambes repliées, avec ses yeux proéminents. L'instant fugitif avait irrévocablement passé. – Sournois, sournois! siffla-t-il. Les Hobbits toujours si polis, oui. Oh, les gentils Hobbits! Sméagol les amène par des chemins secrets que personne d'autre ne saurait trouver. Fatigué qu'il est, assoiffé qu'il est; et il les guide, et il cherche des sentiers, et ils disent *sournois, sournois*. Très gentils amis, oh oui, mon trésor, très gentils.

Sam éprouva un léger remords, sans pourtant avoir davantage confiance. – Je regrette, dit-il. Je regrette, mais vous m'avez réveillé en sursaut. Et je n'aurais pas dû être en train de dormir, alors ça m'a rendu un peu agressif. Mais Monsieur Frodon, lui qui est fatigué, je lui ai demandé de faire un petit somme; et, enfin, voilà. Je regrette. Mais *où* êtes-vous allé?

– Fureter, faire le sournois, dit Gollum, et la lueur verte ne quitta pas ses yeux.

– Oh, bon, dit Sam, comme vous voudrez! Je ne pense pas que ce soit si loin de la vérité. Et maintenant, on ferait bien de fureter tous ensemble. Quelle heure est-il? Est-ce aujourd'hui ou demain?

– C'est demain, dit Gollum, ou c'était demain quand les Hobbits se sont endormis. Très stupide, très dangereux – si le pauvre Sméagol ne faisait pas le sournois pour veiller.

– J'ai l'impression qu'on en aura bientôt assez de ce mot-là, dit Sam. Mais ça ne fait rien. Je vais réveiller le maître. Il releva doucement les cheveux de Frodon de sur

son front, et, se penchant en avant, il lui parla à mi-voix :
– Réveillez-vous, Monsieur Frodon ! Réveillez-vous !

Frodon fit un mouvement, ouvrit les yeux et sourit en voyant le visage de Sam penché sur lui. – Tu me réveilles tôt, hein, Sam ? dit-il. Il fait encore noir !

– Oui, il fait toujours noir ici, dit Sam. Mais Gollum est revenu, Monsieur Frodon, et il dit que c'est demain. Alors il faut repartir. Le dernier bout.

Frodon respira profondément, et se mit sur son séant. – Le dernier bout ! dit-il. Salut, Sméagol ! Trouvé quelque chose à manger. Vous êtes-vous reposé ?

– Pas de nourriture, pas de repos, rien pour Sméagol, dit Gollum. C'est un sournois.

Sam fit claquer sa langue, mais se contint.

– Ne prenez pas de qualificatifs pour vous, Sméagol, dit Frodon. Ce n'est pas sage, qu'ils soient vrais ou faux.

– Sméagol prend ce qu'on lui donne, répondit Gollum. Il a reçu ce nom-là du bon Maître Samsagace, le Hobbit qui connaît tant de choses.

Frodon regarda Sam. – Oui, Monsieur, dit celui-ci. J'ai employé ce mot en me réveillant en sursaut et tout ça, et en le trouvant à côté. J'ai dit que je regrettais, mais je sens que ça ne va pas durer.

– Allons, glissons, dit Frodon. Mais à présent, Sméagol, il semble qu'il faille en venir au fait, vous et moi. Dites-moi. Pouvons-nous trouver la fin de la route tout seuls ? Nous sommes en vue du col, d'un chemin d'entrée, et si nous pouvons maintenant le trouver, je pense pouvoir dire que notre convention est accomplie. Vous avez fait ce que vous aviez promis, et vous êtes libre : libre de retourner vers la nourriture et le repos, où que vous désiriez aller, hormis vers les serviteurs de l'Ennemi. Et un jour peut-être vous récompenserai-je, moi ou ceux qui se souviendront de moi.

– Non, non, pas encore, dit Gollum d'un ton geignard. Oh non ! Ils ne peuvent pas trouver le chemin eux-mêmes, si ? Oh non, assurément pas. Il y a le tunnel qui vient. Sméagol doit continuer. Pas de repos. Pas de nourriture. Pas encore.

CHAPITRE IX

L'ANTRE D'ARACHNE

Peut-être était-ce vraiment le jour, comme Gollum l'avait dit, mais les Hobbits ne voyaient guère de différence, sinon que le ciel lourd était peut-être moins totalement noir, ressemblant à une grande voûte de fumée; tandis qu'au lieu des ténèbres de la nuit profonde, qui demeuraient encore dans les crevasses et les trous, une ombre grise et estompante enveloppait le monde pierreux dans lequel ils se trouvaient. Ils continuèrent leur route, Gollum devant et les deux Hobbits côte à côte, le long du long ravin entre les piles et les colonnes de roc déchiqueté et altéré par les intempéries, qui se dressaient de part et d'autre comme d'énormes statues informes. Il n'y avait pas un son. A quelque distance, un mille peut-être, devant eux, s'élevait un grand mur gris, une dernière et énorme masse de pierre montagneuse soulevée. Elle jaillissait plus noire et s'élevait de plus en plus haut à mesure qu'ils approchaient, pour culminer finalement au-dessus d'eux, barrant la vue de tout ce qu'il y avait au-delà. Une ombre profonde s'étendait à son pied. Sam huma l'air.

– Pouah! Quelle odeur! dit-il. Elle empeste de plus en plus.

Ils furent bientôt dans l'ombre, et là, au milieu, ils virent l'ouverture de la caverne. – Voici l'entrée, dit doucement Gollum. C'est l'entrée du tunnel. Il ne prononça pas le nom : Torech Ungol, l'Antre d'Arachne. Il en sortait une puanteur, non pas l'odeur nauséabonde de la pourriture dans les prairies de Morgul, mais une exhalaison fétide, comme si d'innombrables ordures étaient accumulées dans les ténèbres de l'intérieur.

– Est-ce le seul chemin, Sméagol? demanda Frodon.

– Oui, oui, répondit-il. Oui, il faut aller par là, maintenant.

– Voulez-vous dire que vous avez déjà passé par ce trou? dit Sam. Pouah! Mais peut-être les mauvaises odeurs vous importent-elles peu.

Les yeux de Gollum étincelèrent. – Il ne sait pas ce qui nous importe, hein, mon trésor? Non, il ne sait pas. Mais Sméagol peut supporter les choses. Oui. Il a passé par là, oh oui, jusqu'au bout. C'est le seul chemin.

– Et qu'est-ce qui répand cette odeur, je me le demande, dit Sam. On dirait... eh bien, j'aime mieux ne pas le dire. Quelque ignoble trou des Orques, je parie, avec une centaine d'années de leurs ordures dedans.

– En tout cas, dit Frodon, Orques ou non, si c'est le seul chemin, il nous faut bien passer par là.

Après avoir pris une profonde inspiration, ils entrèrent. Au bout de quelques pas, ils se trouvèrent dans une obscurité totale et impénétrable. Frodon et Sam n'en avaient pas vu de semblable depuis les passages sans lumière de la Moria, et elle était ici encore plus profonde et plus opaque, si la chose était possible. Là-bas, il y avait des mouvements de l'air, des échos et une impression d'espace. Ici, l'air était immobile, stagnant, lourd, et le son tombait, mort. Ils marchèrent pour ainsi dire dans une vapeur noire faite des ténèbres véritables mêmes qui, respirées, amenaient la cécité non seulement aux yeux, mais aussi à l'esprit, de sorte que tout jusqu'au souvenir des couleurs, des formes et de toute lumière s'évanouissait de la pensée. La nuit avait toujours été, elle serait toujours, et la nuit était tout.

Mais durant un moment, ils bénéficièrent encore du toucher, et, de fait, les sens de leurs pieds et de leurs doigts leur parurent tout d'abord presque douloureusement aiguisés. Le contact des murs était, à leur surprise, lisse, et le sol était droit et égal, sauf pour une marche de temps à autre, montant toujours suivant la même pente raide. Le tunnel était haut et large, si large que, même marchant côte à côte et ne touchant les murs que de leurs mains tendues, ils étaient séparés, isolés dans les ténèbres.

Gollum était entré le premier et il semblait n'être qu'à quelques pas en avant. Tant qu'ils purent prêter attention à pareilles choses, ils entendaient sa respiration sifflante et haletante juste devant eux. Mais au bout d'un moment leurs sens s'émoussèrent; et le toucher, l'ouïe devinrent engourdis, et ils continuèrent d'avancer, tâtonnant, marchant, marchant toujours, surtout par la force de la volonté qui les avait fait entrer, volonté d'aller jusqu'au bout et désir d'arriver enfin à la haute porte d'au-delà.

Avant d'avoir été bien loin – mais il n'avait pas tardé à ne plus pouvoir juger du temps ni de la distance –, Sam, qui tâtait le mur à droite, eut conscience d'une ouverture sur le côté : durant un moment, il sentit un léger souffle d'air moins lourd, et puis ils le dépassèrent.

– Il y a plus d'un passage ici, murmura-t-il avec effort : il lui paraissait dur de tirer quelque son de son souffle. C'est un endroit d'Orque, si jamais il en fut!

Après cela, lui d'abord à droite, puis Frodon à gauche passèrent trois ou quatre de ces ouvertures, plus ou moins larges; mais il n'y avait jusque-là aucun doute sur le chemin principal, car il était droit et montait toujours sans aucun détour. Mais quelle en était la longueur, combien auraient-ils encore à endurer cette marche, combien de temps pourraient-ils l'endurer? La touffeur de l'air croissait au fur et à mesure de leur ascension; et, à présent, il leur semblait souvent rencontrer dans le noir une résistance plus opaque que celle de l'air vicié. Se portant en avant, ils sentaient des choses frôler leurs têtes ou leurs mains, de longs tentacules ou des excroissances pendantes, peut-être : ils n'auraient su dire ce que c'était. Et la puanteur grandissait toujours. Elle grandit au point de leur donner l'impression que l'odorat était le seul sens qui leur restât clairement, et cela pour leur tourment. Une heure, deux heures, trois heures; combien en avaient-ils passées dans ce trou sans lumière? Des heures – des jours, des semaines plutôt. Sam abandonna le bord du tunnel pour se rapprocher de Frodon; leurs mains se rencontrèrent et se joignirent et ils continuèrent d'avancer ainsi ensemble.

Enfin, Frodon, qui tâtonnait le long du mur de gauche, rencontra soudain un vide. Il manqua tomber de côté dans l'espace béant. Il y avait là une ouverture dans le rocher, beaucoup plus large que toutes celles qu'ils avaient déjà passées; et elle dégageait une exhalaison si fétide et une impression si intense de malice cachée que Frodon chancela. A ce moment, Sam vacilla, et il tomba en avant.

Luttant en même temps contre la nausée et contre la peur, Frodon agrippa la main de Sam. – Debout! dit-il dans un souffle rauque et aphone. Tout vient d'ici, la puanteur et le danger. Filons! Vite!

Rassemblant tout ce qui lui restait de force et de résolution, il remit Sam sur ses pieds et contraignit ses propres jambes à l'action. Sam trébuchait à côté de lui. Un pas, deux pas, trois pas – enfin, six pas. Peut-être avaient-ils passé l'horrible ouverture invisible; en tout cas, il leur fut soudain plus facile de se mouvoir, comme si une volonté hostile les avait libérés pour le moment. Ils avancèrent péniblement, toujours la main dans la main.

Mais ils rencontrèrent presque tout de suite une nouvelle difficulté. Le tunnel bifurquait, ou paraissait bifurquer, et dans le noir ils ne pouvaient savoir quel chemin était le plus large ni lequel restait le plus proche de la ligne droite. Lequel prendre : celui de droite ou celui de gauche? Ils n'avaient aucune indication, et pourtant un mauvais choix serait presque sûrement fatal.

– De quel côté Gollum est-il parti? dit Sam, haletant. Et pourquoi n'a-t-il pas attendu?

– Sméagol! dit Frodon, essayant de crier. Sméagol! Mais sa voix ne fut qu'un croassement, et le nom mourut aussitôt sorti de sa bouche. Il n'y eut pas de réponse, pas un écho, pas même une vibration de l'air.

– Il est vraiment parti, cette fois, je gage, murmura Sam. J'imagine que c'est précisément ici qu'il voulait nous amener. Gollum! Si jamais je remets la main sur toi, tu le regretteras.

Bientôt, tâtonnant et farfouillant dans le noir, ils découvrirent que l'ouverture de gauche était obturée : ou c'était une blinde, ou une grosse pierre avait chu dans le passage. – Cela ne peut pas être le chemin, dit Frodon à voix basse. Bon ou mauvais, il faut prendre l'autre.

– Et vite! dit Sam, pantelant. Il y a quelque chose de pire que Gollum dans les environs. Je sens quelque chose qui nous regarde.

Ils n'avaient parcouru que quelques mètres quand vint de derrière un son, saisissant et horrible dans le lourd silence ouaté : un gargouillis, un bruit glougloutant et un long sifflement venimeux. Ils firent volte-face, mais rien n'était visible. Ils restèrent figés comme des statues, les yeux fixés sur les ténèbres, attendant ils ne savaient quoi!

– C'est un piège! dit Sam, et il porta la main à la poignée de son épée; et, ce faisant, il pensa à l'obscurité du souterrain d'où venait le son. – Je voudrais bien que le vieux Tom fût près de nous maintenant! pensa-t-il. Puis, comme il se tenait là, environné de ténèbres et le cœur empli de colère et d'un sombre désespoir, il lui sembla voir une lumière : une lumière dans son esprit, au début presque aveuglante, comme un rayon de soleil aux yeux de quelqu'un qui est resté longtemps caché dans une fossé sans fenêtre. Ensuite, la lumière devint couleur : vert, or, argent, blanc. Très loin, comme dans une petite image dessinée par des doigts elfiques, il vit la Dame Galadriel debout dans l'herbe de Lorien, et elle avait des présents dans ses mains. – *Et vous, Porteur de l'Anneau,* l'entendit-il dire d'une voix lointaine, mais claire, *pour vous, j'ai préparé ceci.*

Le sifflement glougloutant se rapprocha, et il y eut un crissement comme de quelque grande chose articulée qui se mouvait avec une lente détermination dans le noir. Une odeur fétide la précédait. – Maître, maître! cria Sam, dont la voix avait retrouvé vie et instance. Le présent de la Dame! Le cristal d'étoile! Une lumière pour vous dans les endroits sombres, elle a dit que ça devait être. Le cristal d'étoile!

– Le cristal d'étoile? murmura Frodon, comme répondant du fond du sommeil, sans guère comprendre. Mais oui! Comment l'avais-je oublié? *Une lumière quand toutes les autres lumières se seront éteintes!* Et maintenant certes seule la lumière peut nous venir en aide.

Sa main monta lentement à sa poitrine, et lentement il éleva la Fiole de Galadriel. Pendant un moment, elle répandit une petite lueur, faible comme celle d'une étoile luttant à son lever au milieu des lourdes brumes de la terre; puis, comme son pouvoir grandissait, en même temps que l'espoir dans la pensée de Frodon, elle se mit à brûler et devint une flamme argentée, minuscule cœur d'une lumière éblouissante, comme si Eärendil fût descendu en personne du cours du soleil couchant avec le dernier Silmaril au front. L'obscurité recula; la fiole parut briller au centre d'un globe de cristal impalpable, et la main qui la tenait étincelait d'un feu blanc.

Frodon contempla avec étonnement ce merveilleux don qu'il avait si longtemps porté sans en soupçonner toute la valeur et la puissance. Il s'en était rarement souvenu sur la route jusqu'à leur arrivée à la Vallée de Morgul, et il n'y avait jamais eu recours par crainte de sa lumière révélatrice. *Aiya Eärendil! Elenion Ancalima!* s'écria-t-il sans savoir ce qu'il disait; car il lui semblait qu'une autre voix parlait par sa bouche, claire, aucunement troublée par l'air vicié du souterrain.

Mais il est d'autres forces en Terre du Milieu, des pouvoirs de la nuit, et ils sont anciens et puissants. Et Elle qui marchait dans les ténèbres avait entendu les Elfes lancer ce cri dans les temps lointains; elle n'en avait pas tenu compte alors, et il ne la démonta pas à présent. Tandis même qu'il parlait, Frodon se sentit en butte à une grande malice; il avait l'impression qu'un regard mortel était fixé sur lui. Il prit conscience d'yeux qui devenaient visibles, deux grands faisceaux d'yeux à multiples facettes, pas très loin dans le tunnel, entre eux et l'ouverture où ils avaient chancelé et trébuché – la menace imminente était enfin démasquée. Le rayonnement du cristal d'étoile fut brisé et renvoyé par les milliers de facettes; mais, derrière le scintillement, un pâle et mortel feu commença de luire de plus en plus fort, une flamme allumée dans quelque profond puits d'une pensée néfaste. C'étaient des yeux monstrueux et abominables, bestiaux et pourtant emplis de résolution et d'une hideuse délectation, couvant leur proie piégée sans aucun espoir d'évasion.

Frodon et Sam, frappés d'horreur, commencèrent à reculer lentement, leur propre regard retenu par la terrible expression de ces yeux sinistres; mais à mesure qu'ils reculaient, les yeux avançaient. La main de Frodon défaillit et lentement la Fiole s'abaissa. Puis soudain, libérés du sortilège qui les retenait afin de courir un moment en vaine panique pour l'amusement des yeux, ils se retournèrent tous deux et s'enfuirent ensemble; terrifié de voir qu'aussitôt les yeux bondissaient derrière eux. La puanteur de mort l'enveloppait comme un nuage.

– Arrête! Arrête! cria-t-il désespérément. Il ne sert à rien de courir.

Les yeux s'approchaient.

– Galadriel! cria-t-il; et, rassemblant tout son courage, il éleva de nouveau la Fiole. Les yeux s'arrêtèrent. Leur regard se relâcha un moment, comme s'ils étaient troublés par un soupçon de doute. Le cœur de Frodon s'enflamma alors, et, sans réfléchir à ce qu'il faisait, que ce fût folie, désespoir ou courage, il prit la Fiole dans sa main gauche et, de la droite, il tira son épée. Dard jaillit du fourreau, et la tranchante lame elfique étincela dans la lumière argentée, mais une flamme bleue tremblotait le long du fil. Alors, tenant haut l'étoile et pointant en avant l'épée brillante, Frodon, Hobbit de la Comté, marcha fermement à la rencontre des yeux.

Ils vacillèrent. Le doute les envahit à mesure que la lumière approchait. Un à un, ils s'obscurcirent, et, lentement, ils reculèrent. Aucun éclat aussi mortel ne les avait jamais affligés. Sous terre, ils étaient restés à l'abri du soleil, de la lune et des étoiles; mais à présent une étoile était descendue au sein de la terre même. Elle approchait encore, et les yeux commencèrent à fléchir. Un à un, ils s'éteignirent tous; ils se détournèrent et une grande masse, au-delà de la portée de la lumière, interposa son ombre énorme. Ils étaient partis.

– Maître, maître! cria Sam. Il était juste derrière, sa propre épée tirée et prête à l'action. – Etoiles et gloire! Les Elfes en feraient sûrement une chanson, s'ils en entendaient jamais parler! Et puissé-je vivre assez pour le leur dire et les entendre le chanter! Mais n'allez pas plus loin, maître! Ne descendez pas dans cet antre! C'est maintenant notre dernière chance. Sortons de ce trou infect!

Ils se retournèrent donc une fois de plus, marchant tout d'abord, puis courant; car, à mesure qu'ils avançaient, le sol du tunnel s'élevait en pente plus raide et, à chaque enjambée, ils grimpaient plus haut au-dessus des puanteurs de l'antre invisible, et la force revenait dans leurs membres et dans leur cœur. Mais la haine de la guetteuse les poursuivait encore, aveuglée pour un moment peut-être, mais non vaincue et toujours résolue à leur mort. A ce moment, un flux d'air, frais et léger, vint à leur rencontre. L'ouverture, la fin du tunnel, était enfin devant eux. Pantelants, avides de trouver un lieu découvert, ils se précipitèrent; et alors, stupéfaits, ils chancelèrent et tombèrent en arrière. L'issue était bloquée par quelque barrière, mais non de pierre; elle semblait molle et un peu élastique, mais cependant forte et infranchissable; l'air filtrait au travers, mais pas le moindre reflet de lumière. Ils chargèrent derechef et furent repoussés.

Elevant la Fiole, Frodon regarda, et il vit devant lui une grisaille que le rayonnement du cristal d'étoile ne perçait et n'illuminait pas, comme si ce fût une ombre qui, n'étant projetée par aucune lumière, ne pouvait être éclairée par aucune lumière. En travers de toute la largeur et la hauteur du tunnel, une vaste toile était tissée, ordonnée comme celle d'une énorme araignée, mais plus serrée et beaucoup plus grande; et chaque fil avait l'épaisseur d'une corde.

Sam eut un rire sardonique. – Des toiles d'araignée! dit-il. C'est tout? Des toiles d'araignée! Mais quelle araignée! A l'attaque! Abattons-les!

Il les attaqua furieusement à coups d'épée, mais le fil qu'il frappait ne se rompit pas. Il céda légèrement, puis revint brusque comme la corde d'un arc, détournant la lame et rejetant en l'air l'épée et le bras. Par trois fois, Sam frappa de toute sa force et, à la fin, une seule des innombrables cordes claqua et s'entortilla en fouettant l'air. Une extrémité cingla la main de Sam; il recula avec un cri de douleur, et se passa la main sur la bouche.

– Il faudrait des jours entiers pour débarrasser la route comme ça, dit-il. Que faire? Ces yeux sont-ils revenus?

– Non, on ne les voit pas, dit Frodon. Mais j'ai toujours l'impression qu'ils me regardent ou qu'ils pensent à moi : dressant un autre plan, peut-être. Si cette lumière était abaissée ou si elle diminuait, ils auraient tôt fait de revenir.

– Coincés en fin de compte! dit avec amertume Sam, dont la colère l'emportait de nouveau sur la fatigue et le désespoir. Des moucherons dans un filet. Que la malédiction de Faramir morde ce Gollum, et le morde vite!

– Cela ne nous servirait pas à grand-chose à présent, dit Frodon. Allons! Voyons ce que Dard peut faire. C'est une lame elfique. Il y avait d'effroyables toiles dans les sombres ravins de Beleriand où elle fut forgée. Mais il faut que tu fasses le garde et que tu tiennes les yeux en respect. Tiens, prends le cristal d'étoile. N'aie pas peur. Tiens-le haut et veille!

Frodon s'approcha alors du grand filet gris et lui donna un large coup de taille, passant vivement le tranchant en travers d'un nœud de cordes serrées, et sautant aussitôt en arrière. La lame aux reflets bleus passa au travers comme une faux dans l'herbe; elles sautèrent, se tordirent, puis pendirent, flottantes. Une grande déchirure était faite.

Il donna coup après coup jusqu'à ce qu'enfin tout ce qui était à sa portée de la toile fut mis en pièces, et la partie supérieure flotta comme un voile lâche dans un vent entrant. Le piège était brisé.

– Viens! cria Frodon. En avant! En avant! Une furieuse joie de leur évasion de la gueule même du désespoir emplissait soudain toute sa pensée. La tête lui tournait comme sous l'effet d'un vin très fort. Il bondit dehors en criant.

Cette région obscure lui parut toute claire après son passage dans l'antre de la nuit. Les grandes fumées s'étaient élevées; elles étaient moins épaisses, et les dernières heures d'une sombre journée s'écoulaient; le reflet rouge du Mordor avait sombré dans une morne obscurité. Frodon avait pourtant l'impression d'aborder une matinée de soudaine espérance. Il avait presque atteint le sommet du mur. Plus qu'une petite grimpée. La Crevasse, Cirith Ungol, était devant lui, entaille indistincte dans la crête noire, avec les cornes du rocher qui se détachaient, sombres, de part et d'autre. Un petit pas de course, et il aurait passé!

– Le col Sam! cria-t-il, sans prendre garde à la stridence de sa voix qui, libérée de l'atmosphère étouffante du tunnel, retentissait haute et extravagante. Le col! Cours, cours et on l'aura passé – on l'aura passé avant que personne ne puisse nous arrêter!

Sam le suivit avec toute la rapidité qu'il pouvait tirer de ses jambes; mais, si heureux qu'il fût d'être libéré, il était inquiet et, tout en courant, il ne cessait de jeter des regards en arrière sur l'arche sombre du tunnel, craignant d'y voir luire des yeux ou quelque forme dépassant son imagination bondir à leur poursuite. Lui et son maître connaissaient trop peu les ruses d'Arachne. Il y avait maintes issues à son antre.

Elle demeurait là depuis des éternités, être néfaste en forme d'araignée, qui avait jadis vécu dans l'Ouest au Pays des Elfes, à présent sous la Mer, que Beren avait combattu dans la Montagne de la Terreur en Doriath et qui était ainsi venu il y avait bien longtemps en Luthien sur le gazon vert parmi les ciguës au clair de lune. Aucune histoire ne rapporte comment Arachne vint là, fuyant la ruine, car peu de récits nous sont parvenus des Années Sombres. Mais elle était toujours là, elle qui s'y trouvait déjà avant Sauron et avant la première pierre de Barad-dûr; et elle ne servait personne d'autre qu'elle-même, buvant le sang des Elfes et des Hommes, bouffie et obèse à force de songer sans fin à ses festins, tissant des toiles dans l'ombre; car tout être vivant était sa nourriture, et sa vomissure les ténèbres. De tous côtés, ses rejetons, bâtards de misérables compagnons, sa propre progéniture, qu'elle mettait à mort, s'étendaient de gorge en gorge, de l'Ephel Duath aux collines orientales, à Dol Guldur et aux repaires de la Forêt Noire. Mais aucun ne pouvait rivaliser avec elle, Arachne la Grande, dernier enfant d'Ungoliant, pour tourmenter le malheureux monde.

Maintes années auparavant, Gollum l'avait déjà vue; Sméagol, qui furetait dans tous les trous sombres, s'était, dans le temps passé, courbé et prosterné devant elle; et les ténèbres de la volonté maléfique d'Arachne l'accompagnaient dans tous les chemins de sa lassitude, le coupant de la lumière et de tout regret. Et il avait promis de lui apporter de la nourriture. Mais les appétits d'Arachne n'étaient pas les siens. Elle ne connaissait pas grand-chose des tours, des anneaux ou de toute production de la pensée ou de la main, et elle ne s'en souciait guère, elle qui ne désirait que la mort de tous les autres, esprits et corps, et pour elle-même un excès de vie, seule, enflée au point que les montagnes ne pouvaient plus la soutenir ni les ténèbres la contenir.

Mais la réalisation de ce désir était encore fort lointaine et depuis longtemps à présent elle avait eu faim, tapie dans son antre, tandis que le pouvoir de Sauron grandissait et que la lumière et les vivants abandonnaient ses frontières; la cité de la vallée était morte et aucun Elfe ni aucun Homme n'en approchait jamais; seuls y venaient les malheureux Orques. Pauvre nourriture, et prudente. Mais il lui fallait manger, et si activement qu'ils creusassent de nouveaux passages serpentant du col et de leur tour, elle trouvait toujours quelque façon de les rattraper. Elle soupirait toutefois, après une viande plus délicate. Et Gollum la lui avait amenée.

« On verra, on verra, se disait-il souvent quand il était dans son mauvais état d'esprit au cours de la dangereuse marche de l'Emyn Muil à la Vallée de Morgul, on verra. Il se pourrait bien que lorsqu'Elle jettera les os et les vêtements vides, on le trouve, on l'aura, le Trésor, en récompense pour le pauvre Sméagol qui amène de la bonne nourriture. Et on sauvera le Trésor, comme on a promis. Oh oui. Et quand on l'aura en sécurité, alors Elle le saura, oh oui, alors on lui rendra son dû, mon trésor. Alors, on rendra son dû à tout le monde! »

Voilà ce qu'il pensait dans un coin intérieur de son astuce, qu'il espérait lui cacher, même lorsqu'il serait retourné auprès d'elle et qu'il se serait incliné bien bas devant elle durant le sommeil de ses compagnons.

Quant à Sauron, il savait où elle se blottissait. Il lui plaisait qu'elle demeurât là, affamée, mais avec une malignité intacte, gardienne de l'ancienne voie d'entrée dans son pays, plus sûre que tout ce que son propre talent aurait pu imaginer. Et les Orques, c'étaient des esclaves utiles, mais il en avait en abondance. Si Arachne en attrapait de temps à autre pour satisfaire son appétit, qu'à cela ne tienne : il pouvait s'en passer. Et parfois, comme un homme peut distribuer une friandise à sa chatte (il l'appelle *sa chatte,* mais elle ne le reconnaît pas), Sauron lui envoyait les prisonniers dont il n'avait pas mieux à faire : il les faisait conduire à son trou et exigeait un rapport sur le spectacle qu'elle donnait alors.

Ainsi vivaient-ils, dans la délectation de leurs dispositions, ne craignant aucun assaut, aucune colère, ni aucune fin à leur méchanceté. Jamais encore une mouche n'avait échappé aux toiles d'Arachne, et la plus grosse faisait à présent l'objet de sa rage et de sa faim.

Mais le pauvre Sam ignorait tout de ce mal qu'ils avaient suscité contre eux, sauf qu'il sentait croître en lui une peur, une menace qu'il ne pouvait voir; et ce devint un tel poids, qu'il lui était un fardeau de courir et que ses pieds lui paraissaient de plomb.

La peur l'environnait; des ennemis étaient devant lui dans le col, et son maître, pris de folie, courait avec insouciance à leur rencontre. Détournant ses yeux de l'ombre derrière et de la profonde obscurité qui s'étendait sous l'escarpement à sa gauche, il porta son regard en avant, et il vit deux choses qui accrurent son désarroi : l'épée que Frodon tenait toujours dégainée étincelait d'une flamme bleue; et, malgré l'obscurité du ciel derrière, la fenêtre de la tour rougeoyait encore.

– Des Orques! grommela-t-il. On n'arrivera jamais à s'en tirer ainsi par la précipitation. Il y a des Orques alentour, et même pis que des Orques. Et, revenant vite à la longue habitude de secret, il referma la main sur la précieuse Fiole qu'il continuait à porter. Rouge de son propre sang vivant, sa main brilla un moment, puis il fourra la lumière révélatrice au plus profond d'une poche près de sa poitrine, et il s'enveloppa dans son manteau d'Elfe. Il essaya alors de presser le pas. Son maître le distançait; il était déjà à une vingtaine d'enjambées en avant, glissant comme une ombre; il serait bientôt hors de vue dans ce monde gris.

A peine Sam avait-il caché la lumière du cristal d'étoile qu'elle arriva. Il aperçut soudain un peu en avant et à sa gauche, sortant d'un trou noir sous l'escarpement, la forme la plus hideuse qu'il eût jamais vue, une forme plus horrible qu'une horreur vue dans un cauchemar. Elle avait l'allure générale d'une araignée, mais plus énorme que les grandes bêtes de proie et plus terrible qu'elles à cause du méchant dessein qui paraissait dans ses yeux impitoyables. Ces mêmes yeux qu'il avait cru découragés et vaincus, ils luisaient là de nouveau d'une lueur féroce, en grappes dans sa tête poussée en avant. Elle avait de grandes cornes et derrière son court cou, semblable à une tige, venait son énorme corps gonflé, vaste sac boursouflé, pendant et oscillant entre ses pattes; sa grosse masse était noire, tavelée de marques livides, mais la panse en dessous était pâle et lumineuse, et elle émettait une puanteur. Elle avait les pattes repliées, avec de grosses jointures protubérantes bien au-dessus de son dos; ses poils se dressaient comme des piquants d'acier et chaque patte se terminait par une griffe.

Aussitôt qu'elle eut fait passer par l'issue supérieure de son antre son corps mou et écrasé et ses pattes repliées, elle avança avec une rapidité horrible, tantôt en courant sur ses jambes crissantes et tantôt en faisant un bond soudain. Elle était entre Sam et son maître. Ou elle ne vit pas Sam, ou elle l'évita pour le moment en tant que porteur de la lumière, et elle fixa toute son attention sur une seule proie, sur Frodon, privé de sa Fiole, qui courait sans souci dans le sentier, inconscient encore du danger où il était. Il s'élança vivement, mais Arachne était plus vive encore; en quelques bonds, elle serait sur lui.

Sam, haletant, rassembla tout ce qui lui restait de souffle pour crier : – Regardez derrière! hurla-t-il. Attention, maître! Je suis..., mais son cri fut soudain étouffé.

Une longue main moite se pressa sur sa bouche, et une autre le saisit par le cou, tandis que quelque chose s'enroulait autour de sa jambe. Pris à l'improviste, il bascula en arrière dans les bras de son agresseur.

– On l'a! siffla Gollum dans son oreille. Enfin, mon trésor, on l'a, oui, le vilain Hobbit. On prend celui-ci. Elle attrapera l'autre. Oh oui, Arachne l'aura, pas Sméagol : il a promis; il ne fera aucun mal au Maître. Mais il t'a, sale immonde petit sournois! Il cracha sur le cou de Sam.

La fureur suscitée par la traîtrise et le désespoir causé par l'entrave au moment où son maître était en danger mortel donnèrent soudain à Sam une violence et une force supérieures de beaucoup à tout ce que Gollum pouvait attendre de ce Hobbit, qu'il croyait lent et stupide. Lui-même n'aurait pu se tortiller plus vite et plus violemment. Sa prise sur la bouche de Sam glissa, et celui-ci se déroba et se jeta de nouveau en avant, essayant de s'arracher à l'étreinte de son cou. Il avait toujours son épée à la main et à son bras gauche, accroché par sa lanière, pendait le bâton de Faramir. Il essaya désespérément de se retourner et de percer son ennemi. Mais Gollum fut trop rapide. Son long bras jaillit, et il saisit le poignet de Sam : ses doigts étaient comme un étau; lentement, implacablement, il tordit la main de telle sorte que Sam poussa un cri de douleur et lâcha son épée, qui tomba sur le sol; cependant que l'autre main de Gollum se resserrait autour de sa gorge.

Sam fit alors appel à son dernier tour. Il s'écarta de toute sa force et planta fermement ses pieds; puis il amena soudain ses jambes contre le sol et se jeta en arrière de toute sa vigueur.

Ne s'attendant même pas à ce simple tour de la part de Sam, Gollum tomba à la renverse avec Sam par-dessus lui, et il reçut tout le poids du robuste Hobbit dans l'estomac. Un sifflement aigu sortit de lui, et, durant une seconde, sa main desserra son étreinte autour de la gorge de Sam; mais ses doigts agrippaient toujours la garde de l'épée. Sam s'arracha et se remit debout, puis, se retournant brusquement vers la droite, il pivota sur le poignet retenu par Gollum. Saisissant le bâton de la main gauche, il le fit tournoyer et l'abattit avec un craquement sifflant sur le bras étendu de Gollum, juste sous le coude.

Sur un cri perçant, Gollum lâcha prise. Sam attaqua derechef; sans prendre le temps de faire passer le bâton de la main gauche à la droite, il en assena un autre coup furieux. Avec la rapidité d'un serpent, Gollum glissa de côté, et le coup destiné à sa tête tomba sur son dos. Le bâton craqua et se rompit. C'en était assez pour lui. Saisir par-derrière était pour lui un vieux manège, et il y avait rarement échoué. Mais cette fois, égaré par son dépit, il avait commis l'erreur de parler et de triompher avant d'avoir les deux mains autour du cou de sa victime. Tout avait été de travers pour son merveilleux plan, depuis que cette horrible lumière avait apparu de façon si inattendue dans l'obscurité. Et maintenant il était face à face avec un ennemi furieux, guère plus petit que lui. Ce n'était pas une lutte pour lui. Sam saisit son épée qui gisait sur le sol et la brandit. Gollum poussa un cri aigu et, sautant de côté à quatre pattes, il repartit d'un seul grand bond comme une grenouille. Avant que Sam n'ait pu l'atteindre, il était parti, courant avec une rapidité étonnante vers le tunnel.

Sam le poursuivit, l'épée à la main. Pendant un moment, il avait perdu de vue toute autre chose que la fureur rouge et le désir de tuer Gollum qui s'étaient emparés de son cerveau. Mais Gollum disparut avant qu'il n'ait pu le rattraper. Alors, devant le trou sombre et la puanteur qui venait à sa rencontre, la pensée de Frodon et du monstre le frappa comme un coup de tonnerre. Il fit volte-face et se rua comme un fou dans le sentier, criant sans cesse le nom de son maître. Il était trop tard. Jusque-là, le plan de Gollum avait été couronné de succès.

CHAPITRE X

LES CHOIX DE MAÎTRE SAMSAGACE

Frodon était étendu la tête tournée vers le ciel, et le monstre était penché sur lui, tant acharné après sa victime qu'il ne prêta aucune attention à Sam et à ses cris jusqu'au moment où celui-ci fut tout près. Comme il se précipitait, il vit que Frodon était déjà lié de cordes, enroulées autour de lui des chevilles aux épaules, et le monstre, avec ses grandes pattes antérieures, commençait moitié à soulever et moitié à entraîner son corps.

A son côté le plus proche gisait, luisant sur le sol, sa lame elfique, qui était tombée, inutile, de son poing. Sam n'attendit pas pour se demander ce qu'il fallait faire, ni s'il était brave, loyal ou empli de rage. Il bondit avec un hurlement et saisit l'épée de son maître de sa main gauche. Puis il chargea. Jamais on ne vit attaque plus furieuse dans le monde sauvage des bêtes, où une petite créature désespérée armée de ses seules petites dents sautera sur une tour de corne et de cuir qui se tient au-dessus de son compagnon tombé.

Dérangée comme de quelque rêve avide par son petit hurlement, elle tourna lentement vers lui l'horrible malignité de son regard. Mais presque avant qu'elle ne prît conscience que déferlait sur elle une furie plus grande qu'aucune qu'elle eût connue depuis d'innombrables années, l'épée brillante mordait dans son pied et tranchait la griffe. Sam sauta dedans, dans l'arche de ses pattes, et, d'un rapide coup de bas en haut, il visa de son autre main les yeux en grappe de la tête baissée. Un grand œil s'enténébra.

Le malheureux se trouvait alors juste sous elle, hors de portée de ses piqûres et de ses griffes. Sa vaste panse le dominait, avec sa lueur putride, et la puanteur l'abattait presque. La furie de Sam tint pourtant assez pour lui faire porter encore un coup, et, avant qu'elle ne pût se laisser tomber sur lui et l'étouffer lui et son impudent petit courage, il la sabra de sa brillante lame elfique avec une force désespérée.

Mais Arachne n'était pas semblable aux dragons : elle n'avait d'autre point sensible que ses yeux. Sa peau séculaire était pleine des creux et des bosses de la corruption, mais elle était épaissie des multiples couches d'une mauvaise croissance. La lame l'érafla d'un terrible coup, mais ces plis hideux ne pouvaient être percés par aucune force humaine, quand bien même des Elfes ou des Nains auraient forgé l'acier, ou la main de Beren ou de Turïn l'aurait manié. La bête fléchit sous le coup, puis elle souleva le gros sac de son ventre haut au-dessus de la tête de Sam. Le poison sortit, moussant et bouillonnant, de la blessure. Alors, écartant ses pattes, elle amena de nouveau sur lui son énorme masse. Trop tôt. Car Sam était toujours debout; laissant tomber sa propre épée, il tint des deux mains la lame elfique pointe en l'air, parant la descente de cet horrible plafond; et ainsi Arachne se jeta sur la pointe implacable avec toute la force motrice de sa propre volonté cruelle, avec une vigueur plus grande que celle d'aucune main de guerrier. La pointe pénétra de plus en plus profondément à mesure que Sam était lentement écrasé contre le sol.

Arachne n'avait jamais connu ni imaginé connaître pareille douleur dans toute sa longue carrière de perversité. Jamais le plus vaillant soldat de l'ancien Gondor, ni le plus sauvage Orque piégé, ne l'avait ainsi supportée ou n'avait porté le fer contre sa chair bien-aimée. Un frisson la parcourut. Se soulevant de nouveau pour s'arracher à la douleur, elle courba sous elle ses membres crispés et fit un bond convulsif en arrière.

Sam était tombé à genoux près de la tête de Frodon; ses sens tournoyaient dans la puanteur, et ses deux mains serraient toujours la garde de l'épée. A travers la brume qu'il avait devant les yeux, il discernait vaguement le visage de Frodon, et il lutta avec opiniâtreté pour se maîtriser et se sortir de la défaillance qui le saisissait. Levant lentement la tête, il la vit, à quelques pas seulement, qui le lorgnait, tandis que son bec sécrétait une bave vénéneuse et qu'un suintement verdâtre dégoulinait de sous son œil blessé. Elle était accroupie là, son ventre frissonnant étalé sur le sol, les grands arcs de ses pattes tremblant, comme elle se ramassait pour un nouveau bond – pour écraser et piquer à mort, cette fois : pas de petite morsure empoisonnée pour suspendre la lutte de sa viande; cette fois, c'était tuer, puis déchirer.

Tandis que Sam, la regardant, lui aussi tapi, voyait dans ses yeux sa propre mort, une idée lui vint, comme au son d'une voix reculée; tâtonnant de la main gauche dans sa poitrine, il trouva ce qu'il cherchait : froide, dure et solide, lui parut-il dans ce monde fantomatique d'horreur, la Fiole de Galadriel.

– Galadriel! dit-il faiblement; et il entendit alors des voix lointaines, mais claires : les appels des Elfes marchant sous les étoiles dans les ombres bien-aimées de la Comté, et la musique des Elfes telle qu'elle venait durant son sommeil dans la salle du Feu de la maison d'Elrond.

Gilthoniel A Elbereth!

Alors, sa langue fut libérée et sa voix cria dans une langue qu'il ne connaissait pas :

« *A Elbereth Gilthoniel*
O menel palan-diriel,
le nallon si di'nguruthos!
A tiro nin, Fanuilos! »

Là-dessus, il se releva en chancelant, et il redevint le Hobbit Samsagace, fils de Hamfast.

– Viens donc, ordure! cria-t-il. Tu as blessé mon maître et tu me le paieras. On continue; mais on en finira avec toi d'abord. Viens donc en tâter de nouveau!

Comme si son courage indomptable avait mis en mouvement le pouvoir du cristal, celui-ci flamboya soudain telle une torche blanche dans sa main. Elle étincela comme une étoile qui, bondissant du firmament, marque l'air sombre d'une lumière intolérable. Jamais semblable terreur venue du ciel n'avait brûlé dans la face d'Arachne. Les rayons en pénétraient dans sa tête blessée et la couturait d'une douleur insupportable, et la terrible infection de la lumière s'étendait d'un œil à l'autre. Elle retomba en arrière, battant l'air de ses pattes antérieures, la vue anéantie par des éclairs internes, l'esprit à l'agonie. Puis, détournant sa tête mutilée, elle roula sur le côté et se mit à ramper, griffe par griffe, vers l'ouverture de l'escarpement noir de derrière.

Sam s'avança vers elle. Il titubait comme un homme ivre, mais il s'avança. Et Arachne enfin domptée, recroquevillée dans sa défaite, tremblante, s'efforça par des mouvements saccadés de lui échapper. Elle atteignit le trou et s'y faufila, laissant derrière elle une traînée de vase jaune verdâtre, au moment même où Sam assenait un dernier coup à ses pattes traînantes. Puis il s'écroula.

Arachne était partie, et l'histoire ne dit pas si elle resta longtemps dans son antre, soignant sa malignité et sa misère, ou si, au cours de lentes années de ténèbres, elle se guérit de l'intérieur, reconstituant ses yeux en grappes jusqu'à ce que, poussée par une faim mortelle, elle tissât de nouveau ses terribles filets dans les ravins des Montagnes de l'Ombre.

Sam restait seul. Péniblement, comme le soir de la Terre sans Nom tombait sur le lieu de la bataille, il rampa de nouveau vers son maître.

– Maître, cher maître, dit-il. Mais Frodon ne parla pas. Comme il courait en avant avec ardeur dans sa voie d'être libre, Arachne était survenue derrière lui à une hideuse vitesse et, d'un seul coup rapide, elle l'avait piqué au cou. Il gisait à présent, pâle, insensible à toute voix, et il ne bougeait pas. Maître, cher maître! répéta Sam, et il attendit dans un long silence, prêtant l'oreille en vain.

Alors, il coupa aussi vite qu'il le put les cordes qui liaient Frodon, et il posa la tête sur la poitrine et sur la bouche de celui-ci, mais il ne put découvrir aucun signe de vie ni sentir la moindre palpitation du cœur. Maintes fois, il frictionna les mains et les pieds de son maître et toucha son front, mais tout était froid.

– Frodon, Monsieur Frodon! s'écria-t-il. Ne me laissez pas ici tout seul! C'est votre Sam qui appelle. N'allez pas où je ne peux vous suivre! Réveillez-vous, Monsieur Frodon! Ah, réveillez-vous, Frodon, hélas! hélas! Réveillez-vous!

Et puis la colère le submergea, et en rage il courut çà et là autour du corps de son maître, pourfendant l'air, frappant les pierres et criant des défis. Il revint bientôt et se pencha pour regarder dans l'obscurité le visage pâle de Frodon. Et il vit soudain qu'il se trouvait dans l'image que lui avait révélée le miroir de Galadriel en Lorien : Frodon était profondément endormi, le visage pâle, sous un grand escarpement sombre – profondément endormi, avait-il pensé alors. « Il est mort, dit-il. Pas endormi, mort! » Et au moment où il le disait, il lui sembla que le visage devenait d'un vert livide, comme si les mots avaient donné une nouvelle impulsion au venin.

Il fut alors saisi d'un sombre désespoir; il se courba jusqu'à terre et tira sur sa tête le capuchon gris; la nuit envahit son cœur, et il ne se souvint plus de rien.

Quand les ténèbres passèrent enfin, Sam releva la tête, et il était environné d'ombre; mais il n'aurait su dire combien de minutes ou combien d'heures le monde avait poursuivi son cours languissant. Il était toujours au même endroit, et son maître était encore étendu, mort, à côté de lui. Les montagnes ne s'étaient pas écroulées, et la terre n'était pas tombée en ruine.

– Que vais-je faire, que vais-je faire? dit-il. Suis-je venu jusqu'ici pour rien? Puis il se rappela sa propre voix prononçant des mots qu'il n'avait pas compris lui-même à l'époque, au début de leur voyage : *J'ai quelque chose à faire avant la fin. Il faut que j'aille jusqu'au bout, monsieur, si vous comprenez.*

– Mais que puis-je faire? Je ne vais pas laisser Monsieur Frodon mort sans sépulture en haut des montagnes et rentrer? Ou continuer? Continuer? répéta-t-il, et, pendant un moment, le doute et la peur s'emparèrent de lui.

Continuer? Est-ce là ce que je dois faire? Et l'abandonner?

Alors enfin, il se mit à pleurer; allant auprès de Frodon, il disposa son corps, replia ses mains froides sur sa poitrine et l'enveloppa de son manteau gris; et il déposa sa propre épée d'un côté et le bâton donné par Faramir de l'autre.

– Si je dois continuer, dit-il, il me faut prendre votre épée, avec votre permission, Monsieur Frodon; mais je mets celle-ci à votre côté, comme elle était auprès du vieux roi dans le galgal; et vous avez votre belle cotte de mithril, que vous avait donnée le vieux Monsieur Bilbon. Et votre cristal d'étoile, Monsieur Frodon, vous me l'aviez vous-même prêté et j'en aurai besoin, car je serai toujours dans le noir, maintenant. Il est trop bon pour moi, et c'est à vous que la Dame l'a donné, mais peut-être comprendrait-elle. Comprenez-vous, vous, Monsieur Frodon? Il faut que je continue.

Mais il ne pouvait partir, pas encore. Il s'agenouilla et tint la main de Frodon, qu'il ne pouvait lâcher. Et le temps passait, et il était toujours là, agenouillé, tenant la main de son maître et débattant dans son cœur.

Il s'évertuait à trouver la force de s'arracher et de partir pour un voyage solitaire – pour la vengeance. Si seulement il pouvait partir, sa colère le porterait sur toutes les routes de la terre à la poursuite de Gollum jusqu'à ce qu'il l'ait enfin – Gollum mourrait alors dans un coin. Mais ce n'était pas son véritable but. Cela ne vaudrait pas de quitter son maître. Cela ne le ramènerait pas. Rien ne le ramènerait. Mieux vaudrait être morts ensemble. Et cela aussi serait un voyage solitaire.

Il regarda la pointe brillante de l'épée. Il pensa aux endroits derrière lesquels il y avait un bord noir et une chute dans le néant. Il n'y avait pas d'issue de cette façon. C'était ne rien faire, pas même s'affliger. Ce n'était pas pour cela qu'il était parti. « Que dois-je donc faire? » s'écria-t-il derechef, et il lui sembla alors connaître clairement la dure réponse : *va jusqu'au bout.* Encore un voyage solitaire, et le pire.

– Quoi donc? Moi, seul, aller à la Crevasse du Destin, et tout? Il fléchissait encore, mais la résolution grandissait.

Quoi? *Moi,* lui prendre l'Anneau à *lui*? Le Conseil le lui a donné.

Mais la réponse vint aussitôt : – Et le Conseil lui a donné des compagnons de façon que la mission n'échoue pas. Et tu es le dernier de toute la Compagnie. La mission ne doit pas échouer.

– Je voudrais bien ne pas être le dernier, gémit-il. Je voudrais bien que le vieux Gandalf ou quelqu'un fût ici. Pourquoi resté-je tout seul pour prendre une décision? Je suis sûr de me tromper. Et ce n'est pas à moi d'aller prendre l'Anneau et me mettre en avant.

– Mais tu ne t'es pas mis en avant; tu y as été mis. Quant à n'être pas la personne qui convienne, eh bien, Monsieur Frodon ne l'était pas non plus, pourrait-on dire, ni Monsieur Bilbon. Ils n'avaient pas choisi eux-mêmes.

– Ah, enfin, il faut que je décide moi-même. Je vais le faire. Mais je suis sûr de me tromper : ce serait bien du Sam Gamegie.

« Voyons : si on nous trouve ici, ou si on trouve Monsieur Frodon avec cette Chose sur lui, l'Ennemi l'aura. Et ce sera la fin de nous tous, de la Lorien, de Fondcombe, de la Comté et de tout. Et il n'y a pas de temps à perdre, ou ce sera la fin de toute façon. La Guerre est commencée, et il est plus que probable que tout va déjà dans le sens de l'Ennemi. Aucune chance de retourner avec la Chose pour recevoir des conseils ou la permission. Non, c'est : rester ici jusqu'à ce qu'ils viennent me tuer sur le corps du maître et avoir l'Anneau; ou Le prendre et partir. (Il respira profondément.) Alors, c'est Le prendre! »

Il se baissa. Il défit avec une grande douceur l'agrafe du cou et glissa la main à l'intérieur de la tunique de Frodon; puis, soulevant la tête de l'autre main, il baisa le front froid et tira délicatement la chaîne par-dessus. Après quoi, la tête fut reposée tranquillement pour le dernier sommeil. Aucun changement ne parut sur le visage immobile, et de ce fait, plus que par tous les autres signes, Sam fut convaincu que Frodon était mort et avait abandonné la Quête.

– Adieu, maître, bien-aimé! murmura-t-il. Pardonnez à votre Sam. Il reviendra ici même quand le boulot sera fait

– s'il y arrive. Et alors il ne vous quittera plus. Reposez tranquillement jusqu'à mon retour; et puisse aucune créature répugnante ne vous approcher! Et si la Dame pouvait m'entendre et m'accorder un souhait, je demanderais à revenir et vous retrouver. Adieu!

Il courba alors son propre cou et y passa la chaîne; aussitôt sa tête s'inclina vers le sol sous le poids de l'Anneau, comme si on y avait accroché une grosse pierre. Mais lentement, comme si le poids avait diminué ou qu'une nouvelle force avait crû en lui, il releva la tête; puis il se redressa par un grand effort, et il constata qu'il pouvait marcher en portant son fardeau. Et pendant un moment il éleva la Fiole pour contempler son maître; la lumière brûlait légèrement à présent avec le doux rayonnement de l'étoile du soir en été; et à cette lueur, le visage de Frodon avait repris une belle teinte, pâle mais d'une beauté elfique, comme de quelqu'un qui a depuis longtemps passé les ombres. Et, avec l'amer réconfort de cette dernière vision, Sam se détourna, cacha la lumière et partit en chancelant dans l'obscurité grandissante.

Il n'avait pas loin à aller. Le tunnel était à quelque distance derrière : la Crevasse à deux cents mètres en avant, ou même moins. Le sentier était visible dans le crépuscule, ornière profonde creusée par des siècles de passage, montant en pente douce à présent dans un long creux bordé de part et d'autre par des escarpements. Le creux se rétrécissait rapidement. Sam ne tarda pas à arriver à une longue volée de marches larges et peu profondes. La tour d'Orques se trouvait à présent juste au-dessus de lui, et l'œil rouge luisait dans sa face noire et menaçante. Il était pour le moment caché dans l'ombre obscure qui s'étendait à son pied. Il arrivait au sommet des marches et il était enfin dans la Crevasse.

« J'ai pris ma décision », se disait-il sans cesse. Mais ce n'était pas vrai. En dépit de tous ses efforts de réflexion, ce qu'il faisait était entièrement à contresens de sa nature. – Me suis-je trompé? marmottait-il. Qu'aurais-je dû faire?

Comme les murs à pic de la Crevasse se resserraient autour de lui, avant d'atteindre le sommet véritable, avant de regarder enfin le long du sentier descendant dans la Terre sans Nom, il se retourna. Durant un moment, immobile dans son doute intolérable, il regarda en arrière. Il vit encore l'entrée du tunnel, comme une petite tache dans l'obscurité grandissante, et il crut voir ou deviner l'endroit où gisait Frodon. Il lui parut qu'il y avait là en bas une faible lueur sur le sol, ou peut-être était-ce un effet de ses larmes tandis qu'il scrutait ce haut endroit pierreux où toute sa vie était tombée en ruine.

– Si seulement mon souhait, mon seul souhait pouvait être exaucé, dit-il en soupirant : revenir le trouver! Puis il se tourna enfin vers la route qui s'étendait en avant et fit quelques pas : nul n'avait jamais été aussi lourd et ne lui avait autant coûté.

Quelques pas seulement; et maintenant encore quelques-uns et il descendrait pour ne plus jamais revoir ce haut lieu. Et puis, soudain, il entendit des cris et des voix. Il s'immobilisa. Des voix d'Orques. Elles étaient derrière et devant lui. Un bruit de piétinement et des appels rauques : des Orques montaient à la Crevasse de l'autre côté, de quelque entrée de la tour peut-être. Un piétinement et des cris derrière. Il fit volte-face. Il vit de petites lumières rouges, des torches, qui clignotaient en bas, sortant du tunnel. La chasse était enfin déclenchée. L'œil rouge de la tour n'avait pas été aveugle. Sam était pris.

Le tremblotement des torches approchantes et le cliquetis de l'acier en avant étaient à présent très proches. Dans une minute, ils atteindraient le haut et seraient sur lui. Il avait mis trop longtemps à prendre sa décision, et elle était vaine. Comment pourrait-il échapper, se sauver ou sauver l'Anneau? L'Anneau. Il n'eut conscience d'aucune pensée, d'aucune décision. Il se trouva tout simplement en train de sortir la chaîne et de prendre l'Anneau dans sa main. La tête de la compagnie d'Orques apparaissait dans la Crevasse juste devant lui. Il le passa alors à son doigt.

Le monde changea, et un simple instant fut empli d'une heure de pensée. Il eut instantanément conscience que l'ouïe était aiguisée, tandis que la vue devenait moins précise, mais de façon autre que dans l'antre d'Arachne. Toutes choses alentour étaient à présent non pas sombres, mais vagues, tandis que lui-même se trouvait là dans un monde gris et embrumé, seul, comme un petit roc noir et solide, et que l'Anneau, qui appesantissait sa main gauche, était semblable à un orbe d'or chaud. Il ne se sentait aucunement invisible, mais, au contraire, horriblement et uniquement visible; et il savait que quelque part un œil le recherchait.

Il entendit un craquement de pierre et un murmure d'eau au loin dans la Vallée de Morgul; et dans les profondeurs du rocher la misère barbotante d'Arachne, qui tâtonnait dans quelque passage aveugle, des voix dans les cachots de la tour; les cris des Orques qui sortaient du tunnel; et, assourdissant, rugissant dans ses oreilles, le fracas des pieds et la clameur déchirante des Orques devant lui. Il se tapit contre l'escarpement. Mais ils montaient comme une compagnie fantomatique, figures grises et difformes dans un brouillard, ombres seulement de la peur avec des flammes pâles à la main. Et ils passèrent à côté de lui. Il se fit tout petit, essayant de se glisser dans quelque fente pour se cacher.

Il écouta. Les Orques du tunnel et ceux qui descendaient s'étaient vus, et les deux troupes se hâtaient de part et d'autre en criant. Il les entendait toutes deux clairement, et il comprenait ce qu'elles disaient. Peut-être l'Anneau conférait-il l'entendement des langues, surtout des serviteurs de Sauron son créateur, de sorte que s'il y prêtait attention il comprenait et traduisait la pensée pour lui-même. L'Anneau avait à coup sûr grandement gagné en puissance à l'approche des lieux où il avait été forgé; mais il était une chose qu'il ne conférait pas, et c'était le courage. A présent, Sam ne pensait encore qu'à se cacher, à s'étendre à plat jusqu'à ce que tout fût redevenu tranquille; et il écoutait avec anxiété. Il ne pouvait évaluer la proximité des voix; les mots lui semblaient résonner à ses oreilles mêmes.

– Holà! Gorbag! Qu'est-ce que tu fais ici en haut? Tu en as déjà assez de la guerre?

– Aux ordres, gros lard. Et toi, Shagrat, que fais-tu? Fatigué de rester tapi là-haut? Tu penses à descendre pour te battre?

– Aux ordres pour toi. Je commande ce col. Alors, sois poli. Qu'as-tu à rapporter?

– Rien.

– Hai! hai! yoi! Un hurlement interrompit les propos des deux chefs. Les Orques qui se trouvaient un peu plus bas avaient soudain vu quelque chose. Ils se mirent à courir. Les autres firent de même.

– Hai! Holà! Voilà quelque chose. Couché en plein sur la route. Un espion, un espion! Il y eut un retentissement de cors hargneux et un vacarme de voix clabaudantes.

Ce terrible coup tira Sam de son humeur tremblante. Ils avaient vu son maître. Qu'allaient-ils faire? Il avait entendu sur les Orques des histoires à figer le sang. Il ne put le supporter. Il se releva d'un bond, envoya promener la Quête et toutes ses décisions, et avec elles la peur et le doute. Il savait à présent où était et avait été sa place : au côté de son maître, encore que sans trop savoir ce qu'il y pourrait faire. Il redescendit les marches au galop et accourut dans le sentier vers Frodon.

« Combien y en a-t-il? se demandait-il. Trente ou quarante au moins de la tour, et bien davantage d'en bas, je suppose. Combien pourrai-je en descendre avant qu'ils ne m'aient? Ils verront la flamme de l'épée aussitôt que je l'aurai dégainée, et ils m'auront tôt ou tard. Je me demande si aucune chanson rapportera jamais cela : Comment Samsagace tomba dans le Haut Col et éleva un mur de corps autour de son maître. Non, pas de chanson. Bien sûr que non, car l'Anneau sera découvert, et il n'y aura plus de chansons. Je n'y peux rien. Ma place est auprès de Monsieur Frodon. Ils doivent le comprendre – Elrond et le Conseil, les grands Seigneurs et les grandes Dames avec toute leur sagesse. Leurs plans ont mal tourné. Je ne puis être leur Porteur de l'Anneau. Pas sans Monsieur Frodon. »

Mais les Orques étaient à présent hors de sa vue troublée. Il n'avait pas eu le temps de penser à lui-même, mais il se rendit compte à ce moment qu'il était fatigué, fatigué presque jusqu'à l'épuisement : ses jambes refusaient de le porter comme il l'aurait voulu. Il allait trop lentement. Le sentier lui paraissait s'étendre sur des milles. Vers où étaient-ils tous partis dans la brume?

Les voilà de nouveau. A encore un bon bout de chemin

en avant. Un groupe de silhouettes assemblé autour de quelque chose d'étendu sur le sol; quelques-uns partaient de côté ou d'autre, penchés comme des chiens sur une piste. Il essaya de prendre le pas de course.

– Vas-y, Sam! dit-il, sans quoi tu arriveras trop tard encore. Il dégagea l'épée dans son fourreau. Dans une minute, il la dégainerait, et alors...

Il y eut une clameur sauvage, des lazzis et des rires, tandis que quelque chose était soulevé du sol. – Ya hoi! Ya harri hoi! Hisse! Hisse!

Puis une voix cria : – Et maintenant, filons! Par le plus court chemin. A la Porte d'En bas! Elle ne nous ennuiera pas cette nuit d'après tous les signes. Toute la bande de formes d'Orques se mit en mouvement. Au milieu, quatre portaient un corps, haut sur leurs épaules. – Ya hoi!

Ils avaient pris le corps de Frodon. Ils étaient partis. Il ne pouvait les attraper. Mais il continua d'avancer péniblement. Les Orques atteignirent le tunnel, et ils passèrent à l'intérieur. Ceux qui portaient le fardeau entrèrent les premiers, et derrière eux il y eut maints jeux de coudes et bousculades. Sam alla de l'avant. Il tira l'épée; il y eut un tremblotement de bleu dans sa main vacillante, mais ils ne le virent pas. Au moment où il arrivait, haletant, le dernier disparut dans le trou noir.

Il resta un moment, pantelant, la main crispée sur sa poitrine. Puis il passa sa manche sur sa figure pour essuyer la saleté, la sueur et les larmes. – La peste soit de cette ordure! dit-il, et il s'élança derrière eux dans l'obscurité.

Le tunnel ne lui parut plus très sombre; il avait plutôt l'impression d'être passé d'une légère brume dans un brouillard plus épais. Sa fatigue grandissait, mais sa volonté ne s'en affirma que davantage. Il crut discerner la lumière des torches un peu en avant; mais, malgré tous ses efforts, il ne pouvait les rattraper. Les Orques se meuvent vite dans les tunnels, et ils connaissaient bien celui-ci; car, en dépit de la présence d'Arachne, ils étaient souvent contraints de l'employer comme voie la plus rapide de la Cité Morte à travers les montagnes. En quel temps lointain avaient été construits le tunnel principal et le grand puits rond où Arachne avait établi sa demeure dans les siècles passés, ils l'ignoraient; mais ils avaient eux-mêmes creusé de part et d'autre maints cheminements secondaires de façon à s'échapper de l'antre dans leurs allées et venues pour les affaires de leurs maîtres. Ce soir-là, ils n'avaient pas l'intention de s'enfoncer bien avant, et ils se hâtaient pour trouver un passage de traverse qui ramenait à leur tour de guet en haut de l'escarpement. Ils étaient pour la plupart joyeux, enchantés de ce qu'ils avaient trouvé et vu, et, dans leur course, ils jacassaient et grognaient à la façon de leur race. Sam entendait le bruit de leurs voix rauques, monocordes et dures dans l'air mat, et il distinguait deux voix parmi toutes les autres : elles étaient plus fortes et plus proches. Il semblait que les capitaines des deux troupes fermaient la marche et discutaient en chemin.

– Ne peux-tu empêcher ta racaille de faire un pareil boucan, Shagrat! grognait l'un. On n'a pas envie d'avoir Arachne sur le dos.

– Allons donc, Gorbag! Les tiens font plus de la moitié du chahut, répliqua l'autre. Mais laissons les gars s'amuser! Pas besoin de s'inquiéter d'Arachne pour un bout de temps, je parie. Elle s'est assise sur un clou, semble-t-il, et il n'y a pas de larmes à verser là-dessus. Tu n'as pas vu : une belle cochonnerie tout le long du chemin vers son sacré trou? Alors, laisse-les rire. Et on est enfin tombés sur un coup de chance : quelque chose que Lugburz désire.

– Lugburz le veut, hé? Qu'est-ce donc, à ton avis? Ça m'avait un air elfique, mais de plus petite taille. Quel danger y a-t-il dans une chose comme ça?

– On ne sait pas tant qu'on n'aura pas regardé.

– Oho! On ne t'a donc pas dit ce à quoi il fallait s'attendre? On ne nous dit pas tout ce qu'on sait, hein? Pas la moitié. Mais ils peuvent se tromper, même Ceux du Haut.

– Chut, Gorbag! La voix de Shagrat avait baissé, de sorte que Sam, même avec son ouïe étrangement aiguisée, put tout juste saisir ce qu'il disait. – Peut-être, mais ils ont des yeux et des oreilles partout; il est probable qu'il y en a parmi ma troupe. Mais il n'y a pas de doute, ils sont inquiets de quelque chose. Les Nazguls là en bas le sont, d'après tes propres dires; et Lugburz l'est aussi. Quelque chose a failli se glisser.

– A failli, dis-tu? fit Gorbag.

– Bon, reprit Shagrat, mais on parlera de cela plus tard. Attends que nous soyons dans le Souterrain. Il y a là un endroit où on pourra bavarder un peu, pendant que les gars continueront.

Peu après, Sam vit disparaître les torches. Il y eut ensuite un bruit de roulement et, comme il pressait le pas, un choc sourd. Pour autant qu'il pouvait deviner, les Orques avaient tourné et s'étaient dirigés vers l'ouverture même par laquelle Frodon et lui avaient tenté de passer et qu'ils avaient trouvée bloquée.

Une grosse pierre semblait obstruer le passage, mais les Orques l'avaient franchi d'une façon ou d'une autre, car il entendait leurs voix de l'autre côté. Ils couraient toujours, de plus en plus profondément dans la montagne, rentrant à la tour. Sam se sentit désespéré. Ils emportaient le corps de son maître pour quelque dessein odieux, et il ne pouvait les suivre. Il s'arc-bouta contre le bloc, il se jeta contre lui, mais en vain. Et puis, non loin à l'intérieur, tout au moins le lui sembla-t-il, il entendit la voix des deux capitaines qui reprenaient leur conversation. Il s'immobilisa un moment pour écouter, espérant apprendre quelque chose d'utile. Peut-être Gorbag, qui semblait être de Minas Morgul, sortirait-il, et Sam pourrait-il se glisser à l'intérieur.

– Non, je ne sais pas, dit la voix de Gorbag. Les messages vont plus vite que ne pourrait voler toute autre chose, en règle générale. Mais je ne demande pas comment cela se fait. C'est plus sûr. Brrr! Les Nazguls me donnent la chair de poule. Ils vous écorchent le corps aussi facilement qu'ils vous regardent, et ils vous laissent tout froid dans le noir de l'autre côté. Mais Lui les aime; ce sont Ses favoris à l'heure actuelle, alors il ne sert à rien de grogner. Je te le dis, ce n'est pas drôle de servir en bas dans la cité.

– Tu devrais essayer de te faire envoyer ici, avec Arachne pour compagnie, dit Shagrat.

– J'aimerais tâter d'un endroit où il n'y ait aucun des deux. Mais la guerre est commencée maintenant, et quand elle sera finie les choses seront peut-être plus faciles.

– Ça va bien, à ce qu'on dit.

– On le dirait de toute façon, grogna Gorbag. On verra. Mais en tout cas si ça va vraiment bien, il devrait y avoir beaucoup plus de place. Qu'en dis-tu? – si on en trouve l'occasion, toi et moi, on filerait quelque part pour notre propre compte avec quelques types de confiance, quelque part où il y aurait un bon butin facile et à portée, sans grands patrons.

– Ah! dit Shagrat. Comme dans l'ancien temps.

– Oui, dit Gorbag. Mais n'y compte pas. Je ne suis pas tranquille, comme je le disais, les Grands Patrons, oui (sa voix devint presque un murmure) oui, même le plus Grand, peuvent commettre des erreurs. Quelque chose a failli se glisser, as-tu dit. Moi, je dis que ça *s'est* glissé. Et il faut qu'on fasse attention. C'est toujours aux pauvres Ourouk à rétablir les choses, et il n'y a guère de remerciements. Mais n'oublie pas : les ennemis ne nous aiment pas plus qu'ils ne l'aiment Lui, et s'ils ont le dessus, on est fichus aussi. Mais dis donc, quand as-tu reçu l'ordre de sortir?

– Il y a à peu près une heure, juste avant de te rencontrer. Un message est venu : « *Nazguls pas tranquilles. On craint des espions dans l'Escalier. Redoublez de vigilance. Patrouillez jusqu'au sommet de l'Escalier.* Je suis venu aussitôt.

– Sale affaire, dit Gorbag. Dis donc, nos Guetteurs Silencieux étaient inquiets il y a plus de deux jours, ça je le sais. Mais ma patrouille n'a pas été envoyée avant le lendemain, et aucun message n'a été envoyé à Lugburz non plus : à cause de la montée du Grand Signal et du départ du Grand Nazgul en guerre, et tout ça. Et puis ils n'ont pas pu amener Lugburz à prêter attention pendant un bon moment, à ce qu'on m'a dit.

– L'Œil était occupé ailleurs, je suppose, dit Shagrat. Il se passe de grandes choses là-bas dans l'Ouest, dit-on. – Sans doute, grogna Gorbag. Mais en attendant, des ennemis ont gravi l'Escalier. Et qu'est-ce que tu fabriquais? Tu es censé veiller, non, qu'il y ait des ordres spéciaux ou non? A quoi sers-tu?

– Ça va! N'essaie pas de m'apprendre mon boulot. On

était parfaitement éveillés. On savait qu'il se passait de curieuses choses.

– Très curieuses!

– Oui, très curieuses : des lumières, des cris et tout. Mais Arachne était sortie. Mes gars l'ont vue avec son Fouineur.

– Son Fouineur? Qu'est-ce que c'est que ça?

– Tu aurais dû le voir : un petit type mince et noir, comme une araignée lui-même ou peut-être plutôt comme une grenouille affamée. Il est déjà venu avant. Il était venu *de* Lugburz la première fois, il y a des années, et nous avions reçu l'ordre d'En Haut de le laisser passer. Il a monté l'Escalier une ou deux fois depuis lors, mais on l'a laissé tranquille : il paraît avoir quelque entente avec Madame. Je pense qu'il ne doit pas être bon à manger : elle ne se soucierait pas de mots d'ordre d'En Haut. Mais c'est une belle garde que vous montez dans la vallée : il était ici en haut la veille de tout ce barouf. On l'a vu de bonne heure hier soir. En tout cas, mes gars ont rendu compte que Madame se divertissait, et ça m'a paru suffisant jusqu'à la venue du messager. Je pensais que son Fouineur lui avait apporté un joujou ou que vous lui aviez envoyé un cadeau, un prisonnier de guerre ou quelque chose. Je n'interviens pas quand elle s'amuse. Rien ne passe à côté d'Arachne quand elle chasse.

– Rien, dis-tu? Tu ne t'es donc pas servi de tes yeux là-bas? Je te dis que je ne suis pas tranquille. Ce qui a gravi l'Escalier, quoi que ce soit, *est* passé. Cela a coupé sa toile et est sorti tout bonnement du trou. Ça donne à réfléchir!

– Oh bien, elle l'a attrapé en fin de compte, non?

– *Attrapé?* Attrapé *qui*? Le petit type? Mais si c'était le seul, il y a longtemps qu'elle l'aurait mis dans son garde-manger, et il y serait à présent. Et si Lugburz le voulait, il faudrait que toi tu ailles le chercher. Agréable pour toi. Mais il y en avait plus d'un.

A ce point, Sam commença à écouter avec plus d'attention, appliquant son oreille contre la pierre.

– Qui a coupé les cordes dont elle l'avait entouré, Shagrat? Le même qui avait tranché la toile. Tu n'as pas vu ça? Et qui a piqué une épingle dans Madame? Toujours le même, je pense. Et où est-il? Où est-il, Shagrat?

Shagrat ne répondit rien.

– Médite donc là-dessus. Il n'y a pas là matière à plaisanter. Personne, *jamais* personne n'a piqué une épingle dans Arachne, comme tu dois bien le savoir. Il n'y en a pas à s'en chagriner; mais réfléchis – il y a quelqu'un qui se promène par ici, plus dangereux que tout autre damné rebelle qui se soit jamais promené depuis le mauvais vieux temps, depuis le Grand Siège. Quelque chose *s'est* glissé.

– Et qu'est-ce donc, alors? grogna Shagrat.

– D'après tous les signes, Capitaine Shagrat, je dirais qu'il y a un guerrier de bonne taille en liberté, un Elfe vraisemblablement, armé d'une épée elfique en tout cas, et peut-être aussi d'une hache; et il se promène dans ton secteur aussi, et tu ne l'as jamais repéré. Très curieux, assurément! Gorbag cracha. Sam eut un sourire sardonique à cette description de lui-même.

– Oh enfin, tu vois toujours les choses en noir, dit Shagrat. Tu peux bien interpréter les signes à ta façon, mais il est peut-être d'autres explications. En tout cas, j'ai des guetteurs partout, et je vais m'occuper d'une seule chose à la fois. Quand j'aurai examiné le type que j'ai effectivement attrapé, je commencerai à me préoccuper d'autre chose.

– Je parie que tu ne trouveras pas grand-chose en ce petit bonhomme, dit Gorbag. Il n'a peut-être rien à voir avec le vrai mal. Le grand à l'épée acérée ne semble pas lui avoir attribué beaucoup d'importance en tout cas – il l'a laissé étendu là : un vrai tour d'Elfe.

– On verra. Enfin! Nous avons suffisamment bavardé. Allons jeter un coup d'œil sur le prisonnier!

– Que vas-tu en faire? N'oublie pas que c'est moi qui l'ai vu le premier. S'il y a quelque chose à en tirer, moi et mes gars devons être dans le coup.

– Voyons, voyons, grommela Shagrat. J'ai mes ordres. Et je ne donnerais pas cher de ma peau, et de la tienne non plus, si je les enfreignais. *Tout* intrus découvert par la garde doit être retenu à la tour. Le prisonnier devra être entièrement dépouillé. Une description détaillée de tout article, vêtement, arme, lettre, anneau ou bijou sera immédiatement envoyée à Lugburz *seule*. Le prisonnier sera gardé sain et sauf, sous peine de mort pour tous les membres de la garde, jusqu'à ce qu'Il ait envoyé un émissaire ou soit venu en Personne. C'est assez clair, et c'est ce que je vais faire.

– Dépouillé, hé? dit Gorbag. Quoi, les dents, les ongles, les cheveux et tout?

– Non, rien de tout cela. Il est réservé pour Lugburz, je te dis. On le veut sauf et entier.

– Tu auras de la peine, dit Gorbag en riant. Il n'est guère plus qu'une charogne, à présent. Je ne vois pas ce que Lugburz fera de pareille chose. On pourrait aussi bien la mettre à la marmite.

– Idiot, gronda Shagrat. Tu te crois très malin, mais il y a des tas de choses que tu ne connais pas, bien que la plupart des autres le sachent. C'est toi qui seras pour la marmite ou pour Arachne, si tu ne prends pas garde. De la charogne! Est-ce tout ce que tu sais de Madame? Quand elle lie avec des cordes, c'est qu'elle cherche de la viande. Elle ne mange pas de viande morte, et elle ne suce pas de sang froid. Ce type n'est pas mort!

Sam chancela et s'agrippa à la pierre. Il avait l'impression que tout le monde sombre tournait sens dessus dessous. Le choc était si grand qu'il manqua défaillir; mais, tandis même qu'il luttait pour conserver la maîtrise de ses sens, il avait conscience au plus profond de lui-même du commentaire : – Idiot, il n'est pas mort, et ton cœur le savait. Ne te fie pas à ta tête, Samsagace, ce n'est pas ce qu'il y a de meilleur en toi. Ce qui cloche chez toi, c'est que tu n'as jamais vraiment eu aucun espoir. Et maintenant que faire? Pour le moment, rien, sinon s'appuyer contre la pierre immobile et écouter, écouter les exécrables voix d'Orques.

– Allons donc! dit Shagrat. Elle a plus d'un poison. Quand elle chasse, elle leur donne simplement un petit coup dans le cou, et ils deviennent aussi flasques que du poisson dont on a retiré les arêtes; et après, elle en fait ce qu'elle veut. Tu te rappelles le vieil Ufthak? On l'avait perdu pendant plusieurs jours. Et puis on l'a retrouvé dans un coin; pendu qu'il était, mais tout éveillé et furibond. On avait bien ri! Peut-être l'avait-elle oublié, mais on n'y a pas touché – ça ne vaut rien d'intervenir dans les affaires d'Arachne. Peuh! cette petite ordure se réveillera dans quelques heures; et, à part un peu de nausée pendant un moment, il ira très bien. Ou il irait très bien si Lugburz le laissait tranquille. Et naturellement, en dehors du fait de se demander où il est et ce qui lui est arrivé.

– Et ce qui va lui arriver, dit Gorbag, riant. On pourra toujours lui raconter quelques histoires en tout cas, à défaut d'autre chose. Je ne suppose pas qu'il ait jamais été dans la belle Lugburz, alors il pourrait aimer savoir à quoi s'attendre. Ça va être plus drôle que je ne le pensais. Allons-y!

– Il ne va y avoir aucun amusement, je te le dis, répliqua Shagrat. Et il faut le tenir en sécurité, ou autant dire qu'on sera morts.

– Bon! Mais à ta place, j'attraperais le grand qui est en liberté, avant d'envoyer aucun rapport à Lugburz. Ça ne ferait pas trop bon effet de dire que tu as attrapé le chaton et laissé échappé le chat.

Les voix commencèrent à s'éloigner. Sam entendit les pas se retirer. Il se remettait du choc, et il fut alors saisi de fureur. – Je me suis complètement fichu dedans! s'écria-t-il. Je savais bien que ça arriverait. A présent, ils l'ont, les démons! les ordures! Ne quitte jamais ton maître, jamais, jamais : c'était ma bonne règle. Et je le savais dans mon cœur. Puissé-je être pardonné! Maintenant, il faut que je le rejoigne. De quelle façon, de quelle façon?

Il tira de nouveau son épée et frappa la pierre avec la garde, mais elle ne rendit qu'un son mat. L'épée brilla toutefois alors d'un tel éclat qu'il pouvait voir vaguement à sa lumière. Il remarqua à sa surprise que le grand bloc avait la forme d'une lourde porte et qu'elle était à peine deux fois plus haute que lui. Au-dessus, il y avait un espace sombre et un vide entre le haut et l'arche basse de l'ouverture. Elle n'était sans doute destinée qu'à prévenir l'intrusion d'Arachne, assujettie à l'intérieur par quelque loquet ou verrou hors de la portée de son adresse. Sam bondit avec tout ce qui lui restait de force; il attrapa le haut, se hissa et retomba; puis il courut comme un fou, l'épée flamboyante à la main; il tourna un coude, puis monta dans un tunnel sinueux.

La nouvelle que son maître était toujours vivant le poussait à un dernier effort au-delà de toute atteinte de la fatigue. Il ne voyait rien devant lui, ce nouveau passage serpentant et tournant constamment; mais il avait l'impression de gagner sur les deux Orques : leurs voix se rapprochaient de plus en plus. Ils paraissaient être à présent tout près.

– C'est ce que je vais faire, disait Shagrat avec colère. Je vais le mettre tout en haut, dans la dernière pièce.

– Pourquoi donc? grommela Gorbag. N'as-tu pas de cachots en bas?

– Il ira à l'écart des ennuis, je te le dis, répondit Shagrat. Tu m'as compris? Il est précieux. Je n'ai pas confiance dans tous mes gars, et je ne l'ai dans aucun des tiens; ni en toi d'ailleurs, quand tu n'as qu'une envie, c'est de t'amuser. Il ira où je veux le voir et où tu n'iras pas, si tu ne restes pas poli. Tout en haut, ai-je dit. Là, il sera en sûreté.

« Vraiment? se dit Sam. Tu oublies le grand guerrier elfique qui est en liberté! » Sur quoi, il se rua autour du dernier tournant, pour découvrir seulement que, du fait de quelque jeu du souterrain ou du pouvoir auditif que lui donnait l'Anneau, il avait mésestimé la distance.

Les deux formes d'Orques étaient encore assez loin. Il les voyait à présent se détacher, noires et courtaudes, sur une clarté rougeoyante. Le couloir était enfin droit et en pente; au bout, grande ouverte, se trouvait une double porte, qui menait sans doute à de profondes pièces loin en dessous de la haute corne de la tour. Les Orques avaient déjà passé à l'intérieur avec leur fardeau. Gorbag et Shagrat approchaient de la porte.

Sam entendit une explosion de chants rauques, de sonneries de cor, un fracas de gongs, une hideuse clameur. Gorbag et Shagrat étaient déjà sur le seuil.

Sam poussa un hurlement et brandit Dard; mais sa petite voix se perdit dans le tumulte. Personne ne lui prêta attention.

Les grandes portes se refermèrent brutalement. Boum!

Les barres de fer retombèrent en place par-derrière. Bang! La porte était close. Sam se jeta contre les plaques d'airain verrouillées et tomba inanimé sur le sol. Il était dehors dans les ténèbres. Frodon était vivant, mais pris par l'Ennemi.

Ici se termine la seconde partie de l'histoire de la Guerre de l'Anneau.

La troisième partie rapporte la dernière défense contre l'Ombre et la fin de la mission du Porteur de l'Anneau, dans LE RETOUR DU ROI.

TABLE

LIVRE III

LIVRE IV

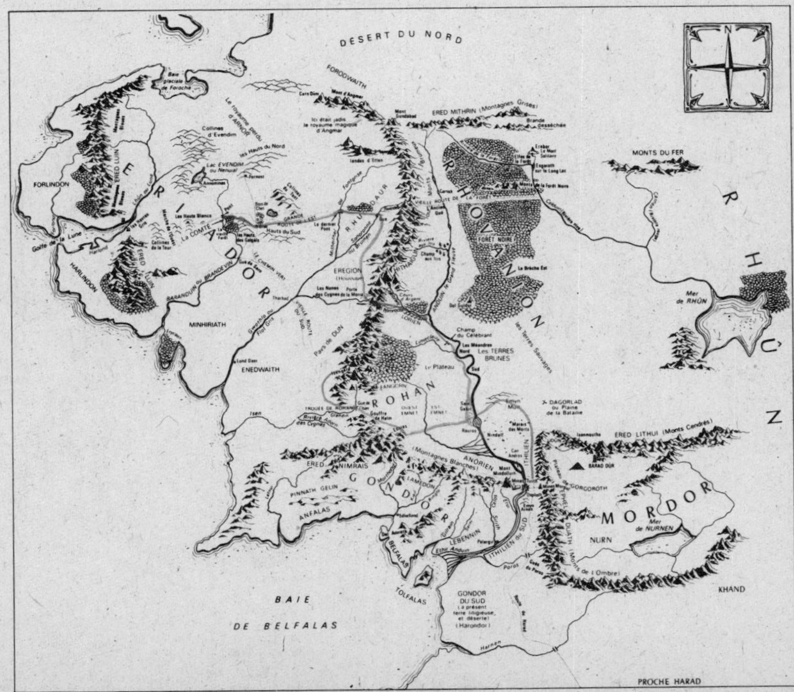
DESERT DU NORD
FORODWAITH
Baie glaciale de Forochel
ERED MITHRIN (Montagnes Grises)
Brande desséchée
MONTS DU FER
R H Û N
Mer de RHÛN
Le royaume perdu d'ARNOR
Collines d'Evendim
les Hauts du Nord
Lac EVENDIM ou Nenuial
Ici était jadis le royaume magique d'Angmar
landes d'Etten
FORLINDON
ERED LUIN
E R I A D O R
La COMTE
Hauts du Sud
Golfe de la Lune
HARLINDON
MINHIRIATH
BARANDUIN ou BRANDEVIN
LE CHEMIN VERT
EREGION
RHOVANION
FORÊT NOIRE
La Brèche Est
ANDUIN le Grand Fleuve
Champ du Célébrant
Les Méandres
LES TERRES BRUNES
les Terres Sauvages
VIEILLE ROUTE DU SUD
Pays de DUN
ENEDWAITH
Isen
ROHAN
Le Plateau
Gouffre de Helm
Rivière Adorn
DAGORLAD ou Plaine de la Bataille
ERED LITHUI (Monts Cendrés)
BARAD DÛR
Plateau de GORGOROTH
MORDOR
Mer de NURNEN
NURN
EPHEL DUATH (Monts de l'Ombre)
ANÓRIEN
(Montagnes Blanches)
ERED NIMRAIS
GONDOR
PINNATH GELIN
ANFALAS
LAMEDON
LEBENNIN
BELFALAS
TOLFALAS
ITHILIEN du SUD
ITHILIEN
Poros
GONDOR DU SUD (à présent terre litigieuse, et déserte) (Harondor)
Harnen
KHAND
PROCHE HARAD
BAIE DE BELFALAS

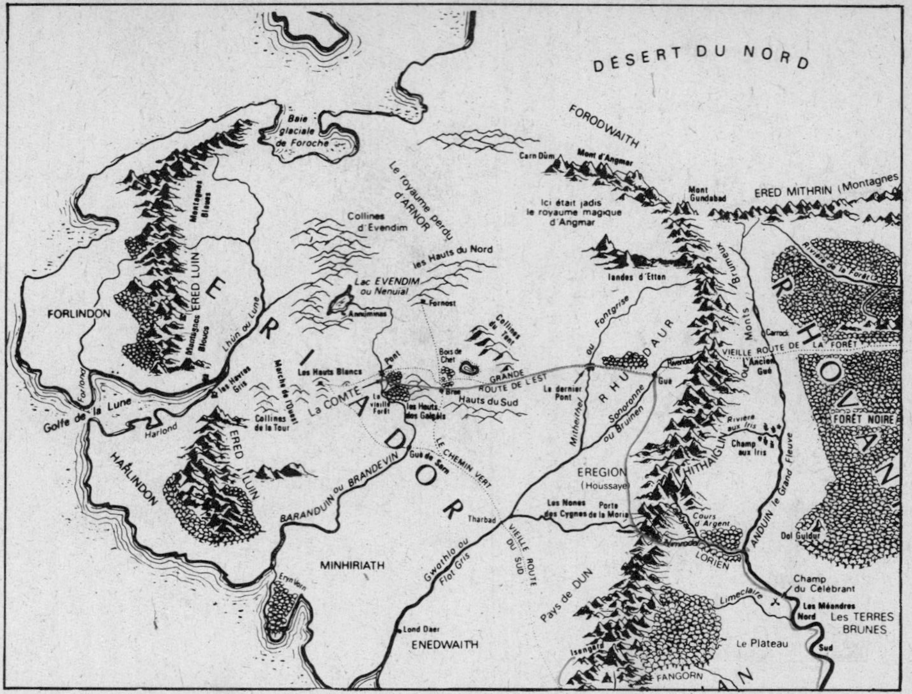

DESERT DU NORD
FORODWAITH
Carn Dûm
Mont d'Angmar
Mont Gundabad
ERED MITHRIN (Montagnes
Ici était jadis le royaume magique d'Angmar
Baie glaciale de Foroche
Le royaume perdu d'ARNOR
Collines d'Evendim
les Hauts du Nord
Lac EVENDIM ou Nenuial
Annúminas
Fornost
landes d'Etten
Brumeux
Monts
Rivière de la Forêt
Carrock
VIEILLE ROUTE DE LA FORÊT
L'Ancien Gué
RHOVANION
FORÊT NOIRE
Dol Guldur
FORLINDON
Montagnes Bleues
ERED LUIN
Montagnes Bleues
ERIADOR
Lhûn ou Lune
les Havres Gris
Forlond
Golfe de la Lune
Harlond
HARLINDON
ERED LUIN
Marche de l'Ouest
Collines de la Tour
Les Hauts Blancs
La COMTÉ
Pont
La vieille Forêt
Bois de Chet
Bree
Collines du Tent
GRANDE ROUTE DE L'EST
Hauts du Sud
les Hauts des Galgals
Le dernier Pont
Fontgrise ou Mitheithel
RHUDAUR
Fondcombe
Gué
Sonoronne ou Bruinen
Rivière aux Iris
Champ aux Iris
HITHAIGLIN
EREGION (Houssaye)
Les Nones des Cygnes
Porte de la Moria
Cours d'Argent
Nimrodel
LORIEN
ANDUIN le Grand Fleuve
LE CHEMIN VERT
Gué de Sarn
BARANDUIN ou BRANDEVIN
Tharbad
VIEILLE ROUTE DU SUD
Gwathlo ou Flot Gris
MINHIRIATH
Eryn Vorn
Lond Daer
ENEDWAITH
Pays de DUN
Isengard
FANGORN
Limeclaire
Champ du Célébrant
Les Méandres Nord
Sud
Les TERRES BRUNES
Le Plateau

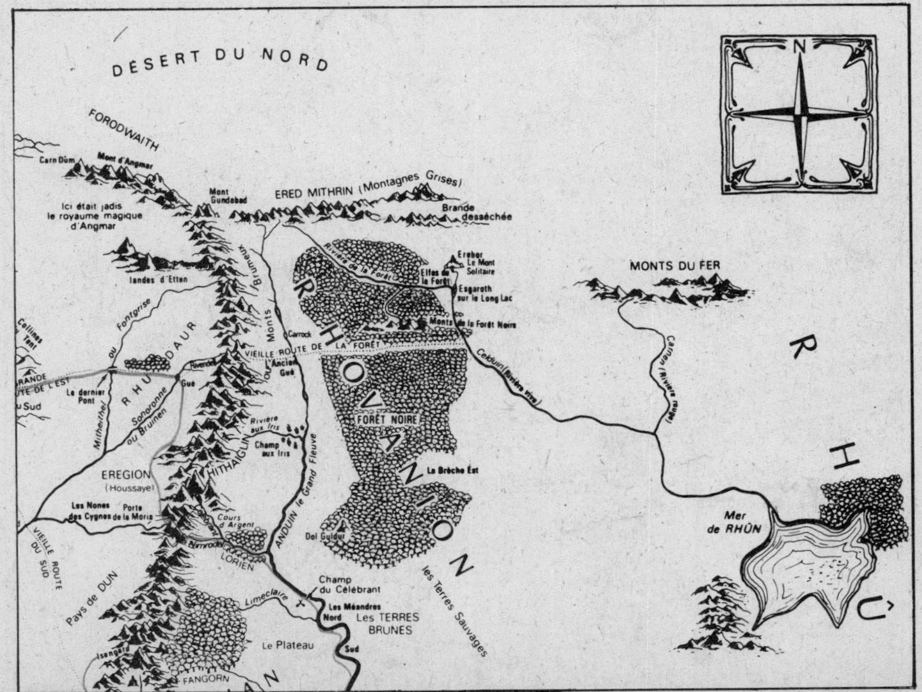
DESERT DU NORD
FORODWAITH
Carn Dûm
Mont d'Angmar
Ici était jadis le royaume magique d'Angmar
Mont Gundabad
ERED MITHRIN (Montagnes Grises)
Brande desséchée
landes d'Etten
Fontgrise
ou
Collines Tent
GRANDE ROUTE DE L'EST
Le dernier Pont
Mitheithel
RHUDAUR
Sonoronne ou Bruinen
Gué
Fondcombe
Brumeux
Monts
Carrock
VIEILLE ROUTE DE LA FORÊT
l'Ancien Gué
Rivière aux Iris
Champ aux Iris
HITHAIGLIN
EREGION (Houssaye)
Les Nones des Cygnes
Porte de la Moria
Cours d'Argent
Nimrodel
LORIEN
VIEILLE ROUTE DU SUD
Pays de DUN
Isengard
FANGORN
Le Plateau
Limeclaire
Champ du Célébrant
Les Méandres Nord
Sud
Les TERRES BRUNES
ANDUIN le Grand Fleuve
Rivière de la Forêt
Elfes de la Forêt
Erebor Le Mont Solitaire
Esgaroth sur le Long Lac
Monts de la Forêt Noire
RHOVANION
FORÊT NOIRE
La Brèche Est
Dol Guldur
les Terres Sauvages
Celduin (Rivière vive)
MONTS DU FER
Carnen (Rivière rouge)
RHÛN
Mer de RHÛN
N

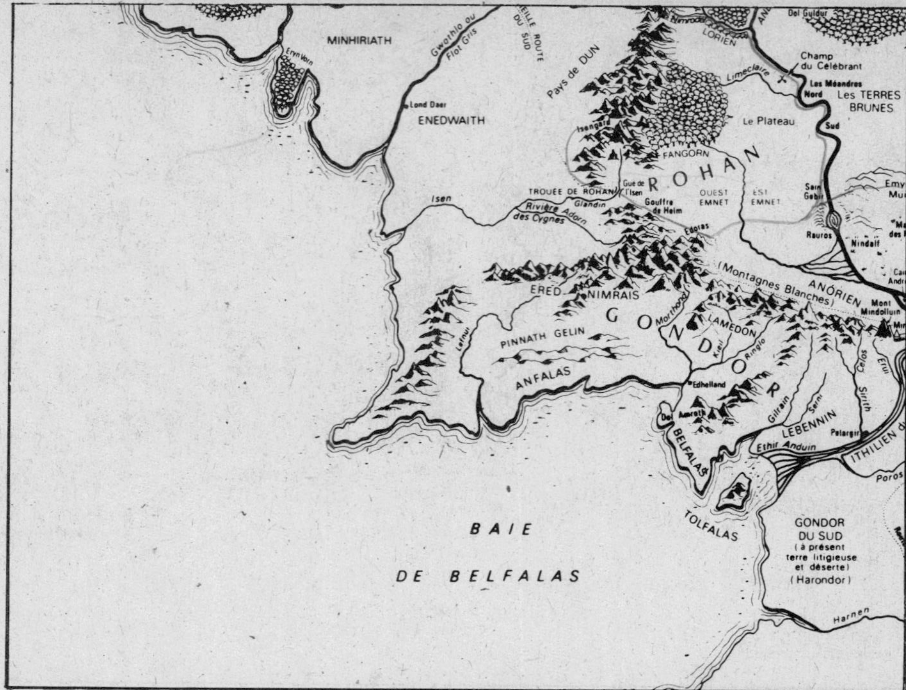
MINHIRIATH
Eryn Vorn
Gwathlo ou Flot Gris
Lond Daer
ENEDWAITH
DU SUD
Pays de DUN
LORIEN
Dol Guldur
Champ du Célébrant
Limeclaire
Les Méandres
Nord
Sud
Les TERRES BRUNES
Le Plateau
Isengard
FANGORN
ROHAN
TROUÉE DE ROHAN
Gué de l'Isen
Gouffre de Helm
OUEST EMNET
EST EMNET
Isen
Glandin
Rivière Adorn
des Cygnes
Edoras
Rauros
Nindalf
(Montagnes Blanches)
ANÓRIEN
Mont Mindolluin
ERED NIMRAIS
GONDOR
Morthond
LAMEDON
PINNATH GELIN
Lefnui
Kiril
Ringlo
ANFALAS
Edhelland
Gilrain
Serni
Celos
Sirith
Erui
LEBENNIN
Pelargir
Amroth
Dol
BELFALAS
Ethir Anduin
ITHILIEN
Poros
TOLFALAS
BAIE DE BELFALAS
GONDOR DU SUD
(à présent terre litigieuse et déserte)
(Harondor)
Harnen

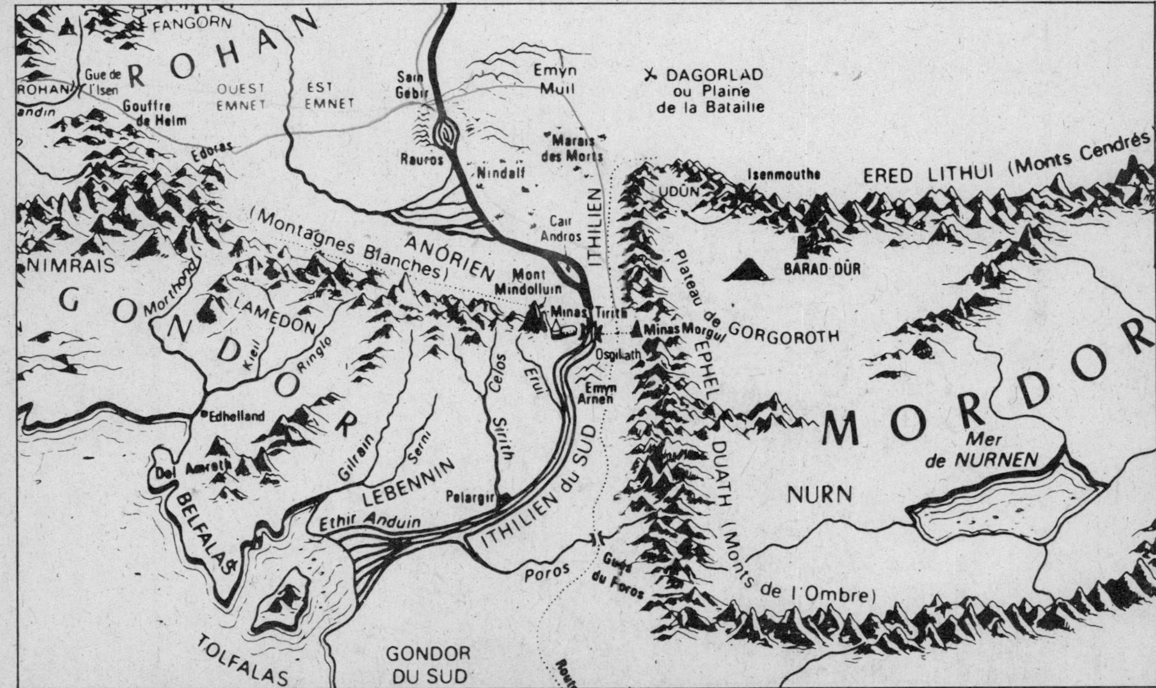
ROHAN
FANGORN
Gue de l'Isen
Gouffre de Helm
OUEST EMNET
EST EMNET
Edoras
Sarn Gebir
Rauros
Emyn Muil
Nindalf
Marais des Morts
DAGORLAD ou Plaine de la Bataille
NIMRAIS
(Montagnes Blanches)
ANÓRIEN
Mont Mindolluin
Minas Tirith
Cair Andros
ITHILIEN
Osgiliath
Emyn Arnen
GONDOR
Morthond
LAMEDON
Kiril
Ringlo
Edhellond
Gilrain
Serni
Celos
Sirith
Erui
LEBENNIN
Pelargir
Ethir Anduin
ITHILIEN du SUD
Dol Amroth
BELFALAS
TOLFALAS
GONDOR DU SUD
Poros
Gués du Poros
UDÛN
Isenmouthe
ERED LITHUI (Monts Cendrés)
BARAD-DÛR
Plateau de GORGOROTH
Minas Morgul
EPHEL DUATH (Monts de l'Ombre)
MORDOR
NURN
Mer de NURNEN

dP DNP 09186

n° 128 (6)

IMPRIMÉ EN FRANCE PAR BRODARD ET TAUPIN
58, rue Jean Bleuzen - Vanves.
Usine de La Flèche, le 22-08-1986.
1972-5 - Nº d'Éditeur 2276, août 1986.

PRESSES POCKET - 8, rue Garancière - 75006 Paris
Tél. 46.34.12.80